ワルシャワ蜂起 1944

上

英雄の戦い

RISING'44

The Battle for Warsaw

ノーマン・デイヴィス
訳◆染谷徹

白水社

1944年8月

英国キングズ・ラングレーに建つバーンズ・ロッジ

ワルシャワのプルデンシャル・ビル

英国の最初の同盟国ポーランドの指導者たち

ヴワディスワフ・ラチキェヴィチ大統領

ヴワディスワフ・シコルスキ将軍

カジミェシュ・ソスンコフスキ最高司令官

スタニスワフ・ミコワイチク首相

駐英大使エドヴァルト・ラチンスキ伯爵(左)と
タデウシュ・ロメル外相

スタニスワフ・タタル将軍(タボル)

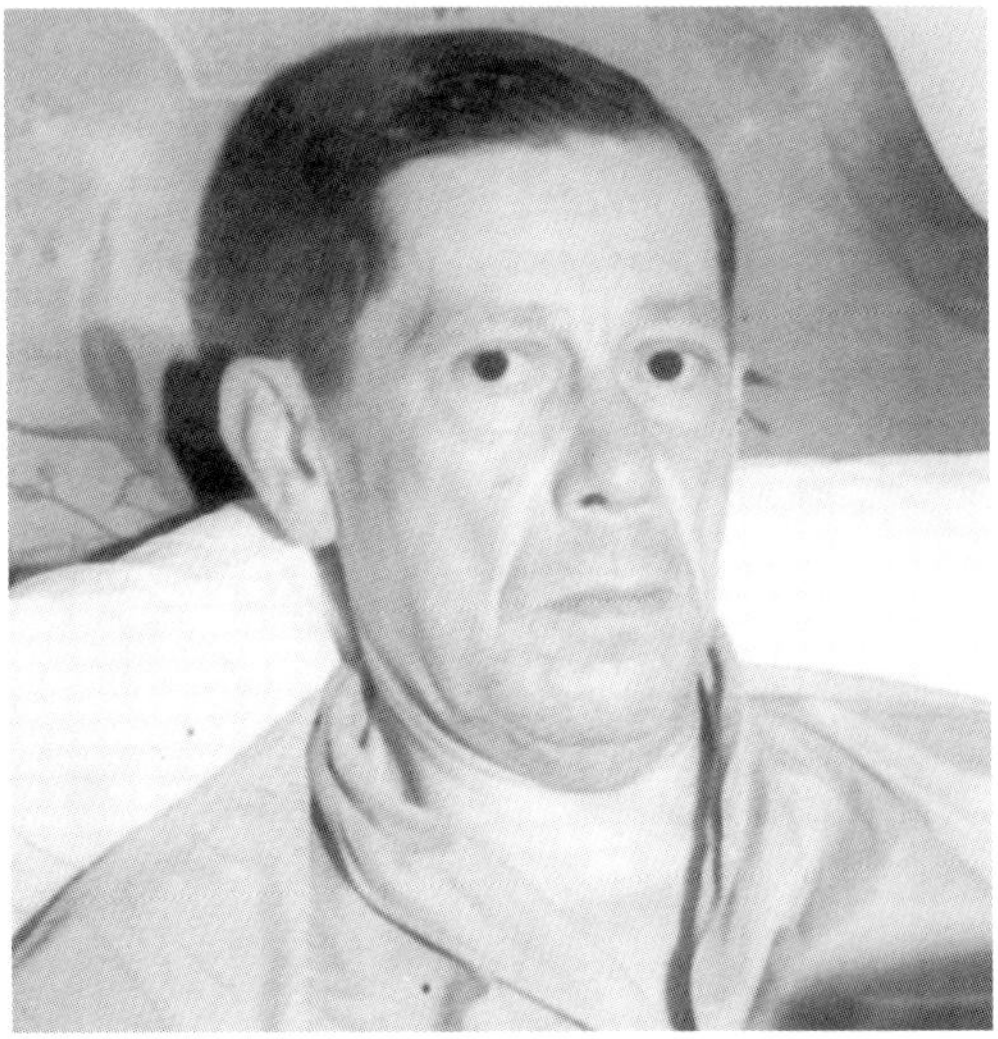

ユゼフ・レティンゲル(サラマンダー) 毒殺未遂事件後の療養中の写真

ポーランドの同盟国たる英国の指導者たち

英国特殊作戦部隊本部(SOE)責任者
コリン・ガビンズ少将

アンソニー・イーデン外相

英国空軍ジョン・ウォード軍曹
（ワルシャワ蜂起に直接参加して戦った唯一の英国軍兵士）

英国空軍中将ジョン・スレッサー卿

モスクワから派遣されたポーランド人指導者たち

ジグムント・ベルリンク将軍

コンスタンチン・ロコソフスキー元帥

ヴワディスワフ・ゴムウカ
(同志ヴィェスワフ)

ボレスワフ・ビェルト

戦前のワルシャワ風景

クラコフスキェ・プシェドミェシチェ通り

サスキ宮殿

1939年10月

ワルシャワのアドルフ・ヒトラー

ウヤズドフスキエ通りを行進するドイツ軍

ナチスの蛮行

街頭での処刑

ナチスがフウォドナ通りに作ったユダヤ人ゲットーの連絡歩道橋

ワルシャワ・ゲットーの悲劇

銃口を突きつけてのユダヤ人狩り

1943年4月のゲットー蜂起

ポーランド降下旅団のワルシャワ反攻作戦訓練

第一ポーランド機甲旅団

西進するソ連軍

スターリングラードの勝利者ロコソフスキー将軍

ベルリンク将軍率いる第一ポーランド軍の砲手たち

地下国家の軍隊

農村部をパトロールする国内軍

訓練中のバシュタ連隊

第27ヴォウィニア(ヴォルヒニア)歩兵師団への軍旗の授与

SOEの潜入工作員(チホチェムヌィ)
ヤン・ピヴニク(暗号名ポルヌィ〔陰気〕)

連合国

1940年8月5日、ロンドンでの英国・ポーランド条約調印
英国側代表はウィンストン・チャーチルとハリファックス卿、
ポーランド側代表はヴワディスワフ・シコルスキとアウグスト・ザレスキ

1943年、テヘランの三巨頭。チャーチルとルーズヴェルトが
スターリンに国境線に関する保証の密約を与える

1943～44年、ロンドンのポーランド亡命政府閣議

1944年6月、ワシントンでルーズヴェルト大統領がミコワイチク首相に「将来あなたの国が今より小さくなることはない」と約束する

1944年8月、欧州各地の反独武装蜂起

パリ

スロヴァキア

眼前の敵

国内軍の狙撃兵

ドイツ軍の位置を探る

蜂起軍の指導者たち

ワルシャワ蜂起軍司令官モンテル将軍
（アントニ・フルシチェル）

国内軍総司令官タデウシュ・ブル
=コモロフスキ将軍

密使ノヴァク
（ズジスワフ・イェジョランスキ）

国内軍参謀総長グジェゴシュ将軍
（タデウシュ・ペウチンスキ）

ドイツ軍首脳部

親衛隊集団指導者(中将)ハインツ・ラインファルト

親衛隊上級集団指導者(大将)
エーリッヒ・フォン・デム・バッハ

親衛隊旅団指導者(少将)ミェチスワフ・カミンスキ

親衛隊上級大隊指導者(中佐)
オスカル・ディルレヴァンガー

蜂起軍のバリケード

敵の攻撃の合間

戦闘配置

国内軍の兵士たち

あらゆる制服が
国内軍の制服

戦闘の合間の休憩

装備の点検

国内軍の攻撃

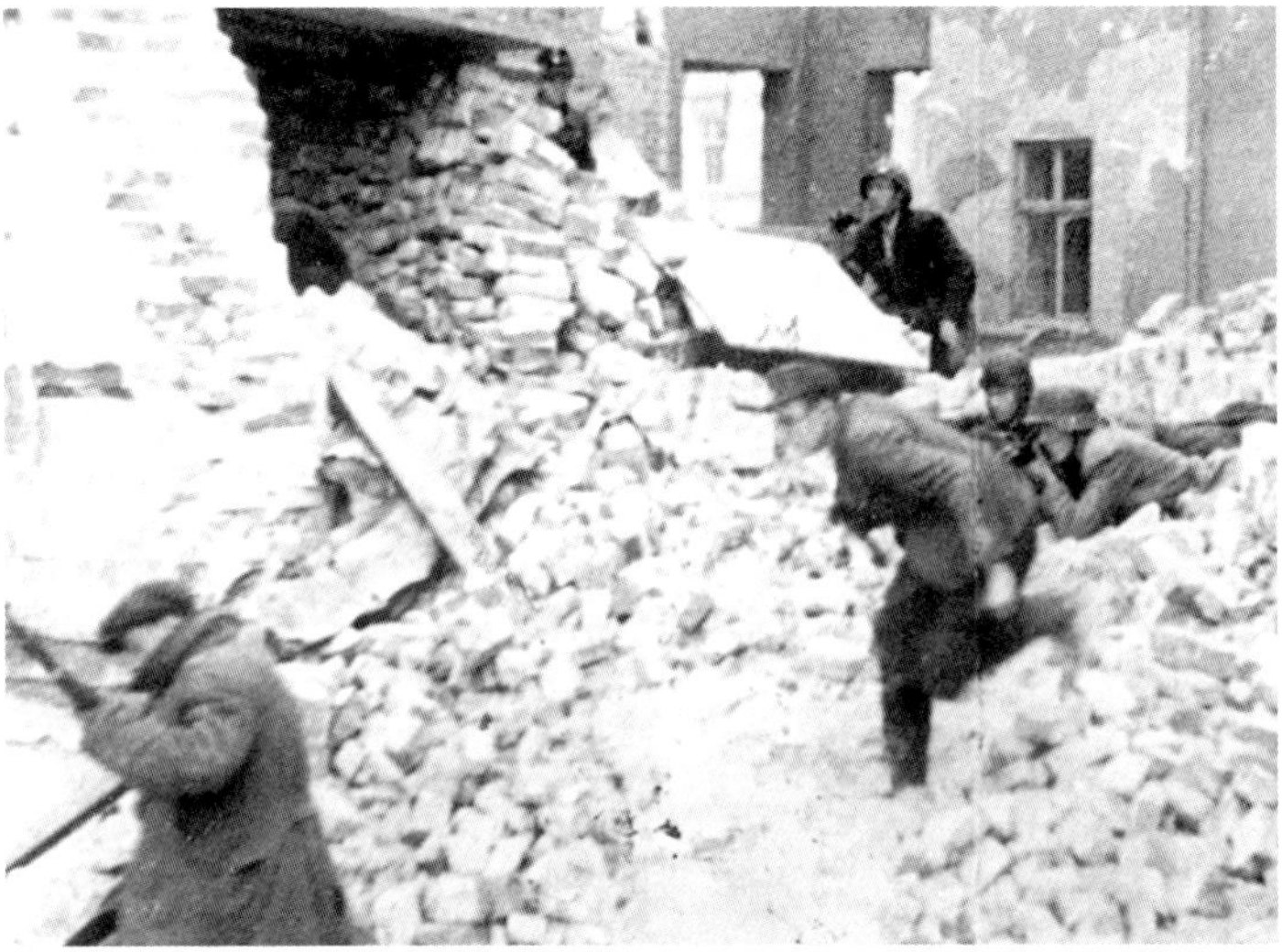

ゲリラ戦に最適の環境

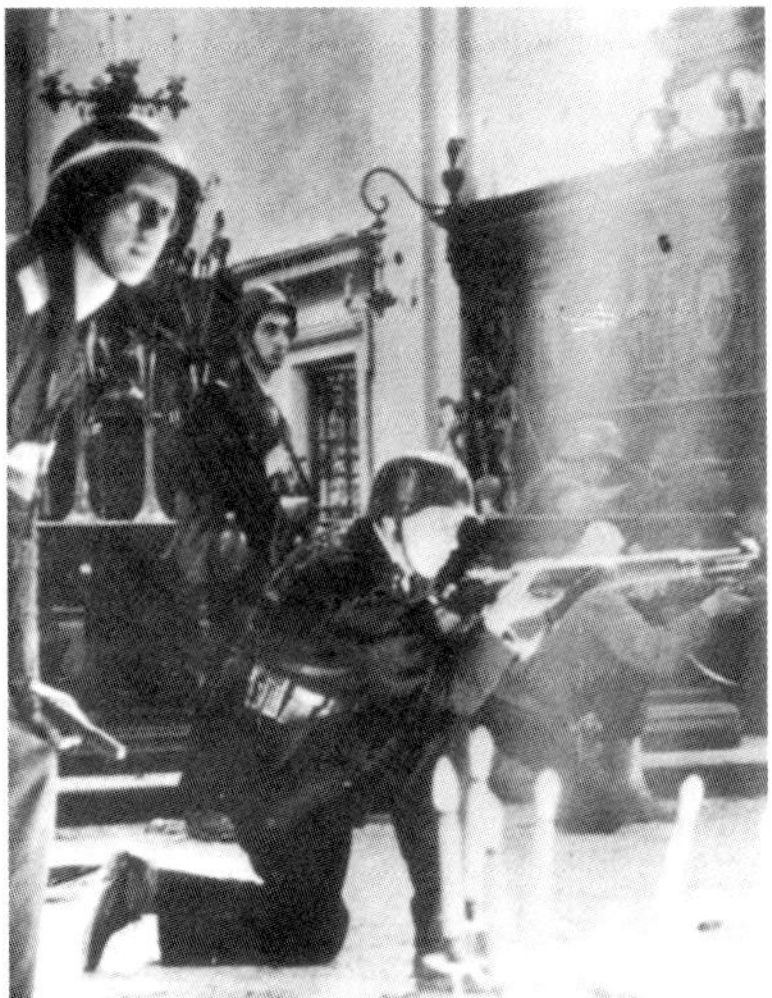

聖十字架教会内部の戦闘

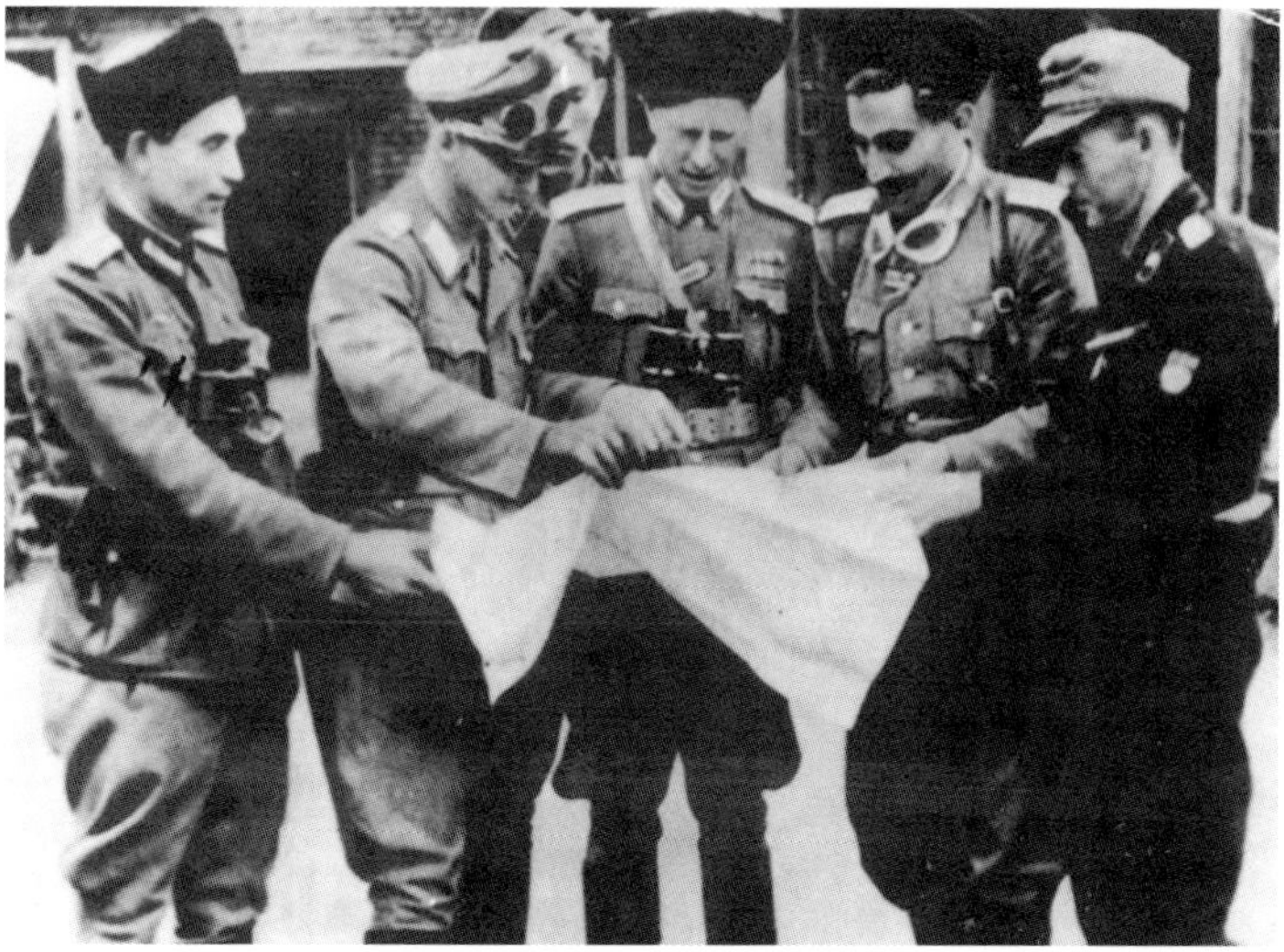

RONA旅団のコサック士官たちと打ち合わせするカミンスキ親衛隊旅団指導者（少将）

命令するドイツ国防軍士官

ロケット弾を発射する
ドイツ軍の
機甲兵員輸送車

ドイツ軍の自走強襲砲StuG

蜂起軍の戦果

蜂起軍が鹵獲したドイツ軍の機甲兵員輸送車

蜂起軍が鹵獲した
パンツァー戦車

蜂起軍が捕虜とした
ドイツ兵

蜂起軍が鹵獲したドイツ軍の救急車

戦闘の痛手

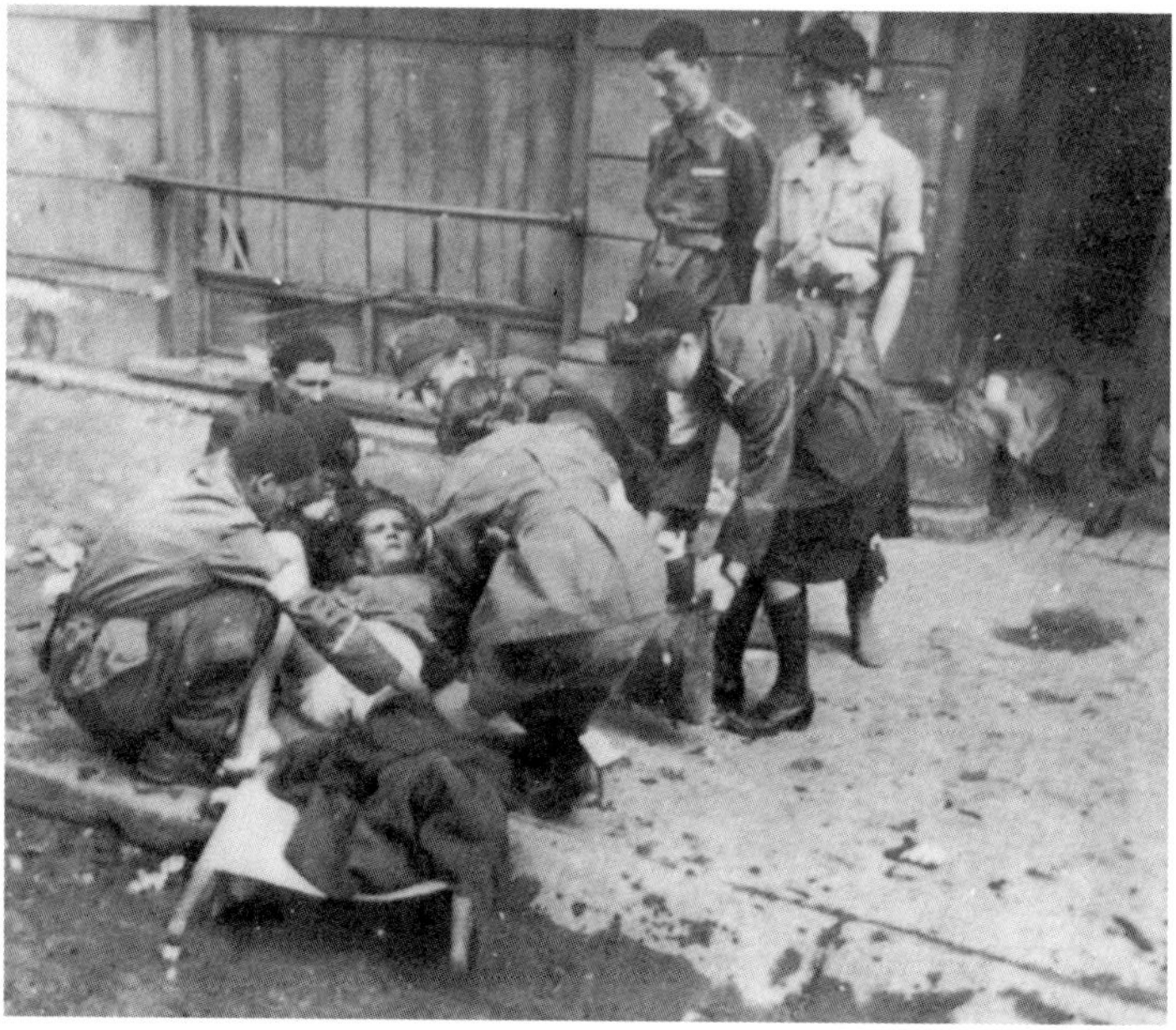

負傷兵の救護

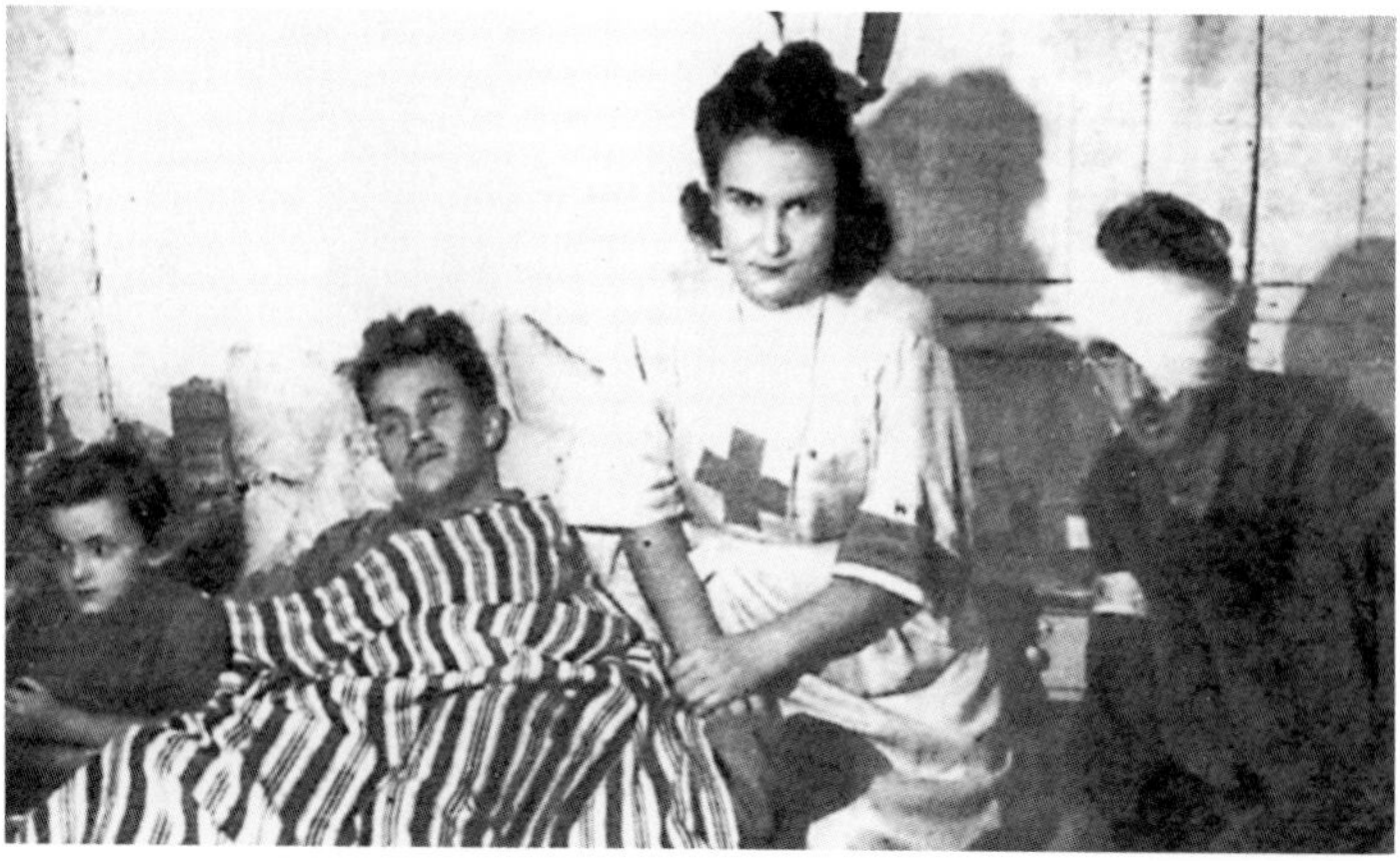

蜂起軍の野戦病院

下水道を通って到着

国内軍兵士の葬儀

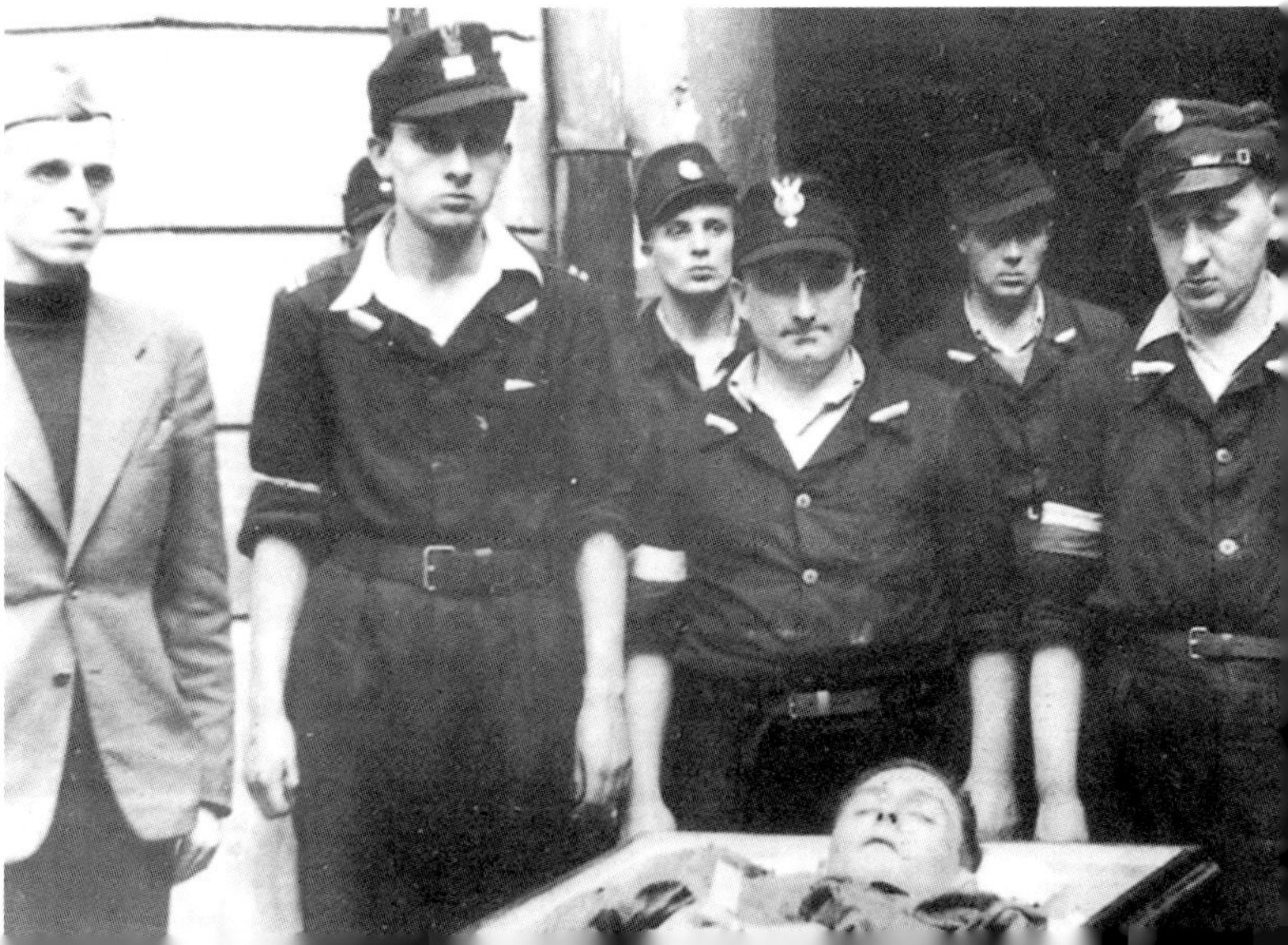

蜂起下の市民生活

地下室に避難

郵便配達の少年

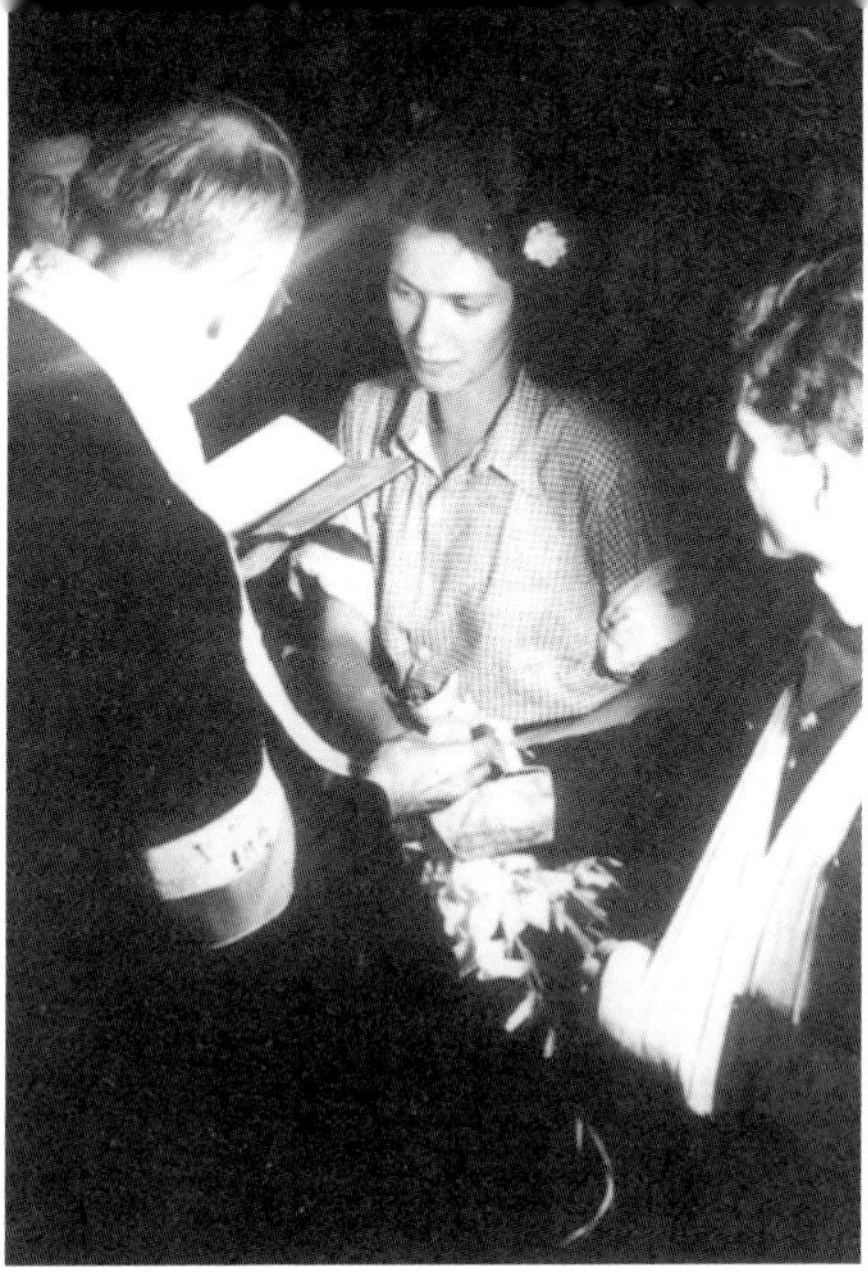

結婚式
（1944年8月13日、日曜日、
キリンスキ大隊で結婚式があった。
花嫁はアリツィア・トレウトレル衛生兵、
花婿はボレスワフ・ビェルガ少尉、
左端はヴィクトル・ポチュシェプスキ司祭）

秘密教会でのミサ

蜂起下の日常

馬肉の調達

食事の用意

ワルシャワ蜂起1944◆上——英雄の戦い

ワルシャワのために、そして
犠牲をいとわずに圧制と戦うすべての人々のために

ワルシャワ蜂起1944◆上——英雄の戦い

目次

下巻

1944年6月のヨーロッパ

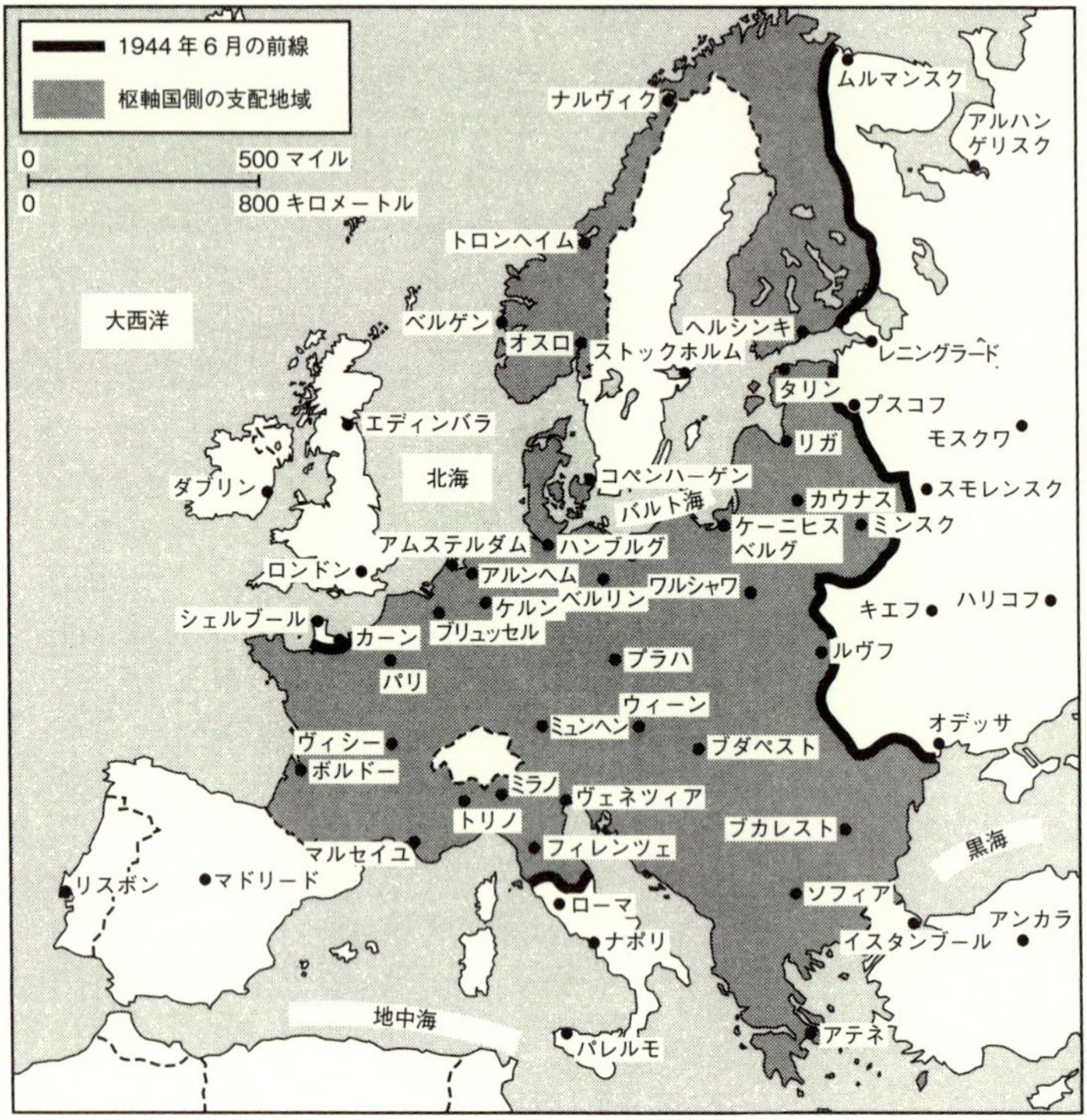

凡例

一、著者は英語圏の読者のための読み易さを優先してポーランドの人名と地名の表記に独自の工夫をこらしている。その配慮に敬意を表しつつも、この訳書では、英語を介在させることによって生じ得る二重の混乱を避けるために、日本で慣用的に用いられているポーランドの人名および地名の表記を採用した。また、日本語に慣用的表記のない人名と地名については、可能な限りポーランド語の原音に近い音訳を使用した。原著者の興味深い工夫については、下巻末の「人名地名等対照表」を参照していただきたい。

二、本書の読解に役立つ地図・図版・文書などの関連資料は、下巻末の「付録」にまとめた。

三、著者による「原注」は文中に（1）、（2）と付し、下巻末にまとめた。

四、「囲み」の注は文中に★1、★2と付し、下巻末にまとめた。

五、「付録」の注は文中に（1）、（2）と付し、下巻末にまとめた。

六、翻訳者の訳注は文中の〔　〕内に記した。

序言

私が本書の執筆を思い立ったのは、二十世紀に発生した重大な悲劇のひとつを正確に記述しておきたいと思ったからである。この悲劇には第二次世界大戦の本質を物語る基本的な事実が数多く含まれている。その意味で、これは第二次大戦についての従来の固定観念を覆すような事件だが、それにもかかわらず、今日まで十分に注目されることがなかった。東側の各国政府は、歴史の真実が明るみに出ることを恐れて、事件関係の資料を戦後半世紀以上の期間、厳重な統制下においていた。また、西側列強諸国にとっても、この事件は触れられたくない古傷のような不都合な話題だった。そのため、西側世界の歴史家たちはこれまでワルシャワ蜂起を十分に評価してこなかったのである。ヨーロッパで最も古い歴史を持つ国の首都がほぼ完全に破壊しつくされ、膨大な数の人命が失われた事件だったが、戦争犯罪としてニュルンベルク裁判で裁かれることもなかった。第二次大戦の帰趨を左右する「転換点」のひとつとして位置づける見方がなかったために、英米の歴史家たちがこの事件を取り上げて詳細な検討を加えることもなかった。その結果、ワルシャワ蜂起の歴史学上の扱いはどちらかと言えば普遍性を欠く傾向を免れなかった。

ワルシャワで「蜂起」ないし「反乱」があったことはもちろん広く知られている。この出来事を描いた本を読んだり、映画を見たり、あるいは生存者から経験談を聞いたりした人々は少なくないだろう。なかには、すでにこの事件についての問題点はすべて指摘済みであり、事件についての論議はもう十分に尽くされているという印象を持っている人々もいるかも知れない。しかし、もう一歩踏み込んで事実の解明を進めれば、従来の情報の多くが非常に偏っており、誤解を生みやすいものであることに気づくはずである。

たとえば、「ワルシャワ蜂起」と呼ばれる行動に実際に参加した地下抵抗組織の兵士たち自身は、「ワルシャワ蜂起」という言葉を一度も使っていない。彼らは第二次大戦末期の欧州東部戦線における全般的戦況の中でひとつの作戦を実行し、それを「ワルシャワのための戦い」と呼んでいたのである。「ワルシャワ蜂起」または「ワルシャワの反乱」という呼び名が生まれるのはワルシャワが壊滅した後のことであり、特に戦後になって、様々な立場の人々がそれぞれの理由からそれらの呼称を広く使うようになった。

ワルシャワは、当時も今も、ポーランドの首都である。そして、一九四四年当時、ポーランドは英国の最も身近な同盟国だった。政治的な意味で言えば、ポーランド亡命政府は対英同盟を通じて英米主導の民主主義陣営に属し、連合国の重要なメンバーとしての地位を占めていた。当時は、いわゆる「列強諸国」だけがトップ・テーブルを占めて、他の中小同盟諸国の運命を一方的に決定するという旧世界のシステムが働いていたが、そのシステムでは、英米両国は同盟諸国を保護する義務を負っていた。一方、地政学的な意味でヨーロッパ大陸の中央に位置するワルシャワは、大戦の最大の交戦国ナチス・ドイツとソ連が直接に対峙する前線上にあった。「蜂起」が勃発したのは、動乱のヨーロッパのまさに中心地だったのである。それは史上最大の規模で戦われていた独ソ戦の最前線で発生した事件だったが、単にそれだけではなかった。西欧の民主主義陣営が一方でファシズムと戦い、もう一方でスターリンの共産主義に対峙するという状況下で、その三者が複雑にせめぎ合う結節点で発生した事件が「ワルシャワ蜂起」だった。決して単なる局地的な小競り合いではなかったのである。

これらの事情を説明することがいかに難しいか、その理由は枚挙に暇がないほど多い。そもそも、中央ヨーロッパの歴史が中央ヨーロッパ以外の場所で詳細に研究された例はこれまでほとんどない。しかも、一九三九〜四五年に連合国陣営のなかで中小の連合加盟国が果たした勇敢な役割は、今となってはほとんど忘れ去られている。現在の世界政治においても見られることだが、歴史上の問題についても、一度は連合国陣営に属したものの、その後別の同盟関係に移行したような諸国に対する人々の見方には厳しいものがある。歴史家たちは、発言権の大きい有力諸国、華々しい話題を集める列強諸国の歴史は喜んで取り上げるが、その一方で、対立する陣営間で立場を変えたような中小諸国の問題はないがしろにしがちである。したがって、ワルシャワ蜂起を記述するにあたっては、ワルシャワという町を連合諸国、ドイツ、ソ連の三つ巴の戦争の中に正確に位置づけ、当時の複雑な国際的背景を十分に解明し、その上で、蜂起そのものの実態に迫ることが重要である。

欧州大戦を戦った西側の列強諸国はドイツに対して決定的な勝利を収めた。その結果、当然のことながら、それらの諸国の人々の多くは、戦争中と戦後とを明確に区分された二つの時代として理解している。また、一九四五年の勝利を神聖な記憶として記念しているロシア人たちも、ドイツからの「解放」以前と「解放」以降を夜と昼のように明確に区別された時代として意識している。しかし、中東欧地域の多数の国々では、第二次大戦の終結は、ひとつの全体主義国家による占領の終りではあったが、同時に別の全体主義国家による占領の始まりでしかなかった。そのため、中東欧地域では、「ヨーロッパ戦勝記念日」（VEデー）は大して重要な意味を持っていない。さらに、「解放」という言葉についても、もし、それが紛争や苦悩からの最終的な救済という意味なら、悪い冗談でしかなかった。

したがって、ワルシャワ蜂起の歴史を書く場合にも、蜂起が終焉を迎えた時点、または一九四五年五月の終戦の時点で物語を打ち切り、その後に生き残った人々があたかもめでたく幸せに暮らしたかのような書き方をするとしたら、それは決して公平なやり方とは言えない。蜂起に参加した人々の運命と彼らの貶められた名誉が戦後にどのような経過をたどったかを追跡することが必要なのである。

ワルシャワ蜂起については膨大な量の研究資料が残されている。これまでに私が目を通しただけでも、少なくとも二〇件の総合的な研究が発表されており、その研究はそれぞれに個性的な傾向を有し、また、それぞれに弱点を抱えている。また、オックスフォード大学ボドリアン図書館の文献リストには、ワルシャワ蜂起を扱った研究書のタイトルが七五件掲載されている。この七五件の中には、ワルシャワ蜂起を否定的に評価する研究も、肯定的に解釈する研究もある。ただし、偏見に囚われず、公平な立場から、すべての当事者に虚心坦懐に接触した研究は少ない[1]。文献としては、外交文書、軍事命令書から、バリケードの設計図、地下国家の公安機関の組織図、国内軍の個々の部隊の戦闘記録にいたるまで、膨大な量の専門的資料が残されている。また、刊行されたものだけでなく、未刊行のものを含めて、大量の回顧録と日記類が存在する。さらに、共産主義体制が崩壊した一九九〇年以降は、国内軍が発行していた機関誌『戦況速報』(*Biuletyn Informacyjny*)をはじめとする当時の定期刊行物を復刻する動きが関係者の間で広がり、記録文書、新聞雑誌類、百科事典などの史料の編纂と刊行にも努力が払われている[2]。

一方、各地の公文書館が収蔵する史料については、いくつかの問題点がある。これまでのところ、関連資料の刊行を組織的に行なってきたのは、主としてポーランド国外の組織だった。なかでも特に重要な役割を果たしてきたのは、ロンドンの「ポーランド研究所」と「ポーランド地下運動研究財団」

(SPP)である。外交部門と軍事部門の史料の多くはロンドンの英国公文書館、大英帝国戦争博物館、ワシントンの米国立公文書館、ボンのドイツ連邦公文書館などで閲覧することができる。しかし、重要な史料のコレクションの多くは依然として非公開の扱いであり、よくても部分的な公開にとどまっている。たとえば、英国情報部公文書館に収蔵されている史料が公開されれば、一九四四年の事件に関する多くの謎を解明する糸口が得られるはずだが、その史料の九五パーセントは二十世紀末現在、依然として非公開のままである。スターリンによる抑圧体制の詳細を知るためには、戦後のポーランド政府公安機関の記録を調査することが不可欠だが、その公開は遅々として進んでいない。何よりも問題なのは、一時公開が約束されていた旧ソ連の国立公文書館の史料の多くがいまだに十分に利用できないことである。一九九〇年代に入って、旧ソ連関連の史料の一部が選択的に刊行され、また、熱心な外国人研究者が地元協力者の助けを得て一部のコレクションを部分的に利用する可能性が開かれた。しかし、一九四四年当時にスターリンが行なった決定事項に関する主要な文献は、二十一世紀に入っても依然として公開されていない。この一事をもってしても、ワルシャワ蜂起に関する学術研究の最終的な完成は将来に待たねばならないと言うべき状態である。

これまでも別の機会に言ったことだが、歴史家は自分自身が歴史的存在であるという運命を免れない。つまり、歴史家が描く歴史は彼が生きる時代の影響を必ず受けるのである。その意味で、連合諸国が義務を果たし得なかったという歴史は、それら諸国の現在の状況と決して無関係ではあり得ない。

多くの読者にとって、優れた歴史書とは、優れた小説と同じように、時間軸に沿って連続的に展開する線状モデルの物語ではないだろうか。人々は出発点から読み始めるが、その際に、これから進んでいく一定の方向が提示される。そして、旅が始まる。ジャングルを抜け、山を登り、道を歩き、様々な場所に立ち寄り、その途中で過ぎ行く風景に目を見張り、冒険を楽しみ、思いがけない出来事に心を躍らせる。しかし、どんな場合でも、あらかじめ設定された目的地に向かって迷うことなく進んでいく。途中のある地点で、できれば遅すぎることのない、なるべく早い段階で、その物語を構成する中心的なドラマに遭遇する。たとえば、ヘンリー八世の物語なら離婚の話、エイブラハム・リンカンの伝記なら暗殺、独ソ戦の歴史ならスターリングラードを目前にして逆包囲されたドイツ軍などの大事件である。そして、読者は大団円に向かってさらに先へ進んでいく。知的経験としてまことに満足すべき読書体験というべきであろう。

しかし、私はある時、時間軸に沿った線状モデルが必ずしも唯一の効果的な設計ではないことに気づいた。テーマが違えば、取扱いの方法が違うのは当然である。たとえば、『ヨーロッパの心臓（ポーランド小史）』(*Heart of Europe: A Short History of Poland*) を書いた時には、過去の記憶と現在の問題点とを関連づけて説明することが私のテーマだったので、時間軸を現在から過去に向かって逆に遡る書き方が最善であると思われた(3)。そのしばらく後にオックスフォード大学のために欧州史を執筆するという大事業に直面した時にも、伝統的な描き方からの根本的な方針変更が必要であるとの確信を深めた。その結果、『ヨーロッパ　ある歴史』(*Europe: A History*)（一九九六年）では、三重構造の物語が同時に進行するという形式を採用した。まず、先史時代から二十世紀までの欧州史を大きく一二の時代区分に分けて論ずる主要部分を設定し、そこでは通常の線状モデルを採用した。そして、その各章に「スナップショット」と「囲み」を組み合わせて全体の構造をふくらませた。それ自体が独立の小さな章を形成する「スナップショット」はいくつかの重要事件を扱うことによって、それぞれの時代の生活の詳細と具体的な問題点を読者の前に提示した。また、本文中の三百ヵ所に分散して嵌め込んだコラム、すなわち「囲み」では、好奇心を刺激するありとあらゆる特殊な話題を取り上げた。本文各章の一般的な叙述と鋭い対照をなす個別的な話題の「囲み」を採用した狙いは、読者がそれぞれの時代の全体像について包括的なイメージを描くことを助けることにあった(4)。

この比較的複雑な構造は、私の心配をよそに、読者に歓迎された。むしろ、読者が自分自身で旅の進路を発見し、巨大な迷路のようなヨーロッパの歴史を自分なりのやり方で通過する手立てを提供する結果となった。長い旅の途中、読者は好きな場所でひと休みして気分を入れかえ、希望する場合には途中下車してゆっくりと寛ぐことも可能となったからである。

本書の執筆にあたっても、伝統的な時間軸上の線状モデルだけでは不十分であると思われた。このテーマはそもそも英語圏の読者に馴染みの薄い話題である。そこで、物語の導入として、ある程度の長さの章をいくつか設定する必要があった。その結果、第一部にあたる「蜂起の前」は予想以上の分量になってしまった。これでは、読み進もうとする読者の意欲が殺がれる恐れがある。解決策として、ドラマチックな序章を冒頭に置き、その後に時間軸に沿って同時進行する四つの物語を配置した。四つの章はそれぞれ別個のルートをたどって一九四四年八月一日の蜂起開始につながっていく。読者は四つのルートのひとつひとつを順番にたどることにより、物語の背景を理解し、その過程で必要な情報を手に入れることができる。

本書の中心はあくまでも第二部の「蜂起」である。しかし、第二部についても解決すべき問題点があった。私は存命する蜂起参加者を中心に多数の関係者にインタビューし、また、多数の個人的記録に目を通したが、その結果、魅力溢れる膨大な量の回想記録を入手することができた。これらの回想記録は言うまでもなくきわめて主観的であり、多くはむしろ挿話的と言ってもよい性格のものだが、それにもかかわらず、この歴史的事件に関係した多数の個人が経験したありとあらゆる人間的試練の物語として、歴史の真実に近づくための大いに説得力に富むヒントとなっている。これらの回想記録は、その一部を抜き出して本文中に織り込むことも可能だった。しかし、私は『ヨーロッパ　ある歴史』を執筆した時の経験を思い出し、これらの個人的回想記録を本分とは別立ての証言集として「囲み」に入れることにした。「囲み」は特定のエピソードに関わった当事者たちのきわめて個人的な証言である。読者は私が歴史家として記述した本文の全体的流れと当事者たちの個人的な「囲み」とを対比しつつ読むこともできる。また、好みに応じて「囲み」だけを木からもぎ取って味わうこともできる。

第三部の「蜂起の後」は時間軸に沿った三つの章からなる。一九四四年から現在までの期間を扱うこれらの三章は伝統的な線状モデルで書かれているので安心して読むことができる。第三部の最後に「中間報告」と題する章をもうけたが、これは本書全体のまとめとなる終章である。

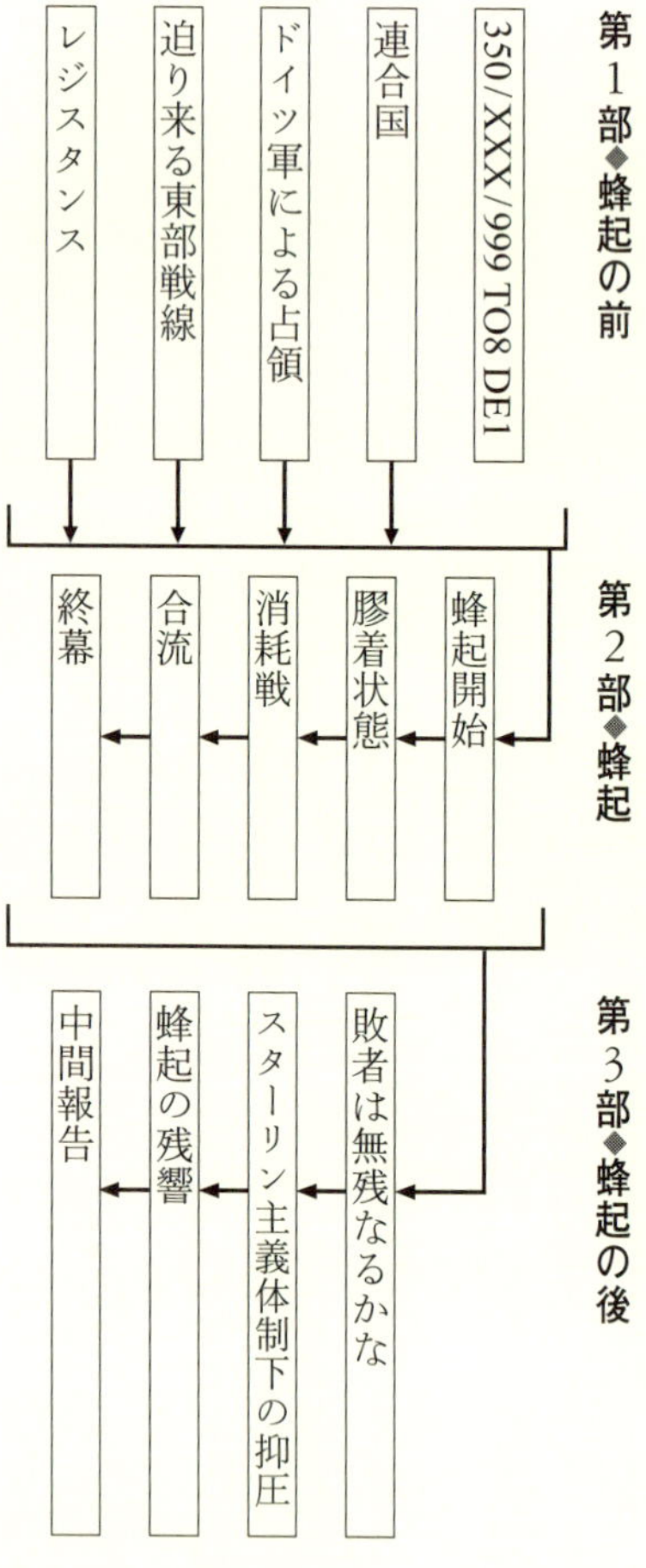

耳慣れない外国の人名と地名が英語圏の読者にとって大きな心理的負担となり得ることは、私も自分自身の苦い経験からよく知っている。特に、ポーランド語などいくつかの外国語に関して言えば、馴染みのない人名と地名がほとんど克服不可能な障壁となって、その国の事情が十分に理解できなくなることがある。問題は単に耳慣れない固有名詞が出てくるというだけにとどまらない。ポーランド語の場合は、理解しにくい文字システムと子音の多い独特の音声システムが作り出す発音不可能な音節が、読者の心を不安に陥れる。チャールズ・ディケンズは、一八六三年のワルシャワ蜂起後にロンドンに亡命してきたポーランド人と話をしたが、その冒頭からこの問題に直面して、次のように書いている。「今朝、一人の紳士が私を訪ねてきた。ところが、彼の名前には、英語が有するすべての子音の三分の二が含まれている。しかし、母音はひとつも含まれていない」(5)。ポーランド語は神がスクラップブル・ゲームの文字カードをばら撒いて創った言語だという冗談もある。しかし、笑って済ませられるような問題ではない。登場人物の名前が覚えられなければ、物語の筋を追うことができない。筋を追うことができなければ、理解することも、分析することも期待できないのである(6)。

そこで、私はひとつの実験を試みることにした。耳に馴染まないポーランドの人名をそのまま用いることを可能な限り控えたのである。まず、人名の代わりに肩書きを使うことにした。たとえば、ミコワイチク首相は「首相」、ラチキェヴィッチ大統領は「大統領」と呼ぶことにした。また、運の良いことに、地下国家と亡命政府の関係者の多くは日常的に偽名、通称、戦時暗号名などを多用していた。それらの呼び名を英訳することは比較的容易であり、また、取扱いが簡単な短縮形にすることも可能である。例えば、ブル=コモロフスキ将軍は「ブル」、オクリツキ将軍は「子熊」、ミコワイチク首相は「ミック」、フレイシュファルプ中尉は「光」という類である。一方、地名についても、ポーランド語の綴りを大幅に簡易化して、読者にとって発音可能な地名に言い換えた。本書をポーランド語に翻訳しようとする勇敢な翻訳者が現れるとすれば、彼は私が考案した珍妙な地名におそらく仰天するであろう。

ポーランド語の固有名詞の呼び方を修正した目的はただひとつ、英語圏の読者にとって読み易くするためである。言語学的な厳密さ尊重する人々は激怒するであろうが、普通の読者にとっては、見慣れない外国語の綴りは国際音声学記号と同じくらいに面倒で厄介なしろものであり、混乱の元である。綴りの修正はその混乱を避けるためである。地名のうち、英語での呼び方が存在する場合には、努めて英語による地名を採用した。「ワルソー（ヴァルシャヴァ）」、「クラコー（クラクフ）」、「ルージ（ウッチ）」などである。英語名が存在しない地名については、部分的な修正を施して読み易くした。街路の名称については、英訳が可能な場合は努めて英訳した。「新世界通り」〔ノヴィ・シフィヤト通り〕、「ロング・ストリート」〔ドゥウガ通り〕、「三つの十字架広場」〔チシ・クソンシュ広場〕、「エルサレム・アベニュー」〔イエロゾリムスキエ大通り〕などである。適切な英語に訳せない場合は、やはり一部修正して、読み易くした。人名のうち、シコルスキ、ヴォイティワ〔後に教皇ヨハネ・パウロ二世となるクラクフ首座大司教カロル・ヴォイティワ枢機卿〕、ワレサ〔後に大統領となる「連帯」議長のレフ・ヴァウエンサ〕など、西側でよく知られている人名はそのまま使用したが、キャジミア〔カジミエシュ〕、スタニスラス〔スタニスワフ〕、サディアス〔タデウシュ〕など、英語化が可能な場合は英語名の方を採用した。また、できるだけ困難を緩和するために、姓名のうち難解な姓はイニシアルに変えて、マリア・ドンブロフスカをマリア・D、アダム・ミツキェヴィッチをアダム・Mのように表記し、また、通称がある場合は通称を採用した。これらの修正の詳細は「人名地名等対照表」として下巻末に示し、さらに、場合によっては、巻末注に特記した。

本書の執筆に関して多くの団体、組織、個人から多大の支援を得たことに深く感謝したい。特に次の団体と組織に対しては、ここにその名称を記して感謝を申し上げたい。ワルシャワ・カルタ研究所、ポーランド地下運動研究財団、元国内軍兵士協会、フーヴァー研究所、ルーズヴェルト図書館、英国公文書館、ロシア連邦国立公文書館、ウルフソン大学図書館、英国学士院。なお、英国学士院からは「小規模研究助成金」の支給という寛大な支援をいただいたことに感謝する。

個人では次の人々に特別の感謝を捧げたい。わが取材チームの調査研究主任ロジャー・ムーアハウス、特別顧問アンジェイ・スフチッツ氏、アンジェイ・クシシュトフ・クネルト博士、アリソン・ミレット博士、ズビグニェフ・スタインチク氏、クシシュトフ・シュファグジク博士、ミハエラ・トドロヴァ殿下、ズビグニェフ・シェマシュコ氏など、多数の専門家が私の相談に応じてくれた。また、アンジェイ・アイネンキェル教授、W・バルトシェフスキ教授、ジル・ビーストン、カタジナ・ベンダ、アントニー・ビーヴァー、ヴウォジミェシュ・ボレツキ、クシシュトフ・ボジェイェヴィッチ、アレクサンダー・ボイド、キャシー・ブロックルハースト、W・ブラス教授、タデウシュ・フィリプコフスキ、マックス・ヘイスティングズ、イェジ・ホルゼル教授、ポリー・ジョーンズ博士、L・コウァコフスキ教授、マリア・コジェニェヴィッチ博士、グレンダ・レーン、ボレスワフ・マズール、ヤン・ノヴァク=イェジョランスキ、クリスティナ・オジェホフスカ=ユズヴェンコ教授、Z・ペウチンスキ博士、ミハエル・シュミット、トマシュ・スチェムボッシュ教授、リューバ・ヴィノグラードヴァ、ケン・ウィルソン、ヴァンダ・ヴィポルスカ、ミハウ・ザジツキなどの人々も貴重な支援を寄せてくれた。

情報提供の要請に親切に応じてくれた人々、アンケートに答えてくれた人々、回想録を寄せてくれた人々、私の問合せに応じてくれたその他の人々は数が多すぎてここに全員の名前をあげることができない。中には本書の完成を待たずに逝去された人もいる。全員に心から感謝したい。これらの人々の貢献は、その大小にかかわらず、具体的経験に裏づけられた本物の味わいを本書に授けてくれた。主な協力者のお名前は次の通りである。イェジ・アダムスキ、スタニスワフ・アロンソン、スタニスワフ・バランスキ、ヴォイチェフ・バランスキ、マリア・ボブジンスカ（旧姓ペイゲルト）、ズビグニェフ・ボルキェヴィッチ、アンナ・ボルキェヴィッチ＝ツェリンスカ博士、スタニスワフ・ブジョスコ、マレク・ブルダイェヴィッチ、ボグダン・ツェリンスキ、ヴィエスワフ・ホドロフスキ、アントニ・ホミツキ、Ｚ・ドリムルスキ、ヨランタ・ジェルジャフスカ＝ジャチキェヴィッチ、ヤツェク・フェドロヴィッチ、Ｗ・フィードラー、イレナ・フィンデイセン（旧姓ジェレニェフスカ、現在はベレルト）、アンナ・フロンチェク、チェスワフ・ガヴウォフスキ、マリア・ゲトカ、ヴァツラフ・グルート＝ノヴォヴィエイスキ、ズビグニェフ・グラビアンスキ、レフ・Ａ・ハルコ、ヤン・ホッペ、アンナ・ヤクボフスカ、アンジェイ・ヤニツキ神父、ルィシャルト・カプシチンスキ、スタニスワフ・カロルキェヴィッチ、ルツィヤン・キンドレイン、イェジ・クウォチョフスキ教授、アダム・コモロフスキ、エドヴァルト・コッソイ、ボグスワフ・コジョロフスキ、チェスワフ・クヴァシニェフスキ、ヴァンダ・レスィシ＝グトフスカ、スタニスワス・リキェルニク、レフ・リピンスキ、イェジ・ルニッチ＝アダムスキ、イレーナ・マコフスカ、ハリナ・マルチノヴァ、カミラ・メルヴァルトヴァ、ヴァツワフ・ミツタ、クリスティナ・ミェジェイェフスカ、ズビグニェフ・エドヴァルト・ムルス、セバスチャン・ニェヴィアドムスキ、アンジェイ・ノヴァコフスキ、ゾフィア・ノヴィアク、イザベラ・ノヴィツカ＝クチンスカ、エルジビェタ・オストロフスカ、フェリクス・オストロフスキ、ミェチスワフ・パヴウォフスキ、ヴィェスワフ・ポルコフスキ、ヴァルデマル・ポマスキ、ダヌタ・プシシュワシ、ゾフィア・ラデツカ、ヤン・ラコヴィッチ（ラダイェフスキ）、カジミェシュ・ラコフスキ、ヤニナ・レンズネロヴァ、アンジェイ・レイ、ヤヌシュ・ロシコン、ボグダン・ロストロポヴィッチ、ネッリ・トゥジャンスカ＝シンボルスカ、アンナ・サトコフスカ、ピョートル・サシン神父、ヤン・シドロヴィッチ、スタニスワフ・シェラツキ、ルツィヤン・シコラ、クシシュトフ・ストリンスキ博士、タデウシュ・スミンスキ、タデウシュ＝マリアン・シュフェイチェフスキ、イェジ・シュフィデルスキ教授、アンア・シュフィシュチンスカ、ボレスワフ・タボルスキ、タデウシュ・タルマス、ヘレナ・ティランキェヴィチョヴァ、マリア・ウミンスカ、ヴァグネル教授、ダヌタ・ヴァルドレ＝ヴィシュニョヴィェツカ、アンドリュー・ヴァイス、カジミェシュ・ヴォウク＝カラシェフスキ、J・J・ヴィショグロツキ、ヤヌシュ・ザダルノフスキ、クシシュトフ・ザヌッシ、ハンナ・ズビロホフスカ＝コシュツィア、イェジ・ズブジツキ教授。

文筆を業とする者は執筆という産みの苦しみの中で自分がもがき苦しむだけでなく、友人、家族、編集者など身近な人々にも過大な忍耐心を要求するのが常である。私が人々に多大な迷惑をかけたことをここにお詫びして理解をたまわりたい。本書が完成した今となっては、ひとえに恥じ入るばかりである。

これから読もうとする読者に本書の最善の読み方を助言するのはなかなか難しいことである。しかし、時間軸に沿った線状モデルの歴史記述をひとつながりの鎖の環に譬えることができるとすれば、本書はむしろ複数の枠組みと多数の煉瓦で構成された複雑な構造の建物に似ている。私としては、本書の構成をワルシャワ蜂起の兵士たちが舗石で築いたバリケードに譬えたいところである。ワルシャワのバリケードはワルシャワ蜂起という大事業の中でもひときわ目を引く傑作だった。いずれにせよ、先に示した設計図が本書の構造の理解に役立つことを期待したい。後に敵味方の双方が多大の犠牲を払った末に学んだように、バリケードを突破する最善の方法は必ずしも正面攻撃だけではないのである。

二〇〇三年四月十五日

ノーマン・デイヴィス

序章

時は一九四四年の夏。イングランドの夏の午後ののどかさは人の心を欺く。ロンドンの緑濃い郊外にいると、戦争も戦闘行為もはるかに遠い世界の出来事にしか思えない。太陽が輝き、まばらな雲がゆっくりと空を流れて行く。野原や庭では鳥が囀っている。時にはこの辺りにも、まるで迷い込んだかのようにV1ロケットが飛んできて落ちることはあったが、空襲による絨緞爆撃の悪夢はすでに過去のものとなっていた。熾烈なノルマンディー上陸作戦もはるかに英仏海峡を隔てた対岸の戦争であり、砲声もここまでは届いて来ない。ヨーロッパ大陸の東部戦線ではノルマンディーよりもさらに大規模でさらに激烈な戦闘が繰り広げられているらしいが、それは間近に見えるわけではないし、そもそも詳細な報道が伝わってこない。そのヨーロッパの東部で大規模な残虐行為が発生しているという噂もまばらに聞こえてくるが、その実態はよく分からない。少なくとも、国民の良心が脅かされるような問題にはまだなっていない。英国の存続そのものが危機に瀕した数ヵ月間はすでに過去のものとなり、国民の雰囲気は明るさを取り戻しつつあった。大陸の情勢について人々が交わす会話は、ドイツ占領地域の解放が間近に迫っているという話題に集中していた。

バーンズ・ロッジと呼ばれるその建物は、一見したところ、イングランドのどこにでもあるエドワード朝風のカントリー・ハウスといった風情だった。緩やかに傾斜するスレート屋根は灰色、煉瓦建ての建物の大部分は漆喰で白く塗られている。ハートフォードシャー州のゲード川渓谷を見下ろす丘の頂上近くまで急な坂道を登りつめると、林の一部を切り開いて整地した一角があり、そこにどっしりとした構えの二階建てのバーンズ・ロッジが建っていた。建物に入ると中央階段があり、階段を囲むように一二室の大きな部屋が並んでいるが、どの部屋も高い壁と曲面状に削られた天井、大きな上下式の窓のおかげで明るく、風通しが良く、エレガントだった。建物の正面側の窓からは広い芝生の庭が見え、裏側の窓からは自然のままの田園風景を眺めることができた。

しかし、この家が選ばれたのは美しい景観のゆえではなかった。理由は、まず、近所に隣家がないことだった。しかも、ロンドンからブレッチリーを経てミッドランド地方に向かう幹線鉄道の駅から一マイル以内の距離にあった。裏手は原野に面しており、正面は松林とサンザシ、ハンノキ、ハシバミの潅木に囲まれていたので、丘を登る取り付け道路に入ってからも、曲がりくねった道からは建物の姿を見ることができなかった。道の行き止まりまで来ると、少し脇に入った場所に藪の絡みついた鉄製の門がある。一見しただけでは、その門を入った先に守衛所と鋼製のネットフェンスが控えているとは想像できない趣である。目立たない場所に看板があり、「私有地」と書いてある。A41号線道路を通ってキングズ・ラングレーの村を通過する車のドライバーは、鉄道のガードを通り抜ける時の急カーブに気を取られて、バーンズ・ロッジへ入る脇道には気がつかないことが多い。A41号線道路と平行して線路が走っているが、蒸気機関車に牽引される急行列車の乗客も、バーンズ・ロッジへの脇道に気づくことはない。乗客には他に見るべきものがあった。線路の反対側に、板を切り抜いて作った牛とテューダー朝まがいの牛小屋の模型が並び、その隣に粉末栄養飲料メーカー「オーヴァルティン・エッグ・ファーム」の派手な看板が立っていて、それが乗客の目を奪ったのである。ロンドン市内のユーストン駅まで二五分かけて通う通勤客たちも、キングズ・ラングレーの停車場のプラットホームで列車を待つ間、特に何も気づかなかったはずである。彼らの目に入ったのは、オーヴァルティン社の工場と村の家々の赤い屋根、そしてはるか遠くの山麓の森だけだった。バーンズ・ロッジの鉄の門から二〇〇ヤードばかりのところにある一軒家のパブ「イーグル」や鉄道のガード近くの飲み屋「オールド・レッド・ライオン」で一杯引っかける村人たちは、バーンズ・ロッジが何からの「戦争業務」に携わっていることに感づいていたが、詮索しないようにとのお達しが村の巡査の口から伝えられていた。陸軍省は、交通の便が良くて、しかも世間から隔絶している場所を探していた。戦争が始まってすぐにバーンズ・ロッジが接収されたのは、陸軍省の求める理想の立地条件が備わっていたからだった。(1)

一九四四年、ヨーロッパでは第二次大戦がすでに最終段階に入っていた。戦いの帰趨は連合国側にとって圧倒的に有利に傾いていた。過去一二ヵ月間、東部戦線ではヒトラーのドイツ国防軍がスターリングラードとクルスクの大敗から立ち直れないままにずるずると退却を繰り返していた。ドイツの占領地域は山岳地帯と海岸線との間の狭い地域に押し込まれて急速に縮小していた。しかし、ドイツ軍が占領地を確保しつつ、効果的な防衛線を構築することはまだ不可能ではなかった。ただし、それには国防軍兵力のほぼ全部を防衛作戦に投入する必要があった。一方、連合国軍は六月六日のノルマンディー上陸作戦から数週間を経て、フランス国内に強力な橋頭堡を築き上げており、さらにイタリア半島でも支配範囲を着々と拡大しつつあった。今や第三帝国はドイツの将軍たちが過去一世紀にわたって恐れてきた最終的な悪夢に直面していた。つまり、数の上でも装備の上でも圧倒的に優勢な二正面の敵を相手に消耗戦を展開するという事態である。それだけではない。連合国側の生命線である大西洋航路を長い間脅かしてきたドイツ海軍が制海権をめぐる争いに敗北して事実上撤退し、空でも連合国空軍が絶対的優位を確保して、すでにドイツ国内のすべての大都市を瓦礫に帰すべく、連夜の爆撃作戦を開始していた。空戦と海戦の劣勢がドイツを窮地に追い込んでいた。ドイツ軍側から見れば、もし連合国側の勢いを早急に牽制しなければ二つの展開が避けられない情勢だった。第一は第三帝国に隣接する占領地域から早々に駆逐されること、第二は第三帝国の本土が連合国軍の侵攻にさらされることである。(2)

一九四四年の半ばを過ぎると、アメリカが支配することになる戦後世界がその構造の輪郭を見せ始める。米国は参戦以来わずか三年間で、生産、財政、技術、軍事のすべての分野で歴史上例がないほどの目覚しい発展を遂げ、今やその国力に物を言わせて国際政治を牛耳ろうとしていた。真珠湾攻撃の一日を除けば自国領土が戦火にさらされることのなかった米国は、ほとんど無傷のままで世界の「超大国」となり、同盟国たる英国とソ連に対してもその発言権を強めつつあった。「三巨頭」の間でも、ルーズヴェルト大統領の影響力はますます大きくなっていた。チャーチルとスターリンは戦後の英国とソ連をどのようにして復興するか、その計画に腐心していたが、ルーズヴェルトは米国による戦後世界の支配計画を練り上げつつあった。日独両国に「無条件降伏」を要求する方針を提案したのはルーズヴェルトであり、戦後の世界秩序の形成を目指して一九四四年七月から十月の間に開催された一連の国際会議を主導したのも米国だった。

バーンズ・ロッジで働く男女職員は、大多数の英国国民よりも世界情勢の動きを身近に知り得る立場にあった。彼らは長距離無線電信中隊の特殊技術隊員として、大陸に展開する連合国軍の各部隊と絶えず連絡を取ることを任務としていた。正確に言えばバーンズ・ロッジは「聴音受信ステーション」だった。この施設は三キロほど離れたチッパーフィールド・ハウスおよびタワーヒルの送信所と五六ストランドのケーブルによって結ばれ、また、電信印刷機一式と延長五〇キロメートルの陸上通信線によってロンドンのサウスウェスト一番地にある陸軍司令部第六課に接続していた。バーンズ・ロッジの暗号名は「マーサ」、世界九五ヵ所にある英国陸軍通信局のうちの第八番目のステーションだった。ちなみに、ごく最近、イタリア南部のブリンディジにも通信局が新設された(3)。

バーンズ・ロッジに駐屯する陸軍本部通信中隊は英国内の大規模な無線通信部隊網の一部を構成していた。たとえば、バーンズ・ロッジに一番近い別の通信部隊はボックスムーア村に配置され、外国無線の傍受に従事していた。ボックスムーア無線傍受部隊はドイツ班とロシア班によって構成され、ブレッチリー・パークにある極秘情報センターに直属していた。ドイツ班の責任者は二人の優秀な数学者で、ドイツ軍のエニグマ暗号の解読を戦前から担当していた先駆者だった。一方、ロシア班の班長はサンスクリット語の教授が務めていた。ミル・ヒルに配置されていた別の通信部隊は、民間部門の通信の傍受を専門とする機関だった。この部隊の表向きの所属先は内務省となっていたが、実際には首相直属だった。第四の通信部隊は外務省の管轄で、世界各地の大使館、公使館、領事館との連絡に当たっていた。

バーンズ・ロッジでは、一二七人のスタッフが働いていた。通信技術の専門家でもある陸軍大尉を指揮官とするこの部隊は、通信部門と技術サービス部門の二つの組織から成り立っていた。配属されていた八人の士官のうち、二人は電子工学のエキスパートで、その下に電信士三九人、無線士一一人、女性の電信印刷機オペレーター五人が働いており、他に二八人の兵士が送信機を管理し、送信内容を記録していた。また、一九人からなるチームがアンテナの保守に当たり、別の一七人が事務、炊事、警備などに当たっていた。上級の隊員はバーンズ・ロッジの二階に住むか、あるいは村内の農家に寄宿し、下級職員は車庫と厩舎を改造して作った付属宿舎で寝泊りしていた。働いている者の全員が互いに顔見知りだった。さらに、英国政府首脳部との連絡調整という特別任務に当たる担当者が二人いた。一人は戦前にベルギーで事業に成功した裕福なビジネスマンで、一九三九年に志願して軍務についた人物、もう一人はアンプルフォース・カレッジを卒業したばかりの士官候補生だった。

連合国軍の基本方針はほぼ全面的に英米ソ三大国の思いのままだった。しかし、この「ビッグ・スリー」が共通の目標を持つに至ったルートはそれぞれに大きく異なっていた。大英帝国がドイツ第三帝国に対して宣戦を布告したのは一九三九年九月三日のことであり、その意味では、英国はこの戦争の最初の参戦国だった。英国は、主戦論者ウィンストン・チャーチル首相の指導の下で、善意に基づく対独宥和という戦前の政策を捨て、原理的な対独対決姿勢へと転じていた。これとは対照的に、米国は二年以上の間ヨーロッパの戦争に対して超然たる態度を維持していた。しかし、一九四一年、フランクリン・D・ルーズヴェルト大統領はそれまでの隠然たる対英支援の姿勢から公然たる参戦に転ずる。そして、米国はその膨大な資源を投入することによって、自由世界の覇者の地位を摑み取ろうとしていた。ヨーロッパにおける米国の役割を制限するものがあるとすれば、それは同時に進行していた対日戦争のみだった。一方、ソ連は、開戦からの二年間は第三帝国の強固な同盟国だった。ヒトラーの対外侵略を可能としたのは独ソ不可侵条約だが、その秘密議定書には「スターリン元帥」による侵略行為を容認する合意も含まれていた。しかし、一九四一年にヒトラーがソ連を電撃攻撃すると、ヨーロッパの軍事地図は一夜にして激変する。それ以来、ソ連と第三帝国は死闘を繰り広げることになった。いくつかの重要な作戦におけるソ連軍の圧倒的勝利は、それが予想外だっただけに、いっそう印象的だった。スターリン体制のあからさまに反民主主義的な性格にもかかわらず、スターリンの威信は西側指導者の間でおおいに高まり、スターリンを賞賛する傾向が生まれた。というわけで、三大国は互いにますます近づきつつあった。その目標は敵の無条件降伏を勝ち取ることにあった。三ヵ国は自分たちを「国際連合」という名で呼び始めていた。(4)

一九四四年当時、無線電信と無線電話の開発はまだ始まったばかりだった。装置は厄介なほど大げさで重く、送信には大量の電力が必要だった。受信状態はしばしば劣悪だったが、無線機の所在を探知することは比較的容易だった。バーンズ・ロッジで連合国軍のために働く電信技士たちは、主として手動の回路遮断器、つまり「音響器」を用いていた。これは、オペレーターがモールス符号の国際変種規格（Q）に基づいてキーをトン・ツーと叩いて打電するという骨の折れる作業だった。あらかじめ設定された波長で相手からの電文が入電すると、雑音だらけのイヤホンで信号を聞き取り、受信用紙に鉛筆で一字一字書き取っていく。敵が通信を傍受することは簡単なので、通信のあらゆる段階で暗号を使う必要があった。それはつまり、バーンズ・ロッジの電信士たちには入電してくる電文の意味が理解できないということを意味していた。電文の意味を理解するのは電信印刷機の先で待機している陸軍本部の職員であり、それも多数の暗号解読係の助けを借りる必要があった。保安上の理由から、電信士と暗号係は決して接触できない仕組みになっていた。暗号解読は、送受信よりもはるかに困難な仕事だった。暗号解読係はあらゆる種類の照合作業を行い、絶えず変更される解読キーと換算表、およびそれらの組み合わせをチェックしなければならない。したがって、暗号の解読作業は厳密に定められた優先順位に応じて進められた。たとえば、XXXというスタンプが押してある電文は最優先して直ちに解読しなければならなかった。VVVならば緊急度は二次的であり、VVとだけ付記された電文は書類の山の下に積まれたままとなった。つまり、全体的に見れば、処理作業の速度は決して迅速とはいえなかった。予定より遅れることも珍しくなかった。最優先と指定された短い電文の解読が数時間以内に完了すれば、それはきわめて順調に作業が進んだことを意味していた。(5)

ドイツ軍にとっても事情は同じであり、ドイツ軍司令部が機械化暗号システム「エニグマ」を採用したのは、いうまでもなく、暗号解読に関するこれらの困難を克服するためだった。しかし、先端的な「エニグマ暗号機」も、さらにその上を行く先端的な暗号解読技術の前には無力であることを連合国側はすでに発見していた。(6) バーンズ・ロッジのシステムは、そこから一番近い場所にあるブレッチリー・パークの最新設備に比較すれば博物館的な技術でしかなかった。しかし、長期的に見れば、ゆっくりと安全に作業する方が拙速よりもはるかにましだった。

この方針の正しさは、すでにノルマンディー上陸作戦の前夜に証明されていた。Dデーに先立つ期間、用心のために、アメリカとソ連の軍事使節団を例外として、英国内にあるすべての外国機関に対して暗号電文による通信が禁止された。ところが、ある国の亡命政府がこの指示に逆らって暗号電文を送信してしまった。しかし、英国の情報機関にはその暗号が解読できなかったために、結局、その亡命政府は送信の継続を許可された。英国情報部の専門家が解読できない以上、ドイツ人に解読できるわけがないと判断されたためだった。(7)

暗号による通信網を補完するために、もうひとつの通信連絡手段として、暗号によらない通常のラジオ放送も利用されていた。最も重要だったのはＢＢＣのワールド・サービス放送である。ＢＢＣのブッシュ・ハウス放送所は十数ヵ国語の海外向け放送を行っており、特に敵の占領地域内にある諸国については、それぞれの国別に専門の部署を置いて対応していた。この各国向け放送以外にも、さらに特殊な目的の放送が多数行われていた。たとえば、「ラジオ・ヴァヴェル」はあらかじめ設定された合言葉を通常放送の中に埋め込んで放送していた。特殊な通信機器をもたない地下抵抗運動グループに連絡するためである。この放送はヘンリー・オン・テムズ近郊のフォーリー・コート送信所から発信されていた。合言葉を受信した抵抗組織は受信完了の合図を無線暗号通信でバーンズ・ロッジに知らせることになっていた。一方、情報省直属の「ラジオ・ドーン」〔夜明け放送〕はあたかもナチス・ドイツ占領地の奥深い場所から発信されているかのような形をとっていたが、実際にはイースト・アングリア地方の海岸沖に係留された船から送信されていた。

BBCワールド・サービスの放送対象地域の広さからも分かるように、連合国陣営に参加する諸国の顔ぶれは、三巨頭だけがトップ・テーブルで会談するという図柄からは想像できないほど数が多く、また多様だった。英国の戦争努力は、まず何よりも先に英連邦の自治領と植民地の軍隊によって支えられていた。カナダ、オーストラリア、ニュージーランド、南アフリカ、インドなどの諸国である。フランスは開戦以来の主要同盟国であり、一九四〇年にフランスが破局的な敗北を喫した後も英仏の同盟関係は変わらなかった。「連合国の大義のために結集するすべてのフランス人」によって構成される自由フランス運動の兵士たちは、戦時下のロンドン市民にとってはごく身近な（そして時として面倒を起こしやすい）存在だった。同じように、ベルギー、チェコスロヴァキア、ギリシャ、ルクセンブルク、オランダ、ノルウェー、ポーランド、ユーゴスラヴィアなどの亡命政府も連合国の構成メンバーだった。これらの諸国の尊敬すべき国家指導者であるドゴール将軍、ピエルロ首相、ベネシュ大統領、ゲオルギオス二世国王、シャルロット大公妃、ヴィルヘルミナ女王、ハーコン七世国王、シコルスキ将軍（一九四三年死亡）、ペータル二世国王などの動静は頻繁に英米両国の新聞紙面を賑わしていた。これらの同盟諸国はその軍隊と情報機関を英国の指揮下に置くことを了承していた。亡命軍の中でとりわけ数が多かったのはポーランド軍の兵士だった。ポーランド軍部隊は最も士気の高い軍隊であるとの評判をとっていた。そもそも、この戦争の発端は、一九三九年九月一日にヒトラーがポーランドを攻撃したことにあった。いわゆる「中小連合諸国」は、個別的にも、グループとしても、きわめて貴重な貢献をしていたのである。これらの諸国は「三大国」の陰に隠れてその姿が見えなくなる場合が少なくなかったが、連合国の大義にとっては不可欠の要素だった。それればかりか、連合国軍が前進するにつれて、中小同盟諸国は政治的な意味で重要性を増しつつあった。これらの諸国を抜きにして解放のプロセスを考えることは不可能だからである。

連合国軍と大陸の地下抵抗運動との連絡には少なからず困難な問題点があった。まず、通信文のやり取りをするには、暗号化して発信し、受信して解読するだけでなく、時には解読後に翻訳する必要があった。また、ドイツの支配下にあるヨーロッパ大陸から無線通信機によって秘密通信を発信する際には、発信者の所在が敵の方向探知機によって簡単に突き止められてしまう危険が常につきまとった。通信員が逮捕される事態を避けるためには、無線機は移動式でなければならなかった。また、通信チーム自身も迅速に移動しなければならなかった。比較的安全な発信地は辺鄙な森林地帯か山岳地帯だったが、そのような場所では無線通信をする意味が薄かった。しかし、ドイツ軍が密集している占領下の都市部で無線通信を発信することはきわめて危険だったので、送信可能な時間は通常一〇分以内に限られていた。ヨーロッパで抵抗運動が最も盛んだった地域、すなわちポーランド、ユーゴスラヴィア、北イタリアなどは、英国から最も遠い地域でもあった。したがって、通信機器や要員の空輸も簡単ではなかった。移動式の無線機セットといえども、必ずしも持ち運びが容易だったわけではない。スタンモアの工場で生産され、敵の前線の裏側に数百台単位で投下された標準的なA1タイプの送信機は一般に「ピップストック」の愛称で呼ばれていた。その寸法は九×二五×三〇センチで、中型のスーツケースにぴったり収まるサイズだったが、人目を引かないように、普通はリュックサックに入れて運ぶのが最も好都合だった。重さは約一〇キロ、性能としては、非常に高い周波数の上空波で一〇ワットの信号を発信することができた。この無線機を効果的に活用するためには、電信士一人、暗号係一人、運搬係一人、見張り一人、伝令一人の五人からなるチームと固定電力が必要だった。トランスが過熱しやすいという厄介な欠点もあった。

しかし、厄介な過熱の問題に対処するのと同じくらい慎重にゲシュタポの探索にも気を使う必要があった。そこで、「ピップストック」は初めからほとんど地上波が発信できないように設計されていた。そのため、近距離通信には使えなかった。つまり、ヨーロッパのある都市で活動する抵抗グループが同じ市内の別のグループと無線機で連絡を取り合う場合にも、一六〇〇キロ以上離れた英国のバーンズ・ロッジを経由しなければならなかったのである。(8)

というわけで、ロンドン駐在の各国亡命政府が最重要情報を本国の抵抗組織に連絡する時には、クーリエ（密使）を派遣するか、あるいは、あらかじめ設定された合言葉を通常のBBC放送の中に折り込んで放送する方法を採用する場合が多かった。たとえば、最近のオーバーロード作戦（ノルマンディー上陸作戦）に際して、BBC放送は「侵攻間近し」の事前予告をフランス国内のレジスタンス組織に伝えるために、「去年の雪が悔やまれる」という不思議なメッセージを繰り返し放送した。(9)

バーンズ・ロッジの職員たちは、顔を見たこともない大陸の協力者との無線連絡を常時絶やさずにおくために、創意工夫の才能を少なからず発揮しなければならなかった。三九台の受信機のうち最新式のものはわずか一八台に過ぎなかった。また、チッパーフィールドに立つ無線塔のうち高性能の偏菱形アンテナを備えたものは二基だけだった。加えて、一九四四年の夏は一一年ごとに巡ってくる太陽黒点周期の極小期に当たっていたために、信号の受信にはしばしば中断や歪みが生じた。しかし、送受信の業務が中断されることは決してなかった。残されている通信記録によれば、一九四四年七月の一ヵ月間にバーンズ・ロッジが送受信した通信の件数は二五二二件だったが、八月には四三四一件に増大している。(10)

無線電信士は最高度の訓練を受けていた。第一級電信士は一分間に一二〇文字を誤りなく正確に送受信することができた。第二級電信士は一分間に八〇文字、第三級電信士は四〇文字の送受信が可能だった。電信士たちは、さらに時間を節約するために、特に通信の開始時と終了時に国際省略符号を多用していた。たとえば、VVVは「ハロー」、QRK?は「受信状態はいかがか?」、QTCOは「現在はメッセージの送信中にあらず」、Rは「了解」を意味していた。

連合国軍司令部と被占領地域内で活動する同盟諸国の地下抵抗運動との間の連絡調整は、主として「英国特殊作戦部隊本部」(SOE)によって行われていた。SOEは一九四〇年七月、MI6の謀略工作部門、陸軍省の研究部門、外務省の宣伝扇動部門の一部の三者を統合して設立された組織で、代表事務所と部隊員を世界中に配置していた。SOE本部はユーストン駅から歩いてすぐの距離にあるベーカー街の秘密の場所にあった。コナン・ドイルの小説の中でシャーロック・ホームズが住んでいた架空の住所の近くである。SOEは英国軍参謀本部に直属する組織で、初代の責任者は外務省から出向した外交官のグラドウィン・ジェッブだったが、一九四三年以降は横浜生まれで勇み肌のスコットランド高地人、コリン・ガビンズ少将が本部長を務めていた。SOE部隊の中核は約一万三〇〇〇人の勇敢な男女兵士で、全員が志願兵だった。ただし、全隊員の過半数は外国人兵士で、彼らはSOEの専門家によって訓練された後、ドイツ軍に占領されている母国に潜入して秘密工作に従事するのである。英国内の訓練地は、スコットランド高地の奥地とハンプシャー州のビューリー・ハウスの二ヵ所にあり、海外ではカナダのオンタリオ州オシャワのキャンプX、パレスチナのカルメル山、そしてシンガポールに訓練施設があった。SOE隊員の輸送を担当したのは英国空軍の空挺部隊だったが、空軍はこの任務を不承不承引き受けるという態度だった。また、時には英国海軍の潜水艦も隊員の輸送を担当することがあった。英国本部と海外隊員との通信連絡はSOE独自の通信部門が担当していたが、いくつかの偶然が重なった結果、SOEの通信部隊はロンドンとワシントンをつなぐ主要なチャンネルのひとつともなっていた。SOEはチャーチルには好かれていたが、MI6と外務省からは毛嫌いされていた。(11)

武装蜂起に踏み切る時期は、連合国軍がナチスを撃退する作戦の最終段階というのが一般的な原則だった。戦争の初期段階では、抵抗運動は主として破壊工作、反ナチスのプロパガンダ、小規模なゲリラ活動などに限定された。暗殺作戦も時に応じて実行される程度だった。一九四二年六月、プラハにおけるSOE作戦の一部として、ナチス親衛隊上級大将のラインハルト・ハイドリヒが暗殺されたが、作戦の成功が衝撃的だったのと同じ程度にドイツ側の報復も衝撃的だった〔暗殺犯を匿ったという疑いで、リディツェ[12]村の男性全員が殺害され、女性と子供は強制収容所に送られた〕。この事件は武装抵抗の可能性と危険性の両方を同時に示すことになった。しかし、戦況の変化にともなって連合国側が優位に立つと、民間人と軍事組織の両方による比較的大規模な武装抵抗が計画されるようになる。言うまでもなく、情況は場所によって千差万別だった。一般的に言えば、ナチスの占領政策は西ヨーロッパ諸国におけるよりも、ドイツが「生存圏」（レーベンスラウム）に指定していた東欧諸国においていっそう苛烈だった。したがって、抵抗運動も、フランスやイタリアにおけるよりもポーランドやユーゴスラヴィアにおける方がいっそう危険だった。しかし、全般的な趨勢はもはや誰の目にも明らかだった。ドイツ占領軍は連合国軍の攻撃にさらされると同時に、占領地域の愛国者やパルチザンによる組織的な武装抵抗からも圧力を受けつつあった。

　武装蜂起を計画する場合の決定的な要素は、連合国空軍による支援態勢の有無だった。すでに過去二年間、連合国軍の爆撃司令部は反撃の恐れなしにドイツの主要都市を爆撃していた。オーバーロード作戦においても、英米軍の優位を保証した重要な要素は戦術空軍による支援だった。したがって、一九四四年半ばの時点で武装蜂起を計画していたすべての抵抗組織は、空輸によって武装蜂起を支援する能力が連合国軍にあること、また、ドイツ軍の飛行場を爆撃して敵部隊の集中を妨げ、パラシュート部隊を降下させて蜂起部隊を補強する能力があることを蜂起の前提としていた。もし、一般に理解されていたように、レジスタンス運動の側に連合国軍を支援する義務があるとすれば、同じように、連合国軍側にもレジスタンス運動を支援する義務があるはずだった。

敵味方の双方が各国の首都をめぐる攻防戦に重大な関心をもって注目していた。ドイツ軍は、全世界の征服者としてのドイツの優越性を証明する証拠として、占領地域内の各国の首都を死守する計画だった。一方、レジスタンス運動も独立国家回復の象徴として首都を奪回しようとしていた。最も重要なのはタイミングだった。貧弱な武装の愛国者たちが街頭に出るのが早すぎれば、圧倒的に優勢なドイツ軍の火力を前にして長い間持ちこたえることは不可能である。しかし、蜂起の時期が遅すぎれば、憎むべき敵に一撃を加える機会は永久に失われてしまう。理想的なタイミングは、ドイツ軍の防衛部隊が連合国軍の攻撃を受けて周章狼狽する瞬間だった。首都攻防戦に決起したレジスタンス軍が二日ないし三日間持ちこたえさえすれば、その間に運良くドイツ軍が降伏する可能性もあった。ローマでは、オーバーロード作戦の前夜の一九四四年六月五日にまさにそのとおりのことが起こった。アメリカ軍がこの永遠の都に突入するのと同時にイヴァーノエ・ボノーミ率いる反ファシズム国民解放委員会が退却するドイツ軍部隊に襲いかかり、その勢いに乗じてイタリア新政府の樹立を宣言したのである。[13] ローマに続いて、パリ、ブリュッセル、アムステルダム、オスロ、コペンハーゲン、ワルシャワ、ベオグラード、ブダペスト、プラハなど、次から次へと占領地域の首都で武装抵抗勢力が蜂起することになるが、蜂起の成否はひとえに連合国軍の前進ルートと進撃の速度にかかっていた。しかし、一九四四年の六月から七月末までは、どの首都でも蜂起が発生しないままに時間が過ぎていった。

一九四四年八月一日は火曜日だった。その日の朝、ロンドン市内で、あるいはキングズ・ラングレー駅のプラットホームで『タイムズ』紙を読んだ人々は、取り立てて注目すべき戦争記事に出会わなかった。それどころか、一面から三面までには、戦局に関する記事は一件も載っていなかった。第一面は例によってその日の誕生、結婚、死亡に関する告知記事だった。二面は国内ニュースで、「預けられた子供たち」についての特集記事のほか、「バルフォア宣言」に関する長文の投稿が掲載されていた。投稿者の主張によれば、バルフォア宣言はユダヤ民族に居住地を提供するものではあるが、ユダヤ人国家の設立を約束する趣旨のものではなかった。天気予報欄は、今後もしばらくは暑い夏が続くと予測していた。三面はもっぱら「英国の海外領土と外国のニュース」を扱っていた。最大の記事は「ローマのルネサンス美術」である。その他「一九一四年のロシアの思い出」、「赤軍兵士をギリシャへ派遣」、「ノルマンディーの丘の争奪戦」、「解放されたフランスの村の喜び」などの記事があるが、外交の分野で唯一現実的な重要性を持つ記事はポーランド首相のモスクワ訪問予定である。ただし、この訪問について報道すべき詳細はまだ不明とされていた。

　四面には六項目の戦争記事が報道されている。最初のニュースは「米軍、ノルマンディー沿岸を掃海」で、その楽観的な論調は、隣の記事「コーモン市の戦況」〔コーモンはフランスのノルマンディー北東部ウール県の町〕の懐疑的な調子と好対照をなしている。三番目のニュース「空の逆襲」は「昨日出撃した戦闘爆撃機の任務遂行はアメリカ人がスモッグと呼ぶ煙と霧の混合ガスによって妨害された」と報じている。四番目は「フィレンツェ攻防の激戦」、五番目の「東プロイセンを目指す赤軍の快進撃」はページの右半分全体を占める大型記事で、「カウナスの市街戦」と「苛烈なワルシャワ攻防戦」の二本立てで構成されている。ワルシャワについては、第五面の「ニュース・トピックス」にも関連記事がある。「ワルシャワに迫るソ連軍はヴィスワ川の河畔に集結している。ヴィスワ川から南へ向かう鉄道線路はドイツ軍にとって重大な弱点のひとつである」

この日の『タイムズ』の社説は二本立てだった。ひとつは緊急の国内問題である「国民医療制度」を取り上げ、もうひとつの「ワルシャワに迫る」はヨーロッパ戦線の最新情勢を論じている。「ドイツ側の報道によれば、ソ連のロコソフスキー軍はワルシャワから六キロ以内に迫っている。ヨーロッパで最初にドイツ空軍の爆撃と国家社会主義の支配の犠牲となった首都がヨーロッパで最初に解放される可能性が生まれている」。しかし、この情報から得られる結論は純粋に軍事的な予測の範囲に限られている。『タイムズ』紙の社説は「ワルシャワの陥落が必至となり、カウナスが連合国軍の手に落ちれば、東プロイセンに対する集中的な攻撃が可能となるだろう」と結論している。

第六面は熱心な読者のために王室の公式行事日程の概要を報じている。シティーに勤めるビジネスマンが最も興味をそそられるのは、おそらく第七面の「金融商業欄」であろう。第八面の上半分は写真欄である。一番大きな写真は砲撃で壊滅したコーモン市内に入るモントゴメリー第二軍部隊の勇姿である。他に「イタリア訪問中の国王陛下」の写真があり、写真には「第八パンジャブ連隊のセポイ・カマル・ラムにヴィクトリア十字勲章綬を授与する国王陛下」のキャプションがある。

写真欄の下は当日の放送と演劇に関する情報欄である。「放送」欄によれば、「午前七時から一般家庭向けホーム・サービス放送開始、七時十五分にニュース、続いてラジオ体操」の予定である。「オペラとバレエ」欄はサドラーズ・ウェルズ劇場で二つの劇団が上演中であることを知らせている。ロンドン演劇界については、ダッチェス劇場でノエル・カワードの『陽気な幽霊』、リリック劇場で『マクベス』、ストランド劇場では『毒薬と老嬢』を上演中である。「ノンストップ・レヴュー」と題する記事では、ウィンドミル劇場が「一度も小屋を閉めたことがない」との宣伝文句を誇らしげに掲げて「レヴュー・ドヴィル」の妖艶な舞台にファンを誘っている。

しかし、八月一日、バーンズ・ロッジからロンドンへ出かけた者はいなかった。実は、その日は誰一人として外出した者はいなかった。受信係は四六時中任務についていた。ある電信士の言葉によれば、「あたり一面に熱っぽい雰囲気が充満していた」[14]。決定的瞬間が近づきつつあることを全員が感じ取っていた。戦略命令がすでに発令されており、最重要の返信の入電を昼夜の別なく待ち構えている状態だった。電信士たちは交代で受信機の上に身を乗り出し、ヘッドホンを耳に当て直し、鉛筆を握りしめて入電を待っていた。その傍らには当直士官が立ち、受信記録紙を電信印刷機のオペレーターの許に運ぶべく待ち構えていた。電信印刷機の係は緊張して席に着き、メッセージを本部の印刷機に送信する作業に備えていた。

バーンズ・ロッジの緊張は、一週間前に起こった不思議な事件の波紋でいやが上にも高まっていた。七月二十五日、暗号化規則に違反するメッセージが入電したのである。それには平文でこう書かれていた。「連隊は包囲されている。彼らは我々を武装解除しようとしている。彼らが接近している」。この電文を本部に報告すると、本部との間できわめて異常なやり取りが始まった。アッパー・ベルグレーヴ・ストリートにある本部の当直将校は電信印刷機を通じてバーンズ・ロッジに命令してきた。「誰が誰を武装解除しているのか確認せよ」。返電が入ると、当直将校は言下に断定した。「これは偽情報だ」[15]。不審な無線連絡は次のような感傷的な挨拶を最後に唐突に終了した。「さようなら、兄弟たちよ」

一見重要と思われるメッセージが暗号処理されずに入電することほど面倒なことはなかった。規則によれば、その種の電信は無視する決まりだった。地下組織の送信機の周波数を入手した敵の工作員が、必要な暗号処理を知らないままに偽情報を流している可能性が考えられたからである。ドイツの情報部は絶えず情報霍乱作戦を行なっていた。

ところが、八月一日の夜、バーンズ・ロッジは一見して重要と思われる内容を含む二通目の平文メメッセージをまたもや受信したのである。それは一回目にも増してさらに驚くべき内容の電文だった。

今回は受信時の情況にも判断を混乱させるような事情があった。通信はあらかじめ設定された予定の時刻に始まった。送信者の「署名」はバーンズ・ロッジではよく知られた暗号名だった。通信は標準的なコールサインのVVV VVV VVVではなく、一部に巧みな修正を施してVVV VVV VVVEで始まっていた。この特殊なコールサインによって、地下組織の送信者が敵に捕えられ、脅迫されて偽情報を送信している可能性は排除されるのである。メッセージは通常の書き出しで始まったが、そのすぐ後に続く文字群「QTCO＝」には完全な自己矛盾が含まれていた。QTCOは「現在はメッセージの送信中にあらず」を意味していたが、その一方で「＝」はメッセージの送信開始を意味したからである。これに続いて四六語の単語が電信士によって受信され、記録された。暗号化されていない平文だったので、その意味は直ちに理解できた。

・・・

その電文は次のような言葉で始まっていた。「われわれはすでに戦闘中である……」。直ちに通信隊の責任者である指揮官が呼ばれて、コントロール・ルームに駆けつけた。指揮官はメッセージの内容を陸軍本部に伝えるよう命令した。しかし、本部では、一週間前に受信した平文メッセージを破棄扱いとした例の将校が今回の電文も同様に破棄扱いにしてしまった。問題は闇に葬られ、参謀総長への報告さえ行われなかった。

時を同じくして、バーンズ・ロッジはそれとは知らずに別のもうひとつの不思議な事件に巻き込まれていた。七月三十一日の夜遅く、当時イタリアを短期訪問していたポーランド亡命軍の最高司令官ソスンコフスキから暗号電報が入電した。暗号電文は二十二時四十分に電子印刷機で間違いなく本部に転送された。[18] バーンズ・ロッジの通信中隊は暗号電文の内容を知る由もなかったが、戦後に公開された記録を見ると、それは最高度の重要性を帯びる内容だった。ところが、イタリアから発信された電報がロンドンに到着するまでに、何らかの理由で三日間もの時間を要していたのである。しかも、最優先の扱いから外され、ようやく本部に転送され、解読された後も、少なくとも十二時間は翻訳されずに放置された。そして、最終的な宛先にはついに到達しなかったのである。[19] 言い換えれば、ポーランド亡命軍最高司令官の電報は先の平文メッセージ（I）350とほぼ同一の時間帯に、ほとんど同様の扱いを受けて、上司への報告ルートからはずされてしまったのである。通信中隊の献身的な業務遂行努力にもかかわらず、どこかで調子が狂っていた。

八月二日の英国の新聞は前日八月一日の軍事情勢を報道している。しかし、この水曜日の新聞紙面も火曜日と比べてあまり大きく変わっていない。西部戦線では「米軍戦車が渡河作戦を敢行してブルターニュに侵攻し」、東部戦線では「バルト海から東プロイセンまでの間のすべての道路が切断され、ワルシャワ周辺では包囲の弧が狭まっていた」。ヒトラー総統がラステンブルクの司令部「狼の巣」から退避したことも報じられていた。「ヒトラー、総司令部を移転」。タイムズ紙の社説は「英国とインド」の問題を論じていた。新聞にはカモノハシの出産を報ずるオーストラリア便りさえ掲載する余裕があった。

正午少し前、バーンズ・ロッジの受信機の一台がカタカタと鳴り始めた。受信した電文は次のような書き出しで始まっていた。「――/XXX/999、ラヴィーナからマーサへ」。それ以下の電文の内容は、例によって、受信した電信士にとっては意味不明だった。しかし、バーンズ・ロッジの隊員たちはラヴィーナがどの無線局の暗号名かをよく知っていた。長い間待ち望んだ知らせがついにやって来た、と誰もが思った。彼らの勘は当たっていた。その日の午後早い時間に本部で解読され、翻訳され、回覧された電文を読んだ人々の間には、電流に打たれたような感動が走った。

一九四四年八月一日発信。ミコワイチク首相およびソスンコフスキ最高司令官宛て。われわれは、協議の結果、首都奪回作戦の戦闘開始時刻を八月一日十七時とすることに決定した。戦闘はすでに始まっている。(署名)共和国政府代表兼副首相J・S・ヤンコフスキ、国内軍総司令官T・コモロフスキ[20]

日付についてはやや不審な点があった。電報が一日遅れで発信されたかのような印象を与えたからである。また、翻訳された英文中の「決定した」という過去形が不自然であると感ずる者もあった。しかし、それ以外の点では、この電報はまったく真正なメッセージであると判断された。正しく暗号化され、正しいチャンネルを経て受信された電報だったからである。先日の平文電報とは違って、今回のメッセージは破棄処分にならなかった。緊急な対応が必要だった。一刻も時間を無駄にできなかった。連合国の首都のひとつが解放されようとしていた。蜂起が始まっていた。

第1部

蜂起の前

第1章 連合国

ヨーロッパにおける「西欧連合」には長い歴史がある。欧州大陸諸国の中から覇権を狙う強国が立ち現れると、その脅威に対抗して大小の諸国が連合するという図式がヨーロッパ近代史の全期間を通じて展開されてきた。この西欧連合に最も頻繁に登場する国はイギリスである。イギリスはその海軍力で世界の海を支配していたが、陸軍については大陸の主要国に匹敵する軍備を保有したことがなかった。英国が連合を必要とした理由はそこにあった。英国主導の西欧連合が最初に成立したのはスペイン継承戦争だった。この戦争では、フランス以外の各国が反仏連合を結成してルイ十四世と戦った。フランス革命の時代には、革命の拡大に対抗する連合国の同盟が成立した。第一、第二の両次世界大戦でも、英国中心の反独連合が成立した。ただし、二十世紀に入ってからの西欧連合の特徴は、アメリカが参加したことだった。ヨーロッパに対する米国の影響力は当初はごく周縁的だったが、次第に決定的なものとなっていく。これらすべての西欧連合には、ひとつの共通点がある。どの時代の西欧連合にも、欧州東部地域の諸国のうち少なくとも一ヵ国が必ず参加したことである。東部地域からの同盟国は、その時々の情況に応じて、ある時はプロイセンであり、ある時はロシアであり、また、トルコという場合もあった。そして、一九三九年という特殊な情況下で英国が同盟国として選んだ東欧の国は、長く輝かしい歴史的背景を持ちながらも、ヨーロッパの過去三百年間のパワー・ゲームの中で重要な出番がほとんどなかった国、すなわちポーランドだった。

第二次世界大戦における連合国の大義はきわめて単純な言葉で表現することができる。つまり、もし正義の戦争というものがあるとすれば、まさにこの戦争こそが正義の戦争だった。敵は邪悪だった。邪悪な敵を打倒することは崇高な行為だった。そして、連合国はこの正義の戦争に勝利したのである。世界のほとんどの人々、とりわけ英米両国の人々にとって、言うべきことはほとんどこれですべてだった。もちろん戦争の過程に紆余曲折があったことは誰でも知っている。少しでも詳しく戦争の歴史を調べれば、最終的な勝利に至るまでの間に連合国側が敗北の危機に直面したことが何度もあったことは明白である。しかし、基本的な政治的、道義的な次元で言えば、いかなる疑念もさしはさむ余地はない。自由と正義のために団結して戦い、世界を圧制から救った兄弟国という第二次世界大戦の連合国の一般的なイメージに疑いを差し挟む余地はほとんどない。

しかし、その前に連合国についての基本的な事実をいくつか明確にしておく必要がある。まず、この連合の加盟国の数は常に変動した。第二次大戦はナチスの侵攻が始まった一九三九年をもって始まるとするのが通説だが、その開戦当時の連合国のメンバーと六年後に連合国が勝利した時のメンバーは同じではなかった。途中で立場を変えた大国もあった。加盟国の中で最強だった国アメリカは、戦争が中間時点を過ぎるまで超然として参戦を拒んでいた。第二に、連合国の構成メンバーにはありとあらゆる種類の国が含まれていた。世界的な大帝国もあれば、全体主義的な独裁国家もあり、立憲君主国もあれば、民主主義の共和国もあった。各国の亡命政府も連合国の重要なメンバーだった。国内に内戦を抱えながら参加した加盟国さえあった。第三に、一九四一年十二月に戦線が太平洋に拡大すると、欧州戦争はアジア世界との入り組んだ相互関係に影響されて開戦当初よりもさらに複雑化した。理論的には、連合の大義は一九四二年に二六ヵ国が調印した国際連合憲章の理念に基づいている。国際連合憲章はさらにその前年の大西洋憲章の精神を基礎としている。大西洋憲章は何よりもまず領土拡張主義を否定し、「すべての民族が自分たち自身の政府を選択する権利を有する」ことを確認している。しかし、連合諸国を実際に相互に結びつけていたのは、共通の敵と戦うという約束だった。

連合国の同盟関係は、戦争の全期間を通じて、古臭い大国支配的な体質を脱することができなかった。つまり、「主要連合国」には連合の政策を自分たちの内輪で自由に決定する権利があり、「中小連合諸国」はその決定をありがたく受け入れなければならないという暗黙の前提が存在していた。当時はこの前提に異議を唱える声はなかった。歴史家たちの間でも、この前提を問題視する動きは現在に至るまでほとんど見られない。しかし、この前提こそが後にいくつかの重大な結果を招くことになる。「三大国」は当然のようにこの前提に立って行動していた。ウィンストン・チャーチルは「大連合」という言葉を使ったが、それはチャーチル家の十八世紀の祖先であるマールバラ公爵の「アウクスブルク大連合」を意識的に模倣した言い方だった。

連合諸国の関係をさらに複雑にしていたのは、加盟国の大半がそれぞれに二国間条約、個別的な同盟宣言、副次的な連合など、網の目のように張りめぐらされた同盟関係を抱えていたという事情である。やがて自らを「国際連合」と呼ぶようになる連合諸国は、共同して枢軸国と戦うという一点でこそ一致していたが、加盟国間の個別的な相互防衛ないし相互支援は必ずしも約束していなかった。特に、ある連合国が別の連合国に侵略された場合の保護や保障については何の取り決めもなかった。連合諸国内部の紛争が長期化するような場合、その解決は戦後に開催される予定の和平会議か、あるいは国際連合による裁定まで持ち越されるものと通常は解釈されていた。しかし、和平会議は結局開催されなかったし、国際連合の組織的な機能も一九四五年九月になるまで始まらなかった。

詳細に見ると、連合諸国内部の個別的な二国間関係は、その性格についても、また、結びつきの強さについても、千差万別だった。たとえば、英米両国の関係は基本的には道義的な相互信頼を基礎としていた。一九四二年二月の武器貸与協定を唯一の例外として、英米間には包括的な二国間条約は公式には存在しなかった。一方、英仏関係は一九〇四年に締結された英仏和親協商のあいまいな拡大解釈を基礎として成立していた。対照的に、英国とソ連の関係は一九四一年七月十二日に締結された英ソ条約の精緻な条文によって厳密に規定されていた。一般に西側の連合諸国にとっては、外交条約は各国が創意工夫によって際限なく拡大しようとする協力活動の範囲を制限するための歯止め策だったが、ソ連の見方はまったく正反対だった。ソ連にとって西側資本主義国との条約は正確に定義された範囲内で一時的に協調するための便宜上の手段であって、敵対的かつ懐疑的な姿勢で西側に対峙するという基本的スタンスを修正する方策ではなかった。

一九三九〜四五年の連合の構成と性格はそれに先行した一九一四〜一八年の連合からの影響を色濃く受けていた。第一次大戦ではフランス、英国、ロシア、米国の四ヵ国を中心とする協商連合がドイツの覇権主義に対抗したが、この協商連合の伝統は第二次大戦の新世代連合の協力関係にも当然ながら大きな影響を残していた。ドイツは類例のない最大の脅威と見なされていた。フランス、英国、米国は民主主義の旗手を自任していた。一九一七年に復活した英語圏諸国の連帯意識は、今回の連合でいっそう強化された。ロシアは（正しくはソ連だが、依然としてロシアの名で呼ばれていた）すでに自由主義的な旧ロシア帝国ではなく、陰険な性格の全体主義的怪物になっていたが、西側は今回もごく自然にロシアを同盟の相手国と見なしていた。

一九三九～四五年の世界の指導者たちは、三十年前から四十年前、あるいは五十年前に形成された世界観の持ち主だった。たとえば、チャーチルは一八七四年生まれのヴィクトリア朝時代の人物であり、二十世紀に入る前にすでに立派に成人していた。チャーチルにとって政治とは大英帝国の経営であり、平等の扱いなど求めるはずもない従属諸国と植民地に関してその序列と秩序を維持することだった。スターリンはチャーチルよりも若いが、年齢差はわずか五歳であり、ルーズヴェルトでさえ八歳年下に過ぎなかった。三人とも、ヒトラーおよびムッソリーニよりもはるかに年長だった。連合国軍の幹部たちは、アイゼンハワーを例外として、ヴェーガン〔フランス軍総司令官、国防相〕、ドゴール〔フランス軍将軍、後に大統領〕、アランブルック〔英国陸軍元帥〕、モントゴメリー〔英国陸軍元帥、連合国軍司令官〕、ジューコフ〔ソ連軍将軍〕、ロコソフスキー〔ソ連軍将軍〕、パットン〔米国軍将軍、戦車軍団指揮官〕など、ほぼ全員が第一次大戦を生き抜いた軍人であり、第一次大戦を通じて人格を形成した人々だった。彼らの心には大軍を動員して戦った全面戦争としての第一次大戦の記憶が焼きついており、また、ある特定の色分けの欧州地図がしみついていた。彼らの世代の時代感覚では、西欧側の地図は複雑に入り組んでいたが、東欧側の地図はいたって単純だった。彼らの頭の中の地図によれば、ライン川からネマン川〔ニェメン川〕までの地域はすべてこれドイツであり、ドイツの西側にはオランダ、ベルギー、ルクセンブルク、フランス、スイスなど一団の西欧諸国がひしめいていた。そして、ドイツの東側には何もなかった。いや「ロシア」以外には何もなかったと言うべきだろう。少なくとも「ロシア」以外に重要な国は存在しなかった。彼らが若かった頃には、結局のところ、ドイツとロシアは互いに国境を接する隣国であり、リガとヴィリニュス〔ヴィルノ〕は言うまでもなく、ワルシャワでさえロシア国内の都市だった。

西欧の指導者の頭にしみついていた地図がどんなものだったかを如実に物語る実話がある。一九四四年のある日、ノルマンディーの地で、モントゴメリー将軍が初めて第一ポーランド軍団機甲師団の司令官〔スタニスワフ・マチェク少将〕に出会ったときのことである。モントゴメリー将軍は話の接ぎ穂としてポーランド人将軍にこう尋ねた。「ところで、将軍、最近のワルシャワで使われている言葉はロシア語ですか、それともドイツ語ですか？」(1)これは英国人に向かってロンドンで最近使われている言語はフランス語かそれともラテン語かを尋ねるに等しい失言だった。しかし、あまり驚いてはならない。結局のところ、モントゴメリーが若い兵士だった頃、ワルシャワはロシアの都市だったのだ。彼は一九一五年と三九年の二度にわたってワルシャワがドイツに占領されたことを知っていた。だとすれば、ワルシャワはロシアとドイツの両国が奪い合いを繰り返すどちらかの領土であると考えても、ごく自然な話だった。ポーランドにはロシアよりも古い独立国としての歴史があり、英国よりも長い自由と民主主義の伝統があることを知る西欧人がいたとしたら、それはきわめて学識豊かで例外的な人物に限られていた。(2)

東ヨーロッパについての西欧人の概念は、もしその種の概念が西欧人にあったとすればの話だが、明らかに一方的な決めつけである場合が少なくなかった。たとえば、ウィンストン・チャーチルはヨーロッパ諸国を無神経にも「大国」と「小国」に分類していた。大国とは第一次大戦を戦った列強諸国を意味していた。小国とはその他すべての面倒な民族国家の意味で、旧帝国の崩壊後に誕生し、誕生したかと思うとすぐに互いに争い始めた厄介な国々だった。大国は新しいヨーロッパに対するその傲慢な考え方をほとんど隠そうともしなかった。そして、まるで子供をよい子と悪い子に分けて扱うかのように、小国をよい小国と悪い小国に分類して差別した。たとえば、ヨーロッパの新興諸国のうち、ドイツやオーストリアと戦って独立を達成したチェコやスロヴァキアはよい国と見なされた。しかし、ウクライナやアイルランドのように連合国に反抗して独立した諸国は、手に負えない悪童とは言わないまでも、明らかに悪い国だった。ドイツの助けを借りて独立を宣言したウクライナの場合には、独立自体が虚構と見なされた。連合国の承認が得られない国は独立国として存在することができなかった。

ドイツを中心とする三国同盟とロシア帝国の両方を敵にまわして独立を主張するポーランドは、情緒不安定な問題児以外の何者でもなかった。そのようなポーランドは大国の振りをしたがる小国に過ぎなかった。ポーランドの指導者たちの中でも、第一次大戦をペトログラードやロンドンやパリで過ごした指導者は健全なポーランド人として分類されていたが、たとえば、ピウスツキ元帥のようにオーストリア軍の軍人としてロシア軍と戦った経歴を持つ指導者は明らかに疑わしい人物と思われていた。ピウスツキがドイツ皇帝への忠誠宣誓を拒否したために、戦争の最後の一年間をマグデブルク要塞の監獄につながれていたという事実も、彼が危険な「親独派」であるという嫌疑を払拭する材料にはならなかった。ピウスツキは一九三九年に死亡してしまうが、彼の負の遺産とも言うべき親独派の疑いは長く後を引くことになる。結局のところ、一九二〇年に常識的な予想を裏切って赤軍を打ち破ったのはピウスツキだったし、三〇年代に入ってスターリンとヒトラーの両方を相手に不可侵条約を結んだのもピウスツキだった。しかし、「二正面の敵」というピウスツキの外交政策は常軌を逸する非常識と見なされていた。ポーランドが何を目指しているのかは、連合国側にしてみれば、どう考えても理解不能だった。

第二次大戦を戦った連合国の歴史には明確に区分されるいくつかの段階がある。まず、一九三九年当時の最初の同盟国はフランス、英国、ポーランドの三ヵ国だけだった。その年の三月二十三日には、リトアニアのクライペダ港（メーメル港）がドイツ軍に占領されるが、そのリトアニアさえ連合には加盟していなかった。また、四月にはアルバニアがイタリアのファシスト軍に侵略されて併合されるが、そのアルバニアは連合国ではなく、さらに、十一月に赤軍の侵略を受けるフィンランドも連合国の一員ではなかった。リトアニアはドイツの脅迫に屈して公式にクライペダ港の割譲を受諾してしまい、イタリアによるアルバニア併合については、直前のミュンヘン合意の再現を思わせる胡散臭い外交取引を経て、英仏両国が承認を与えてしまうからである。一方、フィンランドとソ連の紛争は、第三国が介入する間もなく不安定な終結を迎える。したがって、連合国側の見方によれば、一九三九年には、ドイツが九月にポーランドを急襲したことを除けば、ヨーロッパの平和を侵害する事件は発生しなかったことになる。つまり、連合国に最初の戦争目的を与え、同盟関係の発動を促したのは、他でもないポーランド危機だった。ポーランドは一九二一年以来フランスと同盟関係にあり、英国とは三九年八月二十五日に相互援助条約を結んでいた。そして、英仏両国は同年三月三十一日付でポーランドの独立を公式に保障していた。したがって、九月一日未明にドイツ国防軍がポーランド国境を突破して侵略を開始した時、それは連合国がドイツに宣戦布告するための十分に明白な戦争原因となったのである。

一九三九年にポーランドが壊滅し、続いて四〇年にフランスが敗北すると、残された連合国はただ一国、つまり英国だけになったと言われることがある。しかし、その計算はあまり正確ではない。なぜなら、カナダ、オーストラリア、ニュージーランド、南アフリカなどの諸国が多大の貢献を続けており、インドも参戦していた。また、各国の亡命政府が続々と連合に加盟し、中には大規模な亡命部隊をともなって参加する政府もあった。加えて、アメリカも必ずしも完全中立ではなかった。ルーズヴェルト大統領は表向き非参戦の姿勢を保ちながら、米国を「民主主義の巨大な兵器工場」に変えるための組織的な計画に着手していた。米国は、軍備の強化、工業生産の拡大、大西洋艦隊と太平洋艦隊の整備などの目標に向けて精力的な努力を開始するとともに、武器貸与法に基づいて大量の補給品と援助物資を英国に送り込んでいた。英米両国間で駆逐艦と基地使用権とを交換する協定措置が始まったのも、大西洋憲章が宣言されたのも、ともに米国が直接に参戦するずっと前のことだった。

一九四一年には連合国にとって重大な転換点となる三つの事件が発生した。六月二十二日、ナチス・ドイツがソ連を侵略し、その結果、スターリンとヒトラーはそれまでの盟友関係から不倶戴天の敵同士になった。十二月七日〔日本時間八日〕、日本が真珠湾のアメリカ太平洋艦隊を爆撃し、その一撃で米国の孤立主義は雲散霧消した。その四日後、ドイツは同盟国日本への連帯の意思表示として米国に宣戦布告した。この瞬間、「大連合」が成立したのである。

戦争が最終局面に入って連合国側の勝利が予想されるようになると、イラクからリベリアに至るまでのあらゆる国々が連合に加盟し始める。かつてはドイツの同盟国だったイタリア、ルーマニア、ブルガリア、ハンガリー、フィンランドなどの諸国も立場を変えざるを得なくなる。トルコなどの中立国も、もはや中立の立場を維持することはできない。一九四五年三月一日、サウジアラビアが最後の加盟国としてドイツと日本に堂々と宣戦布告することになる。


変化してやまないこの同盟関係の中で英国が果たした役割は決定的に重要だった。しかし、英国の役割は必ずしも多くの英国人が自負しているようなものではなかった。そもそも、英国が「戦争に勝利した」とは言えない事情がある。しかし、英国は勝利者側に立って戦い、連合国陣営の中で三番目に大規模な軍隊を提供した。そして、何よりも、連合の大義の連続性を維持するという意味で最大の貢献を果たしたと言える。連合国の中で最初から最後までドイツと戦った唯一の主要国は英国であり、フランスの敗退からソ連と米国が参戦するまでの間、連合国陣営を維持したのも英国だった。その後は欧州大陸の沖に位置する巨大な「不沈母艦」として米空軍爆撃機の飛行場となり、ノルマンディー上陸作戦では出撃基地となった。しかし、英国の最大の貢献は、自分自身が絶望の淵に立たされながらも反撃の声を絶やさずに世界の人々を勇気づけ、最も暗い時代に勝利のメッセージを送り続けたことにあった。

しかし、軍事的観点から言うと、英国の役割はきわめて限定的だった。英国の軍備は奇妙な不均衡を抱えていたからである。一方で世界第一級の海軍と空軍を有し、国土をいかなる敵の侵略からも効果的に防衛するシステムを備えていたが、その一方、世界の大英帝国の地上軍はあまりにも貧弱であり、大陸戦を自力で戦う能力を持たなかった。一九三九年当時、英国陸軍の兵力はチェコスロヴァキアよりも小規模だったのである。その上、英国の財政事情は破綻寸前の状態だった。一九三〇年代の対独宥和派の政治家たちが正確に計算していたとおり、英国の厳しい財政状態は、欧州戦争を戦うか、それとも大英帝国を救うかの二者択一を迫っていたのである。もし英国が大規模な国際紛争に巻き込まれた場合、当時頼りとなり得た唯一の支援国であるアメリカから莫大な財政援助が得られない限り、勝利する可能性はほとんどゼロだった。そして、たとえ勝利したとしても、英国がいやおうなしに米国に依存する存在に成り下がることは確実だった。

第一次世界大戦が始まった一九一四年当時と同様、三九年にも「国王陛下の英国政府」が対独戦争に踏み切るためには、欧州西部地域からの同盟国、欧州東部地域からの同盟国、そして、それに加えて資金援助国がどうしても必要だった。英国政府が想定していた同盟国は三〇年前と同じメンバー、つまりフランスと「ロシア」と米国だった。英国とフランスの両国はロカルノ条約(一九二五年調印)によって結ばれていた。しかし、ソ連との同盟関係はまだ実現していなかった。それどころか、ボリシェビキの犯罪行為に対する嫌悪感から、英国の世論は過去一〇年間にわたって反ソ的傾向を強めていた。しかし、三〇年代に入ってナチスの脅威が増大すると、昔の親ロシア感情が復活する。英国の左翼勢力は反ファシズム運動の魅力に惹かれるあまり、スターリン主義の犯罪という現実に目をつぶって、英ソ友好の回復を声高に訴え始める。一方、英国の右翼も、革命の独裁者に協力するという偽善に眼をつぶって、パワー・ポリティックスの現実に流されつつあった。一九三九年二月四日、『デイリー・エクスプレス』紙の社主で、帝国主義の旗手の第一人者だったビーヴァーブルック卿は、モスクワとの友好促進には何の問題もないとして、次のように書いている。

ロシアがその世界的役割を拡大しつつある事実は、国際関係における新たな展開と言うことができる。ロシア人はきわめて尊敬すべき国民となった。彼らはジョージ五世の葬儀にシルクハットで参列し、保守派の高級新聞さえ賞賛するほど立派に振舞った。実のところ、もし英国が欧州大陸で影響力を維持したいなら、ロシアの協力は不可欠である。ドイツの脅威を前にした今、英国はロシアと協調すべきである。(3)

しかし、英国が希望する連合構想にはひとつの欠点があった。つまり、どの駒も英国の思い通りには動かなかったのである。フランスは地上軍の規模でこそ英国をはるかに上回っていたが、国際問題で主導権を握ろうとする政治的意思に欠けていた。一九三八年九月のミュンヘン危機では、チェコスロヴァキアの同盟国は英国ではなく、フランスだったが、主導権を取ることを余儀なくされたのは英国のネヴィル・チェンバレン首相だった。また、当時はまだ外部世界にはあまり知られていなかったが、ソ連は政治的粛清と大量処刑の渦中にあった。その規模の大きさは想像を絶するものであり、軍隊内部の大粛清など、国家機能を麻痺させるような重大な危機が進行していた。このような状態では、ソ連が外交面で何らかの重要な動きに関与することは不可能だった。一九三九年には、ソ連国内の粛清の波は国家統計局にまで及び、統計局は事実上の機能停止に追い込まれるが、辛うじてその直前に『イズヴェスチア』紙が発表した数字によれば、それまでの一〇年間に粛清で姿を消した犠牲者の数は一七〇〇万人に及んでいる。赤軍はモンゴルで日本軍と戦争状態にあり、厳しい圧力にさらされていた。最後の瞬間に赤軍を崩壊から救ったのは、粛清で消えていった上官たちに代わって急速に頭角を現したジューコフという名の若い将軍の天才的指揮能力だった。しかし、モンゴル戦線で休戦が実現しない限り、ソ連が欧州で何らかの軍事行動に出ることは夢物語だった。その休戦がようやく実現するのは一九三九年九月十五日以降である。一方、アメリカは大恐慌から回復しつつあったが、国民は依然として極端な孤立主義の呪縛から解放されておらず、そのため米国議会は欧州への公然たる介入にはいかなる場合にも反対する構えだった。以上、要約すれば、欧州大陸での連合国の態勢はまったく整っていなかった。このような状況下でポーランド危機が忍び寄っていたのである。ヒトラーはこの情勢を正確に分析した上で、スターリンの支援さえあれば最小限の犠牲でポーランドを占領できると計算していた。

というわけで、開戦に先立つ数ヵ月間、ありとあらゆる外交駆引き、ありとあらゆる策謀が横行した。三月三十一日、英国はポーランドの独立を保障したが、その裏づけとしての軍事的動員は行なわなかった。英国はポーランドの「独立」を擁護し、ポーランドに「可能な限りの支持」を与える義務を負っていた。英国、フランス、ポーランド三ヵ国の軍事指導者の間で具体性を欠く話し合いが続き、ドイツがポーランドを攻撃した場合にはフランスがドイツに報復攻撃を加えるという合意が成立した。しかし、この合意にはどことなく不誠実な臭いがつきまとっていた。フランス軍のガムラン将軍は「フランス軍の基幹部隊」(4)を動員してポーランドを支援することを約束したが、具体的な作戦は策定されなかった。

一九三九年四月六日、英国とポーランドの安全保障合意は相互的な性格のものとなった。ポーランド外相がロンドンを訪問し、英国がポーランドの独立を擁護するのと同様に、英国の独立が脅かされた場合にはポーランドが英国を守ることを約束した(5)。

八月二十五日、改めて英国・ポーランド相互援助条約が締結された。しかし、これが一時しのぎの弥縫策《びほう》に過ぎないことはあまりにも明らかだった。スターリンとヒトラーが手を結ぶことを阻止できなかった英仏両国がその失敗を取り繕うために急遽結んだのがこの条約だったのである。つまり、そのわずか三日前に締結された独ソ不可侵条約に対抗して慌てて結ばれたのが英国・ポーランド条約だった。英国内にはソ連をヨーロッパ東部地域の同盟国として受け入れることをためらう動きはほとんどなかった。あるいは、フランス、ベルギー両国とのバランスを考えれば、ソ連とポーランドの両国を同盟国として選んでもよかった。しかし、事態は思うようには運ばなかった。リッベントロップとモロトフが不可侵条約に署名してしまった以上、英国政府には東部の同盟国としてポーランドを選ぶか、あるいは同盟国をまったく持たないかのどちらかしか道はなかった。あからさまに言えば、ポーランドはゼロよりはマシだったのである。加えて、時間が逼迫していた。事実、歴史家たちが後に知るところよれば、当初ヒトラーは八月二十六日にポーランド侵攻を開始する命令を出していたが、いったん出した命令を撤回して、侵攻を一週間延期したのである。

もちろん、ポーランド側から見れば、英国との条約は一種の成功と見なすことができた。ワルシャワが最も恐れていたのは、ポーランドが孤立状態のまま攻撃され、ポーランドをあえて守ろうとする列強諸国が一国も現われないという事態だった。ポーランドにとって国家の将来を守る最善の道はポーランドとドイツとの紛争をヨーロッパ全体の紛争に拡大することだった。英仏両国との同盟は悪い話ではなかった。

英国・ポーランド相互援助条約は不特定の「欧州の強国」による侵略を想定していたが、秘密議定書にはその国名が明記されていた。当該の強国とはすなわちドイツであり、もしドイツ以外の強国が同様の侵略行動に出た場合については、「締結当事国は共同して取るべき対策を互いに協議するものとする」という規定だった。(6)

英国の指導者たちはナチスの行動がすでに我慢の限界を越えたと判断していた。三月にヒトラーがプラハを占領するのを見るに及んで、それまで四分五裂していた英国の世論がひとつの共通認識にまとまりつつあった。戦争の回避を公然と主張してきたビーヴァーブルックのような人々でさえ、現実的に見て戦争が不可避であることを内心では認め始めていた。ビーヴァーブルックはすでに三月の段階で友人に向けて次のように書いている。「二つに一つだ。大英帝国かドイツ第三帝国か、二つのうちどちらかが滅びなければならない」(7)。唯一の問題はいつ、どのように滅びるか、という点だった。『デイリー・エクスプレス』は八月に入ってもまだ「年内に戦争はない」と報じていた。(8) そして、ドイツ国防軍がついにポーランド侵略を開始しても、ビーヴァーブルック一派は「ポーランドは友好国ではない」として、超然たる態度を装っていた。(9) しかし、この時期になると、彼らの意見は荒野の叫び声のように人々から顧みられなくなる。英国政府、英国議会、英国世論のすべてが事態は来るところまで来たとの判断で一致していた。宥和派の頭目チェンバレンでさえも、約束は守らなければならないとの決断に達していた。九月三日午前、チェンバレン首相は運命の放送を行なう。「今朝早く、わが国の駐ベルリン大使はドイツ政府に最後通牒を手交し、ドイツ政府が直ちにポーランドから撤兵する用意があることを本日十一時までにわが国に対して言明しない限り、英独両国は戦争状態に突入すると通告した。残念ながら、現在に至るまでドイツ政府からの回答はない。したがって、わが国はドイツとの戦争状態に入った」(10)

英国がヨーロッパ東部に同盟国を求める際に直面するジレンマは、すでにチェコスロヴァキアのケースで露呈されていた。チェコスロヴァキアはオーストリアに次いで二番目にヒトラーの餌食となったドイツの隣国である。しかし、一九三〇年代の英国には、中部欧州の事態に介入する能力がまったくなかった。英国空軍（ＲＡＦ）は途中給油せずにドイツ上空まで飛行し、帰投する能力のある航空機を保有していなかった。英国海軍がいくら強力でも、残念ながら「ボヘミア海沖」などという海域は存在しなかった。貧弱な英国陸軍がドイツを横断することは問題外だった。つまり、英国がフランスの支援なしに大陸で何らかの行動に出ること自体が問題外だった。したがって、一九三八年九月のミュンヘン危機に際して、ナチス・ドイツと対決するよりもむしろ宥和政策を取るという英国政府の選択はきわめて合理的な判断だった。しかし、英国の外交交渉は賢明さを欠き、現実的な妥協に到達する機会を逸してしまう。もっとも、間違いは今回が初めてではなかった。オーストリアに対しても実現不可能な保障を与え、その保障がナチスのオーストリア併合によってコケにされるという屈辱を味わったばかりだった。そこで英国は、今回のチェコスロヴァキア問題について、国家の体面を維持するためにも、ともかく何らかの解決に到達したという形式を取り繕おうとしたのである。結局、チェコスロヴァキアは戦うことなく降伏し、死刑宣告に等しい対独協定に調印する。それから半年も経たないうちにヒトラーはプラハに入り、かつてマサリク大統領が、次にはベネシュ大統領が市民に手を振って挨拶したプラハ城のフラッチャニ広場に面した同じ窓から群衆に向かって手を振った。スロヴァキアは分離され、ボヘミアとモラヴィアは第三帝国の保護領に組み込まれた。ベネシュ大統領とチェコスロヴァキア委員会はパリに亡命し、フランス敗北後はロンドンに移って、終戦までロンドンにとどまった。

戦争の全期間を通じて、チェコ人たちは侵略者ナチスに対する国民蜂起を実現して、亡命政府の帰国を歓迎する日を迎えるためにあらゆる計画を練った。何度も挫折を繰り返し、長い間待たねばならなかった。しかし、最後には忍耐が報いられる。一九四四年八月にはスロヴァキアで蜂起が起こり、一九四五年五月の第一週には、解放直前というタイミングでプラハ市民の一斉蜂起が実現する。西側連合国とソ連の間にはチェコスロヴァキアの独立をめぐっての摩擦を回避する合意がすでに成立していた。ただちにベネシュ大統領が帰国し、亡命政府が権限を回復した。連合国のすべてがそれを祝福した。

欧州大陸西端のスペインでフランコ将軍のファシスト勢力が勝利していたことも、英国の姿勢に重大な影響を与えた。一九三六年から三九年までの三年間、西側列強はスペイン共和国がファシストの猛攻の前に次第に屈服していく姿をハラハラしながら見守っていた。各国の同情は言うまでもなく共和国の側にあった。しかし、民主主義的な共和国が共産主義者に乗っ取られるのを見ることは、ヒトラーとムッソリーニの派遣部隊がフランコ派に梃入れするのを目にするのと同じように、決して喜ばしい事態ではなかった。そこで、西側諸国の判断はこの両極端の間を大きく揺れ動くことになる。もし、スペインでスターリンの傀儡政権が勝利していたとすれば、西側諸国は国際共産主義をますます重大な脅威と見なすことになっただろう。実際には、ファシスト側が勝利したが、その結果、世論は国際ファシズムを阻止しようとする方向に傾くと同時に、多くの欠点はあるとしても共産主義者を連合国の一員に迎えることは可能だと信ずるようになる。

欧州で第二次世界大戦の発端となった国、そして英国の最初の同盟国となった国と英国との関係にも、当然ながら何度かの浮き沈みがあった。英国とポーランドの同盟は宥和主義政策崩壊の結果として、また、ナチス・ドイツと戦う両国共通の決意の結果として生まれた。この同盟関係は真正の連帯感を生み出した。特に、ポーランドにとってはすでに経験済みだった国家存続の危機に英国自身が直面した一九四〇～四一年には、手を携えて共に戦う同志的共感にまで高まった。密接に協力しながら戦争指導のための共同作業に当たっていた両国の外交官、行政担当者、軍事要員たちの間には真正の親近感さえ生まれていた。しかし、恋愛もいつかは冷めることがあるように、両国関係にも困難な事情が発生する。英国が別に新しい強力なパートナー諸国を見出すと、最初の同盟国ポーランドは英国の周りに群がって自分の主張を聞いてもらおうとする多数の中小連合諸国のひとつに過ぎなくなる。英国はポーランドを見捨てたわけではないが、ポーランドはますます無視されたと感ずるようになった。両国間の関係は一九四四年末には事実上の別居状態となり、四五年七月には正式に離婚が成立する。

一九三九年九月、ポーランドがナチス・ドイツの侵略を受け、続いてソ連に侵略されるに及んで、連合国陣営の弱点が残酷なほど明白に暴露された。英仏両国は、ドイツに対して宣戦布告をしたにもかかわらず、ポーランドに直接的な軍事支援を行なわなかった。そのため、ポーランドは単独で敵に立ち向かわなければならなかった。当時、英空軍が実施した作戦は、ナチス向けに侵略の断念を促すビラをベルリン上空から撒くことだった。フランス軍はドイツの反応を探るために西部国境を越えたが、一〇キロも行かないうちに砲火を浴びて退却した。フランス軍の複雑な動員手続きは、ポーランドを守るというガムラン将軍の約束が守られないことを意味していた。九月十二日、英仏両国の参謀本部はポーランド代表の参加がないままに合同会議を開き、大規模な反撃作戦を実施しないことを決定する。英国の最初の同盟国の運命はこれで決まりだった。戦闘は五週間続いた。九月九日、ドイツ軍機甲部隊の先頭車両が首都ワルシャワ近郊に到達した。そして、ポーランド軍の首都守備隊が降伏したという偽情報が繰り返し報じられた。実際には、英国の最初の同盟国はドイツの地上軍と空軍による残酷な包囲作戦に抵抗し、九月二十七日まで持ちこたえるのである。ポーランド軍は九月の第三週にはワルシャワ西方で猛烈な反撃作戦を敢行し、ドイツ軍に重大な損失を与えた。また、東部国境付近でも活発な小規模戦を展開して赤軍の進入を遅らせた。しかし、赤軍は防衛態勢の貧弱な東部ポーランドに洪水のように侵入してきた。まだワルシャワが持ちこたえている間に、ブレスト＝リトフスクではナチスとソ連が合同の戦勝パレードを挙行してポーランドの分割を祝った。最後の戦闘が終ったのは十月六日、場所はブク川東岸の湿地帯だった。この九月戦争全体の戦死者数はドイツ軍が六万人、ポーランド軍が二一万六〇〇〇人、ソ連軍が一万一五〇〇人だった。この戦争で特に強く印象に残る場面を二つあげるとすれば、ひとつは、包囲されたポーランド軍騎兵部隊が脱出しようとしてドイツ軍戦車に向かって突撃する姿、もうひとつは、絆創膏で補修された二機の連合軍機が最後の出撃のために離陸する姿である。(11)

ポーランドの九月戦争は外交関係にも重大な結果を引き起こした。英国政府は、やや遅まきながら、英国の条約上の義務に関する解釈を明らかにした。駐英ポーランド大使ラチンスキ伯爵の再三の照会に応じて、英国外務省は、八月二十五日に締結された英国・ポーランド条約中の「ある欧州強国の攻撃に対する両国の共同行動」に関する条文は、付随の秘密議定書の規定どおり、ポーランドに対するソ連の攻撃には適用されないと説明したのである。外務省はさらに次のようにも説明した。英国がポーランドに与えた安全保障はポーランド国家の主権に関するものであり、その国境線に関する保障ではない。言い換えれば、たとえこの戦争でナチス・ドイツが敗北したとしても、ポーランドは戦前の領土の回復に関して英国から何らの支援も得られないことになった。英国外務省が持ち出したこのけち臭い詭弁は、将来に禍根を残すことになる。(12)

九月戦争が終った時点で発生した最も重要な展開は、九月二十八日に締結された「独ソ友好国境画定協力条約」だった。この条約は先の独ソ不可侵条約秘密議定書に取って代わるもので、新条約はポーランドの領土を二つに分割し、やや修正された境界線をはさんで西側をドイツ領、東側をソ連領と規定していた。ソ連はこの「平和境界線」を第二次世界大戦の全期間を通じて正当な国境として主張することになる。ナチスとソ連のプロパガンダ機関は、ヒトラーとスターリンを無二の親友として描き出す任務を命じられ、このイメージに会わない言論はすべて弾圧されることになった。第三帝国とソ連の公安機関は、主権回復を目指すポーランド国民のいかなる動きも互いに協力して弾圧することを約束した。この共同事業を遂行する責任者はハインリッヒ・ヒムラーとラヴレンチー・ベリヤの二人だった。

開戦までポーランドに派遣されていた最後の英国大使ハワード・ケナード卿は、その最終報告書の中で「この戦争が終れば、ポーランドの全国民が独立国家の国民として生きる権利を回復するであろう」との希望を表明した。この希望はどちらかといえば紋切り型の外交辞令だったのかも知れない。英国外務省は大使のこの希望をまったく実現の見込みのない空論とみなしていた。そのため、この最終報告書は公表されなかった。報告書の余白に外務省幹部のフランク・ロバーツが次のような書き込みをしている。「ロシアに占領された地域に住むポーランド国民がそのような機会を得る見込みはほとんどないものと考えられる。」[13] つまり、そもそもの最初から、最初の同盟国に対する英国の支援は全面的な支援ではなかった。

ポーランドが動員した一五〇〇万人の兵士の大部分にとって、戦争は九月戦争の敗北とともに終った。しかし、戦死者または捕虜となる運命を免れた相当数のポーランド軍兵士が生き延びて、なおも戦おうとしていた。彼らは身分を偽り、あるいは森に隠れ、あるいは農村に身を潜めて、時節の到来を待っていた。ほとんど全員が偽名を使っていた。たとえば、オーストリア軍の騎兵部隊士官として訓練を受けたタデウシュ・コモロフスキ大佐（一八九五～一九六六）は九月戦争では騎兵旅団を指揮していた。完全なドイツ語を話したので、ドイツ軍の憲兵隊とゲシュタポを巧みに騙して逮捕を免れ、いくつかの偽名を名乗ってクラクフとワルシャワで生活していた。やがて地下組織で頭角を現し、「ブル〔森〕将軍」となる人物である。タデウシュ・ペウチンスキ大佐（一八九二～一九八五）は第一次世界大戦で新兵としてピウスツキ軍団に入隊し、一九三九年の九月戦争では第一九歩兵師団の司令官だった。様々な偽名を使ったが、最終的には「グジェゴシュ〔英語のグレゴリー〕将軍」の名で知られることになる。アントニ・フルシチェル中佐（一八九五～一九六〇）は一九一七～一八年の戦争で頭角を現し、一九三九年には第八二シベリア・ライフル連隊の指揮官だったが、逮捕され、投獄された。釈放されると「アダム」、「キーパー」、「細縄」、「米」、「鷹」、「X」など多数の暗号名を名乗ったが、最後は「モンテル将軍」として有名になる。モンテルとは修理工の意味である。レオポルト・オクリツキ中佐（一八九八～一九四六）は一九三九年八月三十一日から九月一日にかけての夜、参謀本部の当直士官として、ドイツ国防軍の宣戦布告なき侵略を伝える前線部隊からの電報がまるで洪水のように入電してくるのを直接に受信した人物であり、後にワルシャワ蜂起に参加することになる。「ジョン・アント」または「ヨハン・ミューラー」を名乗って公然と生活していたが、戦友の間では「ヤン」、「コブラ2」、「弾丸」、「鷺」、「白蟻」などの暗号名で呼ばれ、やがて最終的に「ニェジヴィァデク〔熊子〕将軍」として有名になる。九月戦争で第五一歩兵連隊を指揮していたエミール・フィエルドルフ少佐（一八九五～一九五三）の暗号名は「ルトィク」、「五月」、「シルヴェスター」、「井戸屋」など数々あったが、最後は「ニル〔ナイル〕将軍」の偽名に落ち着くことになる。これらの人々は全員が一度はオーストリア軍に属したことがあり、また、一九一九～二〇年のポーランド・ソ連戦争を戦った経験を持つ。彼らにとって、戦時中のレジスタンス運動に加わることは愛国者の義務である以上に、軍人としてのキャリアを続けるための行動に他ならなかった(14)。

西ヨーロッパの人々の多くは一九三九〜四〇年の冬を「模擬戦争」の時代として記憶している。しかし、東ヨーロッパではまがうことなき本物の戦争が始まっていた。ヒトラーとスターリンの両方が次から次へと獲物に襲いかかり、征服にいそしんでいたのである。たとえば、ポーランドの九月戦争が終るとすぐにフィンランドとソ連の冬戦争が始まり、それはヒトラーが次の大攻勢に着手するまで続いた。「模擬戦争」という西ヨーロッパ的な理解は、物の見方が偏っているか、あるいは、誤解に基づいている好例である。

英国の最初の同盟国であるポーランドがこうむった被害は筆舌に尽くしがたいものがあった。国土はむさぼり食われ、国民は奴隷化され、政府と国民は引き裂かれた。ナチスによる占領地域はさらに二つに区分された。西半分は第三帝国に直接編入され、「人種的に望ましくない人間」（主としてスラヴ系とユダヤ系）は全員がその域外に追放された。東半分は法律の支配の及ばない独特の「総督府」となった。総督府は「ゲシュタポ・ランド」、「ギャング管区」などの別名でも呼ばれた。一方、ソ連の占領地域は公式にソ連邦に併合されたが、他の地域との自由通行は制限され、隔離地域として支配された。その北半分は西ベラルーシという名称に改名され、すでに存在していたベラルーシ・ソビエト社会主義共和国の一部となった。また、南半分は西ウクライナと改名され、ウクライナ・ソビエト社会主義共和国に併合された。ドイツ国防軍は捕虜としたポーランド軍士官を親衛隊に引き渡すことなく、ドイツ国内の通常の捕虜収容所に送致した。一般兵士はほとんどが釈放された。ソ連軍も捕虜としたポーランド軍将兵を士官と兵士に区分して取り扱う点ではドイツ軍と同じだったが、ソ連軍の捕虜となった将兵は、士官も兵士も区別なくソ連警察の取調べを受け、イデオロギー上の原則に従っていくつかのグループに分類された。一方、ナチスは擬似人類学的なシステムを導入し、ドイツ系の「アーリア人種」とスラヴ系やユダヤ系の「劣等人種」とを区別した上で、さらに細かな分類を行なった。その最上位は「帝国ドイツ人」が占め、最下層には純血のユダヤ人が位置していた。ソ連は本物の階級分析よりも政治的かつ人種差別的な原則を優先し、共産党員であることだけが社会上層部への扉を開く鍵であるような擬似社会学的なシステムを導入していた。全員がソ連邦の市民であると宣言されたが、ロシア人と東スラヴ系が優遇され、中でもいわゆる「労働者農民」が優先された。一方、狩猟場の番人、切手収集家、すべての「ブルジョア」政治家、国家公務員、民間企業社員、宗教指導者など、二一種類のカテゴリーが「人民の敵」に指定され、社会から排除されるべき対象とされた。ナチスは占領の初期だけで五万人の市民、一万五〇〇〇人の政治家と宗教指導者、二〇〇〇人のユダヤ人を処刑した。五万人の市民はいわゆる報復的処刑の犠牲となった人々だった。また、すべての主要都市にユダヤ人を囲い込むゲットーを設置するとともに、アウシュヴィッツなど数ヵ所に強制収容所を設立して、日常生活を送っていた数万人の無辜の市民を逮捕し、収容した。聖職者も例外ではなかった。一方、ソ連のＮＫＶＤは占領後に即刻逮捕すべき者の氏名と住所の膨大なリストを占領地に到着する前にあらかじめ用意していた。ソ連の強制収容所（グラーグ）システムはすでに二〇年の実績を誇っていた。開戦後の最初の冬、ソ連は占領地で逮捕したポーランド人一八〇万人を極北の強制収容所に強制移送し、あるいは中央アジアに流刑する作戦を実施した。収容者の大部分が一年以内に死亡した。強制収容所に送られた囚人については、ソ連国内の通常の慣行に倣って、その家族全員が遠隔地に流刑され、その大半が帰還できなかった。主として予備役にあったポーランド軍将校と警察部隊の士官約二万五〇〇〇人がＮＫＶＤの捕虜となり、数ヵ月間の取調べを経た後、冷酷に射殺された。

当然ながら、ポーランドは最大の関心を持ってフィンランド戦争の推移に注目していた。わずかな兵力をもって世界最大のソ連陸軍を圧倒したフィンランドへの敬意もさることながら、西側列強がこの戦争に介入することへの期待が急速に高まったからである。西側がフィンランド戦争に介入すれば、イギリス、フランス、ポーランドの三ヵ国は第三帝国とソ連の両者を敵に回して戦争することになる。しばらくの間、この期待は今にも実現しそうに見えた。一九三九年十二月、国際連盟は侵略行為を理由としてソ連を除名し、加盟各国にフィンランドへの支援を呼びかけた。英仏両国はフィンランドへの支援軍派遣を計画し、ポーランドに対しても、国外に脱出していたポーランド軍の中から五〇〇〇人規模の旅団〔ポトハレ独立射撃旅団〕をフィンランド支援作戦に参加させるよう要請した。ノルウェーの北部に急襲上陸するという作戦だった。この作戦には二重の目的があった。フィンランドへの連絡経路を開くこと、そして、スウェーデンから英国が輸入していた貴重な鉱物資源を確保することだった。ロンドン郊外の飛行場では、フィンランドの国章をつけた英国空軍機がすでに出撃準備を整えていた。しかし、一九四〇年三月十二日、損失の少ないうちに手を打つ道を選んだフィンランドは、ソ連との講和に踏み切ってしまう。支援軍の派遣は中止された。ポーランドはドイツの侵略に対する戦いでは連合国の支援を得るが、一方、ソ連の侵略についてはまったく無視されて孤立するという変則的な立場に追い込まれた。

この「模擬戦争」の時期にポーランドにとってきわめて重大な事件が三件発生した。第一に、九月戦争後にルーマニアとハンガリーに逃れた一〇万人以上のポーランド軍部隊がバルカン半島と地中海を横切る危険なルートをたどってフランス南部とフランス領シリアに到達した。彼らは小グループに分かれて三々五々脱出していたが、これを集めれば、新たなポーランド軍をフランス軍管理下の連合国軍部隊として編成することが可能だった。第二に、ベルリンの要請に屈したルーマニア政府が同国に逃れていたポーランド政府の閣僚たちを拘束した。閣僚たちは辞任し、その結果、ポーランドの新政府をフランス国内に樹立することが可能となった。新政府は新大統領、新国民評議会、新首相、新最高司令官によって構成された。当初、新政府はパリのレジナ・ホテルに本拠地を置いたが、後にアンジェに移転する。第三に、一九三九年九月にワルシャワが陥落するのと同時に設立された最初の地下抵抗組織「ポーランド勝利奉仕団」（SZP）が新亡命政府の指揮下に無事に収まった。その後、この組織は「武装闘争同盟」（ZWZ）に発展し、さらに軍事組織「国内軍」（AK）となって、ポーランド亡命政府最高司令官の指揮下に入る。国内軍はポーランド国軍を構成する不可欠の一部として武装抵抗闘争を展開することになる。

一九三九〜四〇年に政治体制の再編を果たしたポーランドは、民主主義陣営連合の正統なメンバーとしての信用を回復した。戦前のサナツィア体制はどう贔屓目にみても民族主義をあおる軍政であり、反対派を組織的に弾圧し、排除する偽の民主主義体制だった。サナツィア体制は一九三九年九月の破局によって完全に信用を失っていた。全政党を糾合した国民統一政府の形成をサナツィア政府が拒否したことを多くの人々が非難していた。今こそ大同団結すべき時だった。再編された亡命政府の首相兼最高司令官には、それまでの旧同志たちと袂を分かち、民主主義的反対派の指導者として目覚しい役割を演じていたヴワディスワフ・シコルスキ将軍が就任した。政治勢力各派は、議会に相当する亡命国民評議会に代表を送り、それぞれが国内の「武装闘争同盟」に関与していた。各派とも、すべての民主主義的政党が平等に尊重されるという共通理解に基づいて活動していた。主要政党は、支持者の多い順に、「農民党」（SL）、「社会党」（PPS）、「国民民主党」（ND）、「キリスト教民主勤労党」（SP）であり、その他に「ユダヤ人ブント」などの小グループが複数存在して少数派の利益を代表していた。

しばしば非合法の扱いを受けつつ戦前から活動していた周辺的な二つの政治勢力はこの戦時体制に合流しなかった。ひとつはヒトラーのドイツに対しては嫌悪感を抱きながらもムッソリーニのイタリアに賛辞を送っていた極右ファシスト政党（ONR）で、この党は民主主義政党からはまったく信頼されていなかった。一方、極左のポーランド共産党（KPP）はその庇護者であるソ連との間に問題を抱えていた。一九三〇年代にソ連国内で結成されたポーランド共産党はスターリンによる粛清の対象となり、ほとんど党の全活動家に相当する約五〇〇〇人の男女が、その大部分はユダヤ人だったが、スターリンの命令で銃殺されてしまった。そのため、開戦当時のポーランドには組織的な共産主義運動は存在しなかったのである。

一九四〇年春、ヒトラーが二度目の電撃作戦を発動すると、西欧諸国は前年九月にポーランドが経験した破局に自分自身が直面することになる。デンマークとルクセンブルクは二四時間も持ちこたえずに降伏する。オランダは五日間抵抗して降伏、ベルギーも、英仏両国の支援にもかかわらず、一八日後には降伏した。ノルウェーは二ヵ月間持ちこたえて降伏。フランスの攻防戦は五月十日から六月二十二日まで六週間戦われたが、英仏両軍の戦いぶりは、ポーランド軍が単独で独ソ両軍を相手に戦った時と比べても、効率の点ではるかに劣っていた。ドイツ軍第一四一師団は英仏連合軍第一一四師団を全面的に圧倒したが、その兵力の比は三対二、一九三九年九月のドイツ国防軍とポーランド軍の兵力の比は三対一であり、当時はこれにさらにソ連軍が加わっていたのである。春季作戦が終った時点で、英国軍兵士二二万五〇〇〇人とフランス・ベルギー軍兵士一一万五〇〇〇人がすべての武器と装備を残してダンケルクから撤退し、二〇〇万人以上が捕虜となった。

大潰走に終った一九四〇年の作戦行動に際して、ポーランド軍は英仏軍と肩を並べて戦った。まず、ノルウェー北部のナルヴィクに歩兵一個旅団を派遣した。ナルヴィクでは、また、ポーランド海軍の戦艦三隻が作戦に参加した。フランス戦線では、ポーランド軍の歩兵師団四個師団、機甲騎兵旅団、空軍飛行中隊四中隊が参戦した。シリアではフランス軍の指揮下にポーランド軍の独立カルパチア旅団が編成された。兵士たちは六月の第二週末まで実戦に参加しなかったが、当時パリはすでに包囲されていた。ポーランド空軍はパイロット一一人を失いつつも、ドイツ空軍機五〇機を撃墜した。フランスの敗北にもかかわらず、六月十九日、シコルスキ最高司令官はポーランドの戦争継続を宣言し、ポーランド軍将兵に対して英国への脱出を命令した。約八万人が命令に応じ、主としてブレストとボルドーを経由して英仏海峡を渡った。フランスはペタン元帥の下でドイツと講和したが、ポーランドはチャーチルとともに対独講和を拒否した。

一九四〇年七月三日、英国海軍はアルジェリアのマルサ・アル＝カビール港で歴史上類例のない冷酷な作戦を実行した。英国艦隊は停泊中のフランス艦隊に自沈か降伏かを迫った上で、この静止目標を砲撃したのである。戦艦数隻が撃沈され、フランス水兵一三〇〇人が死亡した。英軍が昨日までの友軍に対していかに冷酷な仕打ちをするかを目撃した人々は、その戦意の真剣さに疑いを持ち得なかっただろう。

この重大な時期にポーランドはまさに国家滅亡の危機というべき状況に追い込まれていた。国土はナチスとソ連によって蹂躙されつつあった。在英ポーランド軍はスコットランドの東部海岸に配置され、ドイツ軍の上陸に備えるための特殊任務にあたっていた。亡命政府はフランスからロンドンに再び移動したが、そのロンドンもいつドイツ空軍の爆撃を受けるか分からない状況だった。

事態が最悪の時期を迎えていた一九四〇年の夏、チャーチルの新連立内閣とポーランド亡命政府の間に密接な協力関係が成立した。双方の指導者層は、その個人的資質の点でも、集団的気風の点でも、ぴったり息の合うチームだった。特にチャーチルとシコルスキは互いに尊敬しあう親友のような関係だった。二人とも軍人出身の政治指導者という経歴の持ち主だった。シコルスキは第一次世界大戦をオーストリア軍のポーランド人部隊で戦い、一九二〇年に赤軍を撃退したワルシャワ戦争では元帥として指導的な役割を果たし、一九二二〜二三年にはポーランドの首相だった。二人とも一九三〇年代の政治的停滞期をなんとか生き抜いたが、戦争前夜に両国政府が犯した政治的失敗には関与せず、汚点を免れていた。そして、二人ともナチス・ドイツを敵とする勝ち目の薄い戦争にすべてを賭けていた。二人とも党派的な政治よりも目前の戦争の大義を重視する連立政権の首班だった。

首相に次ぐレベルでも、チャーチル内閣のナンバー・ツーだった労働党党首クレメント・アトリーはポーランドの苦境に理解を示していた。むしろ、アトリーの方がチャーチルよりも頼りになる人物だったとも言える。最初から明確な反ファシズム派だったアトリーは、同時に共産主義に対しても距離を置く良識派で、共産主義を社会民主主義の敵とみなしていた（この点に関して、一九三九年、アトリーは労働党内の最も有名な政治家の一人だったスタッフォード・クリップス卿をためらうことなく除名処分にした。しかし、後にチャーチルがクリップスを政界に復帰させることになる）。首相、副首相に比べると、外務大臣のアンソニー・イーデンは決断力の点でやや劣っていた。外務省の役人として国際連盟大使にまで昇進し、ハリファックス外相とチェンバレン首相の右腕となった人物で、ソ連との友好回復を目指す外務省内グループと密接に結びついていた。イーデンはやがて「ソ連に最も気に入られている英国政治家」の評判を取ることになる。[15] しかし、イーデンは有和主義者というよりも、実はむしろ優柔不断派だった。つまり、戦後になって有名な漫画に描かれることになるように、「狼の毛皮を着た羊」が彼の最終的な本質だった。ポーランドとの関係について言えば、イーデンの立場は常に動揺していた。

両国政府間の日常的な交流にとって障害となったのは言語の壁だった。ポーランド亡命政府の閣僚の大半はフランス語、ドイツ語、ロシア語を自由に話したが、英語は話さなかった。一方、英国政府の高官にはポーランド語を話す者がいなかった。彼らはポーランド語の発音に苦労した。ポーランド語の正書法や文字記号に関する基本的知識がないために、単語を読むことさえおぼつかなかった。シコルスキ、ストロンスキ、グラプスキ、ザレスキなどの比較的単純な人名なら何とか発音できたが、シュミグウィ＝ルィツとかボフシュ＝シュィシコなど多くの人名はまったく発音不可能だった。その結果、英国政府関係者がポーランド側の人々を呼ぶときには、通常、短縮形や通称、愛称が用いられた。そこで、スタニスワフは常に「スタン」になり、ミコワイチクは、首相になった後でさえ一般に「ミック」と呼ばれていた。

一九四〇年七月十日に始まり十月初旬まで続いた英国本土空の空中戦、バトル・オブ・ブリテンは、チャーチルの言葉を借りれば、「空軍が最も輝いた時代」として歴史に名をとどめることになった。この会戦は延々と続く空中戦として戦われた。ドイツ側はブリテン諸島への上陸作戦を前提として英仏海峡の制空権を奪う計画だったが、英国空軍はその意図を見事に打ち砕いた。九〇日間に及ぶ空中戦の結果、英国空軍はゲーリングのドイツ空軍に粘り勝ちした。敵は損失に耐えかねて撤退したのである。ヒトラーはアザラシ作戦〔英国本土進攻作戦〕を無期限に延期した。しかし、英国にとっても、それはまさにきわどい勝利だった。ドイツ空軍が攻撃を中止した時点までに、英国側も航空機と操縦士の両方をほとんど失い、力尽きる瀬戸際まで追い込まれていたのである。

ポーランド軍がバトル・オブ・ブリテンの勝利に貢献したことは、当時は高く評価されていたが、時がたつとともに忘れられ、あるいはほとんど無視されるようになる。ポーランド空軍のパイロットは英国空軍の部隊に配属されるか、あるいは英軍指揮下のポーランド人飛行中隊として出撃した。英国から出撃した全操縦士の一〇パーセントがポーランド人のパイロットであり、撃墜した敵機の一二パーセントはポーランド人パイロットの功績だった。[16] 驚くべきことに、ポーランド人パイロットの死傷率は平均的な死傷率のわずか三分の一だった。その一方で、操縦士一人を支える地上整備兵の数は、英空軍が一対一〇〇、ドイツ空軍が一対八〇だったのに対して、ポーランド軍は一対三〇に過ぎなかった。ポーランド空軍の業績が最も際立ったのは、戦闘が決定的な段階を迎えた九月中旬のことである。九月十五日、敵に与えた損失の一四パーセントはポーランド人操縦士の功績であり、その割合は十九日には二五パーセント、二十六日には四八パーセントにまで拡大した。ある時、ポーランド空軍の中佐が整備兵の両手にキスする姿を目撃して、現場に居合わせた英国空軍の士官たちは仰天したという。その時のポーランド人中佐の言葉は、「もし君のこの両手がなければ、パイロットの命はない」というものだった。[17] 英国空軍戦闘機部隊の司令官を務めた空軍大将ヒュー・ダウディング卿は次のような決定的な評価を残している。「ポーランド空軍飛行中隊の比類ない勇気と目覚しい戦果がなければ、果たしてわれわれがバトル・オブ・ブリテンに勝利できたかどうかは疑わしい」[18]

ポーランドの暗号技術者が決定的に重要な役割を果たしたことにも言及しておかなければならない。戦局がほとんど絶望的と思われていた一九四〇年の時点で、英国の軍事的立場を大幅に挽回したのは暗号解読能力の向上だった。英国軍はドイツ軍の暗号通信と無線による命令伝達の大半を解読できるようになったのである。この能力はブレッチリー・パークの秘密情報センターで完成されることになるが、それを大いに助けたのがポーランド人専門家の先進的業績だった。彼らは一九三九年七月の段階でドイツ軍の第一世代エニグマ暗号機の複製品二台を英国に提供しただけでなく、エニグマの通信信号を再現するための数式をも英国にもたらしていた。[19]

英国本土に対するドイツ空軍の猛攻撃を何とか切り抜けると、英国軍にもささやかながら海外で力を発揮する機会が到来する。一九四〇年十二月、リビヤ砂漠でウェイヴェル中将揮下の英国軍がはるかに優勢なイタリア軍への反撃を開始した。ポーランド軍のカルパチア旅団は四一年八月にトブルクに到達するが、この旅団の規模は北アフリカに展開する連合国軍兵力全体のほとんど四分の一に相当した。

さらに重要だったのは、米国大統領が「民主主義の砦」への秘密補給作戦を発動したことである。特にポーランドは米国のこの動きを歓迎した。米国が参戦すればポーランドが最終的に解放される見込みも高まるからである。領土拡張主義を非難する大西洋憲章の条項はポーランドにとって特に重大だった。もし、この条項に何らかの意味があるとすれば、それは一九三九年に奪われたすべての領土が最終的には英米両国の支援によって回復されることを意味していたからである。

しかし、スターリンも領土拡大への自信を深めていた。ドイツが西欧諸国との戦争にかまけている間に、ソ連はリトアニア、ラトビア、エストニアのバルト三国を占領して併合し、ルーマニアについても国土の大半を手中に収めていた。これについては英国も承認を与えていた。独ソ不可侵条約が有効だった期間に、ドイツはヨーロッパの八ヵ国を侵略して吸収したが、ソ連も五ヵ国を占領したのである。

一九四一年六月二十二日、第三帝国は前日まで同盟国だったソ連邦を急襲した。このバルバロッサ作戦の発動により、独ソ両国は近代戦史上最も大規模で最も野蛮な戦争に突入する。緒戦では、ドイツ国防軍は向かうところ敵なしの勢いだった。数週間を経ずして赤軍兵士数百万人が捕虜となり、ヴィリニュス、ミンスク、キエフが次々に陥落した。ドイツ軍はバルト諸国を足場にして進出し、レニングラードを包囲した。ソ連はクリスマスまでに崩壊するだろうと思われた。

西欧のニュースは、ほとんど例外なしに、ドイツが「ロシア」を攻撃したと伝えていた。ドイツ国防軍が攻撃して占領した地域は主権上も人種構成上もロシアの一部であると世界中の誰もが信じて疑わなかった。しかし、実際には、「ソ連邦」と「ロシア」の間には「連合王国」と「イングランド」との間よりも大きな違いがあり、その違いは英国の場合と同じく重大だった。世界はその違いを無視していた。ナチスもその違いを無視し、「ロシア」を征服しつつあると豪語していた。今度ばかりはソ連のプロパガンダの方が正しかった。当時のソ連の地図は、例外なしに、ソ連邦の構成単位である「ロシア連邦共和国」とその他の共和国との間に明確な境界線が存在することを示している。地図を見れば、一九四一年六月にドイツ軍が侵攻した地域が本来のロシア国土ではなく、ロシアの周辺に位置するエストニアであり、ラトビアであり、リトアニアであり、ベラルーシであり、ウクライナであったことは明白である。しかし、この種の議論は結局のところ実効性を得ることができない。第一次世界大戦当時の「ロシア」がツァーリ支配下のロシア帝国全域を意味する略称であったのとちょうど同じように、第二次世界大戦から戦後にかけては、ソ連邦全域を意味する略称として「ロシア」が使われていたからである。両者の混同は、問題となる地域に住んでいた諸民族にとって重大な結果を招くことになる。

しかし、それにもかかわらず、二つの敵に包囲されていたポーランドにとって、バルバロッサ作戦はむしろ有利に働いた。ヒトラーとスターリンが協力関係にあった時期には、ポーランドには実質的に何の発言権もなかった。しかし、ヒトラーとスターリンが戦争を始めた今、ポーランドに重要な役割が回ってきた。ドイツ国防軍がモスクワに迫りつつある現在、スターリンは外部からの援助を必死で求めていた。その結果が七月三十日に調印されたソ連・ポーランド協定とそれに付随する軍事合意書だった。その基本は、一九三九年の独ソ不可侵条約を廃棄すること、ソ連とポーランドの国交を回復し、捕虜としてソ連国内に抑留されている数百万人のポーランド市民がポーランド軍を編成することをソ連が承認することにあった。一方、ポーランド側は戦争の遂行に当たってソ連に協力することを約束した[20]。英国は欣喜雀躍した。開戦後初めて、英国は東ヨーロッパ地域に二つの同盟国を得たのである。

八月十四日には新たにソ連・ポーランド軍事条約が締結された。条約によれば、ソ連国内で新規にポーランド軍団が編成され、その軍団はロンドンの亡命政府に対して忠誠の義務を負うが、当面は赤軍の指揮下に入って東部戦線の作戦に参加することになった。ポーランド軍団の司令官はロンドン亡命政府が任命するが、その任命にはソ連の合意が必要とされた。

残念ながら、両国の国境問題は曖昧なまま先送りされた。ソ連は瀕死の状態にあったが、それにもかかわらず、ポーランドの東部国境を戦前の線まで戻そうとするポーランド側の提案を受け入れようとしなかった。ただし、七月三十日の協定には意味深長な一項が含まれていた。すなわち、「国境線の変更に関する一九三九年の独ソ条約の規定は有効性を失った」ことをソ連政府が認めたのである。英国外務省は覚書を発して、一九三九年八月以降の国境線の変更は認めないことを確認した。しかし、同じ日に議会で質問された外相は、この覚書が「国境線に関する英国政府のいかなる保障をも意味するものではない」と答弁している。二重否定を繰り返す歪んだ外交的饒舌にもかかわらず、明確な合意は何一つ達成されていなかったのである。

一九四一年十二月十一日、狂気の頂点に達したヒトラーはドイツ帝国議会でアメリカに対する宣戦布告を宣言する。真珠湾攻撃のニュースに対応した動きだった。当時、ドイツ軍機甲師団はすでにモスクワの郊外に迫っており、クレムリンの光り輝く尖塔を目前にしていた。ヒトラーは米国が本格的に介入する前に欧州戦争の決定的局面が終結することを当てにしていた。

米英ソによる「大連合」が成立して以来、戦争の戦略戦術を実質的に牛耳る「ビッグ・スリー」の権限は必然的に拡大した。もし赤軍が敗北を免れれば、そしてまた、もし英国が大西洋航路の安全を維持できれば、連合国側が勝利する可能性が初めて見え始めた。そして、ポーランドは国土の全域を支配しているドイツの全面的敗北こそ、国家の独立回復にとって絶対に必要な条件であることを身にしみて理解していた。

ポーランドは、また、アメリカは英国とは違ってソ連の拡大主義的野心をチェックできる立場にあるものと理解していた。米国は、そのスポークスマンが繰り返し強調していたように、「征服による領土拡大には、それがいかなる形式であれ」、断固として反対するかのように見えた。米国の統治者は民主主義的に選ばれた大統領であり、その出身政党は米国在住のポーランド人移民たちの投票動向に特に敏感だった。米国の最大の力は、ソ連が生き残るために必要とする戦争物資の大部分を生産し、支援する国として、スターリンに善行を迫る大きな発言権を有することにあった。

しかし、心理学的な観点からすると、アメリカの参戦は連合国の雰囲気にこれまでとは異なる色彩をもたらした。英国の帝国主義者たちは世界に倦み疲れたかのようなシニカルな用心深さを特徴としていたが、アメリカ人はそのような傾向とはまったく無縁だった。アメリカ人は連合国をひとつの幸福な大家族とみなしたがる願望を抱いていたが、それは伝染しやすい小児病のような心情だった。ボリシェビキの仇敵だったチャーチルは、自分が必要上やむを得ず「悪魔と取引していること」を十分に理解していた。英国内では社会主義者たちが影響力を増しつつあったが、彼らも共産主義と民主主義が相容れないことを十二分に理解していた。しかし、このような心理的抑制はアメリカ人にはほとんどまったく見られなかった。アメリカ人は、戦争を最後まで戦い抜くための協力関係だけではなく、それ以上のものを連合に対して求めていた。彼らが求めていたのは道徳的十字軍の戦いであり、悪に対する善の勝利だった。アメリカ人はソ連の独裁者を「アンクル・ジョー」と呼び、ソ連について話す時は赤軍の英雄的行為だけを話題にし、「ロシア人」を「自由を愛する民主主義者」のように扱い、一九四一年以前の事件は問題にしないような雰囲気を持ち込んだ。事実、アメリカは戦争の初期段階では何の役割も果たしていなかったので、米国参戦以前に起こった事件については正直のところまったく関心がなかったのである。スターリンにとって、これは願ってもない好都合だった。

外交関係の新たな展開に対応すべく、ポーランドのミコワイチク首相はロンドンを発ってモスクワに飛び、スターリンと会談し、さらにワシントンのルーズヴェルト大統領を訪問した。スターリンからはソ連国内でポーランド軍を編成するための最終的な手続きに関する合意を引き出すことができた。しかし、行方不明になっていた二万五〇〇〇人のポーランド軍士官の所在に関して信頼に足る情報は得られなかった。スターリンは、士官たちは満州に逃れたのではないか、とほのめかした。ルーズヴェルトからは温かな歓迎を受け、武器貸与法に基づいて英国経由で支援を受ける約束を得た。しかし、米国とポーランドの個別の二国間条約は締結されなかった。米国は欧州に対する公式関与の範囲を最小限にとどめる方針だった。

一九四二年に入ると、大連合は生死を賭けた決戦に向けて戦力の総動員を開始する。独ソ戦は膠着状態だった。ドイツ国防軍はモスクワの城門まで迫ったところで撃退された。レニングラードもまだ陥落していなかった。しかし、ドイツ軍は南部で夏期攻勢を強め、ボルガ川流域地方を経てカフカスの油田地帯に迫りつつあった。西側列強は第二戦線を開けるような状態ではなかった。連合国軍の輪送船団は大西洋の制海権をめぐってドイツ海軍のUボートと死闘を繰り返し、海戦の激しさは頂点に達していた。連合軍が反撃に出ることのできる唯一の場所は北アフリカの「西部砂漠」だった。枢軸側は既存のイタリア軍に加えて、ロンメル将軍のアフリカ軍団が新たに到着したために、態勢が大幅に補強されていた。

「西部砂漠」の戦いは、広大な地域で小規模な兵力が対決するという戦闘だった。ロンメル軍はエジプト国境を突破して殺到した。これに対峙したのはエジプト駐留の英国第八軍だった。ロンメル軍はエジプト国境を突破して殺到した。しかし、ここで運命の振り子が大きく逆に振れる。十月、二度目のエル・アラメイン会戦で英軍が独軍を撃退したのである。モントゴメリー中将の英軍はロンメル軍を追撃し、はるかトリポリまで勝利の進撃を行なう。その頃には、米軍がモロッコに上陸し、別の英国軍がアルジェリアに集結する。ロンメル軍は東西から迫る連合国軍に挟撃され、一九四三年五月十三日にチュニスで降伏した。この北アフリカ戦線を周辺的な余興として切り捨てる説もあるが、その勝利は占領下にあった連合諸国の士気を大いに高める効果があった。チャーチルはアフリカ戦線を評して「第一幕の終り」と呼んだ。

一方、ソ連国内で軍の組織に当たるポーランド人たちは際限のない困難に直面していた。新たに編成されるポーランド軍の兵力は九万六〇〇〇人とされていたが、ソ連側から支給された糧食は四万四〇〇〇人分にすぎなかった。NKVDはポーランド軍の募兵を妨害した。特にユダヤ系、ウクライナ系、ベラルーシ系のポーランド人の募兵には執拗な妨害が加えられた。まともな武器は供与されなかった。ソ連とポーランド軍団の同志的関係は急速に冷え込んでいった。この事態に対応して、ポーランド軍団の司令官アンデルス将軍は部隊をボルガ川流域からウズベキスタンに移動させた。ソ連が義務を尊重する意思を持たないことを察知したアンデルス将軍は、一九四二年四月、全軍を率いてイランに脱出し、八月にはパレスチナに到達する。パレスチナに到達したアンデルス軍は予備役部隊として英国第八軍に編入された。

アンデルス軍とともに数万人の民間人がソ連から脱出した。その大半はソ連に強制移住させられていた人々、強制労働収容所の囚人として疲労と飢餓と病気に苦しみ、死の淵に追い込まれていた人々だった。その中には、襤褸をまとった孤児約四万人も含まれていた。脱出した人々が身をもって体験したソ連の現実は、アメリカ人やイギリス人が描き出す「アンクル・ジョー」の英雄的楽園という絵柄とは真っ向から対立するものだった。[21]しかし、彼らはこの違いについては沈黙を守るようにと露骨な言い方で警告された。

ポーランド軍がパレスチナに到達したというニュースは、政治家たちにユダヤ人問題を解決するヒントを与えることになった。一九四二年一月、シコルスキ将軍はイーデン外相と会談し、戦争が終ったら大量のポーランド系ユダヤ人をパレスチナに移住させたいという希望を表明している。しかし、この構想は歓迎されなかった。英国はパレスチナにアラブ人中心の国家を建設する方針を変えていなかった。当時英国外務省が発表した覚書には、戦前からポーランドに住んでいたユダヤ人のうち可能な限り多くの人数をソ連国内にとどめておきたいとする希望が表明されている。理由はソ連が「シオニズムを奨励しない国」だからである。[22]

一九四三年の年明けに連合国の首脳会談が開催された。「シンボル」の暗号名で呼ばれたこの首脳会談は一月にカサブランカで開催され、ルーズヴェルトとチャーチルの二人が総合的戦略の枠組みを話し合った。スターリンも招かれていたが、出席しなかった。会談では重要な三項目が決定された。まず、敵に無条件降伏を要求するという方針がほとんど何の議論もなしに決定された。次に、英国を基地としてドイツに大規模な連続爆撃を行なうことが決定された。また、フランスに第二戦線を開くことはできないが、その代替策として北アフリカの連合国軍部隊をイタリアに上陸させることが決まった。これらの決定のすべてが重大な意味を持っていた。

ドイツを無条件降伏に追い込むまで戦争を続けるという方針は、ポーランドの利益に合致するものと思われた。西欧側と東欧側で別々の決着が図られるという可能性が排除されたばかりでなく、ソ連が一方的に事を進めるという事態を西側列強の支援で阻止できる可能性が高まったからである。孤独な戦いを続けるポーランド亡命政府と亡命ポーランド軍の戦争継続への意思はこの決定によって大いに高揚した。

連合国空軍によるドイツ爆撃作戦については当初から賛否両論があり、今日の歴史家たちの間でも否定的に評価する意見が少なくない。しかし、最後には一九四五年二月のドレスデン壊滅に至るまでの爆撃の破壊力は疑いなく猛烈だった。バトル・オブ・ブリテンと同様、この作戦でもポーランド空軍兵士の貢献には目覚しいものがあった。イタリア戦線への期待はパレスチナのアンデルス軍に目的意識を与えることになった。直ちに訓練が再開され、ポーランド第二軍として再編されたアンデルス軍は英国第八軍の「砂漠の鼠部隊」に編入された。永遠の都ローマはすでに指呼の間にあった。兵士の大部分がカトリック教徒であるアンデルス軍にとって、ローマ解放という目標は特別の意味を持っていた。一方、フランス西岸への大規模な上陸作戦が延期されたことは、スターリンに政策選択のための時間的余裕を与えることになった。

一九四三年末、スターリングラードとクルスクで赤軍が驚異的な勝利を達成したことで、戦況は圧倒的に連合軍側に有利に傾いた。ドイツ軍はスターリングラードで二五万人の兵士を失い、その結果、フォン・パウルス元帥の第六軍は降伏した。[23] これは心理的な意味でも欧州戦争の一大転換点だった。一般に史上最大の機甲戦と呼ばれるクルスク戦車戦に敗北したドイツ軍は、もはや大攻勢をかける能力を失うことになる。これ以降、赤軍は常に主導権を握りつつ、ベルリンまでの長い道程を着実に西進することになった。ソ連の威信は圧倒的に高まった。スターリンを批判する意見は下司の勘ぐりとみなされるような雰囲気が生まれた。

その後の政治的展開を支配したのは、逃れようのない地政学上の真理だった。すなわち、赤軍がロシアからドイツまで進撃しようとすれば、必然的にその中間に位置する国、大戦の発端となった問題の国を通過せざるを得ない。ポーランド問題が再浮上した。この点についてスターリンはすでにいくつかの手順を踏んでいた。まず、ポーランド共産党の再建を別の党名で許可し、ポーランドを地図から抹消するという従来の方針の撤回を共産主義陣営内の各国指導者に伝え、その上で二つの政策を実行した。ひとつは、モスクワ在住のポーランド人にいくつかの政治的、軍事的組織を設立させた。それらの組織はソ連の指導下で活動し、戦後に予定されるポーランド臨時政府の母体となることが期待された。第二に、一九四三年四月二十五日付でポーランド亡命政府との外交関係を断絶した。今になって振り返ると、これによってスターリンが西側諸国の忍耐力の限界を探ろうとしていたことは明らかである。

一方、ベルリンは連合国内部の亀裂に楔を打ち込む努力を倦むことなく続けていた。その努力の一環として、ドイツはソ連国内のスモレンスク近郊で集団墓地を発見したことを発表した。その墓地には、行方不明となっていたポーランド軍士官四五〇〇人の死体が埋まっていた。ドイツ軍が指名した国際調査委員会は、「カティンの森の虐殺」をソ連の犯罪であると断定した。ポーランドは国際赤十字に提訴したが、それがソ連に外交関係断絶の口実を与えることになり、実際に両国の外交関係は断絶した。連合国陣営の内部では、国際赤十字への提訴は「反ソ行為」であるという見方が一般的だった。後年の歴史家たちが確認したところによれば、英米両国政府は当時のナチスには虚偽を発表する必要がなかったという十分な情報を得ていた。しかし、それにもかかわらず、両国は虐殺をナチスの責任に帰して非難したのである。[24]

一九四三年七月四日、ポーランドはさらに重大な打撃をこうむった。シコルスキ首相兼最高司令官がジブラルタル沖上空の飛行機事故で死亡したのである。故人は誠実な姿勢でスターリンと協力し、チャーチルに尊敬され、ルーズヴェルトに好かれていた。彼が品格の高い、柔軟な人物であることは衆目の一致するところだった。シコルスキを排除することによって利益を得るのは、連合国陣営の混乱を望む者だけだった。数人の殺害容疑者が捜査線上に浮かんだ。[25]

しかし、ジブラルタルの悲劇の直接的な影響は亡命政府の再編という形ですぐに表面化した。かなりの内部抗争があり、その結果、首相職と最高司令官のポストが分離された。首相の後任は戦前の野党である農民党の党首で、ポズナン反独暴動の指導者の一人でもあったスタニスワフ・ミコワイチク、最高司令官の後任はカジミエシュ・ソスンコフスキ将軍が務めることになった。ソスンコフスキ将軍はミコワイチクとは政治的傾向の異なる人物で、「偉大なる元帥」シコルスキの親しい友人であり、一九二〇年の勝利を実現した軍司令官の一人でもあった。ミコワイチク新首相は英国政府から好意的に迎えられた。しかし、新最高司令官は徹底的な現実主義者だったので、彼に対する英国側の対応はやや冷やかだった。[26]

一九四三年十一月、連合国の「三巨頭」が初めて一堂に会して話し合った。スターリンは浮き浮きした様子だった。二年目に入ってもなお欧州西部に第二戦線を開くことができないルーズヴェルトとチャーチルは、スターリンにどこまでも譲歩する構えだった。チャーチルは、一九三九年にナチスとソ連が取り決めた「平和境界線」、すなわち後に「カーゾン線」という誤解され易い名称で呼ばれることになる境界線をもって、ソ連が戦後に確定すべき西部国境線の基本とすることをみずから提案した。ポーランドがその国境線によって失う国土については、ドイツ領の一定部分をポーランドに与えることによって埋め合わせるという構想で、チャーチルはスターリンと合意した。ルーズヴェルトはスターリンとの個別会談でこの合意を追認した。しかし、すべてはポーランド代表のいない場所で秘密裏に話し合われ、合意の詳細な内容は秘密扱いだった。

一九四三年七月、連合国軍はシチリア島に上陸し、イタリア侵攻作戦を開始した。緒戦では矢継ぎ早に戦果が達成されたが、山間の隘路をたどってイタリア半島の脊柱山脈を越える段階に入ると、前進の速度は這うように遅くなった。ムッソリーニのファシスト国家はすでに崩壊していたが、イタリア駐留のドイツ軍は見事な退却作戦を展開していた。シラクーザからローマまでの九七二キロを進むのに三三二日を要する激戦だった。最大の障害は厳重に要塞化されたモンテ・カッシーノの丘だった。モンテ・カッシーノ要塞は一九四四年の一月から五月までの五ヵ月間、連合国軍によるローマへの進撃を阻止した。

米国第五軍と連携してイタリア半島に展開していた英国第八軍は連合国の大義を見事に象徴する小宇宙のような存在だった。オリヴァー・リース将軍を司令官とする英国第八軍は、インド軍二個師団とカナダ軍二個師団を含む英国陸軍三軍団、ジュアン将軍率いるフランス海外派遣軍、フライバーグ将軍のニュージーランド軍、そしてアンデルス将軍のポーランド第二軍によって編成されていた。

モンテ・カッシーノのドイツ軍要塞は連合国軍の三度にわたる必死の総攻撃に耐え抜き、四度目の攻撃でようやく陥落する。第一次攻撃（一月十一日〜二月七日）ではフランス軍部隊とアメリカ軍部隊がドイツ軍の決死の反撃と残酷な天候によって撃退された。第二次攻撃（二月十五日〜十八日）に出撃したニュージーランド軍部隊はベネディクト派修道院に対して無意味な爆撃を加えただけで、攻略に失敗した。第三次攻撃（三月十五日〜二十五日）ではインド軍師団が挑戦したが、これも敗退した。第四次攻撃（五月十一日〜十八日）ではアンデルス軍の二個師団の兵士が修道院の丘の急峻な絶壁を三方からよじ登り、膨大な数の戦死者を出しながら登攀攻撃を敢行した。後にオックスフォード大学の教授となる英国軍士官がその光景を目撃して、あのように恐れを知らない勇気に接したのは初めてだったと述懐している。アンデルス軍の勝利によってローマへの道が開かれ、永遠の都はその三週間後に解放される。しかし、赤白二色のポーランド国旗をモンテ・カッシーノの山頂まで運んだ兵士たちにとって、その勝利は彼ら自身の首都ワルシャワまで続くはるかに長い道程の一里塚にすぎなかった。

ソ連軍は、一九四四年前半の六ヵ月間、多数の問題をはらむ広大な戦域に進攻して作戦を続行していた。それは将来の国境線をどこに引くかによって、その地域がどの国に帰属するかが決まり、それが国際政治上の重大問題となるような地域だった。赤軍の進撃は一月四日に戦前のポーランド・ソ連国境を越え、ようやく六月末になって、独ソ間のいわゆる「平和境界線」、つまりブク川に到達した。この間、ソ連軍が追及していたのは、大規模で重要な軍事作戦、つまりドイツ中央軍の中枢部を破壊することだった。ヨーロッパで最も激しい戦禍をこうむっていたこの地域では、まだ政治問題が前面に出る段階ではなかった。しかし、高度の政治的訓練を受けていた赤軍の政治将校たちは問題を十分に認識していた。ポーランド亡命政府と国内地下運動の指導者たちも同様に問題を熟知していた。しかし、現地の住民たちには何の相談もなかった。西側列強諸国は取り立てて関心を示さなかった。モンテ・カッシーノ攻防戦に参加したポーランド軍二個師団の勇敢な兵士たちは喝采を浴びていたが、かれらの出身地がまさに欧州中央部のこの地域であることを知っていたのはごくわずかな高度の専門家だけだった。

この地域については、その呼び名が多くを物語っている。問題の地域は、ソ連では西ベラルーシと西ウクライナだったが、ポーランドでは「東部国境地帯」と呼ばれていた。大多数の英米人には場所のありかを思い浮かべることさえ難しかったが、漠然と「西ロシア」として知られた地域だった。ただし、「西ロシア」はまったく時代錯誤の不正確な呼び名だった。

赤軍が「東部国境地帯」に接近した時、ロンドンの亡命政府はその事態に対応して現地住民に指示を与える義務があると判断した。亡命政府が決定したのは「ブジャ（嵐）作戦」と称する戦略である。すなわち、赤軍を歓迎すること、地下抵抗運動は独ソ両軍の前線が近づいた時点で地下から表舞台に出て公然化し、退却するドイツ軍を攻撃すること、退却後に残されたドイツ人については可能な限り現地の行政担当者が管理掌握すること、赤軍が安全に通過できるように友好的な支援を提供することを内容とする作戦だった。しかし、この戦略ほどソ連を怒らせたものは他になかった。

一九四四年六月六日のDデーにノルマンディー上陸作戦が開始された。これによって西側連合国が再三延期してきた第二戦線がついに開かれたのである。このオーバーロード作戦は史上最大の上陸作戦だった。しかし、作戦が最終的に完了するにはほとんど二ヵ月の期間が必要だった。Dデーの最初の目標だったカーン市の攻略に英軍が成功したのはようやく七月十八日になってからである。米軍が独軍の防衛線を突破して平野部に進出したのも六月末だった。ノルマンディーのドイツ守備軍が総退却を余儀なくされるのは、ファレーズ地峡の戦い（八月十九日〜二十一日）以降である。ノルマンディー上陸作戦で目覚しい貢献をしたポーランド軍部隊は第一ポーランド軍機甲師団だった。この機甲師団は第二波の上陸部隊としてノルマンディーに上陸し、カーン市南方に進出して布陣し、第一カナダ軍の先鋒として戦った。ファレーズまで進出した時点で、ベルリンに達するまでには一二四四キロの距離が残されていた。

ノルマンディー上陸作戦の成功は二重の意味で重大だった。ひとつは、パリを含むフランス北部地域の解放が時間の問題となったことであり、二つ目には、西側連合国軍が巨大な鋏の二番目の歯として機能し得る位置に近づいたことだった。鋏のもう一枚の歯である東部のソ連軍と連携すれば、ナチスの第三帝国を挟撃して徐々に破壊し、壊滅に至らしめることが可能となったのである。


一九四四年の前半期には、大連合の中での英国の地位が相対的に低下し、それに代わってアメリカとソ連の比重が高まった。アメリカとソ連はまさに日の出の勢いで影響力を拡大していた。その影響はポーランドにも及んだ。

ポーランド亡命政府に対する米国の表面上の態度は常に友好的であり、心からの誠実ささえ窺わせた。亡命政府の関係者は頻繁にワシントンに招かれ、温かい歓迎を受けた。しかし、注意深い観察者なら、気さくに背中を叩いて親愛の情を示すアメリカ人の表向きの態度の裏に別の動機が隠されていることに気づいたはずである。つまり、米国には、ポーランド問題で抜き差しならない立場に追い込まれることを避けたいという強い願望があった。米国内には、例えば政治評論家でコメンテーターのウォルター・リップマンに代表されるように、ポーランド共和国を再建する必要性そのものを認めないという強力な世論があった。[27] もちろん、米国政府がその種の敵意に満ちた見解に与したことは一度もなかった。ただし、同時に、米国政府が米国の義務として対ポーランド支援を約束したことも一度もなかったのである。表裏の使い分けの例は一つや二つにとどまらなかった。たとえば、米国の駐ポーランド大使ドレクセル・ビドルは一九四三年半ばに任地のロンドンを去ってそのまま帰任せず、後任大使も一年以上にわたって空席のままだった。ポーランド亡命政府は再三にわたって後任大使の派遣をワシントンに要請したが、後任のアーサー・ブリス=レーンは一九四四年七月まで発令されず、発令後も上院の承認が得られないまま夏が過ぎてしまった。彼が翌年になってやっとロンドンに到着した時には、信任状を提出するはずのポーランド亡命政府はすでにそこに存在しなかったのである。[28]それよりもさらにポーランド側を苛つかせたのは、長距離用飛行機一二機の引渡しが再三延期されたことだった。一九四二年十二月にシコルスキ将軍がワシントンを訪問した時以来、亡命政府は米国からの飛行機供与に期待をかけてきた。国内の地下国家と連絡を取り合うための独立飛行連隊を編成する計画があったからである。米国が英国に対して毎月数百機単位の新鋭機を供与していたことを考えれば、一二機というポーランド側の希望はきわめてささやかな要請だった。実際、要請は原則的に承認されたかに見えた。しかし、ありとあらゆる口実が持ち出されたあげく、結局、約束は果たされなかった。飛行機の代わりに亡命政府に提供されたのは別の機材だった。

一九四四年七月一日

S/Ops/4391

宛て先：M・J・T・ピクルズ少佐（陸軍省）

発信者：プディング中尉

米国駐在の我々の代理人から入った情報によれば、武器貸与協定に基づいて映画音声プロジェクター、自動映画カメラのポータブル・フィルム・レコーダー、フィルム・レコーディング・システム（すべて35ミリ）が入手可能である。ただし、これらの機材の受領手続きを進めるには、品目毎に陸軍省の裁可が必要である。[29]……

プディング中尉からピクルズ少佐に宛てたこの書簡については、これ以上の説明は不要であろう。スターリンは、一九四三年四月、カティンの森事件への対応を理由としてポーランドと国交を断絶するが、そのやり方はきわめて唐突で乱暴だった。また、後年判明したところによれば、この動きはまったく正当化できない根拠に基づいていた。ポーランド人士官の処刑命令書にはスターリン自身が署名していたからである。スターリンはすべてを承知のうえで動いていた。自分が正確にどこまで進むことができるのかを大連合の政治的空気の中で試していたのである。英米両国の友好国であるポーランドの市民の大量虐殺に関する途方もない嘘を英国と米国に信じさせることができるとしたら、それ以外のそれほど重大でない多数の事項についても両国を限界まで引き回すことができると計算したのである。実は、英国政府は困惑していた。英国外務省がポーランド亡命政府に派遣していた英国大使オーウェン・オマリー卿は、カティンの森事件に関する秘密調査報告書を作成し、その中でソ連による犯罪の可能性を指摘していた。しかし、英国政府内で多数を占めていた親ソ派にとっては、それは受け入れ難い見解だった。親ソ派は事件が不可解であるかのような態度を装い、事実を認めようとしなかった。ソ連側の説明を受け入れ、カティンの森事件をドイツの犯罪として扱うようにとの指令が西側のすべての情報機関に対して出されたのである。[30]

一九四四年半ばには、もう一つ別の問題が発生する。モスクワが西側連合国に対して連合国軍の保護下に入った「ソ連市民」の本国送還を要求し始めたのである。その種の「ソ連市民」の数は時とともに増加していった。連合国軍はドイツ軍の占領から解放された地域で多数の東欧地域出身者を保護していた。彼らは奴隷労働者としてナチスに使役されていた人々か、あるいはドイツ軍の指揮下に入って、何らかの対独協力組織で働いていた人々だった。連合国の当局者の中には問題をきわめて単純に受けとめる者もあった。「我々が自国民の本国送還を希望するように、ロシア人も自国民の本国送還を希望しているに過ぎない」。しかし、中には一種の危惧を感ずる当局者もいた。第一に、いわゆる「ソ連市民」の多くは決してソ連市民ではなかった。第二に、西側はポーランド東部地域出身者を依然としてポーランド市民とみなしていた。最後に、もしソ連がいつもどおりの慣行を踏襲するとしたら、本国送還と称してNKVDの手に引き渡された人々が長生きできないことは明らかだった。

一九四四年七月十七日、英国政府の閣議は短時間ではあったがこの問題を話し合った。閣僚の一人だったセルボーン伯爵は自分の見解を英国外務省に伝えている。「引き渡せば処刑されるか、シベリア送りにされるとわかっている数万人もの人間を送還するなど、考えるだけでもおぞましいことである。……人道的措置として、彼らを世界のどこか人口密度の低い国で吸収する可能性はないだろうか」。イーデンはこの提案を言下に退けて、次のように書きつけている。「もし彼らがロシアに帰らないとしたら、どこに行けばいいというのか。英国が面倒を見るわけにはいかない」。イーデンは、さらに、多数の英国人捕虜がソ連の保護下にあることを想起して姿勢を硬化させている。

> 自国民の送還を求めるソ連政府の要請を拒絶すれば、深刻な事態になることは明らかである。我々にはそのような事態を招く権利はない。ソ連は我々の人道的動機など理解しないであろう……それは我々に対するソ連側の重大な疑惑を招くのみである。[31]

この本国送還問題は数々の影響を残すことになった。ポーランドへの軍事介入が以前よりもいっそうデリケートな問題になったことも影響のひとつだった。

一九四四年七月、ソ連は東部戦線の中央部で猛烈な攻勢に出た。連合国軍が予定していたノルマンディー上陸による戦線突破攻撃に呼応した作戦で、フランス国内での独軍の防衛強化を阻止する狙いがあった。ロコソフスキー将軍が指揮する第一ベラルーシ方面軍が大量の兵力と戦車を注入してドイツ軍の前線を怒涛のように突破し、三年前に独ソ戦が始まったブレスト＝リトフスク要塞まで急速に前進し、ブク川を強行渡河した。ブク川を渡れば次はヴィスワ川である。これまでスターリンでさえソ連の領土として要求したことのない新たな地域に赤軍が進出したことになる。赤軍はその時点で名称をソ連軍に改めた。ソ連軍はすでにルブリンに到達していた。ルブリンからベルリンまでは、残すところわずか六五〇キロである。

軍事情勢はきわめて流動的だった。ドイツ軍は退却しつつあったが、反撃する能力は十分に残しており、現に随所で反撃に出ていた。現場で観察する者がいたとしても、何が起こっているのか、事態を正確に把握することは困難だっただろう。疲労困憊はしているが、規律正しいドイツ兵の縦列が次から次へと足を引きずってヴィスワ川を渡り、対岸の安全地帯に向かっていた。そのすぐ後をソ連軍の最前線部隊が追撃して行った。

政治情況もめまぐるしく変わりつつあった。ソ連の態度は五年前とは違っていた。「ポーランドは消滅した」というのが一九三九年のソ連のメッセージだったが、今や、ソ連は方針を転換し、「ポーランドは復活する」と言っていた。そればかりか、ソ連はポーランド人の軍隊を連れて来ていた。そのポーランド人部隊はもう二度と会えないと思っていた亡命者や強制移住者によって編成され、その指揮官は戦前のポーランド軍士官が務めていた。新たに設立されたポーランド国民解放委員会（ＰＫＷＮ）はありきたりの共産党型組織には見えなかった。そのトップはロシア人でも共産党員でもない無名の小男で、無党派のポーランド人を自称していた。国民解放委員会の幹部には農民、神父、貴族、戦前の士官なども含まれているようだった。すべてが奇妙なほど穏健だった。国民解放委員会は、当時の英国労働党と同様に産業の国有化を提唱し、農業の改革を約束していたが、「五カ年計画」や農業集団化の話はおくびにも出さなかった。そして、何よりも、臨時政府を僭称することがなかった。したがって、あらゆることに必ず疑いを抱く人々も一種の驚きを禁じえなかった。国民解放委員会の代表者たちは、あらゆる政治的会合に際して、槌と鎌のソ連国旗、星条旗、ユニオン・ジャックと並べて赤白のポーランド国旗を掲げる用心深さだった。

ソ連軍は、ルブリンに入城した直後に、前線の報道記者団に対して恐るべき情景を公開した。西側連合軍がベルゼンとブーヘンヴァルトの秘密を明らかにする九ヵ月も前に、ソ連はマイダネクの恐怖を世界に暴露したのである。ナチスの本格的な強制収容所に初めて記者団のカメラが入り、不気味な監視塔、電流の流れる針金、没収された膨大な量の衣服とスーツケース、積み上げられて腐った死体の山を撮影した。蒼白となった記者たちは、やせ衰えた生存者にインタビューし、彼らの語る信じられない話を報道した。ソ連軍こそが真に解放の旗手であるとするソ連の公式主張の根拠として、これほど効果的な演出は他になかった。

シコルスキ将軍の存命中は、英国とポーランドの関係はまさに最高レベルのトップ会談で決まることが多かった。多数の中小連合諸国の羨望をよそに、シコルスキ将軍とチャーチル首相は定期的に直接接触していた。亡命政府の所在地がロンドンだったことも両国の接触に有利に働いた。英国外務省はポーランド亡命政府の尊敬すべき駐英大使ラチンスキ伯爵だけでなく、ポーランド亡命政府の外務省とも毎日のように直接に接触していた。英国陸軍省も亡命政府の国防省と直接に話し合い、会合を開くことができた。当然ながら、英国の対外情報機関である軍事情報部第六課（ＭＩ６）はポーランド亡命政府の情報部第Ⅱ局と密接な協力関係にあった。第Ⅱ局は特に第三帝国内部とソ連国内で広範かつ効果的な情報活動を独自に展開していた。

時間の経過とともにポーランド国内の抵抗運動組織が確立すると、亡命政府参謀本部の第Ⅵ局が重要性を高めることになる。第Ⅵ局は占領下にある母国との連絡を全般的に監督し、なかでも特に地下軍事組織との連絡を担当する部署だった。第Ⅵ局は英国軍事情報部と英国特殊作戦部隊本部（SOE）の両方から重大な関心を持たれるようになる。

英国軍事情報部とSOEとのあからさまな対立抗争関係は英国の戦時風景のひとつだった。前者は長い歴史を持ち、世界全域を対象として情報活動を展開する機関で、組織としては外務省に属していた。後者はチャーチルが「欧州大陸を炎上させる」ことを目的として一九四〇年七月に設立した首相直属の機関で、当然ながら、でしゃばりで危なっかしい新参者と見なされていた。しかし、ナチス占領下の欧州大陸における英国の秘密工作機関としてのSOEの重要性は急速に高まりつつあった。[32]

このような複雑な組織的関係の中では、必ずしも両機関の責任者が最大の発言権を持つわけではなかった。言うまでもなく、重大な決定を下す場合には、国家首脳部の判断を直接に仰ぐ必要があったからである。戦争の全期間を通じて、英国側の最高首脳部はチャーチル首相、アンソニー・イーデン外相、参謀総長アランブルック将軍の三人だった。一方、一九四四年当時、ポーランド亡命政府の最高首脳部を構成していたのはミコワイチク首相、最高司令官ソスンコフスキ将軍、タデウシュ・ロメル外相、参謀総長スタニスワフ・コパンスキ将軍だった。[33] ミコワイチク首相とソスンコフスキ最高司令官の間には亀裂が生じつつあったが、健康状態に深刻な問題を抱えていたラチキェヴィッチ大統領がこの亀裂の拡大を防げなかったのはきわめて不幸な事態だった。首相と最高司令官の対立関係はポーランド亡命政府の中に不決断の種を生み、同盟国たる英国を困惑させた。

英国の政府要員たちはポーランド亡命政府の担当者と連日密接に接触していた。たとえば、英国情報部MI6のブライソン少佐は、一九三九～四〇年に当時フランス亡命中のポーランド政府に対して英国が派遣していた軍事使節団の最初の連絡将校だった。その同僚のウィルフレッド・ダンダデール（ビッフィー）海軍中佐はMI6直属の小グループを指揮してポーランド情報部第Ⅱ局と密接に協力していた。コリン・ガビンズ大佐（後に少将）はSOEの設立当時からの幹部で、今はその司令官として、ポーランドとの間に密接な関係を保っていた。彼は一九三九年にはエイドリアン・カートン・ド・ウィアート将軍が率いる英国軍事使節団の一員としてワルシャワに赴任したことがあり、ポーランド語を話し、ポーランドの運命に深く同情していた。その一九三九年以来の同僚だったピーター・ウィルキンソン中佐はSOEの中で重きをなす幹部の一人だったが、同じようにポーランドの運命に同情をよせていた。SOEのポーランド・チェコスロヴァキア部門の責任者だったハロルド・パーキンズ中佐は大陸に重大な利害関係をもつ事業家一族の出身で、シロンスク（シレジア）地方で幼少期を送り、ワルシャワで英国領事館の業務に携わったこともあり、流暢なポーランド語を話した。しかし、関係者の中で最大の影響力を持っていたのは、オーウェン・セントクレア・オマリー卿だった。オマリー卿は一九四三年二月以来、英国がポーランド亡命政府に派遣する大使であり、一九四三年五月二十四日付のチャーチル首相宛ての秘密報告書では、カティンの森の虐殺事件をナチスの犯罪とするソ連側の主張を論破して、外交政策に倫理的なアプローチを導入する必要性を繰り返し訴えるという、英国の外交畑では特異な存在だった。「オマリー大使はソ連との同盟は不吉な必要悪にすぎないことを政策担当者に想起させた。ソ連との同盟が必要悪以上のもの、たとえば、共通の価値観に基づく同盟であるなどという欺瞞で自分や他人を騙してはならない、と政策担当者に警告したのである。しかし、それは、当時の情勢では、すべての関係者にとってきわめて不都合なメッセージだった」[34]

ポーランド側では、特に二人の人物に言及しておく必要がある。その一人はロンドンでは「タボル」の暗号名で広く知られていたスタニスワフ・タタル将軍である。彼は一九四四年四月に英国に到着したばかりだったが、到着と同時にポーランド軍副参謀総長の肩書きで英国軍事情報部第六課（MI6）の事務所に乗り込み、人々を驚かせた。国内の地下抵抗運動指導部の中で序列第三位のタタル将軍は、きわめて興味深い経歴の持ち主だった。第一次世界大戦の最中にワルシャワのロシア帝国大学数学科を優秀な成績で卒業し、オデッサの砲兵大学校で幹部候補生としての教育を受け、ロシア皇帝によって将校に任命された。砲兵大学校およびパリのフランス陸軍軍事大学校の卒業生として、また数多くの砲兵連隊の指揮官として、戦前の最高級エリート軍人だったが、同時にサナツィア体制に対する頑固な反対派に属し、ピウスツキ元帥への非妥協的な批判をやめなかった。無愛想で、傲岸、寡黙なタタル将軍は自分の意見を軽々しく口にしなかったが、ある伝記作家によれば、彼はポーランドでは滅多に見られない個性的な存在だった。すなわち、ポーランドにおけるチトーとでも言うべき人物で、モスクワに支配されないポーランド独自の共産主義を推進しようとしていたという(35)（一九四四年七月、バーンズロッジから英国情報司令部に転送された問題の二通の電報を当直将校として破棄扱いにしたのは、他ならぬタタル将軍だった）。

もう一人の人物、友人たちの間で「レチオ」と呼ばれていたユゼフ・レティンゲルはさらに輪をかけて風変わりな人物だった。戦時下のロンドンではシコルスキ将軍の個人秘書としてよく知られていたが、その公式の立場の陰には多数の非公式な活動が隠されており、その活動のすべてが何らかの形でポーランド政府の諜報活動につながっていた。著名な弁護士の息子としてオーストリア領時代のクラクフに生まれ、若くして西欧に留学し、ソルボンヌとロンドン・スクール・オブ・エコノミックスの両大学で学んだ。ロンドン大学では彼と同じ時期にルイス・バーンステイン・ネイミアも学んでいる。父親の死後は、フランス系ポーランド人である有力なカトリック貴族の庇護を受けて勉強を続け、最高レベルの社交的、政治的、文化的サークルに出入りして悠々と暮らしていた。レティンゲル自身が一番気に入っていた戦時暗号名は「サラマンダー〔火トカゲ〕」だった。

数ヵ国語を自由にあやつる博識家のサラマンダーには、少なくとも三つの顔があった。ひとつは文学者としての活動で、長年の友人ジョゼフ・コンラッドから助言を得ていた。二人はクラクフの同じギムナジウムの卒業生で、レティンゲルを英国の情報機関に紹介したのもおそらくコンラッドだったと思われる。第二の顔は国際的な交渉人で、一九一七年には、成功には至らなかったが、連合国側を代表してオーストリアに単独講和を求める秘密交渉にあたった。第三はラテン・アメリカ問題の専門家で、第一次大戦の直後、理由を明かさないまま、急遽パリを発ってメキシコに向かっている。その後はヴァチカンの代理人、ボリシェビキの手先、米国の諜報員、フリーメーソンのエージェントなど、様々な評判を立てられながら、思いがけない場所に突然立ち現われては人々を驚かせていた。国際労働組合運動の創設に当たっては積極的な役割を果たしたが、その際、アーネスト・べヴィン、スタッフォード・クリップスなど、英国の社会主義者に友人を得た。スペイン市民戦争の間はスペイン国内にいたが、一九三九年にはベーカー街のはずれのみすぼらしい一間のアパートで貧乏暮らしをしていたところを目撃されている。第二次大戦が始まると再び彼の出番が来た。一九四〇年七月、チャーチルの指示でフランスに飛び、シコルスキ将軍を救出して英国に亡命させたのは他でもないレティンゲルだった[36]。一九四一年にはシコルスキの下でポーランド・ソ連条約の締結に尽力した。ポーランドの代理大使としてモスクワに滞在し、亡命政府大使館の開設を指揮したことさえあった。その際、モロトフの個人的知遇を得ている。

レティンゲルとMI6のつながりは今日に至るまで極秘扱いとなっている。しかし、つながりがあったこと自体はほとんど疑いのない事実である。最近の研究では、レティンゲルをＭＩ６の「有力な代理人」として記録している公式文書が発見されている。多くの人が常々抱いていた推測が確認されたわけである。[37] しかし、レッテルだけで中身が証明されるわけではない。レティンゲルは野心過剰の夢想家にすぎなかったとする説も根強く残っている。

一九四三年七月にシコルスキが死亡すると、レティンゲルは主人を失った忠実な番犬と言っても差し支えない立場に追い込まれた。将軍の葬儀に際してレティンゲルが滂沱の涙を流したことは疑いない。しかし、彼は使命を求めてやまない人間だった。やがて、その使命が訪れる。一九四四年一月、サラマンダーはある任務についた。任務の目的は今日に至るまで明らかにされていないが、彼はでもない五十六歳のレティンゲルにとって、パラシュート降下は生命の危険を伴う試練だった。そのうえ、自分が事前に怖気づくことを恐れて、レティンゲルは誰もが経験すべき降下訓練を拒否したのである。さらに、任務の極秘性を考慮して、同行者にも、輸送機の乗組員にも、その身許が知れないように覆面で顔を隠していた。まず、イタリアのブリンディジ近郊にある英国空軍基地まで飛び、そこでポーランドに潜入するための飛行機を待った。繰り返し待機を言い渡されて待っている間、彼はプラトンを読んで時間をつぶした。亡命政府の中でレティンゲルの出発を知っていたのはミコワイチク首相だけだった。しかし、その一方で、ロンドンのルーベンス・ホテルの廊下では噂が広まっていた。敵の多いサラマンダーは現地に到着するかしないうちに暗殺されるだろうという噂だった。[38] これまでに明らかになった証拠からは、英国が実際にどこまで関与していたかを知ることは難しい。しかし、レティンゲルのこの使命が重要なのは、ポーランドに対する支援を約束していた英国がそのポーランド国内の正確な情報を収集しようとした唯一の試みだからである。一九四四年始めの時点で、英国はユーゴスラヴィアとギリシャには本格的な諜報部隊を送り込んで地下抵抗勢力との共同作戦を展開していた。しかし、英国がヴィスワ川の流れる国に諜報員を送り込んだのは、サラマンダーが初めてだった。

英国には昔から親ポーランド派が存在したが、その数は比較的少なかった。しかし、開戦以来、親ポーランド派は急速に拡大した。最も明確にポーランドを支持した層は、ローマ・カトリック教会の信者と故G・K・チェスタートンやヒレア・ベロックなどの文学者だった。王室関係では、戦前に新婚旅行でワルシャワを訪れたことのあるケント公爵夫妻を中心に有力な親ポーランド派のサークルが形成されつつあった。政府内では陸軍省にポーランドの理解者が多かった。彼らはポーランドが果たした貢献とこうむった犠牲を一般の人々よりもよく知る立場にいたからである。亡命ポーランド軍が駐留していた英国の都市や自治体の幹部も同情的だった。特にスコットランドでは親ポーランド感情が強かった。さらに、怯むことなく戦うポーランド人の決意に心打たれた著名人たちの多くも声を上げた。彼らは必ずしも単純なポーランド贔屓ではなかった。代表的な人物としては、当時はすでに引退していたが最近まで外務省の事務次官だったヴァンシッタート卿をあげることができる。また、フィリップ・ノエル＝ベーカー議員は平和主義を唱えるクエーカー教徒だったが、ポーランドの利益を擁護するために尽力した。三人目は三〇年以上にわたって『オブザーヴァー』紙の編集長を務めた有名なジャーナリストのJ・L・ガーヴィンだった。彼は当時の多くの新聞、特に『タイムズ』が採用していた不偏不党の原則に従うことを拒否していた。他にも英国のシベリア派遣軍司令官を務めたことのある中将で国会議員のアルフレッド・ノックス卿、野党労働党の勇猛果敢な国会議員ジョン・マクガヴァン氏などがポーランドを支持して論陣を張っていた。

英国にはポーランド出身の有名人が何人かいた。最も有名な人物はジョゼフ・コンラッド〔ユゼフ・コジェニヨフスキ〕だが、コンラッドはすでに一九二四年に世を去っており、それ以降、コンラッドに匹敵する著名人は現れなかった。四〇年代に最も注目を集めたのは、文学以外の分野で活躍する二人のポーランド出身者だった。二人はともに「非ユダヤ化したユダヤ人」で、それぞれの理由から、母国ポーランドに対してかなり屈折した思いを抱いていた。その一人、アイザック・ドイッチャーは旧ポーランド共産党（ＰＫＫ）の幹部だったが、一九三二年にスターリン主義の危険な兆候を察知して英国に亡命した。後に評伝『トロツキー』三部作（一九四五年、五九年、六三年）および『スターリン』（一九四九年）として結実することになる政治史研究の基礎的勉強に励みながら、ドイッチャーは左翼ジャーナリストとしても活発に発言していた。もう一人のルードヴィク・ベルンシュタイン・ニェミロフスキはルイス・バーンスティン・ネイミアに改名し、英国十八世紀政治史の研究者として業績を上げていた。彼もまた目の前の政治問題について幅広い評論活動を展開していたが、その論調はシオニストの立場に立ったものであり、ドイッチャーのマルクス主義的な視点とは明確に異なっていた。ネイミアの政治評論集『*Conflicts*（衝突）』（一九四二年）は当時の話題作だった。

　ネイミアも多聞に漏れず英国外務省に勤務したことがあった。親ポーランド派の中には外務省時代のネイミアを冷淡で官僚主義的な人物と評する人が少なくない。しかし、この一方的な決めつけは公平を欠くと言うべきだろう。当時の外務省には親ポーランド的な傾向と反ポーランド的な傾向の両方があった。しかし、大多数の外交関係者は他に専念すべき問題を多く抱えていたので、ポーランドを面倒で厄介な重荷と感じがちだった。ポーランド問題にかまけるあまり、別のさらに重要な問題を疎かにしてはならないと大多数が考えていた。アンソニー・イーデンの個人秘書ピアソン・ディクソンもまさにそのような意見の持ち主だった。ディクソンは一九四四年二月の日記に次のように書いている。

　ポーランドのためにロシアと戦おうとするイギリス人はいないだろう……英国と同じ島国のギリシャはイギリス人の胸に共感を呼び起こすが、大陸国ポーランドに共感する者は少ない……英国の世論は一致している……（たとえポーランドがソ連邦に全面的に吸収されることになったとしても）我々は問題の合理的な解決を支持するものである。それ以上に深入りはしたくないというのが本音のところだ(39)。

　この種の見解の持ち主にとって、ポーランドは英国の計画に従順である限り、問題のない国だった。しかし、もし従わなければ、ポーランドは「妥協を知らない頑迷な国民」と言われることになった。事実、妥協することを知らない頑迷さはポーランドの最も顕著な特徴と思われていたのである。

　しかし、英米人がポーランドについて学ぼうと思えば、参考資料には事欠かなかった。すでにそれより二〇年も前、第一次世界大戦の結果として「新ヨーロッパ」が出現した時点で、新たに独立した国々および独立を回復した国々に関する山のような書物が英語圏の読者のために出版されていた。その質はもちろん玉石混交だったが、学ぶ意欲のある読者にとっては、「中間に位置する諸国」（**The Lands Between**）の歴史、地理、政治、経済、文化を解説するほぼ網羅的なタイトルの書籍が提供されていた。ポーランド文学についても、その主要な作品のほぼすべてが英訳されて出版されていた。一九三九年代末にはポーランド全史の第一巻がケンブリッジ大学から出版された。これはオックスフォード大学のスラヴ史の教授によるポーランド史に対抗する仕事だった。これらのいずれかに目を通した読者なら、ポーランドが新興国であるとか、ポーランドがドイツやロシアの領土を簒奪したというような世間の迷妄から直ちに脱却したはずである。ポーランドの歴史を知れば、十九世紀に出来上がったお馴染みの欧州地図を不変の真理であると思い込むような幻想から解放されるのは難しいことではなかった[40]。

第二次世界大戦前夜の一九三九年夏、一般読者向けにポーランドの歴史を簡潔で読みやすい形に要約した著作が「ペンギン・スペシャル」の一冊として出版された。小冊子ではあったが、これほど時局の話題にぴったり合った本は珍しかった。十世紀の初代国王の戴冠式から説き起こし、十六世紀の「黄金時代」を経て、十八世紀の国土分割、十九世紀の「試練」に至る歴史が描かれ、一九一八年の出来事は「国家の回復」として位置づけられていたが、この本の主なテーマは現代的な問題の解説だった。すなわち、民主主義を求める戦い、教育の問題、経済開発、少数民族、そして何よりも地政学上の諸問題が論じられていた。同書によれば、ポーランドは「ヨーロッパで最もむき出しになっている国」であるが、ポーランド国民は「第三帝国に隣接する諸国の中で最も冷静で、最も動揺しないことを特徴としている。なぜなら、彼らはすでに決断しているからである。ポーランド国民は攻撃されれば戦う決意を固めている。誰に助言を求めるつもりもなく、命乞いをするつもりもない。国家存亡の危機に直面してもなお怯むことのない彼らの勇気はいくら称賛しても称賛しきれるものではない[41]」。著者はロンドン大学教授でカナダ福音派の牧師ウィリアム・ローズだった。（下巻付録3参照）

ロンドンに亡命したポーランド政府は一九四〇年以降広報用の出版物を次々に発行した。戦争勃発までの外交関係の推移と戦争勃発後のナチスの蛮行を記録した『黒書』[42]および『白書』[43]を始めとして、大量の公式パンフレットと声明が刊行された。亡命政府がこれらの文書を発行したもうひとつの目的は、歴史の経過とそれに対応して彼らが採用した政策を正確に記録して残しておくことにあった。親ポーランド派の英国人も筆を取って熱心に論陣を張った[44]。ポーランド系新聞の英語版や英語で書かれたポーランド情報のパンフレットも数多く発行された[45]。ポーランドについて知ろうと思えば誰でも知ることができた。ポーランドのことは知らなかったという言辞は言い訳に過ぎなかった。

映画の分野でも、英国の最初の同盟国であるポーランドを大々的に取り上げた映画が戦争初期に製作されて大いに人気を博した。たとえば、映画『*Dangerous Moonlight*（危険な月光）』（一九四一年）の主人公はポーランド人青年ステファンである。若きピアニストであり、パイロットでもあるステファンは一九三九年のドイツ軍の空爆下でも平然としてピアノ・コンチェルトの作曲を続けるような豪胆な人物だった。彼はその後西欧に脱出し、演奏ツアーで米国に渡る。ここでいかにもアメリカ人好みの展開と言うべきか、アメリカ人娘サリーと恋に落ちる。その後ステファンは欧州に戻ってバトル・オブ・ブリテンの空中戦を戦うことになる。この映画が翌年アメリカで上映されると、自由を愛するすべての国は団結してナチス・ドイツと戦うべきであるという強力なメッセージとなった。参戦直前の米国の雰囲気にぴったりの筋書きだった。しかし、この映画の中でその後最も長く世間の記憶に残ったのは映画音楽だった。リチャード・アディンセルの作曲になる劇中のコンチェルトはショパン風のテーマとラフマニノフ風の曲想を数多く使用して多くの人に好まれ、現在に至るまでピアノ曲のレパートリーとして広く演奏されている[46]。

しかし、その一方で、英国内ではポーランドに敵対する宣伝情報も大量に流され、そのために混乱が生じていたことも確かである。二つの巨大な隣国に挟まれた歴史の中でポーランドが国家の存在そのものを賭けて戦わなければならなかったのとまったく同じように、戦時中のポーランド政府は情報戦争に関してもドイツおよびソ連の宣伝と戦わなければならなかった。二十世紀の始め以来ドイツが流してきた情報の影響はきわめて強力であり、シレジア（シロンスク）、ダンツィッヒ（グダンスク）、そして「ポーランド回廊」などに関する戦前のドイツ側の宣伝は効果を失っていなかった。しかし、開戦以後、ドイツの宣伝の影響力は急速に低下する。それに対して、ロシアないしソ連の宣伝は急速に影響力を増しつつあった。そのため、事情に通じていない人々にとっては、誰を信じ、何を信じるべきかの判断は容易ではなかった。

ポーランド亡命政府の駐英大使ラチンスキ伯爵は、英国の政治家、学者、オピニオン・リーダーなどの偏見と戦い、誤解を訂正するために時間の大半を費やしていた。伯爵はポーランド人としては珍しいほど礼儀正しい人物で、その発言は英国人を凌ぐほど控えめだった。しかし、そのラチンスキ大使が手ごわい敵を相手にまわして激しい論争を展開しなければならない状況だった。論争相手のほとんどは、ドイツ問題、ロシア問題、そして時にはユダヤ人問題に関する自分たちの一方的な見解が必ずしも絶対的な真理ではないことを疑ったこともないようなおめでたい連中だった。一九三九年、ラチンスキはデイヴィッド・ロイド＝ジョージを相手に大論争を展開し、彼に反論するパンフレットを刊行する。一九四一年には「東部国境地域」の人種構成に関する歴史家バーナード・ペアーズの見解に反論し、また、多くの機会をとらえて『タイムズ』編集長のロバート・バリントン＝ウォードやBBC放送の論説員たちと対決した。一九四四年六月二十三日、ヨーク大主教シリル・ガーベットはヨーク大聖堂で行なった説教の中で、戦争の「道徳性」が今ようやく明らかになったと厳粛に宣言した。ナチス・ドイツとの戦いが始まってすでに五年目に入った今、この発言はあまりにも愚鈍で無頓着な姿勢を露呈していると考えたラチンスキは大主教に一篇の詩をおくった。

戦争の原因

英国を戦争に駆り立てたのは

道徳的義務感だった。
ヒトラーがポーランド回廊を
獲物として奪い去った時のことだ。
名誉を知る者なら誰しも
正義が我らの側にあることを疑わない。
保証が愚弄された時は
保証した者は闘わねばならない。
……
我らの戦争は
感情に駆られたものではない。
約束を守ることこそ
道徳問題ではないのか。(47)

ラチンスキはチャーチルの元秘書で英国情報相のブレンダン・ブラッケンときわめて親しい友人関係にあった。しかし、一九四三年三月、駐英大使は『イヴニング・スタンダード』紙に掲載されたデイヴィッド・ロウの漫画に激怒する。「無責任な連中」と題されたその漫画は才気に溢れてはいたが、悪意に満ちており、明らかにソ連のプロパガンダに影響されて、英国民の中にある否定的なポーランド人像を増幅しようとするものだった。（下巻付録15参照）ラチンスキの抗議に対するブラッケンの対応は友好的ではあったが、必ずしも有効ではなかった。

親愛なるエドワード、
英国の新聞の姿勢が貴君に抗議の必要性を与えたことはきわめて残念です。ロウの漫画は……確かに遺憾な作品であります。そして、私は貴国の政府が置かれている困難な立場を十分に理解しています。
英国情報省はポーランドとソ連の不一致を拡大させるような論議を抑制するために最善の努力を払っております……本省の指導は全般的にはよく守られています。それゆえに『イヴニング・スタンダード』の行為はますます遺憾であります。
例の漫画が掲載された直後、本省の新聞検閲局は同紙の編集長を召喚し、この種の扇動的な行為を避けるように最も厳しい警告を与えました。もちろん、現在の検閲規則ではこの種の作品の掲載を禁止することはできません……しかし、今後はこの種の行為の再発を避けるべく、新聞側の協力が得られるものと確信しております。

（署名）ブレンダン・ブラッケン(48)

戦争が後半に入ると、東部戦線は西側列強の戦略的計算を混乱させるほどの重大問題とはならなくなった。明文化されていたわけではないが、東部戦線に関する事項はソ連が解決すべき問題領域であるという暗黙の了解が成立していたのである。ロンドンとワシントンは東ヨーロッパの問題をパートナーであるモスクワに任せることで合意していた。ドイツ国防軍との戦闘の矢面に立つソ連軍は大いに尊敬を集めており、この戦争で第三帝国を壊滅させる最大の貢献者がソ連であることはますます明らかになりつつあった。西側の最大の懸念は、ドイツ軍をソ連領土から駆逐し終わったスターリンがドイツとの単独講和に踏み切る可能性であり、また、スターリンがヨーロッパ中央部の大部分を征服しようとする可能性だった。

ルーズヴェルト大統領はソ連の要求を受け入れ、モスクワの思い通りにさせる意向だった。米国は東欧に対するソ連の野望を脅威とは受け取っておらず、むしろソ連の野心の範囲が限定的であることに好印象を抱いていた。米国が直接的な利害関係を感じていたイランや中国などの地域について、当時のソ連は何らの下心も持っていないように見えたからである。ワシントンはポーランドに対して概して同情的だったが、ポーランド問題はその公式の庇護者である英国に責任をかぶせようとする傾向があった。

一九四三〜四四年には、ポーランド・ソ連問題に介入して解決を図るための西側連合国の能力は急速に低下しつつあった。スターリンがポーランドとの国交を断絶したこと自体は、それ以外の否定的要素と複合することがなければ、それほど深刻な事態とはならなかったはずである。それ以外の否定的要素とは、ひとつには、ルーズヴェルト大統領の主席顧問だったハリー・ホプキンズの方針によって、米国の外交政策がモスクワの野心に対して妥協する方向に確実に傾いていたことである。逆に言えば、周辺的な摩擦の原因と見なされるような問題はますます軽視されることになった。ふたつ目に、チャーチルが従来の指導力の一部を失いつつあった。スターリンは米国の影響力の増大という動かしがたい事実を決して見逃さなかった。チャーチルの立場をさらに弱めたのはソ連の駐英大使マイスキーの帰国だった。チャーチルとマイスキーは二年間にわたって頻繁に接触し、友好的に仕事を進めてきたが、チャーチルと後任のソ連大使との関係は疎遠で堅苦しいものとなった。要するに、米国はポーランド問題を解決すべき責任を英国に転嫁し、その英国はポーランド政府にモスクワとの直接対話を勧めるというやり方で責任を回避しようとしていた。しかし、その時、スターリンはポーランドとの正常な対話のチャンネルをすでに閉ざしていたのである。第二戦線を開くことのできない英米両国はソ連に対して引け目を感じ、困惑していた。そのような雰囲気の中でポーランド問題解決のための実効ある基盤が作られる望みは薄かった。

同じ頃、西側は厄介きわまるユーゴスラヴィア問題にも直面していた。ユーゴスラヴィアに関する政策は東欧全域への西側のアプローチに反映されることになる。一九四一年以来、西側はユーゴスラヴィア王国政府とセルビア人主体の地下抵抗組織「チェトニク」を支持していた。ペータル二世国王とその政府はロンドンに亡命していた。しかし、亡命政府が全般的な事態を掌握できないでいる間に、占領下のユーゴスラヴィアでは相互に対立する複数の勢力が複雑な政治関係の中で残忍な内戦を展開し始める。チェトニクが最大の敵とみなしていたのはクロアチア人のファシスト組織「ウスタシャ」であり、チェトニクはウスタシャを倒すためにはイタリア占領軍との取引も辞さなかった。チェトニクは、その一方で、モスクワで訓練を受けたヨシップ・ブロス・チトーが率いる革命派のパルチザン組織とも対立していた。チトーはドイツ軍への抵抗とユーゴスラヴィアの統一保持の両方を目指しているものと思われた。結論として、西側は支援の対象を切り替え、チェトニクを見捨てることになる。チトーのパルチザンに対してはイタリア国内の連合国軍基地から豊富な物資が供給され、ペータル国王に対してはチトーと手を結ぶよう圧力がかけられた。一九四四年二月、ペータル二世は閣僚の反対を押し切ってチトーの反ファシズム国民解放委員会と協力関係を結ぶ。しかし、それは、国民解放委員会にとっては戦争遂行のための一時しのぎの方便であって、やがて国王と国王派は完全に排除されてしまう。この一連の経過は西側の政治的誠実さの評判を高めることにはならなかった。これが東欧における「妥協」という概念に明らかに日和見主義的な色合い付与した事件だったことは間違いない。

ユーゴスラヴィア問題とは対照的に、チャーチルがいかなる妥協にも断固として反対したのはギリシャのケースだった。一九三九年四月、英国政府はポーランドに与えたのと同様の保護の約束をギリシャにも与えていたが、英国とギリシャは公式の同盟関係を締結するまでには至らなかった。一九四四年春の段階で、ギリシャ王国政府はカイロに亡命していた。共産党主導の国内レジスタンス組織は山岳地帯の拠点から攻勢に出る用意を整えていた。ドイツ軍の退却と同時にアテネを奪回するという計画だった。すでに国民解放政治委員会が設立され、すみやかに臨時政府を名乗る予定だった。しかし、チャーチルはその計画を一切認めようとしなかった。カイロのギリシャ軍兵士の間に反乱の気配が生じると、チャーチルは必要なら武力を使っても鎮圧せよと命令する。権力の分割も認めようとしなかった。言うまでもないことだが、チャーチルが高圧的な路線をとることができたのは、ギリシャが東欧諸国の中で英国の海軍と陸軍が直接に接近できる唯一の国だったからである。

しかし、西側列強がポーランド問題をまったく無視していたとか、ポーランドに無関心だったと考えるのは間違いである。とりわけチャーチルはソ連軍の情け容赦ない前進の意味するところを明確に理解していた。毎日何時間かはポーランド問題に専念していると言ってもよかった。たとえば、一九四四年前半には、政治体制、国境問題、軍事問題の各分野別にポーランド問題の詳細な検討を行なわせている。

政治体制について言えば、チャーチルはスターリンが一方的に決定を下す前に何らかの取引を実現したいと腐心していた。一九四四年二月十六日、チャーチルはミコワイチク首相を呼び出し、もしポーランドがスターリンの要求を受け入れなければ、赤軍の手によって親ソ傀儡政府が樹立され、不正選挙によって国民の承認を得てしまうことになると警告した。言うことを聞かない亡命政府の態度に業を煮やしていたのである。しかし、チャーチルは、また、スターリンの要求があまりにも挑発的であることを承知しており、何らかの妥協を勝ち取る可能性が残されていると考えていた。ポーランドはユーゴスラヴィアとは事情が違っていた。地下抵抗組織の中にチトーのような人物はいなかったし、ポーランド国民の間にはソ連型の政治に対する共感はほとんど存在しなかった。ポーランドの軍隊は世界各地で連合国の大義のために戦っていた。さらに、スターリンが表裏両用の手を打っているという気配があった。一方では、無礼にもロンドン亡命政府に対して共和国大統領ラチキェヴィッチを始めとするいわゆる「反ソ的メンバー」の排除を要求しつつ、他方ではロンドンのソ連大使館を通じて非公式の接触を絶やさないでいた。つまり、まだすべてが失われたわけではなかった。楽観主義者の間には、ここで西側が積極的に介入すれば危機が最終的に破裂する前に何らかの妥協による解決が可能だとの見方があった。

解決が可能だとすれば、事態を前進させる最善の方法は国境問題での何らかの妥協だろうと思われた。しかし、国境問題をめぐっては、英国外務省の内部に二つの異なる考え方があった。ひとつはイーデン外相が最初から支持していた意見で、スターリンの機嫌を損じないよう、ひたすらその要求を受け入れるという考え方である。一九四二年以来、イーデンはバルト諸国にこの路線を適用してきたが、チャーチルもまたテヘラン会談以降、ドイツから没収する領土をポーランドに与えて十分に埋め合わせるという但し書きつきで、この路線を支持していた。しかし、最終的な合意は得られておらず、何よりもテヘラン会談の内容そのものが極秘扱いのままだった。ロンドンで広く支持されていたもう一つの見解は、僅かながらでもソ連側からの譲歩が確保できない限り、ポーランドはあきらめるべきではないという意見だった。ソ連がポーランドに迫っていた要求は、結局のところ、英国に対してスコットランドを放棄せよという要求に等しかった。

この問題に関して、英国外務省は当時の最高水準の人材を投入して、ポーランド東部国境地帯の人種構成、歴史、政治情況などに関する調査を実施した。一九四三年十一月から四四年七月までの間に四種類の詳細な報告書が作成された。最初の二通はテヘラン会談に先立つ一九四三年十一月十九日付と二十二日付で作成された。一九四四年二月十二日付で発表された第三報告書を執筆したのは世界的に有名な歴史学者で、英国王立国際問題研究所長兼外務省調査部長の職にあったアーノルド・トインビー教授だった。そのトインビー教授の助手の一人、フランシス・ブーディロンが執筆した第四報告書は一九四四年七月二十五日に提出された。これらの報告書の詳細な内容は、たとえば、スヴァルキ地方の地形、ボリスラフ＝ドロホビッチ盆地の位置、カーゾン線のA案とB案の違い、「ライオンの町」を意味するルヴフ市の表記は「リヴォフ」か「ルヴォフ」か「リヴィウ」か「レオポリス」か、はたまた「レンベルク」かなど、この種の問題に関心を抱く者にとってはまさに興味津々であり、地図マニアにとっては絶好の資料だった。ただし、四通の報告書が一致して、ポーランドは少なくともルヴフの支配を維持すべきだと指摘している点はきわめて重要だった。(49)

英国の専門家の視点からすれば、これらの報告書は二段階解決の構想を前提としていた。すなわち、まず、ポーランド亡命政府が原則的にカーゾン線を受け入れ、その上でモスクワに対して相対的に小規模な調整を要請するという戦略だった。(50)しかし、ポーランド亡命政府は、これらの報告書が非妥協的な姿勢の維持を鼓舞しているものと受けとめた。ポーランド政府にとっては、ゲームはまだ終わっていなかった。西側の支援があれば、譲れない最低限の線としてルヴフを救うことは不可能ではないと理解していたのである。

この時点でさらに別の行き違いが生じていたことも指摘しておかなければならない。一九四三〜四四年の英国の報告書は、スターリンの領土要求の趣旨と同じように、戦後の国際社会によって承認されるべき恒久的な国境線の確定を想定していた。この国境線は一九四四年に同時に交渉が進められていた一時的な「区画線」とは別物であって、両者を混同してはならない。一時的な「区画線」は赤軍の予想外に急速な前進に伴って緊急に必要となった暫定的な境界線である。一九四四年二月十五日、亡命政府のミコワイチク首相はこの「区画線」をカーゾン線の東側に設定することに合意する。首相は恒久的な国境線に関する交渉に危険が及ばないことを確信してこの合意を与えたのである。しかし、ソスンコフスキ最高司令官を始めとする亡命政府閣僚の多くは、首相が重大な戦術的誤りを犯したものと判断した。

軍事面については、ドイツ軍が最終的に第三帝国内まで退却した後に何が起こるか、とりわけ、進入してくる赤軍に対してポーランドの地下抵抗運動がどのように対処すべきかに問題点が集中した。ナチスによる抑圧が終わる瞬間に人々の怒りが何らかの形で爆発する可能性のあることは、言うまでもなく、全員が理解していた。しかし、政策立案者たちには、さらにもっと具体的な予測が必要だった。どのような種類の蜂起が起こるのか。どこで起こるのか。誰が指導するのか。どうすればその蜂起から最大限の効果を引き出すことができるのか。

ドイツ軍に対してポーランド市民が蜂起する可能性については、数年前からではないとしても、少なくとも数ヵ月前から連合国の関係者の間で活発な議論が始まっていた。ポーランド国内のいわゆる「地下抵抗軍」の存在とその潜在的な戦闘能力は、ロンドンでも、ワシントンでも、十分に認識されていた。しかし、問題は議論されるのみで、誰も結論を出し得ない状況だった。それによって失われた時間を回復すべく、タタル将軍（タボル）が活動を開始する。タタル将軍は一九四四年四月にアッパー・ベルグレーヴ街の亡命政府情報部第Ⅵ局に幹部として就任すると、直ちに大車輪で問題の解決に乗り出した。

当時亡命政府が優先的に志向していたのは農村部での「一斉蜂起」だった。それによってドイツ軍の通信連絡網を麻痺させ、その退却作戦を混乱させ、幅広い戦線で赤軍の前進を促進するという計画だった。したがって、タタル将軍の最大の課題は、この作戦について英国の支援を取りつけることだった。しかし、その工作は成功しない。何度も予備的話合いが行なわれたが、英国側は補給上の困難性、距離の遠さ、ソ連の専管範囲などを繰り返し指摘するにとどまった。四月二十五日、タタル将軍はポーランドから彼に同行して英国に渡って来ていたもう一人の国内軍幹部とともにチャーチルを訪問して会談するが、席上、国境問題をめぐる激しい応酬が始まり、それが原因となって話合いは空中分解してしまう。タタル将軍に同行した国内軍幹部がポーランドの正統な国境線を守るために最後まで戦う決意を表明すると、チャーチルは陰鬱な調子でこう答えた。「確かに、どんな国民にも、結果を顧みずに抵抗する権利はある。たとえどんなに弱い国民からも、その権利を奪うことはできない」[51]

しかし、その後も英国政府は、タタル将軍のチームからだけでなく、亡命政府のその他の幹部からも引き続き矢継ぎ早に質問と要請を受けることになる。あらゆる話合いの場面で、英国側は疑念を表明するにとどまる。英国側はポーランド側の提案に対して抵抗感と苛立ちと不決断の入り混じった態度で反応したが、明確に提案に反対する姿勢は見せなかった。外務省がいずれは表明すべき英国側の最終的回答の期限は繰り返し延期され、七月末までポーランド側に伝えられなかった。七月末は、ポーランド国内軍の総司令官がごく近い将来に蜂起する計画を提起し、ミコワイチク首相の閣議がその提案に承認を与えた時期でもあった。

これと同じ時期に、タタル将軍の耳には二つの憂慮すべき情報が入った。ひとつは、ロンドンの亡命政府関係者の一人が本国の地下抵抗組織に電報を打ち、レティンゲル（サラマンダー）の始末を指令したという情報だった。[52] もうひとつは、ポーランド軍降下旅団の指揮権を英国軍に移転することを英国側が希望しているというニュースだった。タタル将軍はサラマンダー暗殺計画の噂に激怒し、

「ゲシュタポまがいのやり方」についてソスンコフスキ最高司令官に抗議する。しかし、降下旅団の指揮権移転についてはむしろ冷静だった。将軍はこの際、むしろ英国の要求に潔く従うことを勧告したのである。今のうちに西側同盟国を助けておけば、それは道義上の貸しを作ることになり、いずれは地下抵抗運動に対する西側の支援となって返ってくるであろう、というのがタタル将軍の主張だった。[53]

この重大な時期にタタル将軍がどのような政治的見解を抱いていたか知る者は亡命政府の中にもほとんどいなかった。一九四三年秋にタタル将軍が執筆した報告書は、地下抵抗運動に対して「たとえ大幅な譲歩を余儀なくされても、ソ連との友好関係を維持すること」が緊急に必要であると訴えていたが、ロンドンではその内容は知られていなかった。また、将軍の次のような発言も人々に知られていなかった。「アングロサクソンは無関心だ。フランスは頼りにならない。だとすれば、我々が善意を示すべき相手、理解し合い、協力すべき相手はソ連しかない」。情報部第Ⅵ局のある若手職員はタタル将軍から常々次のように聞かされていたという。

ソ連はこの地域で決定的な力を持つ国になるだろう。だとすれば、わが国はモスクワと協力し、必要な譲歩を行い、われわれの路線を親西欧から親ソ連に転換しなければならない。[54]

タタル将軍がこのような心情の一端を英国政府関係者との話合いの場で漏らした可能性は大いにある。だとしても、当時ロンドンで支配的だった親ソ的な雰囲気の中ではさしたる波紋を呼ばなかっただろう。

タタル将軍に大きなチャンスがめぐってきたのは六月だった。ミコワイチク首相とともにワシントンに招かれ、地下抵抗軍への支援を訴える機会を得たのである。断続的ではあったが三日間にわたって、大判の地図を使い、優秀な通訳を通じて、軍事上の専門的な説明を行ない、その上で質問を受けた。どの会場でもポーランドとソ連の関係について質問が集中した。六月七日にはホワイト・ハウスでルーズヴェルト大統領に会見し、大統領から多大の関心と感興を引き出すことに成功した。大統領からも、例によって、ポーランド国内の地下組織とソ連との関係について質問が出た。ミコワイチク首相が割って入り、カティンの森事件とシコルスキ将軍の事故死以来、ソ連との接触は次第に疎遠になっていると説明した(55)。あまり賢明とは言えない対応だった。しかし、六月十二日、タタル将軍にもう一度チャンスが来る。連合国軍最高司令部統合参謀本部との会談が実現したのである。

その日、統合参謀本部の公式会議が米国海軍ウィリアム・リーヒ提督を議長として、米国大統領の迎賓館ブレア・ハウスで開催された。英国代表としては、レッドマン大将の他、英国陸軍参謀総長代理のマクレディー中将が出席していた。議題が東部戦線問題に移った時点でポーランド代表団が会場に入った。代表団を率いていたポーランド軍事代表団の主席代表がタタル将軍の報告書の英訳版を読み上げた。報告書はドイツ占領下の情勢と抵抗運動の情況を概観する内容だった。まずマクレディー中将が質問した。

マクレディー中将　タタル将軍としては、いかなる種類の一斉武装蜂起を想定しておられるのか？　その武装蜂起はロシア軍との協力関係を前提としているか？

タタル将軍（一瞬のためらいもなく）　我々は、それがどの国であれ、我が国土に一番先に到着した連合国と協力してドイツ軍を打ち破る覚悟である（この回答を耳にして、英国代表団の間に異様な興奮が走った）。

……

タタル将軍　軍事的観点から言えば、現時点までのソ連軍との協力関係はきわめて満足すべき状態である……いくつかの場面で、我々は事前に合意した共同作戦を実施し、良好な結果を得ている。ある地区では我が軍の司令官とソ連軍司令官が直接に協議する機会が実現している。我が地下抵抗軍が東部地域でも優れた戦闘能力を有することをソ連軍司令部は理解している。現地の状況を把握してソ連軍司令部に伝達しているのはソ連のパルチザン部隊である。ソ連のパルチザン部隊は従来独ソ戦線のポーランド側で戦っていたが、現在は戦線のソ連側に移動している(56)。……

同席していたポーランド側代表団の一人は、将軍の情勢分析の趣旨が出席者たち正確に伝わったかどうか確信できなかったと述べている。しかし、タタル将軍はたじろがなかった。話が終ると英国代表団は起立してタタル将軍に称賛の拍手をおくった。彼らはまさに聞きたいと思っていたとおりの報告を耳にしたのである。

翌朝、タタル将軍はヒュー・R・ウィルソンが責任者を務める米国戦略事務局（OSS）〔CIAの前身〕の作戦計画部会にゲストとして招待され、ここでも温かく迎えられた。またもや、東部地域での地下抵抗軍の活動状況とソ連との関係について質問が出た。

タタル将軍は地図を示しながら地下抵抗軍の兵力が集中している地区と希薄な地区について説明した。また、コヴェルとルックの町の例をあげて、地下抵抗軍とソ連軍の協力関係に言及した。また、ソ連軍司令部が地下国家の軍事組織であるヴォウィニア（ヴォルヒニア）師団との間に交わした合意事項を実行しなかったために、同師団から多数の死傷者が出たばかりか、ほとんどすべての上級将校の命が失われた事件にも言及した(57)……

タタル将軍の説明は「地下国家の軍隊」が激しい戦闘を展開しており、ソ連軍との共同作戦を実行する能力を有しているという印象を与えた。ウィルソン局長は会合を終えるに当たって、米国のOSSは「ポーランド地下国家の軍隊」を支援する意向であり、全般的な協力関係の樹立を希望するという言葉で締めくくった。

このワシントン訪問はあらゆる意味でポーランド亡命政府の自信を強める結果となった。ノルマンディー上陸作戦のDデーと重なっていたにもかかわらず、ルーズヴェルト大統領は時間を割いて四回もミコワイチク首相と会談した。雰囲気は例外的といっていいほど丁重だった。最高レベルの米国政府高官によって接遇されたポーランド代表団一行は衷心から歓迎されていると感じていた。ルーズヴェルト大統領が繰り返し発した主要なメッセージは、ミコワイチク首相が直接にスターリンと会談して「人間的な会話を交わすべきだ」という点にあった。結局のところ、ルーズヴェルト大統領は自分とスターリン元帥との関係は「哀れな友人チャーチル」との関係よりもはるかに良好であると考えていた。大統領によれば、スターリンは「帝国主義者ではなく、単なる現実主義者」だった。ルーズヴェルトは国境問題についても心強い発言をして代表団を勇気づけた。ポーランドがルヴフを失うことはないかも知れない。それどころか、ヴィリニュスについても「合意が成立する可能性を完全に排除することはできない」。ミコワイチク首相は大統領の言葉をそのまま手帳に書きとめている。「心配は無用です。スターリンがあなた方から自由を奪うことはあり得ない。スターリンはアメリカ政府があなた方の確固たる後ろ盾であることを知っているから、敢えてそのようなことはしないでしょう。

私はこの戦争で貴国が戦前の領土を失うことがないように配慮するつもりです」[58]。空港では、ステッティニアス米国務長官が駐米ポーランド大使に向かってミコワイチク首相を称賛する言葉をかけた。「われらの友人スタンは実に好感の持てる人物だ。彼の大事業を助けるために、できることは何でもするつもりだ」[59]。窮地に立たされていた政治家にとって、これ以上に心強い保証があり得ただろうか。

この時点で明らかになっていた材料から判断すれば、結論として次の四点を引き出すことは十分に可能だった。まず、ポーランドは西側列強からの全面的な支持を期待することができた。次に、ミコワイチク首相とスターリンとの直接会談が実現すれば、スターリンから何らかの譲歩を引き出すことが可能と思われた。第三に、国境線問題については、一部領土の回復は依然として可能と思われた。第四に、蜂起計画に対して事実上のゴー・サインが出た。蜂起計画の情報はすでに西側連合国軍の最高軍事司令部に達していたが、蜂起の準備を中止すべきだと言う意見はどこからも出なかったからである[60]。

ひとことで言えば、ミコワイチク首相とタタル将軍にとって、状況は満足すべきものだった。それ以上に、ワシントン訪問は実質的な成果をもたらした。ルーズヴェルト大統領との会談の席で、ミコワイチク首相は米国からの大規模な資金援助を要請したが、やがて大統領が一〇〇〇万兌換ドルの大型援助を承認したという知らせが入る。そのうち一五〇万ドルは民間向けの救済資金、八五〇万ドルは地下抵抗軍向けの軍事援助だった。この支援は蜂起計画に対する全面的な承認を意味するものと受けとめられた。

タタル将軍にはさらに別の褒章も与えられた。ロンドンに戻ってまもなく、国王みずからの同意を得て、英国で最も勲位の高い名誉勲章のひとつ、バス勲章が授与されることになったのである。長い不安な年月の末に、功績が認められつつあった。

タタル将軍の受勲式には英国側からセルボーン伯爵、ガビンズ少将、リッチー空軍少将、パーキンズ中佐、ポーランド側からミコワイチク首相など多数の関係者が出席した。セルボーン伯爵はスピーチの中でこの授勲は地下抵抗軍の活動に関するタタル将軍の業績を称えるものであると述べ、国王の名において、かくも困難な状況の中でかくも長期にわたって粘り強く戦っているポーランド地下抵抗軍の功績を称え、英国政府と英国民は連合国の大義のためのポーランドの戦いを心より称賛する、と締めくくった。

セルボーン大臣は解放の瞬間が近づきつつあると信じる根拠があると述べた上で、タタル将軍に対して近い将来ポーランド軍が敵の手から祖国を解放することについて衷心からの希望を表明した。[61]

しかし、七月に入ると、タタル将軍は一種の不安を感じ始めたはずである。ルーズヴェルト大統領からは考えられるかぎり最高の支持を取り付け、英国からは考えられるかぎり最高の賛辞を得て、「地下国家の軍隊」を指揮する将軍の立場はワシントン訪問以前に比べてはるかに確固たるものになったように思われた。しかし、その一方で、ソ連軍の進撃はあまりにも急速だった。ポーランドにとって最後の審判の日はあまりにも早くやってくる可能性があった。英国との間にも、いくつかの重要問題の話し合いが残されていた。さらに、タタル将軍には、最も重要な秘密事項が自分には明かされていないのではないかと疑う根拠があった。

ただし、タタル将軍自身の行動方針はきわめて明快だった。彼はロンドンにおけるポーランド地下運動の代表者であり、彼の任務はできる限り多くの支援を取りつけることだった。その意味で、英国の最高指導部に接触するための主要なルートはSOEだった。ごく近い将来に蜂起する方針をポーランド亡命政府が承認すると、タタル将軍は直ちにSOEの司令官ガビンズ将軍と会見する手はずを整えた。

ガビンズを始めとするSOE幹部とタタル将軍との重要会談が実現したのは一九四四年七月二十九日だった。タタル将軍は、地下国家の指導者たちが適切と判断すればワルシャワでは直ちに蜂起が始まる予定であることを出席者たちに説明し、したがって、連合国軍が直ちに支援態勢に入ることを要請した。将軍の具体的要求は次の六項目だった。
・ワルシャワ地区への支援物資投下作戦の増強
・ワルシャワ付近のドイツ軍飛行場への爆撃
・ポーランド空軍戦闘機飛行中隊のポーランド国内への配備
・ポーランド軍降下旅団またはその一部のポーランド国内への派遣
・ポーランド秘密国家の地下抵抗軍を正規の連合国軍として認めること
・連合国軍の軍事使節団を直ちにワルシャワに派遣すること
ガビンズの反応は前向きだった。ガビンズは、英国参謀本部の全般的方針は不変であるとした上で、現行の作戦の範囲内でポーランドを「絶対的に優先する」意向であると述べた。(62)

この会談の内容は双方の然るべき上部機関に詳細に報告された。ガビンズが内容の緊急性を強調しつつ英国参謀本部に報告書を提出したのは七月三十日だった。さらに重要な展開は、タタル将軍の上官からの要請を受けたセルボーン伯爵が会談の報告書を心のこもった添え書きとともにチャーチル首相に送り届けたことである。それは八月一日のことだった。

ポーランド側の要請に応えるために何らかの手を打つことができれば、この上ない歓びであります……ポーランド軍パラシュート部隊の一個中隊をポーランド国内に派遣することは軍事的にはさほど困難ではないと考えられます……また、アイゼンハワー将軍がフランス国内の地下抵抗軍に対して最近取った措置、すなわち、レジスタンス組織とその戦闘員を国際法上の連合国軍とみなす措置をポーランドの地下抵抗軍にも適用することが適切であると考えられます……フランスのレジスタンスとポーランドの地下抵抗軍を比較すれば、ポーランドの地下抵抗軍が、組織の上でも、戦闘能力の上でも、格段に優れていることは明白です。(63)

各国の首都解放が間近に迫っていた。しかし、それはきわめて危険な時期でもあった。今にも爆発的な衝突が発生することを全員が知っていた。何年にも及ぶナチスの占領と抑圧の後で、一刻も早い解放を求める住民は必死でもがき始めていた。一部には即決で復讐を果たそうとする動きもあった。ドイツ軍の守備隊も落ち着きをなくしていた。ドイツ軍も戦争が終末に近づいていることを理解していた。戦争は一九一八年の時のように休戦で終るか、それともナチス指導部が本当に狂っていれば、祖国ドイツ国内での最終的な一大殺戮をもって終るであろう。いずれにせよ、ドイツ軍兵士は終戦を目の前にして戦死したいとは思っていなかった。遠い外国の荒れ果てた街角から敗走する途中で命を落とすのもご免だった。少なくとも一般の兵士の願いは唯一つ、すなわち、混乱状態から脱出して故郷への道をたどることだった。

ドイツ軍守備隊の司令官たちは困難なジレンマに直面していた。彼らは迫り来る連合国軍と復讐の怒りに燃える現地住民とに挟撃されていた。住民は今にもドイツ軍に襲いかかろうとしていた。そこで、何よりも必要だったのは作戦行動の裁量範囲の拡大、すなわち、可能ならば住民を懐柔し、その間に部隊の防衛態勢を立て直すための自由だった。この点についてドイツ軍は重大なトラブルに見舞われていた。ドイツ国防軍の士官たちによるヒトラー総統暗殺計画なるものが七月二十日に発覚して以来、国防軍の司令官たちには厳しい嫌疑の目が向けられていた。彼らの耳にはまだ入っていなかったが、少し前にはロンメル将軍が自殺か見世物裁判かの選択を迫られていた。この瞬間にも国防軍を監視している親衛隊（SS）、ナチス党、ゲシュタポなどは、彼らが死ぬまで戦うことを強要していた。さらに悪いことに、国防軍最高司令部は合理的判断能力を失っていた。スターリングラードで明らかになったように、総統は慎重な退却よりも破滅的な徹底抗戦を優先するのが常だった。ヒトラーの頑迷さは時とともにますます悪化していた。もし住民が公然と反抗に立ち上がるようなことがあれば、ドイツ軍をいったん退却させて防衛線を立て直すよりも、ヨーロッパの都市のいくつかを住民もろとも壊滅させる道をヒトラーが選ぶことはほとんど確実だった。

包囲下の都市にみなぎる緊張感は老若男女すべての市民をとらえていた。地下抵抗軍の戦闘員たちは銃に油を差し終わり、ドイツ兵を殺すために街頭に躍り出ようとして、合図が来るのを待ち構えていた。無線通信係と暗号係は決定的な通信を伝送するために待機していた。ドイツ軍のパトロール部隊は街頭に立って怪しい人物を見張り、あるいは農村部を巡回して不法集会を取り締まっていた。ゲシュタポは不穏分子のリストを点検し、新たな襲撃を準備していた。ドイツ軍の技術兵は電波探知用のワゴン車の中で身をかがめ、違法な秘密通信を聞き取ろうとしていた。警官たちは日常の任務を果たしながら、間もなくまた雇い主が変わるのだろうかと考えていた。人々は夜になると庭に出たり窓から身を乗り出したりして、遠くの砲声に耳を傾けた。対独協力者たちは迫り来る報復を恐れて震えていた。敵軍兵士と寝ていた女たち、敵軍の慰安所で働いていた女たちは、殺されはしまいかと恐れ戦いていた。犯罪者や闇屋は混乱に乗じてぼろ儲けをするための新しい手口を考え出そうと躍起になっていた。神父たちは結婚と告解の件数の急増に驚いていた。砂袋、厚板、缶詰、瓶入りジャム、蠟燭、砂糖、偽造身分証明書などが飛ぶように売れた。牢獄の監房やナチスの強制労働収容所でやせ衰えていた囚人たちは、万に一つの脱出のチャンスに希望にかけていた。隠れ家のユダヤ人たちは試練の日が終るかもしれないと思って身を震わしていた。親たちは十代の息子や娘が勝手な考えで行動しようとするのを知って、気が狂うほど心配していた。老人たちは昔の蜂起を思い出し、来てはまた去って行った様々な国の軍隊の話をしていた。医師、看護師、救急車の運転手たちは日常の仕事に追われながら、今にも怪我人が急増するだろうと思っていた。愛国者たちも、抑圧者たちも、最後の正念場に向けて決意を固めていた。何が起こるかを全員が知っていた。まず、爆撃機が爆弾を落とし、砲兵隊からの弾幕砲撃があり、最後に戦車が来る。味方の戦車が見えたら、それが呼応して蜂起する合図になるはずだった。

第2章 ドイツ軍による占領

　ワルシャワには一再ならず「ドイツ軍」に占領された歴史がある。まず、一六五六年の第一次北方戦争では、スウェーデンと同盟を組んだブランデンブルク選帝侯の軍隊がワルシャワに入城した。次に、一六九七年、ザクセン選帝侯がポーランド＝リトアニア王国の王位を兼ねるという事態になり、それにともなってザクセン軍がワルシャワを占領した。ポーランド＝ザクセン同君連合の軍隊によるワルシャワ占領は六六年間続いた。さらに、一七九五年の第三次ポーランド分割戦争後には、プロイセンとロシアが交わした取引の結果、プロイセンがワルシャワを手中に収めた。プロイセン軍によるワルシャワ占領は、ナポレオンの東方大遠征軍によって駆逐されるまで、一〇年以上続いた。また、一九一五〜一八年の第一次世界大戦では、ロシア帝国との戦争に一時的に勝利したドイツ皇帝カイザーの軍隊がワルシャワを占領した。これらの占領は、その期間の長短を問わず、例外なしに最悪の結末をもたらして終結した。その経験から、ワルシャワ市民の間には、ひとつの重要な歴史的認識が形成されていた。ドイツ占領軍の出現は取り立てて驚くべき事態ではないし、また、ドイツ軍による占領は、たとえどんなに長引いたとしても、永久に続くわけではないという認識だった。

　ワルシャワ市民の多くとドイツ国民の多くは、ある意味で意見が一致していた。このところ長い間、ポーランドとドイツは順調な協調関係を維持していたが、[1]にもかかわらず、二十世紀に入ってからの戦争は、中世から連綿として受け継がれてきたゲルマン民族とスラヴ民族との和解不可能な永久的対立の最終ラウンドであることを双方の国民が等しく感じていたのである。歴史を振り返れば、ワルシャワはポーランドの首都となる以前にまずマゾフシェ公国の首都だった。他ならぬそのマゾフィシェ公国の支配者コンラト・マゾヴィエツキが中世プルシ人を征服する手段としてチュートン騎士団をワルシャワに呼び入れたのである。それが運命の第一歩だった。「黒い十字軍」と呼ばれたチュートン騎士団は早々に退去するという約束を守らず、マゾフィシェ国内に居座って勝手に活動し、プルシ人を征服し、住民をアーリア化して、入植者による軍事国家プロイセンを設立した。この軍事国家はバルト海沿岸地方一帯を支配下におき、グダンスク周辺のヴィスワ川デルタ地域を占拠して、マゾフィシェ公国のバルト海への自由通行を妨害した。チュートン騎士団は、ドイツの伝説では英雄だが、ポーランドの伝説ではならず者の集団である。

十九世紀半ばに民族主義の時代が始まると、ドイツ民族主義とポーランド民族主義は相互に激しく対立し、その対立を通じて成長した。そのため、両国民の間には他に例を見ないほど激しい敵意が醸成されることになる。新たな「帝国」の建設を達成したドイツ民族主義者は得意の絶頂にあり、その東側に位置する近隣諸国を、腐敗した文明の廃墟たる劣等国家として見下していた。ポーランドの民族主義者のうち、国民民主党の創立者ロマン・ドモフスキの一派は新生ドイツを憎悪しつつも、その勢いに感嘆していた。彼らはドイツの社会的、経済的進歩に見習いたいと思っていたが、同時にドイツの力を何よりも恐れていた。そして、「ドイツの波」を防ぐためには後進国ロシアとの協力も辞さない考えだった。この考え方はおそらく当時の国内世論の最大多数の共感を得ていたが、彼らはついに政権を獲得するに至らなかった。ドモフスキと対立した反民族主義勢力のユゼフ・ピウスツキは国民民主党の「ポーランド人のためのポーランド」というスローガンを否定し、多民族主義を標榜する連立政府の設立に成功した。ピウスツキ派はユダヤ人を含む国内少数民族が政権に参加することを歓迎し、独立国家の実現と維持を最優先課題と見なしていた。ポーランドの歴史には、蜂起が重要な役割を果たすという伝統があるが、ピウスツキ派はその伝統の正統な後継者と目されていた。彼らが何よりも恐れたのはロシア帝国の脅威だった。ピウスツキは、ロシアの帝国主義的膨張と戦うためにドイツおよびオーストリアとの部分的な協力も視野に入れる覚悟だった。ピウスツキ軍はオーストリア軍の一部として第一次世界大戦に参戦し、東部戦線で戦った。しかし、ドイツ皇帝カイザーへの忠誠宣誓を強制されると、それを拒否して武器を放棄している。戦後、最大の政党となったピウスツキ派は「二正面の敵」理論を展開した。ナチス・ドイツとソ連の両者を等しく敵視するという政策だった。

一九一五〜一八年のドイツ軍による占領は（今回のナチス・ドイツによる占領のわずか二一年前のことだったが）、多くの実質的な利益をポーランドにもたらす結果となった。もちろん、物事の本質から言って、その間に、多数の愛国者が希求していた独立と主権を獲得するには至らなかったが、当時の基準で言えば、国民の自由な活動に対する制限は明らかに緩和された。ドイツによる占領がそれまでのロシアによる占領に比べてはるかに多くの自由をもたらしたことは明らかである。ロシアによる占領は十九世紀のほぼ全期間にわたったが、特に第一次大戦に先立つ数十年間は、ポーランド国民の政治運動、ポーランドの文化、そしてポーランド語そのものに対してさえ、無慈悲で過酷な弾圧が加えられた。イギリスとフランスもそうだったが、皇帝カイザーが支配するドイツも、民族自決に関するウィルソン米国大統領の理想に賛同していたわけではない。しかし、ドイツは東ヨーロッパに次々に起こりつつあった民族解放運動に一定の譲歩を示すことによって、ツァーリを頂くロシア帝国の支配体制の弱点を衝くつもりだった。ドイツはリトアニア、ベラルーシ、ウクライナの独立国家建設を支援し、ポーランドのドイツ軍占領地域では、一定期間の直接的な軍政を経て、ポーランド王国の復活を認め、自治権を与えた。それはロシアが五〇年間認めようとしなかった体制だった。ただし、ドイツは傀儡として都合のよい国王を擁立することができず、また、常任の摂政を見つけることもできなかった。そこで、国王を擁立する代わりに摂政会議を設立した。摂政会議はポーランド人の公爵〔ズジスワフ・ルボミルスキ〕、伯爵〔ユゼフ・オストロフスキ〕、大司教〔アレクサンデル・カコフスキ〕の三人で構成された。戦争が最終局面に入った年、ドイツ側はこの摂政会議が国家評議会を設立することを認める。国家評議会は任命制の代表委員と公選制の代表委員の両方で構成され、一種の「政府」として行政機能を果たすはずだった。この時期のドイツ支配は、一九一四年以前と一九三九年以降にロシアがポーランドに強制した強圧的な政治的抑圧システムとは明らかに異なっていた。

ワルシャワはドイツ軍の占領下で大いに繁栄した。当時のワルシャワは、経済的な意味では東部戦線におけるドイツ軍とオーストリア軍の主要な補給基地であり、経済的には産業センターとして機能していた。政治的には、周辺的な地方都市の後進性を脱して、多数の省庁を抱える行政上の首都としての地位を回復し、ドイツ軍が監督する「ポーランド軍」の本拠地となった。文化的な意味でも、復活は目覚しかった。教育と行政の分野でポーランド語が公用語の地位を回復した。ポーランド語による高等教育機関の最高峰としてワルシャワ大学が復活し、ポーランド民族を象徴する文物と祝祭日もよみがえった。五月三日憲法〔一七一九年に制定された憲法〕の記念日もそのひとつだった。さらに、ユダヤ人については、ユダヤ教改革派の教義を導入しようとする真剣な努力が払われた。ユダヤ人の同化を促進して、民族間の緊張を緩和しようとする試みだった。ユダヤ人の数は十九世紀の全期間を通じてポーランドの全域で急増し、特にワルシャワではその傾向が著しかった。すでに長い間、ワルシャワは世界で最もユダヤ人の数が多い都市だった。ユダヤ人の多さではやがてニューヨークがワルシャワを抜いて世界一になるが、そのニューヨークのユダヤ人の多くはワルシャワからの移民だった。一九一八年、ユダヤ人はワルシャワの全人口の四〇パーセントを超え、間もなく過半数を占めるだろうと思われていた。

カイザーのドイツ帝国政府が採用した比較的穏健な統治政策の下で、ポーランド人政治家の中から活発に親独的活動を行なうグループが現れた。そのグループの指導者ヴワディスワフ・ギズベルト＝ストゥドニツキはドイツ文化に心酔し、ドイツの軍事力と行政秩序を崇拝していたが、その一方でロシアを恐れ、ポーランドにとっての完全な民族独立は麻薬患者の妄想に過ぎないと信じていた。(2)

一九一八年、ドイツによる支配はきわめて唐突に終焉を迎える。戦争は最終期を迎えていたが、最後の数ヵ月の時期に入っても、東部戦線におけるドイツ軍の防備は難攻不落のように見えた。ロシア帝国は革命によってすでに崩壊していた。ポーランド王国は、ドイツ軍の管理下で長期戦に備えていた。ドイツ軍は、依然としてバルト三国、ベラルーシ、ウクライナの全土を掌握していた。民族主義派の指導者ロマン・ドモフスキはパリに亡命中だった。ドモフスキはすでに排除されていた。民族主義派の指導者ロマン・ドモフスキは、政治犯としてドイツのマグデブルク要塞に監禁されており、ピウスツキ軍は解散させられていた。ところが、ほとんど何の前触れもなしに、突如としてドイツ帝国が崩壊する。ベルリンでは革命が勃発し、皇帝が退位した。東欧地域におけるドイツの占領体制は麻痺状態に陥る。ピウスツキはドイツ軍情報部の手で監獄から解放された。ドイツ軍情報部は、親西欧派のロマン・ドモフスキが率いるポーランド国民委員会が権力を握る事態を阻止するために、ピウスツキが是非とも必要であると抜け目なく計算していたのである。ピウスツキは一九一八年十一月十日の深夜にワルシャワに帰還し、摂政会議から権力を委譲される。一発の銃弾も発射されなかった。ワルシャワの街頭では、ヨーロッパで最も恐れられた軍事支配システムを過去四年間にわたって担ってきたドイツ兵たちがおとなしく武装解除されていた。年端の行かない少年たちまでがドイツ兵を武装解除していた。すべてのワルシャワ市民がこの光景を見逃さなかった。政治の気まぐれと権力の脆さを物語る驚くべき教訓だった。一度起こったことは今後も繰り返し起こるだろう。

第一次大戦が終ってから第二次大戦が始まるまでの間、ポーランド共和国の首都ワルシャワでは、熱烈な愛国主義が燃え盛った。一九二〇年八月、誕生したばかりで、まだ揺りかごの中にいたポーランド共和国の喉首を締めようとしてソヴィエトの赤軍が来襲したが、ピウスツキ軍がそれを撃退するという事態が起こる。愛国主義的な興奮はいやが上にも高まった。当時の世代のポーランド人が二つの確信を抱いたのは、当然といえば当然だった。ひとつは、あらゆる外敵から国家を防衛するという義務観だった。国家の防衛は少しも非現実的な課題とは思えなくなっていた。なぜなら、隣国であるドイツとロシアの国家基盤は思いがけないほど脆弱であることが証明されたからである。もうひとつは、西欧列強諸国をモデルにしての国家建設が必要だという認識だった。第一次大戦の勝利は、西側諸国の政治体制の優越性だけでなく、その軍事的な不敗性の証明でもあると受けとめられていた。

両大戦間期の二〇年間に、ワルシャワの人口は増大し、市の面積も郊外に向けて拡大した。一九二一年に九三万七〇〇〇人だった人口は、三九年には三八パーセント増の一二八万九〇〇〇人に達している。旧市街地区（スタレ・ミャスト）とそれに隣接する地区は整備し直され、第一次大戦が終結するまでの占領期に禁止されていた多数の記念碑が建立されて、街並みを飾った。空高く聳え立って町のスカイラインを圧倒していたロシア正教の大寺院は取り壊された。郊外地区の開発も進み、増大する専門職と公務員のための住居や別荘が建設された。仕事を求めて農村部から流入する人々が増えたために市内の住宅事情は悪化したが、新しい協同組合運動が組織されて、労働者階級の住宅問題解決に取り組んだ。首都ワルシャワの行政当局は、様々な困難や緊張にもかかわらず、人口増大の問題に対処しつつ都市機能を向上させた。金属加工、電気技術、繊維、食品加工などの産業部門で多くの大企業が誕生し、労働者に仕事の場を提供した。路面電車など、近代的な都市交通網が整備された。都市インフラも近代化され、電気、ガス、水道のサービスが確立し、下水道の内壁も煉瓦で補強された。

ワルシャワではカトリック教徒とユダヤ教徒の対立という民族問題がすでに一九一四年以前から顕在化しており、何度か緊張が高まっていた。ただし、この緊張を誇張し過ぎるのは誤りである。歴史を逆読みしないこと、戦前の状況を第二次大戦以降の展開を基準にして遡って解釈しないことが重要である。一九一八年から三九年までの期間のカトリック教徒とユダヤ人との関係は基本的には共存関係であり、決して抜き差しならない敵対関係ではなかった。いずれかの側から提出される一方的な苦情だけを取り上げて深刻に分析しなければならないような問題は発生していなかった。

ユダヤ人は少なくとも五〇〇年前からワルシャワの住民だった。中世には「ユダヤ人禁止令」（**non tolerandis judaeris**）があったので、ユダヤ人は市の中心部に住むことができなかったが、彼らをワルシャワから全面的に排除することも難しかった。貴族階級がユダヤ人を保護していたからである。そこで、ユダヤ人は旧城壁のすぐ外側に住むようになった。一方、ユダヤ教も、その法典を根拠として、異教徒との混住を厳しく禁止していた。その結果、市の西部のヴォラ地区と東部のプラガ地区にかなり大きなユダヤ人街が生まれた。一八一八年にロシア皇帝アレクサンドル二世の暗殺事件が起こると、それに続いてポグロムが発生し、また、一九一一年から一二年にかけてはユダヤ商人に対するボイコット運動が起こったが、どちらの場合もユダヤ人の進出を長期的に阻害するほどの要因にはならなかった。

もちろん、宗教的、経済的、社会的、政治的、心理的な意味合いで寄せられた苦情をまとめれば、簡単に膨大なリストを作ることができる。しかし、同時に、和解と統合に向けて努力が払われていたことも忘れるべきではない。一九一四年までのロシア占領時代に長期にわたって差別と屈辱に耐えてきたポーランド・カトリック教会は、第一次大戦後に成立した共和国体制の中で特権的な地位の獲得を狙ったが、それに失敗して落胆していた。カトリック教徒の中の戦闘的な部分はユダヤ人とユダヤ教に対する昔ながらの対抗意識を復活させようとしていた。一方、正統派ユダヤ教徒の保守勢力も、ユダヤ人社会の中に生まれつつあった世俗的、近代的、無神論的な傾向の勢力から圧力を受けていた。金融、商業、産業の分野でユダヤ人が維持してきた伝統的な優位は、新規に事業を起こそうとする非ユダヤ人との間に必然的に摩擦をもたらした。摩擦は一九三〇年代の恐慌期に特に著しかった。同じように、自由業者、大学関係者、知識人などの専門職の分野ではユダヤ人の占める割合がきわめて大きかったので、一九三〇年代に入って新たにこれらの職業につこうとしたカトリック教徒の下層階級にとっては、ユダヤ人は自分たちの希望を挫く障壁であるように思われた。勢いを増していたロマン・ドモフスキの民族主義派は「ポーランド人のためのポーランド」を提唱し、ポーランド民族主義とカトリックの信仰を結びつけようとしていた。しかし、この思想は国民の連帯の促進には役立たなかった。ユダヤ人社会の中で台頭しつつあった戦闘的シオニズムも、その点では同様だった。客観的な観察者の目から見れば、ポーランド民族主義とユダヤ民族主義との間には多くの共通点があった。危機を深めつつあった一九三〇年代の国際情勢もポーランド国内の安定を脅かす要素だったことは言うまでもない。ヒトラーまたはスターリンを望ましい隣人と見なすポーランド人は少なかったが、もしいたとすれば、それは危険な過激派だった。

戦前のワルシャワ社会をありのままに見れば、それは喜びと悲しみと緊張の入り混ざった独特の世界だった。忘れてならないのは、両大戦間のポーランドを支配した政治体制がピウスツキの「サナツィア体制」だったということである。サナツィア体制は多民族を受け入れる多元的なポーランドという理想を掲げ、一貫して民族主義的傾向を権力から排除していた。ユダヤ人については、政権への参加を歓迎し、民主主義的なユダヤ人政党の活動を奨励し、さらにユダヤ人の居住地区内での自治を導入していた。その一方で、政治的な過激派、すなわち極右ファシズム政党の「国民急進陣営」（ONR）や極左の共産党（KPP）などは非合法に近い扱いを受けていた。サナツィア体制で最も重視された基準は共和国への忠誠心だった。ワルシャワのユダヤ人の大多数は喜んでサナツィア体制を支持していた。

比較的自由だった一九一八年から三九年までの二〇年間に、それまで様々な社会層を互いに隔てていた壁の多くが崩壊したことも忘れてはならない。この二〇年間に普及した普通教育のおかげで文盲は事実上一掃され、ポーランド語教育を含む新しい教育制度が導入された。両大戦間のワルシャワでは、異なる民族間の結婚が増大し、カトリックの伝統とユダヤの伝統の両方に同じ程度に親近感を持つ人々の層が生まれた。演劇、文学、映画、芸術、音楽などの文化的活動が爆発的に活発化し、ワルシャワ市民のすべてに活動への参加が呼びかけられていた。知識人の間に、様々な形でユダヤ文化と関わりを持つグループが形成された。

急速に変化する当時の社会では、ワルシャワ市民を「ポーランド人」と「ユダヤ人」に区分すること自体が現実に合致しなかった。そのような固定的で排他的な区分そのものが、流動的な近代社会の特徴である多元的なアイデンティティの原則に反したからである。そのような区分は、ユダヤ人が法律の上で閉鎖的カーストに属していた数世紀前の時代には適切な慣行だったかもしれない。それは、また、やがて猛威を振るうナチスの擬似科学的な人種主義とシオニストの原理主義が主張することになる区別であるが、両大戦間の多元的な社会にはとうてい当てはまらない区分だった。何らかの意味でユダヤ人の伝統に連なるワルシャワ市民は、依然としてユダヤ教の信者である場合には、自分を「モーゼの信仰を有するポーランド人」として分類し、ユダヤ教にこだわらない場合には、自分を単に「ユダヤ系ポーランド人」として意識していた。しかし、一方には、ポーランドの市民権を有するという意味ではポーランド人だが、ポーランド語を話さず、ポーランド人社会とも接触せず、イディッシュ語だけを話す閉鎖的で超保守的な正統派ユダヤ教徒の社会に暮らす人々もいた。超保守的な正統派ユダヤ教徒が暮らしていたのは、主として農村部に存在した伝統的な「シュテートル」すなわち「ユダヤ人居住地」だった。ただし、ワルシャワなどの大都市では、シュテートルはすでに昔話に過ぎなかった。

端的に言えば、ワルシャワに住むユダヤ人の大多数はポーランド人とまったく同じ権利を持ち、ポーランド人と同じような考え方をしていた。それはニューヨークに住むユダヤ人が自分をアメリカ人として意識するのと同じだった。アカデミズムと文学の世界を見れば、事態は一目瞭然だった。ポーランド的であると同時にユダヤ的であり、何の矛盾もなく両方の要素を備えた作家の名前を上げよと言われれば、たちどころに何人でも上げることができる。一九二〇年代に詩人グループ「スカマンデル」の創始者として世に出て、ポーランドで最も広く愛された抒情詩人のアントニ・スウォニムスキもそのひとりだった。彼はワルシャワの医師の息子で、一家の祖先は十九世紀にカトリック教に改宗したユダヤ人だった。また、彼の従兄弟のミハイル・レオニードヴィチ・スロニムスキーは同じ一族から出てロシアに同化したユダヤ人家族の一員で、後にソ連の主要作家のひとりとなった。スウォニムスキの友人で、同じくスカマンデル・グループの創設メンバーだったユリアン・トゥヴィムもポーランドに完全に同化した愛国的なユダヤ人一族の出身で、「ポーランド語を話す祖国」という概念を提唱したことで知られている。トゥヴィムの有名な童詩『機関車』（一九三八年）は、『熊のプーさん』や『梟と子猫』がイギリスの子供たちに愛されているのと同じように、ポーランドの子供たちに愛されている。ヤヌシュ・コルチャク博士もポーランドに同化したユダヤ人だった。二十世紀の初め、コルチャク医師は貧民街の孤児についての書物を著して有名となり、その生涯を児童心理学の研究と自分が開設した孤児院の運営に捧げた人物である。彼はやがて孤児たちのために一命を捧げて、真の殉教者となる。

とはいえ、ポーランド人とユダヤ人の隔たりが完全に解消したわけではなかった。「社会主義ユダヤ人ブント」の活動家として、シオニストの主張と激しく対立していたある人物は当時の状況を次のように説明している。

戦前のワルシャワでは、ユダヤ人の自由業者と成功したユダヤ人ビジネスマンの一部がユダヤ人地区を脱出して、カトリック教徒の住む地区に移り住んだ。彼らは芸術家、医師、弁護士、実業家など専門職のユダヤ人であり、その一部は言語的にも、文化的にも、また、社会的にもポーランドに同化し、宗教以外のあらゆる点で自分たちをポーランド人と見なしていた。しかし、そのような人々の数はワルシャワに住む三五万人のユダヤ人のうちの数千人に過ぎなかった。残りの大多数のユダヤ人はポーランド人とは違う言葉を話し、考え方でも行動でも、昔ながらのユダヤの伝統を守って生活していた。(3)

サナツィア体制が認めた住民自治のおかげで、ワルシャワのユダヤ人社会は大幅な政治的自由を享受していた。

ワルシャワはポーランド国内で活動するユダヤ人政党とユダヤ人の社会運動の本拠地であり、立法議会と上院にユダヤ人の代議員を送り込むための選挙活動の司令塔であり、ユダヤ人の文化と教育、ユダヤ人の学問と文学、ユダヤ人向けの全国新聞の中心地だった。そのワルシャワで、ユダヤ人社会が進むべき方向をめぐって激しい主導権争いが始まっていた……最大の争いは、一方のシオニズム各派と他方の正統派ユダヤ教徒およびハシディズム各派との対立だった。正統派とハシディズム各派は連合して「アグダト・イスラエル」を結成した。一九二六年から三六年にかけて、ワルシャワのユダヤ人社会の動向はアグダト・イスラエルとシオニストとが交互に、またば、時として連携して決定していた。ところが、一九三〇年代に入ると「ユダヤ人社会主義ブント」が進出し、ユダヤ人地区の自治を決定する選挙でも、ワルシャワ市議会にユダヤ人代表者を送る選挙でも、第一党の地位を占めるという事態が発生した。ポーランド政府はその民主主義的な選挙結果を無効とし、別の地区行政府を任命した。その行政府は第二次大戦が勃発し、ワルシャワがドイツ軍に占領されるまで存続した。(4)

ポーランド・ユダヤ人のアイデンティティを最も力強く表現したのは、ワルシャワからロンドンにやって来たある亡命者が一九四四年八月に発表した宣言文だった。執筆したのは他ならぬユリアン・トゥヴィムである。トゥヴィムは当時最も影響力のある知識人のひとりだった。『われらポーランドのユダヤ人』と題するその文書は、ユダヤ人がポーランド国民でありたいと願う理由をすべて述べた上で、次のように結論している。

何よりもまず、私がポーランド人である理由は、私がそれを望むからだ。

ユリアン・トゥヴィムはこれ以外にも鍵となるような言葉を書き残している。「ポーランド人を分類する時の私の基準は次のようなものだ。それは、ユダヤ人を分類する場合にも、他のどの国民を分類する場合にも当てはまる同じ基準である」と彼は書いている。

賢い人々と愚かな人々、
正直な人々と不正直な人々、
聡明な人々と愚鈍な人々、
面白い人々と退屈な人々、
抑圧する人々と抑圧される人々、
紳士的な人々と非紳士的な人々。(5)

やがて訪れることになる恐るべき悲劇を一九三九年以前の段階で予測した人は誰ひとりいなかった。確かに、当時のワルシャワでは、カトリック教徒とユダヤ教徒の今後の関係がどうなるかについてある種の懸念が表明されていた。しかし、もちろん暴力的な解決を提案する意見はなかった。世論は、一方ではピウスツキ派と国民民主党との間で、また、もう一方では、ブントとシオニストとの間で割れていたが、ワルシャワのユダヤ人が当時から「滅亡の縁にあった」と言う想像は歴史的に見て正しくない。それは戦後になって作り出された神話のひとつに過ぎない。当時の英国の代表的な研究者は、一九三九年に刊行した書物の中で、問題の本質は人口過剰と社会的、経済的競争の激化にあったと述べている。

農民の息子や娘である青年層はどうすればよかったのか？　耕作すべき土地はすでに残されていなかった。海外移住の道も閉ざされてしまった。学校を卒業した若者たちは、アメリカ人の言い方を借りれば、「すっかり着替えたのに、出かける場所がない」状態だった。

「キリスト教徒」の商店を設立するという試みは、二十世紀の初頭からすでに始まっていた……それまでユダヤ人が独占してきた小規模商業に非ユダヤ人が乗り込もうとする動きだった……その際、若者たちがユダヤ人商店の営業を妨害するという事態が起きた。その結果、妨害された側が抵抗し、あちこちで流血の騒動が発生した。

ただし、この騒動は、いわゆる反ユダヤ主義的暴動とは無関係だった。原因はほぼ全面的に貧困と人口過剰の問題にあった……ポーランドはヨーロッパの最貧国であり、しかも世界のユダヤ人の四分の一近くを抱えていた……ユダヤ人は何世代にもわたって差別の犠牲となっており、その運命は改善されてしかるべきだった……[6]

この同時代人の意見には耳を傾けるべき点がある。皮肉なことに、シオニストはポーランドの民族主義者から支持されていた。ポーランドのユダヤ人はパレスチナに移住すべきだという点で両者の意見が一致していたからである。一方、ブントとポーランドの左翼政党は、ユダヤ人は生まれ育ったポーランドにとどまってポーランド人とともに国民の生活向上に貢献すべきだという立場だった。

一九三〇年代半ばには、また、高等教育をめぐる紛争も表面化した。この場合も、原因は社会的、経済的な問題に求めることができる。問題を引き起こした最大の要因は教育を求める二つの社会層の対立にあった。一方には、新たに識字能力を獲得した農民層がいた。ポーランドの農民は、十九世紀の四分の三が過ぎる頃までは、ロシア皇帝に支配される農奴の身分だったが、今や近代的農民として高等教育を求めていた。もう一方には、その多くがポーランド人に同化しつつ成長を続けていたユダヤ人ブルジョアジーがいた。ユダヤ人は全人口の一〇パーセント程度に過ぎなかったが、大学の学生数について言えば、それよりもはるかに高い割合を占めていた。たとえば、ワルシャワ大学の法学部と医学部で学ぶ学生の過半数はユダヤ人だった。結果として、一部の高等教育機関は、イギリスやアメリカの場合と同じように、「人種別入学定員制度」(numerus clausus)を導入した。

人種別入学定員制度については、ユダヤ人社会の指導者たちから激しい抗議の声が上がった。理由は誰の目にも明らかだった。しかし、もしこの制度を導入しなければ、さらに悪い事態が起こっただろう。卒業しても生活の足しにならないような学部にしか入学できない学生が増えることになるからだ(7)。

この制度が一種のユダヤ人差別だったことは間違いない。しかし、人種別入学定員制度を提唱した人々は、ちょうど女権拡張運動の活動家と同じように、「積極的差別」の観点からこの制度の導入を必要と見なしていた。この制度が実際に導入された時に不愉快な経験をした人々がいたことは言うまでもない。しかし、一九三〇年代に発生したこれらのいわば些細な衝突が、やがてナチスがすべてのユダヤ人を対象として始めることになる暴虐の序曲だったとする考え方は問題外の間違いである。

ワルシャワのユダヤ人は時代の繁栄の恩恵をそれなりに享受していた。当時のユダヤ人社会は様々な意味で活気溢れるダイナミックな共同体だった。ありとあらゆる傾向のユダヤ人政治家がいただけでなく、ユダヤ人芸術家がおり、ユダヤ人のボクシング選手がおり、ユダヤ人の百万長者もいた……もちろん、ユダヤ人マフィアも存在した。ユダヤ人を悲劇の主人公としてだけ描くことは誤りであり、それは彼らのイメージを傷つけることになるだろう。

戦前のワルシャワに暗い影の部分があったことは疑いない。特に、大恐慌にともなって大量失業が発生した時期には、人口が密集するスラム街で深刻な社会問題が発生した。しかし、問題が発生する一方で、一国の首都として誇るべき環境も生まれつつあった。つい最近まで、ワルシャワはその病癖の原因をすべて外国人のせいにしていたが、今やすべての住民の福祉に責任を負うべき大都市の機能が動き出した。多くの点で進歩が実現していた。郊外地区には広大な公園が配置され、サスキ公園の遊歩道やワジェンキ公園の水辺をめぐる散歩道では、おおぜいの市民が夏の夕方を楽しんでいた。中心街では、ボヘミアン風の雰囲気を売り物にするカフェやミュージック・ホールが繁盛していた。誰もが教育を受けるようになり、ボーイ・スカウト、ガール・スカウト、スポーツ・クラブなどの活動が活発化し、若者たちの生活はかつてないほど活気に溢れていた。特に、若い女性は今までに例のないほど解放されて、自由になった。公衆衛生の水準も大幅に向上した。宗教組織、慈善団体、市当局などが多数の病院を設立し、市民は貧富の差にかかわらず医療を受けることができた。宗教活動も活発で、聖ヤン大聖堂〔洗礼者ヨハネ大聖堂〕であれ、その他の約五〇ヵ所の教区カトリック教会であれ、あるいは、トゥォマツキェ通りの大シナゴーグであれ、ごった返すハシド派の集会所であれ、信者の群が溢れていた。全般的に言えば、宗教は違っても、信仰を持つ者は互いに尊敬し合っていた。キリスト教徒の安息日は日曜日、ユダヤ教徒の安息日は土曜日だったが、両者は何世紀にもわたって互いにその習慣を尊重してきた。

ワルシャワには誇るべき宝が二つあると言われていた。それは市長と詩人たちである。若く、精力的で、雄弁なステファン・スタジンスキ市長はピウスツキ軍の元兵士で、大多数の市民から尊敬されていた。[8] 彼が名をなしたのは、一九三九年九月の危機に際してラジオを通じて連日行なった市民への呼びかけだった。スタジンスキ市長は市の防衛を訴え、ナチスの暴虐を非難し、市の職員を勇気づけ、消防士たちを鼓舞し、救急隊を奮起させ、負傷者を慰めた。詩人たちと作詞家たちは、市長と市民の勇気を惜しみなく称えた。

そして、街が剝き出しの赤い塊となった時に、彼は言った。
「私は屈しない」。家々よ、燃えるなら、燃えるがいい。
私の誇らしい街並みよ、爆撃で崩れ、灰燼に帰すがいい。
だから何だと言うのだ。街は私の夢の中に残っている。
やがてこの地を訪れる人はいつか思い出すだろう。
この世にはどんなに立派な城壁よりも貴重なものが存在することを。[9]

失われた首都ワルシャワはやがて深い愛情を持って思い出されることになる。

ああ、何よりも懐かしい青春のワルシャワよ。
お前は私にとって世界のすべてだった。
暗闇の中で、ほんの一瞬でもよい。
もう一度目にしたいものだ。

幸せだった過ぎし日のワルシャワの
トネリコの樹とその花を。(10)

アドルフ・ヒトラーは心の底からポーランドを憎悪していた。ポーランドは、ナチスのイデオロギーである「生存圏」（レーベンスラウム）の中央に位置する邪魔な存在だった。ドイツは「生存圏」への進出を望んでやまなかった。さらに言えば、ポーランドはスラヴ人とユダヤ人が住む国だったが、ナチスの教義では、その両方ともが人間以下の存在（ウンターメンシェン）だった。ヒトラーはその憎悪の対象の順位を途中で変更した。『我が闘争』（一九二五年）を書いた当時は、ヒトラーの最大の敵意はチェコ人に向けられていた。そして、その人種偏見政策に基づいてチェコスロヴァキアを侵略し、ボヘミアとモラヴィアを保護領〔ベーメン・メーレン保護領〕にしたが、その時に用いた圧制に比べても、ポーランド総督府に対する圧制ははるかに苛烈だった。一九三九年に武器を取って抗戦したポーランド人は、ヒトラーの仇敵リストの中で格段に高い地位を獲得したのである。(11)

一九三九年にドイツがポーランドを侵略した時の残虐な手口は、一九一五〜一八年の侵略とは比較にならないほど激しかった。ヒトラーは部下たちに対してポーランドでは可能な限り残忍に行動することを命令している。彼はポーランド侵略がジェノサイドの思想を実践する絶好の機会であることを十分に認識していた。侵略の前夜、オーバーザルツブルクの最高司令部で将軍たちに指示を与える際、ヒトラーはポーランド国家の扱いについての計画を明らかにしている。

ジンギス・カンは自分自身の意志で数百万人の男女を殺害させ、しかも、それを楽しんでいた。しかし、歴史は彼を偉大な建国の父と見なしている……私は東方に派遣する我が髑髏部隊にポーランド民族およびポーランド語を話す男女と子供を大量に殺害する命令を与えた。それこそが我々に必要な「生存圏」を確保する方法だからだ。[12] 結局のところ、アルメニア人虐殺事件があったことを今日まで記憶している者がいるだろうか？

当時のヒトラーの精神状態を判断する材料がある。ドイツ軍がポーランドに侵攻したその日に、ヒトラーはドイツ国内の不治の病人をすべて処分せよという命令を発している。[13] 罪に罪を重ねていたのである。

ドイツ国防軍は敵国の首都ワルシャワに対して類例のない猛攻を加えた。侵略の初日には、夜明けとともに急降下爆撃機シュトゥーカが鋭い爆音を立てて容赦なくワルシャワを爆撃した。東プロイセンとの国境が危険なほど近くに迫っていたために、北から侵入したドイツ軍はあっという間にワルシャワに迫り、開戦の第二週目には、完全に市を包囲した。九月十五日になると、ベルリン放送がワルシャワはすでに陥落したという誤報を流した。この誤報を聞いて、スターリンは東からのポーランド侵略開始の時期を予定より早めたと言われている。赤軍の侵略はベルリン放送の二日後の九月十七日に始まった。しかし、その時、ワルシャワはまだ勇敢に戦い続けていた。西側諸国が同盟国としての盟約を守ってドイツを西から攻撃すること、そして、ポーランドに対するドイツ軍の圧力を緩和してくれることを期待して戦っていた。しかし、その期待は裏切られる。民間防衛隊の司令官に任命されていたスタジンスキ市長に鼓舞されて、ワルシャワ市民は市の防衛に身を投じた。彼らは火災の消火に当たり、兵士への補給を担当し、家を失った人々を預かり、死者を埋葬した。ワルシャワは九月二十八日まで抵抗し、そして降伏する。水道と電気の供給はすでに遮断されていた。五万人の市民が死亡し、王宮を含む市内の建造物の一五パーセントが破壊された。ヒトラーはワルシャワ征服を祝うために、ドイツ第三帝国のすべての教会の鐘を正午から一時まで一週間毎日鳴らすように命令した(14)。ワルシャワの不屈の抵抗については数多くの賛辞が残っている。

九月十四日、ワルシャワを包囲したドイツ国防軍の機甲部隊と歩兵師団は休戦旗を掲げた軍使を派遣し、ポーランド側に無条件降伏を迫った。しかし、ワルシャワ市民は屈することなく防衛態勢を強化した。

男も女も子供たちも、夜遅くまで公園や運動場や空き地に塹壕を掘った。金持ちの貴族たちは運転手つきの車で現場に乗りつけ、会社員たちと肩を並べて塹壕掘りに汗を流した。大通りではトロリーバスを横倒しにし、狭い小路では自動車や家具を並べて、バリケードを築いた。

ドイツ軍が戦車で攻撃しようとしても、ポーランド平原でやってきたような電撃的なスピード作戦は不可能だった。戦車は立ち往生した。勇敢な市民たちが通りに飛び出し、火のついた襤褸布を戦車の下に投げ込むと、戦車は引火して爆発した。田園部でポーランド兵をなぎ倒してきたドイツ軍の歩兵部隊も、市内では狙撃兵に狙い撃ちされた。狙撃兵は市内のすべての家屋をトーチカに変えていた。ワルシャワ放送も独自のやり方で戦闘の継続に力を貸した。ラジオは三〇秒おきにショパンのポロネーズの一節を放送し、それによって首都がまだポーランド人の手にあることを世界に告げたのである。

予想外の損傷を受けて苛立ったドイツ軍最高司令部は、頑強に抵抗する城砦を徹底的に叩き潰す方針を決定した。昼夜を問わない爆撃機の空襲によって、製粉工場、ガス工場、発電所、貯水池などが次々に破壊され、居住地区には焼夷弾がばら撒かれた。殺戮の現場を目撃した人はその恐怖を次のように描写している。「いたるところに死体がころがり、怪我人が呻いている。馬の死体が横たわっている……慌てて掘ったと思われる墓穴も見える……」

最後に食料がなくなった。飢えたポーランド人たちは「馬が死ぬと、その場で肉を切り取って食べた。後には骨しか残らなかった」。九月二十八日、ワルシャワのラジオはポロネーズの放送をやめ、代わりに葬送曲を流した。[15]

一九三九年十月五日、ヒトラー総統がワルシャワを訪問した。生涯ただ一度のワルシャワ訪問だった。ヒトラーは広い並木道に面してしつらえられた演壇の上に立って、ドイツ第八軍の勝利の行進を閲兵した。二時間に及ぶ行進が終わると、ヒトラーはベルヴェデル宮殿に立ち寄り、急ぎベルリンに帰還した。

ヨーゼフ・ゲッベルスは、十月十日付の日記で、ロイド＝ジョージについての賛辞と「チェンバレンを待たねばならない件」についてのメモの次に、ナチス指導者の気分を次のように要約している。

総統のポーランド人に対する評価は実に厳しい。連中は人間以下の動物で、まったくの未開人である。愚かで、無秩序な国民だ。ポーランド人は、その支配階級でさえも、主人たるアーリア人種と奴隷たる下等人種との無秩序な混血の産物であり、とうてい信頼するに足りない。ポーランド人の不潔さは想像を絶する。彼らには知的な判断能力など皆無である……[16]

降伏したポーランドに対するドイツ軍の掃討作戦は十月二十五日まで続いた。ある資料によれば、この短い期間に七一四件の大量虐殺が行なわれ、六三七六人が銃殺された。その大部分がカトリック教徒だった。[17]別の資料によれば、ひとつの町だけで二万人が処刑された。ただし、これらの蛮行も来るべき惨劇に比べればほんの予告編に過ぎなかった。

ドイツのポーランド占領政策は、他の西欧諸国に対する占領政策とは大きく異なっていた。ヴィシー政権下のフランスや、デンマーク、オランダなどの占領のあり方は、ポーランドに比べてはるかに緩やかだった。ポーランドの西部地域は第三帝国に直接併合され、併合と同時に膨大な数の「望ましからざる分子」が排除された。一方、ソ連占領地域と境を接するポーランド中央部には、親衛隊が全権を持って支配するポーランド総督府が設立された。その総督には、ヒトラーの法律顧問を務めたことのあるハンス・フランクが就任した。警察が支配するミニ国家となった総督府では、現行のすべての法律とほとんどすべての制度が廃止されたが、かといって、ドイツの通常の司法と行政のシステムも導入されなかった。つまり、そこは無法地帯となり、ナチスの人種主義的イデオロギーの実験室となったのである。総督府内のアウシュヴィッツ（オシフィエンチム）、マイダネク、プラシャウ（プワジュフ）などにナチス直属の大規模強制収容所が建設され、さらに、トレブリンカ、ベウジェツ、ソビボル（ソビブル）などには絶滅収容所が建設された。ヒトラー総統の命令を要約したハンス・フランクのメモによれば、総督府の使命は「あらゆる手段を使ってポーランド人を最終処理する」ことにあった。[18] 総督府は「ゲシュタポ・ランド」、「ギャング管区」、「野蛮人（ヴァンダル）管区」、「フランク帝国」などの異名で呼ばれることになる。

総督ハンス・フランクは一筋縄では行かない人物だった。彼は、他のナチス指導者に比べれば、はるかに知的だったが、地位がもたらす誘惑には抵抗できなかった。ヒトラーにきわめて近い腹心のひとりだったが、書き残した三八冊の日記の中では、自分の考えと行動を分析して、時として驚くほど正直に反省の言葉を記している。彼は自分が二重の存在であることを認めている。「ひとりは私自身であり、もうひとりはナチスの指導者フランクである。そして、ひとりがもうひとりを見て、『お前は何と見下げ果てた奴だ』と軽蔑している」。ニュルンベルク裁判の被告席で「ドイツの罪を拭うことは、千年経っても不可能だろう」と発言したのは、他でもないハンス・フランクだった。しかし、権力の座にあった頃のフランクは、自分の下劣な本能に抵抗できない軍人だった。一九四二年六月の日記には次のような記述がある。「人道などという言葉を口にする勇気は誰にもない」。さらに「権力を握り、その権力をいかなる抵抗も受けずに行使できるということは、統治形態の如何を問わず、最も甘美で、最も有害な毒である」。というわけで、フランクは自分の政策が実際に抵抗を招いた時には譲歩も辞さなかった。それはナチス指導者の中の数少ない穏健派路線だったので、ヒムラーはフランクの弱さを許し難い裏切りと見なし、怒りを爆発させている。「フランクは祖国を裏切って、ポーランド人に肩入れしている[19]」。しかし、フランク自身も同じように感情を爆発させたことが何度もある。たとえば、あるジャーナリストから、ポーランド総督府とチェコスロヴァキアのボヘミア・モラヴィア保護領との違いを問われて、フランクは芝居気たっぷりに自慢している。「プラハに行くと、街路のいたるところに巨大な赤いポスターが貼ってある。ポスターには、その日に七人のチェコ人を処刑したと書いてあった。それを見た時、私は『ポーランドで七人を処刑するたびにポスターを貼っていたら、ポーランドの森を全部伐採しつくしても紙の生産が追いつかなくなるだろう』と思ったものだ[20]」

フランク総督の下で一九三九年十月二十四日から四五年一月までワルシャワ地区行政長官を務めたのは、法学博士の肩書きを持つ突撃隊集団指導者（中将）ルードヴィッヒ・フィッシャーだった。フィッシャーはハイデルベルク大学法学部の学生だった頃に「国家社会主義ドイツ労働者党」（NSDAP＝ナチス）に加入し、博士号を取得するよりも前にナチスの戦闘部隊である突撃隊のメンバーになっていた。つまり、ナチスの最悪の特徴の二つを兼ね備えた人物だった。ひとつは行政工学への過剰な情熱であり、もうひとつは暴力への嗜好である。彼は狂信的な怪物というよりも、むしろ上司に従順な官僚というタイプだったが、自分の支配下に入ったワルシャワが滅亡を予定された町であるという考え方を十分に理解していなかった節がある。一九四〇年二月にハンス・フランク総督と会談した時、フィッシャーはワルシャワ市民が従順でないことについて苦情を述べ、「ポーランド人同士を階級別に互いに争わせることができない」点を嘆いている。すると、フランク総督は、おそらく相手を慰めるつもりで、国家元帥ゲーリングは（ヒムラーとは違って）ワルシャワの完全なアーリア化に賛成しておらず、ヒトラー総統自身もポーランド人社会の存続を許容するだろうと答えている。フィシャーは、占領が三年目に入った一九四一年十月、ワルシャワが「存続する権利を取得した」と宣言した。ワルシャワ管区の税収がクラクフ、ラドム、ルブリンの三管区の合計税収額を上回ったことがその根拠だった。ただし、問題はワルシャワ市民が「新秩序」を歓迎しようとしないことだった。その点について、フィッシャーは総督府の他の高官たちから批判されていた。彼は一九四三年一月二十四日にベルヴェデル宮殿で開催された会議で、公共衛生の劣悪な状態と目に余る闇市場取引の問題を指摘しているが、それと同時にワルシャワのドイツ人地区に住む二万三〇〇〇人の帝国ドイツ人と民族ドイツ人が引き起こしている厄介な問題についても苦情を述べている。会議では、警察力の強化をめぐって賛否両論が戦わされた。その八ヵ月後の一九四三年九月二十四日、彼はビエルカンプという名の親衛隊士官から、ワルシャワの治安が嘆かわしい状態にあるという報告を受けた。ビエルカンプによれば、ワルシャワ市内には二万五〇〇〇人の旧ポーランド軍士官と三万人のユダヤ人が潜伏しているが、彼らは労働力としての登録義務を怠り、ドイツの利益に反する活動をしている。全員を銃殺すべきであるとビエルカンプは勧告している。[21]

フィッシャーは比較的穏健派だったように見えるが、詳細に分析すれば、その外見上の穏健さは完全に戦術的なものだったことがわかる。ドイツの「生存圏」を確保するためなら、最悪の非人道的行為もためらわずに実行するタイプだった。ワルシャワ・ゲットーを建設し、後に破壊する作戦を指揮したのは、他でもないフィッシャーである。彼は、本来のワルシャワ市民を第三級市民の身分に陥れ、彼らを抑圧するために、次々に残忍な占領政策を導入した。一九四二年十月十五日付のフィッシャーの報告書には次のような恐るべき記述がある。

ユダヤ人居住地区は、現在、事実上の無人地区となった……これによってワルシャワの人口が約四〇万人減少したことが経済に与える影響については、今のところ確実な予測は不可能である。しかし、たとえ経済的な落ち込みがあったとしても、それは受容すべきである。なぜなら、ユダヤ人の排除は、政治的理由から考えて、無条件に必要だからだ。[22]

フィッシャー行政長官の行政部門で働いていたのは、全員がドイツ本国からやって来た役人たちだった。ドイツ人公務員の多くは単に職場と報酬を求めてポーランドに来たと思う向きもあるかもしれない。しかし、総督府が呼び寄せたドイツ人の中には、サディスト、変質者、山師、狂信的なナチス党員などが通常の割合を大きく上回る比率で含まれていた。彼らは喜び勇んで「東方の実験」に参加したのである。これらの怪物たちは、当然のことながら、様々な警察部門に就職する場合が多かったが、たとえば、住宅局や労働局のような一見無害な部門でも働いていた。行き過ぎた残虐行為と腐敗は市の行政のすべての部門に蔓延していた。

一九四〇年から四五年までの間、ワルシャワ地区の行政組織は大きく分けて五つの部門から成り立っていた。第Ⅰ局と第Ⅱ局は行政、財政、教育などを担当する部署だった。第Ⅲ局（公安局）は親衛隊少佐エルンスト・カーに率いられる治安担当部門で、独自の保安警察「ジポ」を使って市民生活のあらゆる分野に監視の目を光らせていた。ジポの警察官はしばしばその正体を隠して秘密裏に活動していた。第Ⅳ局（対敵防諜局）は親衛隊大尉ヴァルター・シュタムの下で防諜活動にあたるとともに、望ましからざる分子の抑圧を行なっていた。中でも、第Ⅳ局のセクションAは全行政組織中の最大の部隊で、親衛隊大尉ゴットリープ・ヘーマンの指揮の下に、地下抵抗運動の摘発と抑圧を専門に担当していた。第Ⅳ局には次のようなセクションとサブセクションがあり、それぞれが指定された抑圧対象を相手に活動していた。

Ⅳ―A1　パルチザン、共産主義者、違法な無線通信
Ⅳ―A2　サボタージュ、武装襲撃、文書偽造
Ⅳ―A3　（1）右翼組織　（2）非合法議会　（3）地下警察組織　（4）抵抗の陰謀
Ⅳ―A4　ナチス関係者の警護
Ⅳ―A5　暗号化作業と暗号解読
Ⅳ―B　宗教的反対派（ローマ・カトリック教会、フリーメイソン、ユダヤ教）
Ⅳ―C　逮捕、投獄、新聞発表
Ⅳ―D　人質、外国人、不法滞在者
Ⅳ―E　経済諜報、郵便検閲、脱走兵対策
Ⅳ―N　ゲシュタポ特殊部隊（指揮官ヴォルフガンク・ビルクナー）

親衛隊少佐H・ガイスラーを局長とする第V局は刑法上の犯罪を扱う部門で、刑事警察部隊「クリポ」を動かしていた。クリポでは、ドイツ人の指揮官の下で多数のポーランド人刑事が働いており、彼らは「紺色警察」と呼ばれるポーランド人警察の幹部を兼ねていた。第V局には、クリポの他に警備担当の警察部隊である「シュポ」があり、さらに、「秩序警察」として通常のパトロール任務にあたる「オルポ」があった。ワルシャワ市内の重要拠点には、オルポの装甲車が四六時中エンジンをかけたままで待機していた。装甲車の屋根の上の機関銃は、即座に発射できるように常時装塡されていた。

全体主義体制の常として、強力な権限を持つ機関は通常の秩序と手続きを無視して機能することができた。そのひとつが治安警察司令官直属の「特殊襲撃班」だった。特殊襲撃班を指揮する親衛隊大尉アルフレッド・シュピルカーは、ワルシャワのゲシュタポの中でその階位に不似合いなほど大きな影響力を持っていた。一方、親衛隊少尉エーリッヒ・マルテンが率いる小規模な「機動襲撃班」も強力な権限を持っていた。数台の高速自動車を装備したこの部隊は、マルテン少尉の指揮下で、所定の手続きを無視してあらゆる事件に実力で介入する権限を有していた。機動襲撃班によって逮捕された人々は、パヴィアク監獄の収監者リストにも、ゲシュタポの逮捕者名簿にも名前を記載されず、跡形もなく消えてしまうのだった(23)。

「紺色警察」を別として、ワルシャワ地区のドイツ警察の武装部隊と機動部隊は、その種類についても、人員についても、確実に増強され続け、その人数は一九四三年にほぼ六〇〇〇人に達した。そして、言うまでもないことだが、警察部隊の後には、それよりもはるかに重装備で強力な兵力を備えた親衛隊部隊、ドイツ国防軍、ドイツ空軍が控えており、少しでも騒乱の兆候があれば、警察はそれらの軍部隊に応援を求めることができた。

不必要な残忍さを発揮して有名になったドイツ占領軍の指揮官たちは、やがて、地下抵抗組織の報復リストの上位に名を連ねるようになる。彼らにとっての不幸は、ナチスの最高司令部がポーランド地下抵抗運動の力を見くびっていたことだった。一九四三年九月、親衛隊の輝ける星のひとりだった旅団指導者フランツ・クチェラがワルシャワに派遣される。占領軍の士気をなお一層強化するためだった。クチェラはオーストリア生まれで、少年期にオーストリア＝ハンガリー帝国の海軍に勤務し、その後、ブダペスト大学に学び、チェコスロヴァキアに住んだことがあった。つまり、彼は東ヨーロッパの専門家だった。一九三〇年にナチスに入党して党創設期の熱心な活動家になり、三十四歳の時に生まれ故郷であるオーストリア・ケルンテン州の帝国大管区指導者の地位についた。その後、クチェラはフランスでの前線勤務を経て、東部占領地域の秩序を維持するという残忍な業務を生涯の仕事とすることになり、親衛隊および警察部隊の司令官としてロシア中央部とモギリョフ地区に赴任して成果を上げた。ワルシャワ地区への赴任がその業績を認められての昇進だったことは明らかである。

ドイツ軍はワルシャワを総督府の首都から二次的な地方都市の地位に格下げするつもりだった。第三帝国からの追放者と避難民を吸収するという役割をワルシャワに担わせつつ、次第にその規模を縮小し、首都の座をクラクフに譲らせるというシナリオだった。ナチスによれば、クラクフはその昔ドイツ人が建設した町であり、したがって、将来にわたって存続し得る唯一の都市だった。一九四〇年には、フリードリッヒ・パプストという名の建築家がワルシャワを大幅に縮小して改造する新ワルシャワ都市計画を提出している。ナチスが作成した計画の多くは実現しなかったが、これもそのひとつだった。

ゲシュタポはワルシャワ占領後最初の数ヵ月で市民に対する支配と抑圧の体制を確立した。つまり、全住民を篩いにかけて人種別に分類し、証明書を発行した。ワルシャワ市民が生き残るためには、例外なしに、人種証明書、身分証明書（ケンカルテ）、配給カードの三枚を持たねばならなくなった。まず人種証明書を取得し、人種の別に応じて身分証明書と配給カードの発給を受けるというシステムだった。人種が一目瞭然でないような場合には、ナチスの「専門家」による詳細な身体検査を受ける必要があった。人種の分類は人種の優劣を前提とする厳密な序列に従って行なわれた。繁栄すべき優性人種と消滅すべき劣性人種をナチスが区別しようとしていたことは、人種別の配給量を見れば明らかである。

人種グループ			一日あたりの配給量（カロリー）（一九四一年）
アーリア人種	ドイツ人	帝国ドイツ人（第三帝国出身のドイツ人）	二六一三
		民族ドイツ人（人種上のドイツ人）	二六一三
	非ドイツ人	アーリア化が可能な人種	六六九
		混血した人種	六六九
非アーリア人種（人間以下の存在）		アーリア化に適さない非ドイツ人 ユダヤ人 同性愛者 ジプシー、痴愚者、不治の病人	一八四

戦争の長期化にともなってドイツ軍の兵力補充が困難になると、ナチスは「非ドイツ人のアーリア人種」の区分に三番目のカテゴリーを導入する。この第三カテゴリーにはわずかでもドイツ人の血統につながる証拠を持つ人間が含まれ、軍務につく資格が認められた。

占領システムが確立すると、ワルシャワ市民が生き延びるためには個人的な才覚に加えて三枚の「正式書類」が不可欠となった。占領政策を実施する表向きの責任は親衛隊とゲシュタポにあったが、背後にはドイツ軍の軍事警察部隊とポーランド人の「紺色警察」が控えており、さらに、あらゆる場所に無数の情報提供者が潜んでいた。誰もが街頭で不審尋問され、逮捕される可能性があった。逮捕されれば、その場で射殺されるケースも少なくなかった。

ただし、ワルシャワを占領したドイツ軍に当初からナチスの根本的な人種主義的野心を実現しようとする計画があったとは考えられない。初期の占領軍の優先事項は、面倒を引き起こす可能性のある分子を排除すること、施設設備を整備すること、ユダヤ人を隔離することにあった。

ナチスが「AB作戦」（特別鎮圧作戦）を採用したきっかけは、一九三九年九月二十八日に締結された独ソ友好条約にあった。同条約は「ポーランド人扇動者」に対して独ソ両国が協力して鎮圧作戦を行なうことを約束していた。一九四〇年三月には、クラクフで親衛隊幹部とソ連のNKVD幹部による合同会議が開催された。ただし、その会議の議事録は残されていない。会議の直後、ソ連占領地区では、NKVDがそれまでに逮捕していたポーランド軍将校二万五〇〇〇人を銃殺し、一方、ドイツ占領地区では親衛隊がAB作戦を発動した。両者に共通する目標は、ポーランドの政治指導者層と知識人層を一掃することだった。親衛隊はNKVDの徹底したやり方にはとうてい敵わなかったが、それでもポーランド人約三五〇〇人を射殺し、多数の囚人をダッハウとザクセンハウゼンの強制収容所に送り込んだ。ワルシャワでは、およそ一七〇〇人の男女が一斉逮捕され、二五キロメートル離れたカンピノスの森のはずれにあるパルミルィ村の処刑場に運ばれた。この時殺害された人々の中には、作家、学者、司教、オリンピック選手、議会指導者、政治家などが含まれていた（ただし、共産主義者は含まれていなかった。ポーランド共産党の関係者はスターリンの弾圧によってすでにそのほぼ全員が粛清されていたので、ナチスが殺害すべき共産主義者は残っていなかったのである）。

総督府のための大規模な強制収容所をオシフィエンチム（アウシュヴィッツ）に設置する命令をヒムラーが発したのも、同じく一九四〇年三月だった。アウシュヴィッツには一万人の囚人を収容する予定だった。一九四一年十月には、総督府内の二番目の強制収容所としてアウシュヴィッツに隣接するブジェジンカ（ビルケナウ）に第二収容所が開設される。ビルケナウ収容所の定員は一〇万人だったが、すぐに定員を上回る数の囚人が収容されるようになる。クラクフやルブリンとは違って、ワルシャワの周辺には大規模な強制収容所が建設されなかったが、一九四二年に入って「KZワルシャワ」（ワルシャワ強制収容所）と呼ばれる比較的小規模な収容所がワルシャワ市内の封鎖地区に設置された。

ワルシャワ強制収容所に関する記録は、戦後の混乱に関連するいくつかの理由によって、歴史の書物からほぼ完全に消滅してしまった。しかし、その存在に関する恐怖の記憶は依然として鮮明であり、その実態の一部はニュルンベルク裁判の記録として残っている。ヒムラーの直接の命令によって設置されたKZワルシャワ強制収容所は、一九四二年十月から四四年八月までの約二年間存続したが、実際には、五ヵ所に分散した収容施設によって構成されていた。五ヵ所の収容施設の間は専用の鉄道線路で結ばれていた。市西部の郊外にあった収容施設は、本来は戦時捕虜を輸送する目的で一九三九年に設置された中継収容所だった。ゲンシャ通りとボニフラテルスカ通りの施設は、ユダヤ人ゲットーの境界内に位置していた。残り二つの施設はワルシャワ西駅に隣接する場所に新設された。五ヵ所の施設で構成されるワルシャワ強制収容所には、合わせて一一九棟のバラックがあり、四万一〇〇〇人の囚人を収容することができた。ワルシャワ西駅に隣接する二つの収容施設は地下トンネルで結ばれていたが、そのトンネル内に複数のガス室があった。また、ゲンシャ通り広場（ゲンシュフカ）の施設には三基の死体焼却炉があって、一九四四年八月まで稼動していた。（下巻付録9参照）

KZワルシャワ強制収容所の中で殺害された人々の人数と身元を確定しようとする試みは、今のところ暗礁に乗り上げたままである。ある推定は、親衛隊がワルシャワ市内で頻繁に実施した一斉逮捕、公開処刑、集団処罰などを根拠として、合計二〇万人がこの収容所内で殺害されたとしている。また、KZワルシャワでの殺害者数は一九四〇年に導入された長期的都市計画「パプスト・プラン」に関係しているとする説も一部にある。パプスト・プランがワルシャワの人口を五〇万人にまで削減する目標を掲げていたからである。しかし、いずれにせよ、ワルシャワ強制収容所におけるナチスの犯罪とゲットーにおけるユダヤ人に対する犯罪とは直接的な結びつきはなかったものと考えるのが順当だろう。ワルシャワ強制収容所については多数の証言記録が残されている。

ドイツ軍の占領中、私はワルシャワ西駅から三キロ足らずの場所に住んでいた。西駅の近くにはトンネルがあった。そのトンネルにドイツ軍の幌つきトラックが入るのを初めて見たのは、一九四二年の秋だった。黒い制服の親衛隊員が運転するトラックは……アルマトナ通りの側からトンネルに入っていった……トラックがトンネルに入るたびに、中から喚き叫ぶ声が聞こえ、そして、ガスの臭いがした……ドイツ軍はその地区の全住民に窓のカーテンを閉めるように命令していた。もし、カーテンの閉まっていない窓があれば、即座に銃撃されるということだった……

［アデラ・Kの証言[24]］

囚人たちがトンネルから死体の山を運び出して、WHという文字の書かれたトラックに積み込むところを何度も目撃した。死体には銃弾の跡はなかった。死体処理班のポーランド人隊員から聞いた話によれば、それは殺人ガスその他の方法によってワルシャワ強制収容所内で殺害された人々の死体で、トラックでゲンシュフカの死体焼却炉に運ばれるということだった……［フェリクス・Jの証言[25]］

不思議な話だが、総督府内のカトリック教会に対するナチスの政策は、第三帝国に直接併合された地域に比べて比較的穏やかだった。たとえば、併合地域のうちのヴァルテラント管区では、ポーランド・カトリック教会の教区の九〇パーセントが閉鎖され、残された教区の教会関係者はドイツ教会の指揮下に組み込まれた。ダッハウ強制収容所だけに限っても、そこに送り込まれたポーランド人司祭の数は約二〇〇〇人に達した。その事態に対して、ヴァチカンからは抗議のつぶやきさえ聞こえてこなかった。一方、総督府の親衛隊は、寝た犬を起こさないという態度だった。首座大主教は外国に逃れていた。司教たちは従順だった。緊急の問題は教会以外のところにあった。

戦前のワルシャワにはユダヤ人ゲットーは存在しなかった。そこで、ナチス司令部は一九三九年十一月にワルシャワ・ゲットーの設置を決定する。アーリア人種の証明書を持たないすべての市民に対して指定地区へ集合せよという命令が出される一方、その地区に住むすべての非ユダヤ人は地区から出るように命令された。正式の外出許可証を持たないユダヤ人がゲットーの外側で発見されれば即座に射殺するという布告が貼り出された。ユダヤ人の隔離は一年以内に事実上完了した。ゲットーの周囲には上部に鉄条網のついた高さ六メートルの塀が張りめぐらされ、武装した警備兵がその塀を取り囲んで、ユダヤ人を外界から遮断した。結果は残酷だった。親衛隊はユダヤ人に対して一般のポーランド人に対するのとはまったく違う形の抑圧を加えることができるようになった。非ユダヤ人であるワルシャワ市民が同じ市民であるユダヤ人の苦難を助ける方法は失われた。

ドイツ占領軍の存在はワルシャワ市民の上に重くのしかかった。中心街の主要地区の二つは「ドイツ人専用地区」に指定された。そのうちのひとつ、アドルフ・ヒトラー広場（ピウスツキ広場）一帯には占領軍の行政機関が密集し、もうひとつのアレヤ・シュハ（シュフ大通り）周辺には、ゲシュタポ本部をはじめとする警察関連施設が集中していた。ただし、市内と郊外を問わず、それ以外のすべての地区にもドイツ軍の拠点と警察施設が分散して置かれていた。具体的には、二〇ヵ所以上の軍事拠点と一〇〇ヵ所以上の警察施設が孤立した状態で各地区に点在していた。静穏な地区をくまなくパトロールするには理想的な配置だったが、武装抵抗組織の攻撃に備えるための効果的な布陣とは言えなかった。孤立した軍事拠点や警察施設は単独で襲撃に耐えるだけの戦力を持たなかったが、にもかかわらず、単独で自衛する義務を負わされていた。そもそも、ドイツ軍ワルシャワ守備隊の兵力は全体として予定の定員を大きく下回っていた。計画では三万六〇〇〇人の配置が予定されていたが、実際に配備された兵力は一九四四年半ばの時点でその半分にも満たなかった。

一九四三年以降、ワルシャワにおけるドイツ軍の占領政策は公然たる暴力支配の様相を呈する。ナチスの占領政策は、ユダヤ人ゲットーの内部でも、その外側の「アーリア人地区」でも、激しい抵抗に直面していたが、ドイツ軍は弾圧が抵抗を生むという因果関係を理解していなかった。一九四三年十月十日、ワルシャワ市民は街頭のラウドスピーカーを通じてフランク総督の告知を耳にする。「ドイツ軍によるワルシャワ復興事業への妨害行為を禁止する布告」だった。その三日後、ワルシャワ市民が見守る中で、親衛隊は従来に比べて格段に大規模な一斉逮捕作戦を開始する。従来のやり方とは違って、一斉逮捕された犠牲者たちは、強制労働のために第三帝国に移送されることも、強制収容所に収容されることもなかった。人々は、罪状を特定される間もなく、ひとまとめに銃殺された。街頭に狩り集められた人々はその場で処刑されたのである。公開の集団処刑だった。人々は、罪状を特定される間もなく、ひとまとめに銃殺された。街頭の処刑場には、処刑された人々の氏名、年齢、住所のリストが張り出されたが、同時に、もう一枚別のリストも張り出されるのが常だった。そのリストには人質として捕らえられている人々の名前が並んでいた。人質となった人々は、次にドイツ軍に対して抵抗する者が現れれば、自動的に即座に処刑された。

それ以来、ほとんど連日、何十人もの人々が殺害された……街頭の人々を手当たり次第に捕まえて殺害するというやり方だった。人質の処刑は警察官の厳重な非常線の中で行なわれた……警察は非常に手荒い手法で人間狩りを行なったが、その背後にはドイツ国防軍とドイツ空軍の兵士が控えていて、しばしば手を貸した。時にはヒトラー・ユーゲントの若者も参加した。彼らは逃げ出そうとする市民や「疑わしい通行人」を射殺するという役目を担っていた。ワルシャワの街頭はジャングルと化し「奴隷商人」と「殺人者集団」が跋扈して、不幸な犠牲者を追い回した。今や、死から身を守る手立てはすべて失われてしまった。「正式の証明書類」があっても、穢れのない履歴があっても、地下国家と無縁であっても、また、たとえ占領軍に協力する意志があっても、一斉逮捕を免れることはできなかった。病人も老人も容赦なく扱われた。ワルシャワ市民は狩猟の獲物として狩りたてられる動物となり、捕まりたくなければ猟場の外に逃げ出さなければならなかったが、どこへ逃げても常に死の瀬戸際にいるという事情は変わらなかった。牛乳を買いに出て、二度と戻らなかった人もいた。その人は人質のリストに名前が載り……「ドイツ軍によるワルシャワ復興を妨害する敵対分子」として射殺された。レストランからも、商店からも、自宅からも、市民が引き立てられていった。毎日が死と隣り合わせの生活だった。死の脅威がはっきりと眼に見えていた。脅威は以前よりもはるかに身近に迫っていた。誰もが犠牲者のリストの中に隣人や同僚や愛する家族の名前を見出すという状態だった。街路の側溝を流れているのは雨水ではなく犠牲者の血だった。恐怖がすべてを支配していた。街の壁に誰が書いたとも知れない落書きがあった。「メネ、テケル、ファレス」[26]〔メネ、テケル、ファレスは驕慢な圧制者に死を予告するために幻の手が壁に書いたと言われる警告の言葉（旧約聖書ダニエル書第五章）〕

ゲットー内のユダヤ人の生活は単なる劣悪さの域を越えて末期的な状態に追い込まれていた。同時に、ゲットーの外側の状況もますます悪化し、ゲットー蜂起が殲滅される頃には、ワルシャワ全市の生活が耐え難い状況に陥った。[27]

ナチスの文化政策は、あらゆる民族文化に対するドイツ文化の無限の優越性というあからさまな主張を前提としていた。一時的に存続を認められていたポーランド文化関連の機関や施設も、無教養な奴隷カーストの文化というレッテルを貼られて、その活動を制限された。ヒトラーは、ナチス指導部がポーランド人の扱いを検討した一九四〇年十月二日の会議で、「ポーランド人はもっぱら重労働をするために生まれた民族である」という信念を披瀝した。[28]その結果、ポーランドの大学、技術専門学校、高等学校、中学校はすべて閉鎖され、博物館、美術館、図書館、劇場、映画館、コンサート・ホールはすべてドイツ軍に接収されて、ドイツ人専用となった。ポーランド語で教える小学校、ポーランド語の新聞、ポーランド文化のための集会場などの存続は認められたが、いずれもゲシュタポの厳重な監視下に置かれた。

経済政策の面でも、ナチスのやり方は同様に苛烈だった。すべての国有企業、すべての大規模な民間企業、すべての工場、すべての専門的な事業所、大中規模のすべての不動産が無償でドイツ軍に接収された。ポーランド人経営者のエリート層は一括して排除され、その資産はドイツの企業が山分けした。ポーランド人経営者が追放されて空席となった地位には、ドイツから流入した一旗組のドイツ人実業家が入り込んだ。オスカル・シンドラーもその一人だった。農業部門では、生産物の強制的な引渡し制度が導入された。総督府内で生産される工業製品は例外なしに親衛隊国家保安本部（ＲＳＨＡ）の経済部門が思いのままに取り扱った。ナチスが征服した欧州の全地域の中で、被征服国民がこれほど徹底的に奴隷化され、「支配人種」がこれほど完全に支配した例は、ポーランドをおいて他になかった。

ナチスが理想とする「生存圏」の実現までにまだ時間がかかることは明らかだった。しかし、二種類の人間集団については、最初から極端な取扱いが適用された。一九三九年から四〇年にかけて、親衛隊の調査員がポーランド総督府内各地の総合病院、精神病院、擁護施設などを視察し、「安楽死」の対象とすべき身体障害者と精神障害者のリストを密かに作成していた。それと同時に、親衛隊の別の特殊隊員（彼らはナチス福祉局［ＮＳＶ］の職員で、しばしば「褐色の服のシスター」と呼ばれていた）がポーランド人の子供たちを狩り集めていた。その目的はドイツ民族の遺伝子を改良することにあった。ハインリヒ・ヒムラーは一九三九年十月に特別列車で初めてポーランドを訪問したが、その際、ポーランドの子供たちの多くが長身で、ブロンドの髪をし、碧眼であることに気づいた。ナチスの見方からすれば、ポーランド人の子供の容貌は、本来はドイツ人であるべき数百万人の若者が不当にポーランド化されていることを意味していた。答えは簡単だった。劣性人種の血統は滅ぼすべきであるが、優性人種の血統は救うべきである。条件に合致する数万人の少年と少女が孤児院から連れ去られ、あるいは街頭で誘拐されて、第三帝国に送られた。彼らはドイツ人家庭の養子になるか、親衛隊傘下の「生命の泉協会」（レーベンスボルン）[29]が経営する児童施設に入れられて育てられた。子供たちの親族の気持ちは少しも斟酌されなかった。

ポーランド国内で起こっていることが外部の世界に知られることはほとんどなかった。当時、米国はまだドイツの敵国ではなかったので、少数のアメリカ人記者が一九三九年から四一年にかけてワルシャワを訪問した。しかし、彼らが接触できる相手はごく狭い範囲に限られていた。ポーランド亡命政府はナチス支配の実態を世界に知らせようとして最善の努力を払っていたが、亡命政府自身も信頼に足る情報を遅滞なく収集できる状態ではなかった。また、世間には亡命政府の発表を必ずしも全面的に信用しないという風潮があった。結局のところ、「残忍なドイツ兵」にまつわる恐怖譚は第一次大戦当時から有名であり、しかも、話に誇張があることでも有名だった。

その点、歴史家は事件当時の同時代人たちとは大きく異なる見方をすることができる。歴史家は、当時の人々が陥っていた混乱状態を記録しつつ、時の経過とともに明らかになった十分な情報に基づいて事件を評価することができる。その意味で、歴史家は次のように結論せざるを得ない。すなわち、一九三九〜四一年の時期について言えば、ポーランドのドイツ占領地域でナチスが行なっていた抑圧は、ソ連占領地域で行なわれていた抑圧ほど猛烈ではなかった。ナチスが始めたばかりのKZ（強制収容所）システムは、年季の入ったソ連のグラーグ・システムに比べれば児戯に等しかった。この段階では、親衛隊の社会工学はNKVDの社会工学ほど野心的なものではなかった。独ソ両国の占領地域の境界線であるブク川以西の死亡者数は東側よりも少なかった。

ヒトラーとスターリンが同盟関係にあった時期には、ポーランド総督府とソ連邦の関係は必ずしも断絶状態ではなかった。「平和境界線」を往来する交通は部分的に認められており、石油、化学製品、鉄鉱石、鋼材などをソ連からドイツに運ぶ列車が連日ワルシャワを通過していた。二つの占領地域の境界線を越える人々の動きもあり、ソ連占領地域からは避難民が毎日のようにドイツ占領地域へ逃れて来ていた。その避難民の中にはユダヤ人も含まれていた。彼らはドイツ占領地域の方がまだマシだろうと誤解していたのである。東側から伝わってくるのは、ぞっとするような話ばかりだった。スターリンの天国は、まさに恐怖の地獄だった。ソ連占領地域の人々は家を奪われ、迫害され、虐待され、強制移住させられ、殺害されつつあった。

ワルシャワ・ゲットーについてはすでに多くが語られている。この途方もない人道上の悲劇は、間違いなく繰り返し語り継ぐべき歴史である。ユダヤ人に対するホロコーストの実態を理解するためにも、また、戦時中のワルシャワが経験した全般的な悲劇を理解するためにも、ワルシャワ・ゲットーは避けて通ることのできない問題である。両手を高く上げて処刑場へ連行されていくユダヤ人家族の有名な写真（「銃口を突きつけてのユダヤ人狩り」、上巻口絵9ページ）は、ナチスによる占領の恐怖を物語る最も衝撃的なイメージであろう。

ワルシャワ・ゲットーはナチスが総督府内に設置した約八〇〇ヵ所のゲットーのうちの最大の施設で、市の内外と外国から集められた人々がひしめいて溢れ、混雑をきわめていた。ワルシャワ・ゲットーの人口は最大時には三八万人に達した。ゲットーは全面的にナチスの支配下にあったが、親衛隊はゲットーの管理組織としてユダヤ人評議会〔ユーデンラート〕を任命し、また、汚れ仕事の大半を任せるためにユダヤ人警察を組織していた。ユダヤ人評議会の議長にはワルシャワの弁護士〔アダム・チェルニャクフ〕が就任するが、やがて彼はその立場がもたらす緊張に耐え切れずに自殺してしまう。[30]

ワルシャワ・ゲットーはフウォドナ通りを挟む二つの区画で構成され、通りを跨ぐ形で設置された木製の歩道橋によってつながれていた。北側の区画は「大ゲットー」と呼ばれ、南側の「小ゲットー」

の少なくとも三倍の広さがあった。（下巻付録8参照）大ゲットーは最初から恐るべき過密状態で、居住環境としては間違いなく最悪の場所だった。一方、小ゲットーには金持ちのユダヤ人が多く住み、多数の高級商店が店を開いていた。フウォドナ通りから銀行広場の近くまで続くレシュノ通りが大ゲットーのメーンストリートだった。初めの二〜三年間、この通りは通行人で賑わい、人力車が行き交い、ゲットーの中だけを運行する市街電車が青いダヴィデの星の紋章をつけて走っていた。カフェやレストランも営業しており、四〇番地には「作家のためのスープ・キッチン」があった。娯楽施設の数も少なくなかった。レシュノ通り二七番地の「フォトプラスティコン」では、エジプト、中国、カリフォルニアなど、世界各地で撮影されたエキゾチックな風景のスチール写真を見せるという商売をしていた。店の前の舗道には、鼻を赤く塗ったピエロが立って、一枚六〇グロシュ〔ズウォティの一〇〇分の一の貨幣単位〕の入場券を売りつけようとしていた。レシュノ通り二番地の「芸術カフェ」では、連日のようにフロアショーが上演されていた。このカフェではコンサートも頻繁に開催され、ヴェーラ・グランや「ゲットーの鶯」と称えられたマルィシャ・アイゼンシュタットなどの歌手の他、ヴワディスワフ・シュピルマンやアルトゥール・ゴルトフェーデルのような演奏家が出演していた。レシュノ通り三五番地のミュージック・ホール「フェミナ」の演目はさらに多彩で、ポーランドの演劇や音楽を幅広く上演していた。喜歌劇『チャルダッシュの女王』が人気を呼び、『恋人たちにはアパートが要る』という時宜を得たタイトルのコメディーが大当たりしていた。誰もが必死の思いで現実から逃避しようとしていた。ある人物が残した言葉によれば、「ゲットーの唯一の自衛手段はユーモアだった」[31]。

ワルシャワ・ゲットーは一九三九年十一月から一九四三年五月まで存在した。その間のゲットーの歴史は五つの時期に区分できる。最初の段階では、外部からの訪問客は自由にゲットーを訪ねることができた。囲い込まれたユダヤ人たちも、黄色いダヴィデの星の腕章をつけることを強制されてはいたが、日中は自由に門を抜けて外出することができた。しかし、一九四一年十月以降は、ゲットーのすべての門が常時閉鎖され、ゲットーの壁の外でユダヤ人が見つかればその場で射殺されるようになった。ゲットーは次第に強制収容所としての性格を帯び始める。一九四二年一月に入ると、絶滅収容所への定期的な強制移送が始まり、ゲットーの人口は一挙に減少する。主な移送先はトレブリンカだった。一九四三年には、四月から五月にかけて武装蜂起が起こる。蜂起が鎮圧された後、ゲットーは硝煙がくすぶる沈黙の墓地となり、残ったのは警備に当たるわずかな数の親衛隊員と瓦礫の片付けを命じられた囚人の一群だけだった。ゲットーの殲滅はワルシャワ市全域に同じ運命を予告する無言の警告だった。

占領下のワルシャワの中で二重に隔離されたゲットーの苦悩は、容易には説明しがたい。言うなれば、それは海賊に襲撃された船の船倉深くに設けられた防水密閉の拷問室のようなものだった。さらに、ナチスの政策が欺瞞的なやり方で進められたために、人々は長い間その最終的な狙いを計りかねていた。ナチス指導部は一九四二年一月のヴァンゼー会議で「ユダヤ人問題の最終解決」の実行を決定していたが、その具体的な中身は極秘だった。「最終解決」の段階が始まると、犠牲者たちは徒歩で追い立てられ、あるいはトラックに積まれて、家畜輸送用貨車が待機する「ウムシュラークプラッツ」（貨物積み替えセンター）に運ばれていった。ナチスはこの移送にあたって、ソ連がその強制移住政策の初期に使ったのと同じ、「東方への再移住」というごまかしの宣伝文句を採用した。ごまかしと言えば、ゲットーの門に掲げられていた「チフスに注意しよう」という保健衛生の標語も同類だった。

ワルシャワ・ゲットーに囲い込まれた人々は驚くほど多種多様だった。ワルシャワ生まれのユダヤ人が話す言語はポーランド語かイディッシュ語だったので、外国からやって来たドイツ系、フランス系、ギリシャ系などのユダヤ人とは言葉もまともに通じなかった。宗教的には、正統派ユダヤ教徒が大多数を占めていたことは多分間違いないが、世俗化したユダヤ人、無宗教のユダヤ人も少なからず存在し、さらに、かなりの数のユダヤ人カトリック教徒も混ざっていた。レシュノ通り三四番地の「聖母マリア誕生教会」を拠点とするユダヤ人カトリック教徒の存在は戦前のワルシャワでは特に珍しくなかった。彼らは過去二〇〇年間のいずれかの時点でカトリックに改宗したユダヤ人家族の子孫だった。その頃ロンドンにもたらされた報告によると、ユダヤ人のカトリック教徒はゲットー内のユダヤ人警察から差別的な待遇を受けていた。しかし、ゲシュタポは、人間を分類するにあたって、宗教にもユダヤ人の内部抗争にも関心を示さなかった。彼らの関心は「血統」だけだった。

ゲットーに対するゲシュタポの監視態勢の中で中心的な役割を果たした拠点がレシュノ通り一三番地の建物の中にあった。「汚職投機摘発本部」である。ただし、この機関の活動はその名称とは無関係に広い範囲に及び、しかも、名称よりもはるかに禍々しい機能を果たしていた。「一三番地グループ」と呼ばれて悪名を馳せたこの機関には数百人のユダヤ人職員がいて、ゲシュタポの眼となり、耳となって働いていた。彼らは緑色の線の入った帽子をかぶり、「猟場の番人」の異名をとっていた。戦前はジャーナリストだった自己顕示欲の強いアブラハム・ガンツヴァイフなる人物に率いられる「汚職投機摘発本部」は、ワルシャワ親衛隊保安本部第Ⅲ局（公安局）の指揮官である親衛隊少佐エルンスト・カー博士に直属する機関で、ユダヤ人警察からも、ユダヤ人評議会からも干渉を受けずに独自に活動していた。

アブラハム・ガンツヴァイフが歪んだ動機を持つ人物であることは、誰の目にも明らかだった。彼は機を見るに敏な男で、親衛隊から使用許可を得た不動産を法外な料金で又貸しして莫大な財産を築いていた。同時に、新たにユダヤ人自治区を設立する計画を温めていた節がある。そこで自分と自分の仲間のユダヤ人だけは生き残ろうという算段だった。その一方で、ガンツヴァイフは稼いだ金を注ぎ込んで、ゲットーの文化的、芸術的活動を後援していた。一九四二年には長期にわたってゲットーから姿を消した。おそらく、身分を偽って「アーリア人地区」で生活していたのであろう。一九四三年の初めに再びゲットーに現れたが、その後まもなく、家族とともにパヴィアク監獄で射殺されたと言われている。

ひとくちにゲットーのユダヤ人と言っても、その富裕層と貧乏人の間には驚くべき格差があった。ゲットーが設置された当初、裕福なユダヤ人はその地区から出て行く家主たちから広大な面積の不動産を買い取り、贅沢品、貴重品、宝石類を持ち込んだ。それらの財産は、やがて、食料やサービスと交換されることになる。やがて、ゲットーは飢餓と悲惨の海と化すが、一九四三年になっても、その海に浮かぶ島のように、少数の金持ちが豊かな生活を送っていた。ある生存者の正直な回想によれば、ゲットー蜂起の最中、戸外で炸裂する砲弾と銃弾の音を聞きながらも、彼の家族は例年通りに「過ぎ越しの祭」を祝ってフルコースの食事を楽しんだという。一家はゲットーが最後の日を迎えるまでダンスとコンサートを欠かさなかった(32)。大多数のユダヤ人にとって、ゲットーの暮らしは比較にならないほど悲惨なものだった。その一家の隣人の大多数がその頃すでに殺害されていたか、あるいは街頭で餓死していたことを思えば、現実は一層痛烈である。ゲットーの生存率は全体として一パーセントに満たなかった。

ゲットーの暮らしの中で最も血の凍るような光景が何かと問われれば、それが苦しみつつ餓死していった子供たちの姿であることについては、誰もが異存ないだろう。一九四一年以降、痩せこけて骨と皮だけになった数百人単位の浮浪児が連日街頭で息絶えていった。そのすぐ近くには豊富な食料を貯蔵する倉庫があって、富裕層が金に糸目をつけずに食料を買っていた。襤褸をまとった腕白小僧たちは痩せ細った身体を武器としてゲットーの壁の割れ目から出入りし、命知らずの密輸に従事していた。子供たちは死に囲まれて何も感じなくなり、仲間の死体や瀕死の友人の傍らで路上の遊びに耽っていた。(33)

強制移送作戦が始まると、人口過密に起因する重圧は軽減されるが、逆に殺害の件数は増大する。当時の苦悶を描いたある日の日記が残されている。これを書いた人物はその日記を地中深くに埋めたので日記は残ったが、執筆者は生き残れなかった。

［一九四二年］八月九日、日曜日。例の「作戦」〔ラインハルト作戦と呼ばれる強制移送作戦が七月二十二日に開始された〕が始まってから今日で一九日目だ。これは人類史上例を見ないような惨劇だ。昨日あたりから、強制移送はポグロムの様相を帯びている。大量虐殺作戦と言ってもよい。連中は街路を走り回って人々を数十人単位、数百人単位で捕らえ、殺害している。今日は街路にトラックの列が延々と並び、覆いのない荷台に死体が山のように積み上げられている。

一九一八～一九年のポグロムについてこれまで読んだことなど、今回の事態に比べれば物の数ではない……移送される人々の九九パーセントが殺害される運命にあることは明らかだ。残虐行為に加えて、私たちには飢餓の問題もある……「上流」の連中にはまだ食料がある。［ただし、給食所のスープだ。］だが、庶民にはそれさえ手に入らない。

二〇人のウクライナ人と数十人のユダヤ人警察、それに数人のドイツ兵が三〇〇〇人のユダヤ人の群れを処刑場に引き立てていく。抵抗する者はほとんどいない。ドイツ人につかみかかったユダヤ人がひとりいたが、その場で射殺されたという話だ……

殺戮は朝早くから夜の九時か九時半まで続く。ロシア皇帝の時代からのお馴染みのポグロムに他ならない……噂では、銃剣で刺し殺しているという話だ[34]……

その二週間後、ポーランド亡命政府の最も有名な密使（クーリエ）だったヤン・カルスキ〔本名コジェレフスキ〕がゲットーの内情を自分の目で確かめることになる。カルスキはアーリア人地区の建物の地下室から始まるトンネルを通ってゲットーに潜入した。

「トンネルの内径は九〇センチに満たない狭さだった」と［カルスキは］回想している。「我々は泥と小石を掻き分けて進んだ。ゲットーに潜入すると、我々の周りを陰の塊のような物体が通り過ぎるのに気づいた。眼を凝らして見ると、かつては人間と呼ばれていた存在の成れの果てだった。陰たちは誰かの後を追うかのように、また何かを求めるかのように、ゆらゆらと揺れながら漂っていた。ただし、彼らの眼は狂気じみた飢餓で貪欲に光っていた」。どの通りにも狂人の叫び声と飢えに苦しむ呻き声が響いていた。その叫びに混ざって、ボロボロの衣服を差し出して交換に食料のかけらを求める住民の声が聞こえた。

［カルスキが］悪臭に驚いて傍らを見ると、街路の側溝のあちこちに裸の死体が横たわっていた……

彼は息を呑んで質問した。「これは一体どういうことか？」

［案内役が］答えた。「ユダヤ人が死ぬと、家族は衣服を剝がしてから、遺体を通りに投げ捨てるのさ。そうしなければ、ドイツ軍に埋葬税を徴収される……」

［案内役は］ゲットーが野獣の町であることを示す不気味な死体をひとつひとつ指さしながら冷徹な声で言った。「これを覚えていてくれ」。そして、何度も繰り返した。「これを覚えていて

くれ」[35]

その年の暮、カルスキはワシントンに飛び、亡命政府の駐米大使の計らいで、米国内で指導的立場にあった何人かのユダヤ人にゲットーでの目撃譚を語った。話を聞いたひとりに米国最高裁判所判事のフェリックス・フランクファーターがいた。フランクファーターはカルスキについて書き残している。「私はその青年が嘘をついているとは言わなかったが、彼の話はとうてい信じられないと言ってやった」[36]

ゲットーから強制移送された約三一万人と推定されるユダヤ人が最後にワルシャワの風景を目に収めた場所は、悪名高いウムシュラークプラッツ（貨物積み替えセンター）だった。

トレブリンカに向かう貨物列車にユダヤ人を詰め込む出発駅ウムシュラークプラッツの責任者はユダヤ人警察の幹部ミャチェスラフ・シュメルリンクだった。彼はユダヤ人の間では「やくざの大親分」とか「鉄の髭を生やした盗賊面の怪物」と呼ばれ、また、ドイツ人の上司たちからは「ユダヤの拷問官」とか「バルボ」と呼ばれていた。シュメルリンクの容貌がムッソリーニの側近だったイタロ・バルボ元帥に似ていたからである。[37] ウムシュラークプラッツはゲットーの北東のはずれにあり、ザメンホフ通りとニスカ通りの交差点の近くに位置していたが、そこで何が行なわれるかを隠すために用心深く設計されていた。列車が待機する専用の引込み線まで人々が到達するには、迷路のように入り組んだ細い通路といくつかの空き地を通らねばならないが、そのすべてが高い煉瓦塀で外部から遮断されていた。一日あたりの移送の対象となった数千人の男と女と子供たちは、警棒を振り回すユダヤ人警察と完全武装の親衛隊員に追われて、ザメンホフ通りを早足で進んだ。隊列から遅れたり、文句を言ったりすれば、その場で頭に銃弾を打ち込まれた。行く手を遮るバリケードの所まで足を引きずって到達すると、右へ曲がって門をくぐり、塀に沿ってもと来た方向に戻るよう命令される。やがて、ふたたびバリケードがあって、横の狭い通路にそれると、ウムシュラークプラッツ司令部の監視所の前を通ることになる。通路を抜けると、長さ八〇メートル、幅三〇メートルの空き地に出る。しかし、そこから見えるものといえば、空と囲いの塀の他には、今は事務所となっている旧病院の建物だけである。空き地では親衛隊が屈強な青年だけを選び出す。強制収容所に連行して奴隷労働につかせるためである。選別が終わると、大多数の被移送者は再び追い立てられ、門をくぐって旧病院の前庭に出る。そこで野宿して一夜を過ごす。翌朝、飢えと寒さと疲労で消耗し、頭も混乱したまま、人々は前日の空き地に戻され、別の出口か外へ出されると、そこに待機している家畜用貨車に積み込まれて最後の旅に出発する。目的地のトレブリンカで彼らを待っているは殺戮用の焼却炉だった。

あまり表立っては論じられないが、ゲットーの住民の中には、抑圧のメカニズムを助ける役割を果たす者がいた。しかし、全体主義体制の中で生き残るためには何らかの妥協がやむを得ないことは誰でも理解できる話である。ナチスの支配下で生命を維持するために人々が余儀なくされた選択を自由世界の尺度で計ることはできない。ゲットーの中で生き残るための選択という話になればなおさらである。ユダヤ人の長老たちは親衛隊に協力したが、その理由の中には同胞の苦しみを軽減しようとする意図が含まれていた。ユダヤ人警察は親衛隊の手先となってユダヤ人を殺害した。そうすることで自分自身が生き延びる機会が見つかると愚かにも信じていたからだ[38]。これらの問題について言えることはただひとつである。すべての人間には「人間の性《さが》」というものがあり、「人間の性」は、残念ながら、しみひとつなく清らかなものではない。後の時代に生まれ、自由な環境で暮らす我々には軽々しく断罪することのできない問題である。しかし、どんな人間にも、また、どんな社会にも、我慢の限度というものがある。人間は、すべてを奪われ、いかなる辱めを受けても、しばらくの間は運命論や諦めの心境や忍耐心を動員して耐えることができる。しかし、無限に耐えることはできない。仮借ない虐待が長く続けば、被害者が後先を忘れて反撃する時が必ず来る。ワルシャワ・ゲットーでは、一九四三年四月がその限界点だった。ゲットー蜂起の開始である。

しかし、最終的に武器を手にして戦った人々だけがゲットーの英雄だったわけではない。他人のために尽くすことを自分の最大の義務と見なす多数の男女が英雄的な犠牲を払ったことも忘れてはならない。たとえば、臨時の小児病棟で繰り広げられた耐えがたい苦痛の場面に立ち向かった看護婦たちの働きは高く評価されるべきであり、人間が飢餓から死に至るまでの過程で経験する精神と肉体の変化の症状をみずから実験材料となって研究した医学者たちの勇気も指摘しておくべきであろう。特に多くの人々が一致して称えるのは、ヤヌシュ・コルチャク博士の気高い姿である。子供の問題に関する本の著者としてポーランドで最もよく知られていたコルチャク博士は、自分の孤児院の子供たちと一緒にゲットーに囲い込まれ、その子供たちのために生き、ともに死ぬ道を選んだ。最後に、彼は子供たちの手を引き、歌を歌いつつ、楽しい「ピクニック」へ出かける夢を語りながらウムシュラークプラッツまでの道を歩いた。トレブリンカへの最後の旅の途中、暗闇の中で聞こえてくる線路のリズミカルな音に耳を傾けながら、ヤヌシュ・コルチャクがユリアン・トゥヴィムの童詩『機関車』の一節を「ガタン、ゴトン、ガタン、ゴトン、ガタン、ゴトン……」と口ずさんで子供たちに聞かせている場面を想像すると、何にもまして心を締めつけられる思いがする。[39]

ゲットーの人々が経験した凄まじい苦難に対して、ゲットーの外にいたキリスト教徒のワルシャワ市民が無関心だったのではないかとして、彼らを非難する意見がこれまでに数多く発表されている。その非難は必ずしも的外れではないかも知れない。しかし、極端な非難は聡明なやり方とは言えない。ユダヤ人たちが、みずから目撃した事実として証言しているところによれば、ゲットーの住民の中にも同胞の苦悩にまったく無関心な富裕層がいたからである。

身の回りのいたるところで繰り広げられる残忍な犯罪行為に眼をつぶり、自分たちのいわゆる「普通の生活」をひたすら維持しようとしていた富裕なユダヤ人がいたことを「ポーランド人を批判する人々は」理解したがらない……「批判派は」問題をポーランド人に限定して断罪している……彼らは同じように無関心だったユダヤ人がいたことを無視している……当時の状況では、ポーランド人であれ、ユダヤ人であれ、他のどんな民族であれ、多かれ少なかれ同じような態度を取ったであろう。多分、それが「人間の性」の一部というものだろう(40)。

塀の外の世界はゲットーの実情をどこまで知っていたのかという疑問が残されている。その答えはおそらく「多くの事実が知られていた」ということだろうが、知っていた人々はごく狭い範囲に限られていた。「ポーランド地下国家」は明らかに実情を把握していて、ユダヤ人への支援を組織しようとしていた。ワルシャワ市民の中には、ゲットーから脱出したユダヤ人と出会ったり、匿ったりする者もいた。彼らはゲットー内の痛ましい話をユダヤ人の口から直接聞いたに違いない。しかし、多くの市民はそんな話は聞いたことがないか、聞きたいとも思わなかった。噂が耳に入ってもどう理解すればよいか分からなかった。ユダヤ人に対する積極的な同情は少なく、消極的な反感がはびこっていた(41)。事実を知ったとしても、それを広く知らせることは困難を極めた。ドイツの新聞とラジオは何も報じなかった。ドイツ軍の管理下にあるメディアは沈黙を強いられていた。ゲットーの秘密印刷物は外部まで届かなかった。ナチスは情報を抑えるために万全の措置を取っていた。しかし、大ゲットーと小ゲットーを連絡する歩道橋の下のフウォドナ通りには、ワルシャワ市民を満載した市街電車が数分間隔で走っていた。乗客は道路とゲットーを隔てる高い塀を自分の目で見ることができた。同じ市民であるユダヤ人が恐ろしい虐待を受けているらしいことも分かっていた。しかし、少なくとも二年間は、ワルシャワ市民がゲットーの惨状の規模と内容を知る確実な手段は無きに等しかった。ただし、ゲットー蜂起が鎮圧されると、胸の悪くなるような沈黙の廃墟をすべての市民が目にした。ナチスの意図がユダヤ人の全面的な殲滅にあったことがすべての市民の目に明らかになった。

ワルシャワ・ゲットーの過酷な試練はロンドンにも伝えられた。しかし、列強諸国は何の行動にも出なかった。連合諸国の政府は戦争で手一杯だった。ポーランド亡命政府の国民評議会のメンバーだったユダヤ人代表のひとり〔シュルム・モルデハイ・ズィギェルボイム〕が抗議の自殺を遂げた。当時兵士としてイタリアにいたポーランド人の詩人が彼に捧げる詩を書いている。

長い血みどろの戦いが勝利で報いられる時、
破壊されたワルシャワの上に我らの共通の空が輝くだろう。
自由と正義と一片のパンを誰もが手にする時、
我らは気高い魂を持つひとつの国民になるであろう。(42)

問題をもっぱらゲットーに絞って論ずる人々の中には、同じワルシャワ市内でも、ナチスが「アーリア人側」として指定した壁の外側にはゲットーの内部に比べて天国のように恵まれた生活があったのではないかと暗示する傾向がある。しかし、その種の主張は正鵠を得ているとは言い難い。ナチスの恐怖支配は実態としてワルシャワの全域に及んでいた。ただし、その過酷さは場所により、また、時期によって程度に差があった。もともと、ワルシャワに対するナチスの暴虐の裏側にポーランド人に対する特別の憎しみあったことを忘れてはならない。ポーランド人に対するナチスの憎悪は、ヒトラーがワルシャワを訪問した日のゲッベルスの日記に見事に表現されている。

> 総統には、ポーランド人をドイツ人に同化しようとする意図はまったくない。ポーランド人は現在の後進状態にとどめておくべきであり、自分たちがたどるべき運命をたどらせるべきである。もし、ハインリヒ獅子公〔十二世紀のザクセン・バイエルン公〕が東方征服を果たしていたら……ゲルマン民族はスラヴとの混血人種になっていただろう。そうならなくてよかったのだ。おかげで、現代の我々は人種的伝統の法則を理解し、人種問題を正しく扱うことができる。総統は非常に前向きの見方をしている……我々は勇気と心の平静を失ってはならない[43]。

ドイツ占領軍は、ありとあらゆる細かな行政措置を積み重ね、住宅、雇用、配給、物価などの政策を専断し、殺人を含む暴力場面を毎日見せつけることによって、ワルシャワ全域に恐怖支配を貫徹させていた。市民は日常生活を破壊されただけでなく、公共生活の強制的なアーリア化と「言語と表象をめぐる戦争」の緊張によって屈辱を強いられることになる。それまで大多数の住民がドイツ語と無縁に暮らしていた大都会の公用語が一夜にしてドイツ語に変更された。すべての施設とほとんどすべての通りの名称がドイツ語になった。厳密な人種隔離政策が導入され、あらゆる市電や列車の一番良い車両やコンパートメントがドイツ人専用となった。「ドイツ人専用」の掲示が、公園にも、街区にも、ベンチや公衆トイレにも、カフェにも、レストランにも、ホテルにも掲げられた。国民的な記念碑はすべて取り払われた。ショパン記念碑は爆破された。コペルニクスの像には「ドイツの有名な天文学者」というプレートが取りつけられた。ジグムント三世ヴァザ王の彫像を頂く円柱も別の記念碑に取り替える計画が進んでいた。〔旧王宮広場のジグムント三世ヴァザ王像の円柱は一九四四年九月一日にドイツ軍によって破壊された〕

総督府内のカトリック教会に対するナチスの政策は依然として曖昧だった。第三帝国に併合されたヴァルテガウ管区で起こったような聖職者の大規模な追放は、総督府では行なわれなかった。ワルシャワ管区では、教区司祭のうちの一〇人に九人がその職にとどまることを許された。ナチスはボリシェヴィキとの戦争に備えてカトリック教会の支援を必要としていたという説もある。ただし、面倒を引き起こす聖職者は何のためらいもなく始末された。たとえば、一九四一年二月十七日には、ワルシャワ近郊の小さな修道院で五人のフランシスコ派修道士が逮捕され、アウシュヴィッツに送られた。そのうちのひとり、マクシミリアン・コルベ神父は、戦前から反ユダヤ主義的色彩の濃い胡散臭い雑誌への寄稿家として知られていたが、彼の反ユダヤ主義とナチスの反ユダヤ主義が別物だったことは明らかだった。

公開処刑は、それが絞首刑であれ、銃殺刑であれ、日常茶飯事だった。処刑される犠牲者を乗せて市街を走るトラックのラウドスピーカーからは、処刑を告げる親衛隊の告知が響き渡った。犠牲者は有罪か無罪かにかかわりなく処刑された。いささかでも抵抗運動の兆しがあれば、大量の報復が行われた。たとえば、一九三九年十二月にドイツ軍の下士官二人が通常の犯罪者に殺害される事件があったが、その報復としてヴァヴェル地区の住民一二〇人が自宅から引きずり出されて銃殺された。ナチスの占領政策の結果、家を失って路上をさまよう孤児が大量に現れたが、ナチスは浮浪児狩りを行なって、子供たちを射殺した。ナチスは、疑わしい街区や家族からあらかじめ組織的に人質を取っていた。その街区または家族から反抗的な振舞いをする者が出ると、人質は処刑された。一九四三年の秋、フランク総督は布告を発し、疑わしい人間を誰でもその場で射殺する権限をゲシュタポに与えた。その翌年、人心を宥めるジェスチャーとして、公開処刑が廃止され、ゲットーの廃墟の中での秘密処刑に変更された。

一九四二年以来、ワルシャワには特殊な形態の無差別テロが吹き荒れた。恐るべき「一斉逮捕」である。人質であれ、報復の犠牲者であれ、強制労働の奴隷であれ、他の何者であれ、相当数の人数を集める必要が生ずると、親衛隊は教会や市電を包囲して、その場にいた全員を拘束し、銃口をつきつけて連行した。

パヴィア〔雀孔〕通りの「パヴィアク監獄」とそれに隣接する女囚専用の「セルビア監獄」はロシア皇帝時代の遺物だったが、一九三九年にゲットーができると、ゲットーの中心部に位置することになった。ゲシュタポは、逮捕した容疑者をまずパヴィアク監獄に連行して尋問し、拷問し、そして処理するのが常だった。ゲットーが破壊された後も、パヴィアク監獄の機能は変わらなかった。ドイツ軍占領下の五年間に約一〇万人がこの監獄を通過して処刑され、あるいは強制収容所に送られた。

ポーランド人を奴隷民族にするという目標に合わせて、ナチスは強制労働システムを導入した。抑圧機関として憎しみの的となった「労働局」は、制度上の建前ではすべての成人の雇用を調整する機関だったが、実際には混乱を引き起こしただけだった。労働局の野蛮なやり方は、民間の労働者を扱うというよりも、KZワルシャワ強制収容所の看守の仕事に近かった。実際、労働局は強制収容所の管理も担当していた。労働関係の調整機能はまったく果たさなかった。ナチスによる過酷な企業接収が生み出した膨大な失業者を労働力として合理的に活用するなどという働きは少しも存在しなかった。ゲットーの内側でも、外側でも、ナチスが必要としていたのは各種の「戦力」だけだった。熟練、非熟練は問わなかった。最も優秀な労働者はドイツに送られて軍務に編入された。言い換えれば、勤勉な労働の代償はドイツへの強制移送だった。怠業とサボタージュが蔓延した。ドイツ軍への怨嗟が深まっていた。

というわけで、様々な理由から、ナチスのワルシャワ支配は奴隷を満足させることも、効果的な労働力を生み出すこともできなかった。逆に、ナチスの乱暴な占領政策によって大量の失業者と半失業者が生まれた。増大した貧困層は反抗的だった。作業ノルマと食糧配給量の不一致および賃金と物価の格差は極端だった。一九四一年に非ドイツ人のワルシャワ市民に認められた配給量は一ヵ月あたり四〇〇グラムの小麦粉、または大麦、もしくはパスタだった。ちなみにドイツ人への配給は二〇〇〇グラムだった。一ヵ月あたりの卵の配給は非ドイツ人が一個、ドイツ人が一二個だった。ワルシャワの人口の四分の一は絶対的貧窮層で、教会などが提供する無料給食で辛くも命をつないでいた。ただし、職があっても十分な稼ぎはなかった。ワルシャワの平均的な労働者の月給は一二〇〜三〇〇クラウン相当に過ぎなかったが、四人家族を支えるために必要な家計費は平均一五六八クラウン相当だった。[44] 闇市がはびこっていた。結核、くる病、猩紅熱などの疫病が猛威をふるっていた。死亡率が急上昇した。フランク総督はドイツ人向けの穀物配給量を六倍に増量することを了承した。「配給の増量を実現するためには、外国人向けの配給量を減らす必要がある。この措置は感情を交えずに断固として行なわねばならない」。[45] ナチスの解釈によれば、占領下のポーランドに住むポーランド人は「外国人」に他ならなかった。

戦争中に約二〇〇万人のポーランド人労働者がドイツ本国に強制移送されたが、その大半は総督府の出身者だった。ポーランド人労働者は、ドイツに到着するとすぐに紫色のPの文字の入った腕章をつけさせられた。そして、教会に行くことも、映画館に行くことも、公共交通機関を使うことも、性的行為を行なうことも禁止された。ドイツ人女性との性的行為は死刑に値する犯罪だった。ポーランド人労働者に対して少しでも同情を示すドイツ人がいれば、逮捕されて監獄にぶち込まれた。ナチスは国民に呼びかけた。「ドイツ人よ！　農場や工場で働いているポーランド人はすべてのドイツ人よりも下等な存在である……諸君が『支配民族』の一員であることを決して忘れてはならない」[46]。ドイツに送られたポーランド人に対する非道な扱いの噂は、遅かれ早かれ、ポーランド本国に伝わった。

総督府の三ヵ所に設置された子供を収容するための特別児童収容所のうちのひとつが、ワルシャワの南西一三〇キロのウッチにあった。収容されていたのは「少年犯罪者」とされていたが、その実態はマッチや鉄道用石炭を売っているところを捕まった子供たち、あるいはアーリア化の条件に適合しない子供たちだった。ウッチ少年収容所に収容されていた一万三〇〇〇人の子供のうち一万二〇〇〇人が収容所内で死んだ[47]。

「最終解決」作戦が最終段階を迎えると、親衛隊はその人種政策をさらに進めて、ドイツ人の植民に適した豊かな農業地帯からの住民の排除に乗り出した。一九四二年十一月にザモシチ地方で始まったパイロット計画はその代表的な例である。ザモシチ地方はその名称をヒンムレシュタット地方に改められた。一九四三〜四四年には、ワルシャワ市に隣接する地域で民族浄化政策が始まった。ワルシャワ市民の全員がその事実に気づいていた。親衛隊、ドイツ国防軍、ウクライナ人補助部隊などが無防備の農村地帯に襲いかかった。荷造りのためにわずか数分の猶予を認められただけで、村民は村から追われ、四つのグループに分類された。第一グループは労働力として第三帝国に送られた。第二グループは人種検査に回された。第三グループは処刑の対象だった。第四グループに分類された三万人の子供たちには強制的なアーリア化が待っていた。この子供たちが列車でドイツに輸送されるという噂がワルシャワに伝わると、ワルシャワの女性たちは線路の脇に列を作って立ち並び、子供たちに水と食料を差し入れた。中には、子供の身代金として賄賂を看守に渡して子供を救出する場合もあった。この地域では二回に分けて合計一一万人の農民が排除された。抵抗する者は射殺され、家を焼かれた。数万人の農民が森に逃げ込んだ。総督府ではリディツェ村の悲劇が数百回も繰り返されたのである〔ヒトラーの腹心ラインハルト・ハイドリヒが一九四二年にチェコで暗殺されたが、その報復としてボヘミア地方リディツェ村の全村民が抹殺された〕。東部戦線でドイツ軍の旗色が悪くなると、総督府内でのそれ以上の民族浄化作戦は延期された。

帝国全権領ウクライナとガリツィア管区では、総督府以上に大々的な民族浄化作戦が展開されていた。それらの地域から逃れて総督府に流れ込んだ避難民がもたらすニュースはワルシャワ市民の間にも伝わっていた。これらの地域でも犠牲となったのはポーランド人農民だった。民族浄化作戦の先頭に立ったのは「ウクライナ民族運動」（ＵＰＡ）の急進派だったが、明らかにナチスの意向を汲んだ動きだった。作戦の残忍さはユダヤ人居住地に対する襲撃に劣らなかった。農家の家族全員が自宅や教会で焼き殺された。無辜の農民が夜中に喉をかき切られた。男や女や子供たちが斧で襲われ、首を刎ねられ、手足を切り取られた。カトリックの司祭たちは恰好の標的だった。赤ん坊が動物のように殺害され、妊婦が銃剣で刺し殺された[48]。一〇万人を超える人々が殺害されたが、その実態は半世紀にわたって外部世界から秘匿されていた。しかし、避難民から話を聞いたワルシャワ市民は事情をよく知っていたのである。

というわけで、ナチス支配の全般的な状況を見れば、すべての「非ドイツ人」がたどるべき最終的な運命は明らかだった。それがワルシャワのユダヤ人がたどった運命と同じであることは間違いなかった。一方で、ドイツがソ連に敗れるという見通しも強まりつつあった。その場合、ナチスはソ連のＮＫＶＤと同じことをする恐れがあった。一九四一年にソ連軍が退却した際、ＮＫＶＤは奴隷と囚人をすべて殺戮した。しかし、一九四四年当時はドイツ軍が戦争に勝利するという予測も不可能ではなかった。ドイツが勝てば、ナチスは支配権を維持し、「生存圏」における彼らの人種再編計画を完成する十分な時間を手にすることになる。

ゲットーからの強制移送作戦とゲットー蜂起が終わった後に生き残ったユダヤ人の数は普通に考え

られているよりも多かった。『エンサイクロペディア・ジュダイカ』〔英語版の『ユダヤ百科事典』〕は一九四四年にワルシャワの「アーリア人側」で生活していたユダヤ人の数を一万五〇〇〇人と推定している(49)。他にもこれを上回る推定がある。ユダヤ人と非ユダヤ人の完全隔離というナチスの政策は失敗していた。つまり、すべてのワルシャワ市民がナチスの残虐行為を明確に認識していたのである(50)。

ヒムラーとその副官たちの計画の内容を一九四四年の段階で詳細に把握していた者は、当然ながらナチス指導部の中枢だけだった。しかし、次第に関連の文書が漏れ、目撃者の証言が集まるにつれて、「最終解決」作戦の背後にそれよりもさらに大規模な人種政策が存在することが明らかになった。そして、ポーランド人が予測していた最悪の事態に十分な根拠があることも明らかになった。ナチスの「東部占領地域総合統治計画」（ＧＰＯ）の原本は焼却処分されたと言われるが、その内容はニュルンベルク裁判の証言などから再現されている。ＲＳＨＡ（親衛隊国家保安本部）が一九四二年五月に作成し、親衛隊上層部に回覧されて承認されたと言われるこの総合統治計画は、ドイツの「生存圏」の範囲を厳密に定義し、その地域の人口構成の再編を計画し、排除または絶滅の対象とすべき民族の種類と人数を詳細に規定していた。ドイツ人が入植すべき主要な三地域にはドイツ名が冠されていた。すなわち、インゲルマンラント（ノヴゴロドとペテルブルク地域）、メーメル・ナレフ川管区（リトアニアとビアウィストク地域）、ゴーテンラウ（クリミアとドニエプロペトロフスク地域）である。その他に小規模な「入植センター」として三六ヵ所が指定されていたが、その中にはチェンストホヴァ、ザモシチ、ルヴフが含まれていた。現にドイツの「生存圏」に生活している四五〇〇万人のうち、そのまま居住が許されるのは一四〇〇万人に過ぎなかった。ポーランド人について言えば、人口一九〇〇～二〇〇〇万人のうち、アーリア化に適さないと見なされる八五パーセントについては消滅処分とするか、または、西シベリアに放逐する予定だった(51)。

全体主義体制の仕組みのひとつは、その支配下にあるすべての人々を強要して共謀者に仕立てるやり方である。権力に強要された人々は、常軌を逸した基準に服従し、自分たちの利益に反する行動を取り、不当な目標を支持し、望まない戦争努力に同調せざるを得ない立場に追い込まれた。森の中に逃げ込んで完全に姿を隠してしまわない限り、あらゆる人間が権力の共謀者に仕立てられる可能性があった。

したがって、一口に「対敵協力者」と言っても、全体主義体制の下で占領軍に協力する場合と自由主義諸国または比較的緩やかな体制の下で敵に協力する場合とを同日に論ずることはできない。ナチス支配下のワルシャワについて言えば、通常ならば避けることができるような時にあえて占領軍に協力した場合に限って、それを対敵協力と呼ぶのが公平であろう。

ポーランドには、対敵協力の問題をさらに複雑にする要素があった。戦時中のポーランドがドイツ軍とソ連軍という二つの外国軍に占領されていたという事実である。したがって、対敵協力者にも明らかに異なる二種類の人々がいた。公正な歴史を書こうとすれば、この事実を見過ごしてはならない。従来の西側の歴史記述には、ナチスへの「協力」は悪であるが、ソ連との「共同行動」は善であるとするような錯誤が見られた。歴史家はその種の陥穽に落ち込んではならない。協力であれ、共同行動であれ、その道徳的な判断は、その対象となる体制の内容を十分に検討し、また、協力者が置かれていた特殊な環境を考慮したうえで下すべきであろう。道徳的な見地からすれば、どんな状況下でも、大量殺戮への自発的な協力が正当化できないことは言うまでもない。

対敵協力の問題をさらに複雑にしたのは、それが民族間の対立を煽るために利用されたことである。たとえば、一九三九年に赤軍が侵攻した時、一部のユダヤ人がそれを歓迎したという噂が伝わって、戦時中のポーランド国内にユダヤ人に対する激しい憎しみが巻き起こった。やがて、ユダヤ人の一部はソ連軍によるポーランド人の殺害と強制移住をも支持しているという噂も広がった。この間の事情については、密使のカルスキなど、信用すべき観察者が当時書き残した記録があり、一部が事実であったことは疑いない(52)。ところが、たちまちのうちに、一部の人々がこの話題を利用して、ユダヤ人は全員がソ連の同調者であり、したがって、すべてのユダヤ人は「反ポーランド的」であるという論調を何の根拠もなしに広め始めた。ゲットー蜂起の最中の一九四三年五月五日、ポーランドの民族主義運動がワルシャワで発行した地下新聞には次のような胡散臭い意見が掲載されている。

ユダヤ人がポーランドをどう思っているかは……ソ連軍の占領に際して彼らの取った行動が明白に示している。ユダヤ人はポーランド軍兵士を武装解除して殺害し、ポーランド人の現地指導者をソ連軍に売り渡し、公然とソ連占領軍に味方した。ある町［ワルシャワから三〇キロほどの小さな町］が一九三九年にソ連軍に一時的に占領された時、町のユダヤ人たちは凱旋アーチを建て、全員が赤い腕章と記章をつけてソ連軍を歓迎した。今も昔も、それがポーランドに対するユダヤ人の姿勢である。ポーランド人たる者、銘記すべきである(53)……

一部のユダヤ人の行動を誇張して、ユダヤ人全般に対する紋切り型の偏見をかき立てるやり方の典型である。

これと同じように、戦時中の一部のポーランド人の行動を誇張して、すべてのポーランド人が反ユダヤ主義者だったとする議論も行なわれている。著しく公平を欠く議論だが、決して例外的な現象ではなかった。たとえば、一九四一年の夏、ソ連軍が撤退したばかりの町や村でドイツ軍とナチス隊員によるユダヤ人の大量虐殺が始まったことは、ワルシャワでも広く知られていた。その際、地元のポーランド人がユダヤ人虐殺に加担したケースが一件か二件あったと言われている。ワルシャワから一六〇キロ足らずの距離にあるイェドヴァブネ村では、一九三九年から四一年にかけて、ソ連占領軍の民警の手によって村民の殺害、強制移送、抑圧が行なわれていた。ところが、ソ連軍が撤退した後の一九四一年七月十日、ユダヤ人に対するきわめて残忍な大量虐殺事件が発生する。現在は十分な資料によって解明されているこの事件には、おそらくは集団的報復行為として地元のポーランド人グループが参加していた。この恥ずべき事件については十分な反省があってしかるべきである。しかし、この事件を使って、すべてのポーランド人はナチスの愚かな協力者であり、さらにはホロコーストの積極的な加担者であるというような紋切り型の誤解を煽るべきではない。占領下のポーランドにはイェドヴァブネと同程度の規模の村や町が一〇〇〇ないし二〇〇〇あったが、同じような虐殺が発生したという報告は五件にも満たない。(54)

とはいえ、ユダヤ人に対するナチスのジェノサイド作戦は、ポーランド全土ですべての人々を恐怖と不安に陥れ、怒りを呼び起こしていた。ナチスはその犯罪行為を貫徹する決意だった。しかし、当時は、ナチスの作戦の特殊な性格とその範囲の全容はまだ明らかではなかった。まだ「ホロコースト」という言葉さえ生まれていなかった。それでも、ポーランド国民は冷静ではいられなかった。ポーランド人が巻き込まれることは滅多になかったし、虐殺は軍隊による厳重な非常線の陰に隠れて行なわれるのが普通だったが、ほとんどすべての国民が起こりつつある事態に気づいていた。ワルシャワ市民の場合は、ゲットーの運命が十分な証拠だった。ワルシャワに到着するすべての列車の乗客の口から、親衛隊によって包囲された町からユダヤ人住民の姿が消え去っているという地方の事情が伝えられた。田園地帯に出かけたワルシャワ市民は、無人となった不気味な村や町に出くわした。そのような村や町では、家々の半分は板囲いで囲われるか、無断居住者の住処となり、商店や市場は機能していなかった。村や町の風景が修復不能なほどに変わりつつあった。ナチスは少しも斟酌しなかった。総督府におけるホロコーストは独ソ戦の膠着期を通じて続き、一九四三年にピークに達したが、一九四四年に入ると新たな不安が生じた。もし、ドイツ軍が挽回してソ連の進出を抑えることに成功した場合には、ナチスは「生存圏」の建設を新段階に進めるであろう。しかし、もしそうならなかったら、ソ連軍が総督府に侵攻し、それにともなってNKVDは一九三九～四一年にポーランド東部に侵攻した時と同様の勝手気ままな恐るべき殺人と強制移送を再開するであろう。

ゲシュタポは多数の「ごろつき」を密告屋として利用していた。密告者たちは社会的弱者を襲撃して強奪を繰り返した。この卑劣なタイプの人々の中には自分自身が脅迫と搾取の犠牲者としてナチスの網に捕まった者もいたが、多くは金銭や復讐を目的として行動していた。しかし、彼らの存在をユダヤ人とポーランド人との間の人種問題として扱うのは適正を欠く。密告者の中にはユダヤ人もポーランド人も含まれており、彼らは地下組織のメンバーや闇商人を当局に売り渡しただけでなく、ゲットーから逃亡したユダヤ人をも密告していた。ゲシュタポには「お尋ね者」の長いリストがあり、胡散臭い「ごろつき」や脅迫された密告者がゲシュタポによる逮捕に協力していた。

警察活動についても、すべてを人種的偏見で判断することは避けるべきである。ゲットーにはユダヤ人警察があったが、それとほぼ同じように「アーリア人側」にもポーランド人の「紺色警察」があった。彼らは上司であるドイツ人の命令に逆らうことができなかった。規律は猛烈に厳しかった。賄賂の習慣は蔓延していたが、相手を選んで手心を加えるようなことは簡単にはできなかった。紺色警察は自分自身の居住地で犠牲者の処刑に手を貸し、ユダヤ人への迫害に加担した。しかし、機会があれば、同情を示すこともあり得た。たとえば、ゲットーの外側で本名を名乗って暮らしていたユダヤ人一家がいたが、ある晩、紺色警察の警官が巡回してきて逃げるように助言した。一家は即座に逃亡し、戦争が終るまで無事に生き延びることができた。[55] せる匿名の情報がゲシュタポの耳に入り、緊急の手入れが予定されていた。一家の住所を知ら

ワルシャワ市民がドイツ軍に参加するという例はほとんどなかった。武装親衛隊は、フランス、ノルウェー、ベルギー、オランダ、ハンガリー、ウクライナなど、占領国の大半で志願兵を募集していたが、ポーランド総督府では募兵しなかった。ドイツ国防軍も、シロンスク（シレジア）とポモジェ（ポメラニア）のドイツ系住民を別として、ポーランド人を徴募しようとしなかった。したがって、戦前からワルシャワ市内に存在した小規模なドイツ系社会を除けば、ヒトラーの軍事組織に協力するポーランド人は実質的に存在しなかった。

ナチスは地下抵抗組織のメンバーの逮捕に成功しただけでなく、時として、逮捕したメンバーを裏切り者に仕立てることにも成功した。その代表的な例がカルクスティン事件だった。発端は地下抵抗軍の士官のグループが逮捕され、おそらく拷問を受けずに、占領軍のために働くよう説得された。その中のひとり、国内軍（ＡＫ）の青年士官だったルドヴィク・カルクスティンは、転向後に自分の婚約者と義理の弟を引き入れてゲシュタポの配下となった。彼らの最大の獲物は他ならぬ国内軍司令官のステファン・ロヴェツキ（グロト）将軍だった。一九四三年六月三十日、ロヴェツキは罠にかけられ、待ち伏せしていた親衛隊に捕らえられた。[56]

無慈悲な殺人行為を繰り返すナチスに自由意志で協力しようとする者は、総督府内にはほとんどいなかった。反ユダヤ主義的傾向の強いグループからさえ、対独協力者は出なかったのである。ポーランドでは、たとえばノルウェーのクヴィスリング政権のような売国政府は成立しなかった。国民民主党だけでなく、その分派の極右ファシスト政党で、戦前は非合法だった国民急進陣営（ＯＮＲ）でさ

えも、ドイツ軍に対して激しい敵意を抱いていた。彼らは「ポーランドの大地」とポーランド民族とを結びつけるいわゆる「永遠の絆」を切り離すと公言する体制とは一切の関係を持とうとしなかった。第一次大戦中にドイツ側に協力した人々も、今は立場を変えていた。アドルフ・ヒトラーの追随者はゲットーの中はもちろん、ゲットーの外のアーリア人の間にも存在しなかった。

ドイツ軍が対独協力を取りつけるとしたら、その数少ない候補者として期待できる組織に「剣と鋤」と呼ばれる小さなグループがあった。一九四〇年にポモジェ（ポメラニア）出身のカトリック司祭がONRの分派として創設したこの組織の当初の活動内容は、ポーランド王国の再生復活を求める秘密の宣伝扇動だった。創設者の司祭はすぐにワルシャワ市内でゲシュタポに逮捕され、アウシュヴィッツに送られて殺害された。「剣と鋤」グループは方針を変更して地下抵抗勢力に接近し、名称にたがわず、武装反乱を提唱するようになる。「剣と鋤」が一九四二年に発表した声明は「海岸から海岸までの」汎スラヴ帝国に言及している。その後、「剣と鋤」のメンバーは諜報活動で目覚しい役割を演じた。V1ロケットの実験場に関する情報を入手したのは彼らの功績だった。

スターリングラードでソ連軍が勝利すると、「剣と鋤」グループは再び活動方針を転換した。何人かの急進派が主導権を握ったが、そのうちのひとりはワルシャワに残存していたロシア人の白衛軍勢力と関係していた。また、別のひとりは諜報の専門家として様々な情報活動に手を伸ばし、英国情報部のために働いただけでなく、おそらくは、ドイツ国防軍情報部（アプヴェーア）とも連絡を取っていた。この二人の行動の最大の動機はソ連に対する恐怖だった。一九四三年四月、二人はベルリンの日本大使館を経由してヒトラーに覚書を送る。その覚書には、赤軍と戦うためのポーランド軍とドイツ軍の共同作戦、ポーランドの対ソ抵抗作戦、「ユダヤ人の脅威」などが書かれていた。しかし、ベルリンの反応は冷たかった。フランク総督はヒトラーの司令部に対して、「剣と鋤」グループはポーランド国内でほとんど支持を得ていない団体であると助言した。保安警察「ジポ」の長官だったカルテンブルンナーも同様の趣旨の報告を書き送っている。一方、「剣と鋤」の一般隊員の一部が指導部内で始まった対独接近の動きを察知して、地下国家の司法当局に通報した。「剣と鋤」の指導者三人が地下国家によって逮捕され、秘密法廷で裁かれた上、国家反逆罪で死刑を宣告された。一九四三年九月十八日、三人はワルシャワ市内で処刑された。銃殺隊は「剣と鋤」のメンバーによって構成されていた。

対独協力が多少なりとも存在したとすれば、それは農村地帯に限られた現象だった。一部の村の村長がドイツ占領軍に協力したが、その目的は生産物をドイツ軍に買い上げてもらうためであり、また、非協力的な村民に対する残忍な報復措置を防ぐためだった。しかし、都市部ではその種の協力はあり得なかった。都市におけるドイツ軍の抑圧は苛烈であり、それだけに市民の憎しみも激しかった。

文化部門でも、協力関係はごく狭い範囲に限られていた。ナチスはワルシャワの新聞各社を接収し、占領政策のための宣伝新聞をポーランド語で発行した。市民の間で「爬虫類ジャーナリズム」と呼ばれるようになる新聞である。「非ドイツ人向け」の映画館と劇場が少数ながら存続を認められたが、非常に厳しい検閲制度の下に置かれた。最も低俗なレベルのミュージック・ホールとカフェの一部は閉鎖されなかった。ポルノと売春はむしろ奨励された。これらの施設は戦後になって市民から完全にボイコットされたという話がかなり長い間伝わっていたが、戦後のボイコットは実際にはなかったことが最近の研究で明らかになっている。当時、ドイツ軍支配下の機関で働いていた人々について言えば、その多くは何とかして生き延びようと努力していたに過ぎなかった。たとえば、後にノーベル文学賞を受賞することになる青年〔チェスワフ・ミウォシュ〕は、ナチスが管理するワルシャワ図書館管理部の書籍運搬係として働いた経験を書き残している。彼は多くの知識人と同じように、暴力的な反乱を好まなかった。政治的心情ではマルクス主義に近い立場だったが、ナチスにも、ソ連にも、少しも共感していなかった。ナチスの文化事業で働くことは表面的には反愛国的な行為に見えたが、内容はかなり違っていた。

私が図書館の書籍運搬係になれたのは、新任の図書館管理部長のおかげだった。彼はドイツ人としては小柄なスラヴ学者で、戦争が終るまで前線部隊に送られないで生き延びるためならば何でもしようと決心していた。そこで、彼はポーランド人の助手と相談の上で壮大な事業計画を編み出した。達成するまでに少なくとも一〇年を要するその計画を完成するためには、彼とポーランド人の助手は不可欠の存在となるはずだった。二人は確固たる理論に基づいて、ワルシャワ市内の三大図書館の全蔵書の再整理を計画したのである。すなわち、数百万冊の蔵書を荷馬車で運搬し、ひとつの図書館にはポーランド語の書籍をすべて集め、第二の図書館は外国語図書の専門図書館とし、第三の図書館には音楽、演劇、美術など芸術関係の図書を収蔵するという計画だった。アルプスを動かすような途方もない事業だったが、そのドイツ風の組織的な作業計画はまさに総督府全体の統治方法に合致していた。ただし、同じ狂気でも、流血の惨事を含まないところが救いだった(57)。

経済面での協力関係も同じように曖昧だった。ワルシャワの闇経済はおそらく当時のヨーロッパで最大の規模であり、抑圧する側もされる側も同じように闇市場を利用していた。先に紹介した青年は図書館で働きつつ、同時に別のある「商会」でも働いていた。「商会」の主な事業はドイツ国防軍への物資の供給だった。

「商会」は二ヵ所に窓口を持って活動していた。ひとつはベラルーシの首都ミンスクにあり、もうひとつはワルシャワにあった。「軍にとって役立つ」という理由でナチスからしかるべき認可を得ていたので、「商会」はあらゆる種類の通行証と許可証を入手しており、表向きは商品の取引を業としていたが、実際には闇市場での通貨の売買にも関わっていた。トラックによる貨物輸送も行なっていたが、搬送する荷物の大半はパルチザン向けの武器だった。その点で、「商会」を設立した人物の高度の外交手腕は天才的だった。トラックは様々な党派のパルチザンが支配するベラルーシの森の中を何の支障もなしに通過することができた。「商会」は、また、資金の力に物を言わせて、ドイツ軍を買収していた。ドイツ軍の大物数人に賄賂として定期的に特別手当を支払い、見返りに特権的な待遇を確保していたのである。一方、自前の印刷所を運営して証明書類を偽造し、逮捕されそうな人々を救出する作戦でも実績をあげていた。救出された人々の大半はユダヤ人だった。「商会」は多数の人々の命を救うために、彼らを巧妙に隠して町から町へと輸送した……

「商会」の本部はワルシャワにあった。その活動内容は東部戦線が近づくにつれて変化した。本部の様子は普通の商業企業とは大きく異なっていた。大きな部屋の中に、タイヤ、木枠、エンジン部品、ガソリンの入ったドラム缶などが散乱し、トラック運転手の一団がソファーに手足を伸ばして寛いでいる。彼らはタバコを吹かしながらヴィルノ（ヴィリニュス）地方の方言で雑談していた。ヴィルノ近郊出身の運転手たちは「身内の連中」で、「商会」の複雑な仕事の仕組を隅々まで知り尽くしており、ボスから信用されて、同僚のように扱われていた。隣の事務室では、ボスの片腕を務める人物が電話をかけている。肥満型で黒い口髭を蓄えたその人物はラトヴィア出身のユダヤ人だが、十世代前の祖先からアーリア人であるという出生証明書を持っていた。[58]

一九三九年秋から四三年春までの期間、ドイツのポーランド政策は全面的にナチス指導部の手中にあった。総統の意向はすでに明らかだった。親衛隊全国指導者〔ハインリヒ・ヒムラー〕が政策責任者に任命された。親衛隊国家保安本部（ＲＳＨＡ）が計画を策定し、親衛隊とその配下の勢力が実行に当たった。それ以外のドイツ政府機関は作戦から除外された。特に、東部戦線の戦闘で手一杯だった国防軍には計画に介入する余裕がなかった。しかし、スターリングラード攻防戦以降、政治情勢が変化を見せ始める。疑問が提出され、政策変更が検討され、調整が行なわれた。様々な探りあいが始まった。東部戦線での軍事的後退が明らかになり、戦線がポーランドの心臓部に近づくと、ドイツ軍情報部はポーランド人の協力を求めようとする。

一九四三年二月、他ならぬフランク総督自身がポーランド政策の方針変更を提案した。フランクの発言はゲッベルスの指示に応えたものだった。ゲッベルスはすべての帝国大管区指導者宛てに通達を発し、「勝利に向かう過程では、全欧州の諸国民の共同行動が必要であり、それを脅かすような危険はすべて除去すべきである」と指示していた。[59]フランク総督は冷酷で残忍だったが、愚かな統治者ではなかった。すでに一年前、フランクは自分の上司たちの政策を「牛乳を搾る前に牝牛を屠殺するようなやり方」として批判したことがある。[60]そこで、今回は、食糧配給量の増量、中等学校教育の再建、ポーランド人の財産権の回復、行政府へのポーランド人の雇用拡大などの有和政策を提示したのである。これは心境の変化ではなく、傾きつつあるドイツの命運を救うためのやむを得ない戦術転換だった。フランクの日記には楽天的な本音が記されている。「この戦争に最終的に勝利すれば、ポーランド人も、ウクライナ人も、その他の有象無象もすべて挽肉にしてしまうことができる……しかし、現状で最も重要なのは、敵意に満ちた住民たちに秩序と規律を維持させ、勤勉に働かせることだ」[61]。フランクは、また、占領政策に地域別の格差を設けることも提案した。たとえば、抵抗運動の拠点となっているワルシャワなどは厳しく弾圧するが、ガリツィア地方などには比較的緩やかな支配が適しているとした。ガリツィアについては、ポーランド人の根強い敵意に対する対抗策としてウクライナ人勢力を利用することができるというのがアルフレート・ローゼンベルクなどナチス首脳部の考えだった。一九四三年六月、フランクは「ポーランド中央福祉協議会」（RGO）の活動再開を許可した。RGOは総督府から予算の配分を受ける福祉団体だったが、例外的にポーランド人の理事会によって運営されていた。一九四四年二月になると、フランクは、さらに、ポーランド人による反ボリシェヴィキ同盟を設立しようとするが、これは成功しなかった。この時期、フランクはベルリンに対してポーランド人の教育、財産権、軍務への参加などについて提言を繰り返し、それと同時に総督府内でドイツに協力する可能性のある組織を物色していた。ポーランド人志願兵を集めて、SSガリーツィエン師団〔ウクライナ人で構成される武装親衛隊師団〕に似た軍事組織を設立する案も検討していた。さらに、ベルリン[62]に対して「新ヨーロッパにおけるポーランド国民の将来的な役割に関する声明」の発表さえ要請した。この最後の提案は「東部占領地域総合統治計画」の全面的否定につながりかねない危険をはらんでいた。

しかし、フランクの提案はことごとく退けられた。ポーランド人による軍事組織の設立はヒムラーによって言下に却下された。一方、ポーランドの抵抗勢力は、「剣と鋤」グループの指導者を処刑した時点で、ドイツとの政治的協調という発想に終止符を打っていた。ドイツ側からの打診を受けた時の国民民主党の代表の回答はにべもない拒絶だったと伝えられている。「ボリシェヴィキに対抗する共同行動についての我々の四年前の提案をドイツ当局が受け入れなかったことは残念である。今となっては遅きに失する。そのような提案は四年前に、つまり、無数の過ちを犯す前に考慮されるべきであった」[63]。しかし、フランク総督も頑固だった。彼はベルリンに報告書を送り、現在の統治方法を続ければ蜂起を招くことになるが、蜂起が起こった場合には、鎮圧するための十分な予備兵力は残されていないと警告した[64]。

弱みにつけ込むやり方だったが、少なくとも、常に最大限の非妥協的な方針を貫くというヒムラーの愚かしいアプローチよりはマシだった。綱引きの結果、一連の細かな譲歩は認められたが、根本的な妥協策はベルリンによって阻止された。

一方、一九四三年四月、ゲッベルスが見事な外交手腕を発揮した。カティンの森でNKVDが多数のポーランド士官を殺戮したという情報はすでに何ヵ月も前から知られていたが、ゲッベルスはその情報を最大限に利用すべき瞬間を待っていた。スターリンが大量殺戮を行なっていることを証明すれば、連合国の関係に楔を打ち込むことができると考えたからである。しかし、ゲッベルスは過去にあまりにも多くの耳障りな嘘をついていたので、真実を語ったとしても、英国および米国政府に信用されなかった。ただし、彼が面倒を引き起こしたことは間違いない。一九四三年四月にドイツがカティンの森に関するコミュニケを発表すると、ロンドンのポーランド亡命政府はそれを無視することができなかった。スターリンはこの期に乗じて、ポーランド亡命政府との外交関係を断絶した。ポーランドは英国との密接な同盟関係は維持したが、ソ連邦とは公式の結びつきを失った。そのソ連軍はワルシャワを目指して進撃していた。

ドイツ軍が運営するワルシャワ市内の各映画館では、カティンの森の埋葬現場を掘り起こす場面を撮影した陰惨なドキュメンタリー映画が上映された。上映開始の日は、親衛隊集団指導者（中将）ユルゲン・シュトロープがゲットー蜂起鎮圧のため最終攻撃を命令した当日だった。映画館はどこも満員となった。英米の観客がこの映画を見た場合の反応と、ワルシャワ市民の反応は異なっていた。ワルシャワ市民は、長い間そうではないかと疑っていた事態の証拠をついに目にした思いだった。明滅する画面に目を凝らすと、愛する夫や父や息子の遺体と頭蓋骨がそこに映っているような気がした。すべての頭蓋骨に見られる銃弾の穴が真相を語っていた。しかし、ワルシャワ市民の反応はゲッベルスの期待とは違っていた。悲哀の念はさらに深まった。しかし、彼らの目からすれば、殺人者集団の犯罪を暴いた連中もまた別の殺人者集団に過ぎなかった。長年抱いていた「二正面の敵」理論への確信を新たにさせられる機会だった。

この頃、米国情報部がある噂を聞き込んでいた。その噂によれば、ドイツ軍最高司令部は対ソ戦の戦力を補強する目的でポーランド人部隊を編成しようとしており、ポーランドと縁の深いフォン・マンハイムという名の将軍（多分、ポーランド生まれのエーリッヒ・フォン・マンシュタイン陸軍元帥と思われる人物）がすでにワルシャワに派遣されて、協力可能なポーランド人勢力と接触したということだった。この噂はほぼ確実に偽情報だったが、一九四三〜四四年の東部戦線の推移からすれば、当然予測される陰謀や可能性のひとつだった。[65]

一九四四年の夏、ドイツ軍陣営の動揺はすべて沈静化していた。六月、連合軍はノルマンディーへの大規模な上陸作戦に成功し、ついに第二戦線が開かれた。七月二十日、東プロイセンの総統大本営でのヒトラー暗殺計画が失敗に終わる。爆弾は破裂したが、ヒトラーは生き延び、陰謀の首謀者たちは燻し出されて処刑された。親衛隊がその優位を改めて確保し、国防軍は完全に自主性を失った。第三帝国は滅亡を賭けて戦おうとしていた。

ソ連軍がポーランドに進攻すれば、それをきっかけとして蜂起が起こる可能性があることはドイツ軍情報部も十分に認識していた[66]。情報部はポーランドの抵抗運動がいたるところで活動している事実を掌握しており、抵抗運動の勇気に敬意さえ抱いていた。しかし、何人かの大物を逮捕してはいたが、抵抗運動内部の詳細な情報は得られなかった。予定されている暴動の規模も、戦略上の変更も、抵抗側が兵力を集中する場所がどこかも分からなかった。ドイツ軍司令部にできることは、不測の事態に対応する計画を準備し、鎮圧のための予備兵力を温存し、そして待つことだけだった。

ヒトラー暗殺計画のニュースはワルシャワにも伝わっていた。爆発のあった総統大本営はワルシャワから一六〇キロ足らずの距離だった。ワルシャワの防衛に当たるドイツ軍の士気は堅牢ではなかった。急襲するソ連軍は足早に近づきつつあった。ヴィスワ川の防衛に当たるのは前線の国防軍部隊だったが、地元住民の敵意は明白だった。政治的オプションについてのすべての試みはすでに放棄されていた。「ヴァルシャウ」を防衛するドイツ軍はスラヴ民族の怒りに直面しようとしていた。ソ連軍には情けはあり得ず、ポーランド人の支援も期待できなかった。

ソ連軍がヴィスワ川に接近すると、ドイツのワルシャワ守備軍は最悪の事態を予測して準備に入った。ドイツ軍の左手の「イワン」たちはヴィスワ川とナレフ川の合流点に向かって殺到していた。正面からも「イワン」の大群が迫ってきた。右手の「イワン」たちは市の南側の二ヵ所に橋頭堡を築こうとしていた。その結果、ドイツ人の一部に撤退命令が出された。七月二十二日、数十編成の列車がドイツの民間人を乗せてワルシャワ中央駅から出発した。ドイツの行政機関が書類の焼却を始めたので、大量の煙が空を覆った。戦利品と負傷兵を運ぶトラックの列が西へ向かってワルシャワを脱出した。道路は逃げ出す避難民や予備軍兵士、それに家畜の群れで溢れかえった。家畜はドイツ軍が税金として没収したものだった。

七月二十七日、行政長官フィッシャーの命令が布告された。

ポーランド人諸君！　諸君は一九二〇年にこの町の郊外でボリシェヴィキを撃退し、それによって反ボリシェヴィズムの意気込みを証明した。今日、ワルシャワは再び赤い洪水の防波堤になろうとしている。ワルシャワ防衛の戦いに参加することを一〇万人の男女市民に命令する。ジョリボシュ広場、マルシャルストル広場、ルブリン広場など、各地区の主要な広場に集合せよ。この命令に従わない者は罰せられる。(67)

双方にとって危険な賭けとでも言うべき動きだった。もし、人々が出頭すれば、地下抵抗運動はその兵力を一挙に失う恐れがあった。しかし、出頭しなければ、大量処罰への法律的口実を与える可能性もあった。ドイツ側にとっても、一八六三年〔一月蜂起〕にロシア皇帝によって派遣された知事が経験したように、避けようとした反乱を誘発する事態になる可能性があった。結局、フィッシャーの命令には誰も従わなかった。ドイツ側が慎重を期したために、報復措置は取られなかった。フィッシャーに比べて、ゲシュタポは断固たる行動に出た。パヴィアク監獄に長期間拘束していた政治犯のうち、今後に役立つ可能性のない者をすべて殺害したのである。

その週末、戦況は一時的に安定した。ドイツ国防軍第九軍は南部の橋頭堡をまだ確保していた。ソ連軍は新たな突破口を開いていなかった。さらに重要だったのは、プラガ地区の東側の防衛線が補強されたことだった。強力な増援部隊が到着して、ドイツ軍の士気は高まった。七月二十九日、ヘルマン・ゲーリング機甲師団が完全武装の戦闘隊形でワルシャワの街頭を行進した。ヴィスワ川にかかるいくつかの橋を機甲師団の戦車が地響きを立てて渡った。それらの橋には国防軍工兵部隊がダイナマイトを仕掛けて、爆破の準備を急いでいた。緊張が高まっていた。一時撤退していたドイツ軍部隊の一部が市内に戻って来た。防衛部隊には、塹壕を掘って態勢を整え、敵の襲撃に備えて心の準備をする時間がまだ残されていた。

市民に対する共産主義勢力の呼びかけが公然と始まったことがドイツ軍に不安を与えていた。七月二十九日、ソ連の飛行機が飛来してビラを撒いた。それは共産党が主導する「ポーランド国民解放委員会」（ＰＫＷＮ）の名で市民に武器を取るように呼びかけるビラだった。その日の午後になると、市内のあちこちの壁にポスターが張り出された。ロンドンのポーランド亡命政府は首脳部が逃亡したためにすでに崩壊しており、国内の地下抵抗組織の統率権は共産党系の人民軍司令官が掌握したという内容だった。ソ連軍による攻撃が間近に迫っているだけでなく、それに呼応して、共産主党主導の蜂起が市内で発生すると予測するための十分な根拠だった。ドイツ第九軍の公式日誌には次のような記入がある。「一九四四年七月二十九日。ワルシャワ地区ではポーランド人叛徒による武装行動が二三〇〇時に発生すると予想されていた……しかし、何事も起こらなかった[68]」

七月二十九日の土曜日と三十日の日曜日は良く晴れた夏の週末だった。これが嵐の前の静けさなのか、それともボリシェヴィキに占領される前のわずかな息抜きの機会なのかは定かでなかったが、ワルシャワ市民の大半はこの週末を最大限に楽しみ、寛いでいた。教会はどこも盛況で、公園も人で溢れていた。川岸の水浴場も混雑していた。遠くに聞こえる砲声は緊張を呼んだが、街路から避難するほどの近さではなかった。発砲騒ぎが一、二件発生し、例によって警察の非常線が張られたが、誰が発砲したのかは不明だった。この週末には爆撃もなかった。

八月一日の火曜日はいつもと変わらぬ占領中の一日として始まった。郊外地区では、重装備のドイツ軍パトロール部隊がトラックで巡回していた。街角に立つ武装警官の数はいつもより多いように思われた。天候は晴れ、暑かった。ベルリン放送の正午のニュースは「ロシアは自分の支配地域に小型のポーランド国家を設立する計画である」と報じていた。午後一時二十九分、「ドイツ通信社」は定例コミュニケの中で「ワルシャワは平穏である」と報じた。(69) ドイツ軍当局者の判断では、ワルシャワの情勢は平常どおりだった。

第3章 迫り来る東部戦線

赤軍は一九一八年、二〇年、三九年、四四年の四度にわたってソ連の西部国境を越え、その西側の諸国に侵攻した。これらの侵攻の動機は、領土の拡大を通じてソ連の威信を高めるためというよりも、むしろボリシェヴィズムの基本理念そのものに根ざしていた。ボリシェヴィキは、国際主義を標榜する革命家集団として、彼らの体制がソ連一国だけでは存続し得ないと信じていたのである。一九一八年と二〇年に赤軍の侵攻を命じたのはレーニンだった。レーニンは当時ドイツに生まれつつあった革命の機運を利用しようとしていた。一九三九年にはスターリンが赤軍を西側に送り込んだ。彼は当時成立したばかりの独ソ不可侵条約が約束する獲物を確保しようとしていた。一九四四年の侵攻の際には、独ソ戦の最終局面が始まっていた。スターリングラードとクルスクで大勝を収めた赤軍は、敗走するドイツ軍を追撃する形で国境を越えた。これら四度にわたる侵攻の最終的な目的地は、常にベルリンだった。しかし、ベルリンには容易に到達できなかった。一九一八年には、赤軍がリトアニアに到達するかしないうちに内戦が勃発して進撃は頓挫した。一九二〇年にはヴィスワ川を渡ることができなかった。ワルシャワ防衛にあたったポーランド軍の目覚しい反撃によって完膚なきまでに撃退されたからである。一九三九年には、「独ソ平和境界線」とされたブク川まで進出したが、そのわずか二年後には、ドイツ軍のバルバロッサ作戦によって退却を余儀なくされる。したがって、四度目にあたる一九四四年には、ソ連はその「西方問題」を今度こそ最終的に解決するつもりだった。赤軍は過去三度の失敗の教訓を肝に銘じていた。

マルクス・レーニン主義と呼ばれ、さらに広く「共産主義」の名で知られていたボリシェヴィキのイデオロギーは、ソ連が何らかの政策を決定する際に常に重要な要素となっていた。その傾向は成立当初のソ連で特に著しかった。だが、残念ながら、マルクス・レーニン主義はソ連にとって単純明快なガイドラインとはなり得なかった。それどころか、そのイデオロギーはボリシェヴィキを究極のジレンマに追い込んでいた。一方で、マルクスはドイツや英国のような先進資本主義国で革命が勃発すると想定していた。そして、ロシアや中国など経済発展の遅れた農業国では本物のプロレタリアート革命は決して起こり得ないと確信していた。ところが、レーニンは、信念を持った活動家の小集団が決起して断固たる行動に出れば、たとえ社会的、経済的に革命の条件が整っていない国でも権力を握ることができるという政治技術を発明した。そして、実際に、世界最大の国家ロシアの支配権を奪取し、全体主義的な独裁体制国家を樹立することに成功したのである。これはマルクス主義の本来の教義とは明らかに矛盾する事態だった。何とかしてこの矛盾を解決しなければならなかった。そこで、思想的アクロバットの達人だったレーニンは、世界革命をドイツなどの西欧諸国に早急に拡大するという条件を持ち出すことによって、両立し得ない理論を両立させた。ボリシェヴィキの論法によれば、ロシアとドイツの間に革命的連帯の「赤い橋」を架けることができさえすれば、革命を維持することは可能だった。

一九二〇年当時、レーニンは共産党内の反対派を「左翼小児病」と呼んで批判していたが、実は彼自身が国際的規模の小児病的幻想に惑わされていたのである。レーニンは赤軍を派遣してロシアとドイツとの間の一五〇〇キロを進撃させることは比較的単純な作戦だと本気で信じていたようである。「赤い橋」を越えて行く赤軍はその途上にあるすべての地域の人民から歓迎されるだろうとも信じていた節がある。専門家の助言を無視してこの作戦を強行したレーニンは手痛い教訓を学ぶことになる[1]。

ボリシェヴィキの中でも、問題の本質を理解していた人々はレーニンの主張に納得していなかった。しかし、誰であれ、党の方針に逆らうことはできなかった。軍事人民委員のレフ・トロツキーは、生まれたばかりの赤軍がヨーロッパ諸国のよく訓練された軍隊と戦っても勝ち目がないことを熟知していた。そこで、中東欧地域に武力進出するよりもアジアに革命を広める戦略を重視し、「ロンドンとベルリンに到達するには、カルカッタを経由するのが近道である」という名言を吐いた。レーニンのポーランド問題特別顧問だったカロル・ラデックは〔ラデックはルヴフ出身のボリシェヴィキで、普通はカール・ラデックと呼ばれている。本名はカロル・ソベルゾーン〕、ポーランド国民の大部分はローマ・カトリック教徒の農民であり、したがって、ポーランド国民は簡単にはボリシェヴィキのスローガンに同調しないだろうと直言した。グルジア出身で民族問題人民委員だったヨシフ・スターリンは、ロシア人以外の諸民族がボリシェヴィキを「赤い皇帝」と見なしていることをもちろん承知していたので、革命の輸出については終始懐疑的だった。一九二〇年に赤軍南西方面軍の政治委員だったスターリンは熱狂的なレーニンの方針に従わなかったために重大な政治的窮地に追い込まれる。しかし、結局はスターリンの判断の方が正しかったことが証明される。ソヴィエトの独裁者として最高権力の座についたスターリンは同じ地域に二度にわたって赤軍を侵攻させるが、彼にはその地域の住民の善意に期待するつもりなど毛頭なかった。一九三九年の侵攻でスターリンが頼りにしたのは、ドイツ第三帝国との同盟関係だった。そして、一九四四年の侵攻では、勝利した軍隊の残忍な軍事力以外に頼るものはなかった。

一九二〇年の赤軍のポーランド侵攻は、ほとんどの歴史書が取り上げない事件である。ソ連側から見れば、それは恥ずべき敗北であり、特にボリシェヴィキとその同調者にとっては、できれば忘れてしまいたいエピソードだった。事実、共産党の検閲官は何とかしてこの事件を歴史の書物から抹消しようとしてきた。ポーランド・ソ連戦争が最終段階に近づいていた一九二〇年、モスクワではコミンテルン大会の開催中だったが、赤軍の敗退は国際共産主義の夢を粉々に打ち砕いてしまった。その後、五〇年間、公平な立場でこの問題を論ずる歴史研究は現れていないと言ってもよい。しかし、直接の当事者にとっては、それは決して忘れられない事件だった。二年間にわたるソ連とポーランド共和国との戦争が最終局面を迎えた一九二〇年七月一日、赤軍のトハチェフスキー元帥は聞く者を慄然とさせる命令を下した。「前進せよ！　ポーランド白衛軍の死骸を乗り越えればその向こうに世界革命への道が輝いている！」トハチェフスキーにとっては不運だったが、ポーランドは死骸にならなかった。それどころか、赤軍を潰走させ、トハチェフスキーにたっぷりと思い知らせたのである。世界革命の計画は無期限延期となった。

　このワルシャワ会戦を現地で間近に観察していた英国外交官がいた。ダバーノン伯爵である。ダバーノンはワルシャワ会戦の感想を二度にわたって世に発表しているが、事件直後の報告はギボン〔エドワード・ギボンは『ローマ帝国衰亡史』の著者〕を思わせる筆致で書かれている。「もし、カール・マルテル〔メロヴィング朝フランク王国の宮宰、シャルルマーニュ大帝の祖父〕がトゥールの会戦でサラセン軍を打ち破っていなければ、今頃オックスフォード大学はコーランの教えを説く場所となっていることだろう……同じように、もし、ピウスツキがワルシャワの会戦でソ連軍の進撃を撃退しなかったら、キリスト教は危険な逆コースをたどっただけでなく、西欧文明そのものが危機に瀕していたことだろう[2]」。その十年後、ダバーノンは前回よりもやや自信なげに次のように指摘している。

共産主義の教義は、一九二〇年には武力によって退けられたが、今回は、世界を混乱に陥れるという目的を実現する可能性がある。万が一、そのような事態になったとしたら、その原因はソ連の軍事力や執拗で徹底的なプロパガンダが効を奏したというよりも、むしろソ連に対抗する側の陣営が内部分裂を引き起こし、経済危機に対処する能力を失っていることにある。特に、経済危機は西側世界の英知を脅かす深刻な問題である(3)。

スターリンはワルシャワ会戦の敗北から肉体的には無事に脱出したが、政治的には深手を負った。会戦の直前、モスクワからスターリンの許に南西戦線から北上してトハチェフスキーの側面を守るようにとの命令が伝えられた。もし、その命令に従っていれば、スターリンとその軍勢はポーランド軍の反撃の矢面に立たされて、ほぼ確実に壊滅していただろう。実際には、スターリンは命令に従わなかった。その結果、トロツキーの激怒を買って、モスクワに戻ってから規律違反の罪を問われた。幸運にも、共産党査問委員会の判決は譴責にとどまったが、スターリンがヴィスワ川に近づくことは危険であるという教訓を得たことは間違いない。その一七年後、赤軍幹部の粛清を行なった際、ヴィスワ川の一件を忘れていなかったスターリンは、真っ先にトハチェフスキーを血祭りに上げた。短い見世物裁判〔トハチェフスキー事件の裁判は実際には秘密軍事裁判だった〕の後、多数の赤軍幹部が死刑を宣告されたが、被告のうちトハチェフスキーを含む五人の元帥はいずれもワルシャワ会戦の指揮官だった。一方、死刑宣告に署名したヴォロシーロフ、エゴロフ、ブジョンヌイは、いずれも一九二〇年にスターリンとともに南西戦線で戦った元帥だった。これを単なる偶然とする説もないわけではない。

スターリンは、同時に、ポーランド人は油断のならない民族であるという確信を深めたはずである。その確信はポーランド人の激しい独立志向に対する猜疑心に発展したが、その猜疑心は生涯スターリンの心から離れなかった。一九二〇年のポーランド・ソ連戦争では、フランスのドゴールもポーランド側で戦った。その四半世紀後、ドゴール将軍はモスクワにスターリンを訪ねるが、通訳としてドゴールに随行していたガストン・パレフスキ〔パウェフスキ〕に向かってスターリンはポーランド人を侮辱するような言葉を吐かないでいられなかった。「だが、私はフランス人です」とパレフスキが抗議すると、スターリンは言い返した。「一度ポーランド人だった者は永久にポーランド人だ[4]」

というわけで、一九三九年のポーランド侵攻では、赤軍は最大限慎重に行動した。侵攻は九月十七日に始まったが、その日付はスターリンの当時の盟友ナチス・ドイツが予測していた期日より二週間も遅かった。ポーランドに攻め入る前に、はるか東方のモンゴル問題をめぐって日本軍との間に休戦協定を結んでおく必要があったからである。結果として、赤軍が侵攻した時点では、ドイツ国防軍とポーランド軍との戦闘は実質的に終了しており、ワルシャワは包囲されていた。赤軍の兵士たちは、一九二〇年の侵攻時と同様に、彼らの使命は人民の解放であると言い聞かされていた。赤軍の戦車は、村や町に突入する際、自分たちの目的はポーランドをファシストの支配から解放するためであると宣言して住民を混乱させた。独ソ両軍はブレスト・リトフスクで合同の戦勝パレードを行なったが、その際、ファシスト支配からの解放という宣伝は多少の気まずさをもたらした。後年、ソ連はこの問題についても健忘症を決め込むことになる。

ただし、ソ連が決して忘れようとしない問題もあった。一九三九年九月二十八日にスターリンの代理人が署名した「独ソ友好協力国境条約」によって確定したソ連の西部国境がそれである。征服されたポーランドのほぼ中央部を流れるブク川が新たな国境となり、「平和境界線」と称された。この国境の東側の広大な地域がソ連領となり、以後、ソ連にとっては変更不可能な領土となる。この「平和境界線」をソ連邦の恒常的で合法的な国境とすることについて、スターリンは生涯一度も態度を変えなかった。事実、ソ連のこの立場はソ連邦そのものが終焉するまで続くのである。

一九三九年の九月戦争について最も冷笑的な発言をしたのは、スターリン政権の外務人民委員だったモロトフである。ソ連による不可侵条約違反を正当化しようとする演説の中で、モロトフは臆面もなく宣言した。「不可侵条約の相手国だったポーランドがすでに存在しない以上、条約違反には当たらない」。国際条約違反の犯罪をさらに悪質なものにしていたのは、後に明らかになるように、ナチスとソ連があらかじめ合意した上で計画的にポーランドを侵略したという事実である。モロトフの侮辱的発言はさらに続いた。「ポーランド国家はヴェルサイユ体制が生んだ私生児に過ぎない」

四度にわたる侵攻の中で一九四四年の侵攻はずば抜けて大規模だった。侵攻部隊の規模はその中核部隊だけで約二五〇万人に達したが、それは一九二〇年の三倍以上だった。さらに重要だったのは、三年に及ぶナチスの残虐きわまる占領の末に赤軍の侵攻が始まったという事実である。侵攻途上の住民たちはロシアも共産主義も好まなかったが、それでも怯えと安堵の入り混じる期待感を抱いて赤軍の接近を待っていた。

過去と変わらない点もあった。例によって、赤軍は政治的宣伝を撒き散らしながら侵攻して来た。前回と同じく、侵攻の目的は人民の解放にあるという内容の宣伝だった。言い換えれば、そこには、人民が武器を取って立ち上がり、解放軍を支援するのは当然であるという論理があった。

その人物は「ワルシャワの鉄道員の息子」とも、「両国民の元帥」とも呼ばれていた。また、自らの意志でロシアとロシア革命に身を捧げることを選んだ本物の国際主義的プロレタリアとも言われていた。これらの評判は必ずしも全面的に正しくはなかったが、彼のために役立ったことは確かである。一九四四年、コンスタンチン・コンスタンチノヴィチ・ロコソフスキー将軍は赤軍東部戦線中央軍の司令官として話題の中心人物だった。スターリングラード戦でドイツ軍にとどめの一撃を加えたロコソフスキー将軍は、今や第三帝国の本土攻撃に向かう赤軍部隊の一番槍に選ばれ、まずはヴィスワ川を目指して進撃していた。ヴィスワ川を渡れば、次はベルリン攻撃の先陣を切って功績をあげることも夢ではなかった。

ロコソフスキーの経歴をもっともらしく飾り立てようとする人々が持ち出すのは、このソ連軍司令官が実はヴィスワ川の流れる国つまりポーランドの出身であるという話だった。確かに、ロコソフスキーは少年時代の大半をポーランドで過ごし、親戚の援助を得て、商業ギルドが経営するワルシャワのギムナジウムに通ったことがある。また、ワルシャワで石工の見習いとして働いていた時にポニャトフスキ橋の架橋工事に携わったこと、一九一二年には革命派の抗議運動に参加して逮捕され、悪名高いパヴィアク監獄に収監されたという話も伝わっている。

実際のところ、ロコソフスキーは旧ロシア帝国の境界地域で広く発生していた人種混交の典型的な例だった。つまり、純粋のロシア人でもなければ、完全なポーランド人でもなかった。父親は没落したポーランド貴族の末裔だったが、その一族は一八三一年と六三年の蜂起に加わったために土地と地位を剝奪されていた。父親は当時高度な専門職だった機関車の運転士になり、ロシア帝国西部の各地を転々とするうちにロシア人女性と結婚する。夫婦がロシア北西部の重要な鉄道拠点の町ヴェリーキエ・ルーキに住んでいた一八九六年の十二月二十一日に長男のコンスタンティが生まれた。息子は父方の親戚とはポーランド語で話し、母方の親戚とはロシア語で話すようになった。コンスタンティが五歳の時、一家はワルシャワに移り、ヴィスワ川東岸の郊外地区プラガのスタロヴァ通りに居を定めた。言葉に訛りがあったために、「ルーセク」（小さなロシア人）と呼ばれて、近所の子供たちにいじめられたと言われている。転居から二年後、父親が鉄道事故で死亡したために、残されたロコソフスキーはロシア人の母親とふたりで苦労することになる。幸いなことに、ロコソフスキー少年は長身で、眉目秀麗、屈強で、優れた身体能力を備えていた。

　ロコソフスキーの思い出の中にある二十世紀初頭のワルシャワは、ロシア語で「ヴァルシャーヴァ」と呼ばれ、ロシア帝国の地方都市として徹底的なロシア化の過程にあった。ワルシャワがポーランド国家の誇り高い首都だったのは遠い昔の話であり、あるいは遠い将来の話に過ぎなかった。ロシア帝国の地方都市となった当時のワルシャワには大量のロシア人官吏とロシア人兵士が流入しつつあった。ワルシャワは依然としてその地域の中心都市だったが、その地域はもはや独立の国家ではなく、過去の伝統から完全に切り離されて、すでに名称も「ポーランド」から「プリヴィスランスキー・クライ」（ヴィスワ川流域地方）に改称されていた。ロシア正教の巨大な聖堂の建設が始まり、その威容はすでに町のスカイラインを圧していた。ロコソフスキーと同じ時代にワルシャワで子供時代を過ごしたキュリー夫人の回顧録によれば、当時の学校ではすべての授業がロシア語で行なわれ、ロシア語を母語としない生徒にもロシア語が強制された。主要道路の標識はすべてロシア語に書き換えられ、通貨もロシア通貨のみとなった。度量衡の単位もロシア式になり、暦も西欧諸国の標準暦から十三日遅いロシア式カレンダーに切り替えられた。当時ワルシャワを訪問する西欧の観光客にとって、そこはツァーリが支配するロシア帝国への入口だった。観光客が決まって手にしていたベデカー社の旅行案内書〔ドイツのベデカー社が十九世紀後半に刊行を開始した旅行案内書は、ヨーロッパではガイドブックの代名詞となるほど有名だった〕には次のような記述があった。

　ワルシャワ（ワルソー（英）、ヴァルシャーヴァ（露）、ヴァルシャウ（独）、ヴァルソヴィー（仏）：平均標高三二〇フィート）。ヴィスワ川の左岸に位置する都市、ワルシャワ総督府の首都、鉄道網が集中する要衝。ヴィスワ川の左岸から急角度で上昇する河岸段丘の縁に位置する。このあたりのヴィスワ川の川幅は四分の一マイルないし三分の一マイル。段丘はなだらかに起伏しつつ西側の大平原に続いている。人口は八七万二五〇〇人、市内には強力な守備隊が駐屯している。西欧から来た旅行者は、この街の景観に接して、ロシア帝国に入ったことを実感する。ワルシャワ総督、二人の大司教、軍管区司令官が常駐し……ロシアの大学がある。旧市街（スターロエ・ミェスト、スタレ・ミャスト）と新市街（ノーヴォエ・ミェスト、ノヴェ・ミャスト）を中心として、西の郊外のヴォラ地区、南の郊外のモコトゥフ地区、ヴィスワ川の右岸のプラガ地区を加えた大ワルシャワは全部で一二区に区分され、それぞれの区に警察分署がある。右岸のプラガ地区は三つの橋で対岸と結ばれている……町の全区域にユダヤ人の住む街区があり、その不潔さは有名である。ワルシャワは工業都市として繁栄しており……貿易と通商の中心地としても重要な町である。

　ワルシャワは十二世紀に建設されたと言われている。一五二六年まではマゾフシェ公爵家の歴代の居城だったが、その年にマゾフシェ公国が滅亡すると、ポーランド領に吸収された。一五五〇年にはジグムント二世アウグストがワルシャワを居城とし、ジグムント三世ヴァザの時代にポーランド王国の首都となった。一五七二年にヤギェウォ朝が断絶するが、その後も、ポーランド国王の選挙は必ずワルシャワ郊外の「ヴォラの野」で行われるのが慣習だった……アウグスト二世とアウグスト三世は首都ワルシャワの整備に尽力した……一七六三年十月五日にアウグスト三世が没すると、ワルシャワは絶えざる戦乱に巻き込まれるが……ついにロシアが介入し、その圧力によってロシアの傀儡であるスタニスワフ・ポニャトフスキ公爵が国王に選出される〔ポニャトフスキはエカチェリーナ二世の愛人だった〕……再び戦乱の時代を経て、一七九五年の第三次分割によってポーランドは消滅する。ポニャトフスキは退位し、ワルシャワはプロイセンの支配下に入って南プロイセン州の州都となる。

一八〇六年十一月二十八日、ナポレオンのフランス軍がダヴー元帥とミュラ元帥に率いられてワルシャワに入城する。その後、ティルジット和平条約（一八〇七年七月七日）の締結にともなって……ワルシャワはワルシャワ公国の首都となる。ウィーン会議（一八一四年）では、ワルシャワ公国の大半はロシアに帰属することになるが、ワルシャワそのものはポーランド王国の首都となる。一八三〇年のワルシャワ蜂起はポーランド革命に発展するが、一八三一年九月七日に鎮圧される。ワルシャワはパスケーヴィチ将軍の率いるロシア軍に占領される。さらに、ロシア支配に抵抗する一八六一〜六四年の蜂起でも、ワルシャワは重要な役割を果たした。平和が回復して以来、ワルシャワは順調な発展を続けている。

主な見所（一日コース）王宮広場から出発：クラコフスキェ・プシェドミェシチェ通り〔クラクフ郊外通り〕、マルシャウコフカ通り、ノヴィ・シフィヤト〔新世界〕通りなどの街並み：ルーテル教会の頂塔から見る景観：ウヤズドフスキエ大通りの風景（特に夕景）：ワジェンキ宮殿：聖ヤン大聖堂〔洗礼者ヨハネ大聖堂〕：旧市街：アレクサンドルフスキ橋〔現在のドンブロフスキ橋の場所にあった橋〕：時間に余裕があれば、ヴィラヌフ宮殿も一見の価値がある……

クラコフスキェ・プシェドミェシチェ通りの右手にギリシャ正教の聖アレクサンデル・ネフスキー大聖堂が聳えている。ビザンチン様式のネフスキー大聖堂はレオン・ベノア〔ロシアの建築家、ロシア名レオンチー・ベヌア、俳優ピーター・ユスチノフの祖父〕の設計により一八九四年から一二年まで一八年間をかけて建設された。五つの金色のドームと高さ二四〇フィートの鐘楼を特徴とする。その西側にある旧サスキ宮殿は、かつては歴代ポーランド国王の住居だったが……現在は軍管区司令部になっている。北側にはアウグスト三世の寵臣〔ハインリヒ・フォン・ブリュール首相〕によって建てられた旧ブリュール宮殿がある。現在、旧ブリュール宮殿は電報局として使われている……

王宮広場から幅の広いズィヤスト通りを下ると、行く手に川岸が見えてくる……川岸に近い低地には総督の親衛隊であるチェルケス人とコサックの「百人隊」兵舎が並んでいる……

プラガ　再び王宮広場から出発してズィヤスト通りを東に向かうと、鉄骨製のアレクサンドルフスキ橋に至る。全長五六〇ヤードのこの橋はスタニスワフ・キェルベチによって一八六五年に架けられた。橋上での喫煙は禁止されている。

橋からの眺めは素晴らしい。橋から北を望むと、ヴィスワ川の岸に聳えるツィタデラ要塞、鉄道橋、川岸まで迫る旧市街と新市街が見え、来た方を振り返れば、丘の上に旧王宮が聳えている……旧王宮の下の段丘には庭園と聖アンナ教会がある。

橋を渡れば、ヴィスワ川の右岸にかつては要塞だったプラガ地区がある。

第二次ポーランド分割の翌年の一七九四年十一月五日、プラガ地区はスヴォーロフ将軍率いる二万五〇〇〇のロシア軍に占領された……スヴォーロフはその勝利を「ウラー、プラガ、スヴォーロフ」の三語でエカチェリーナ女帝に伝えた〔「ウラー、ワルシャワ、我らのもの」の三語だったとする説もある〕。それに対する女帝の返事は「ブラヴォー、元帥、エカチェリーナ」だった。

プラガのアレクサンデル大通りを進むと、右手に一九〇一年に建設されたゴシック様式の聖フロリアン・聖ミハウ大聖堂が聳え、左手には五つの金色のドームを持つマリア・マグダレナ正教会（一八六九年建設）が見える。プラガ側のヴィスワ河畔にはアレクサンドルフスキ公園が広が

っており、主として下層階級の憩いの場となっている。(5)

ロコソフスキーとその同世代の人々にとって、ワルシャワは革命と反乱の震源地だった。十九世紀には、一八三〇〜三一年の十一月蜂起と一八六三〜六四年の一月蜂起がともに激烈なロシア・ポーランド戦争に発展した。これらの戦争は近代ロシアが民族主義を確立させるための主要なきっかけとなった。二十世紀にはいると、ワルシャワはペテルブルクと並んで、一九〇五〜〇六年の革命的騒乱の舞台となった。ワルシャワの革命派は断固たる意志を貫いてストライキを敢行したが、彼らのストライキが持ちこたえた期間はロシア本国のストライキよりも長期にわたった。これらの長い紛争の歴史から、ポーランドに対する一種の固定観念が生まれることになる。つまり、ロシア人の目から見れば、ワルシャワは常に面倒を引き起こす火種だった。

ロコソフスキーの軍歴は第一次大戦の勃発とともに始まる。一九一四年、彼はロシア帝国陸軍に招集される。祖父と曽祖父の両方がポーランド槍騎兵連隊に所属して従軍したことがあり、多分その話を耳にしていたロコソフスキーは騎兵隊を希望して、カルゴポリスキー竜騎兵団の第五連隊に配属された。東部戦線で戦功をあげたロコソフスキーは聖ゲオルギー十字勲章を受章し、そのまま連隊にとどまったが、一九一七年の夏、革命の波をかぶって連隊そのものが解体してしまう。当時二十一歳だったコンスタンティ・ロコソフスキーは急進派の友人たちと集団行動を取り、当時誕生したばかりの赤軍に入隊する。それ以降、三年間の実戦経験を有する職業軍人として、ロコソフスキーの昇進が始まる。ロシア内戦で目覚しい働きをしたロコソフスキーはロシア風に「コンスタンチノヴィチ」という父称を名前につけ加え、ボリシェヴィキ党の正式党員となって、様々な作戦の指揮にあたった。一九二四〜二五年には赤軍参謀本部の幹部養成学校で学んだが、同時期にゲオルギー・ジューコフも幹部養成学校に在学していた。ロコソフスキーは赤軍騎兵部隊のエリート幹部となり、一九三五年に少将に昇進する。すでにそれまでに蔣介石軍の軍事顧問として中国に派遣されたことがあり、また、一九三六〜三七年にはフランコ将軍と戦うスペイン共和国政府軍の軍事顧問としてスペインに一年間滞在した。ロコソフスキーは一九二〇年のソ連・ポーランド戦争には参加しなかったが、それは別の戦線に従軍していたからだった。また、一九三九年のポーランド侵攻にも参加しなかったが、その理由は、当時はグラーグの囚人だったからである。

スターリンの粛清には理解の範囲をはるかに超える要素があり、合理的な説明は困難をきわめる。何度も繰り返された粛清は単に敵対分子や信用できない分子を排除するためだけではなかった。スターリンの最も忠実な臣下や、それまでトロツキストと古参ボリシェヴィキに対する粛清を支持してきた共産党員、さらには、一度も異議を唱えたことのないロコソフスキーのような人物さえも粛清の対象となった。粛清はヨーロッパの歴史に例を見ない規模と残忍さで進行した。一九三〇年代の粛清でスターリンが死に追いやった人間の数は、ヒトラーがその全生涯で殺害した犠牲者の数を上回っている。しかも、粛清は一九三九年で終わらなかった。スターリンの粛清は完全な恐怖支配の実現を目指していた。個人の独立した思考という概念そのものを人々に抱かせないためのテロルだった。一九三七年から始まった赤軍の粛清では、参謀将校だけで三万六六七一人が銃殺された。欧州全域に戦雲が垂れ込め、開戦が間近に迫っていた段階で、赤軍の最高幹部七〇六人のうち無事に生き残った者は三〇三人に過ぎなかった。その意味では、外国生活を二度も経験していたロコソフスキーの処分が強制収容所送りにとどまったことはむしろ驚くべきだった。さらに驚くべきことに、彼は強制収容所の冬を三度も乗り越えたのである。強制収容所の囚人は平均して一冬を生き延びるのがやっとだった。この処分に対するロコソフスキーの憤激がいかばかりだったかは想像するしかない。いわゆる

「裁判」で彼を有罪とした証拠は、すでに二〇年前に死んだ人物の残した証言だった。

ロコソフスキーの戦争回顧録は一九四〇年の春にソチの海岸で日光浴をしている場面から始まる。その時彼がなぜソチの砂浜にいたのか、その理由は語られていない。しかし、事情に通じたロシア人の読者ならば、行間を正確に読んだはずである。グラーグから釈放されたばかりの囚人が社会復帰のためのリハビリを受けていたのだ。ロコソフスキーはシベリア出身の妻ユリア・ペトローヴナと一人娘をともない、新しい任務を待ちつつ、ソチに滞在していた。少しでも力を蓄えておく必要があった。なぜなら、その後の四年間、次から次へと大作戦の指揮を取る激務が控えていたからである。彼を待ち構えていたのは、ドイツ軍のバルバロッサ作戦、モスクワ攻防戦、スターリングラード攻防戦、クルスク戦車戦、そして、一九四四年に赤軍を率いて西側に攻め込む作戦だった。

ロコソフスキーはその生涯でただ一度だけグラーグの囚人時代について人前で言及したことがある。釈放されてから三〇年後に極北シベリアの軍事演習に参加した時のことだった。彼は搭乗していた司令官機のパイロットにツンドラの凍土地帯の上を低空で旋回するように命じ、謎めいた呟きを漏らしたと言われている。「跡形さえ残っていないな」。スターリンは自分に最も近い臣下たちについても、妻子を逮捕することによって忠誠心を確保するというやり方を常用していた。スターリン体制の内部事情は西側の人間にとって理解不能な面がある。しかし、ソ連邦を守るために英雄的な働きをした赤軍の最高指揮官たちが一方で人命を軽視した理由はこのへんにあったのかも知れない。他の多くの人々と同じように、赤軍の指導者たちもナイフの刃の上を歩いていた。運がよければ名声を手にすることができたが、一歩間違えればこの世から抹殺される身の上だった。(6)

バルバロッサ作戦の間、ロコソフスキーはノヴォグラード・ヴォルヒンスク（ヴォルインスキー）の前線近くで戦車旅団を指揮していた。ある報道によれば、当初、ロコソフスキーは攻撃命令を出したが、自分がドイツ軍から攻撃されると巧妙な戦術を駆使して退却し、赤旗勲章を受章した。次に、グラーグの囚人で構成される懲罰旅団の指揮官に任じられた。地雷原から地雷を除去するために囚人を使う部隊である。その頃、部下の一人がロコソフスキーに向かってポーランド語で受け答えしたことがある。「トゥタイ・ニェー・マ・パヌフ（ここには士官はいない）」。するとロコソフスキーは「ロシア語で話せ」と注意したと言われている。(7)

一九四一年の秋から冬にかけては、国の命運を賭けてモスクワ攻防戦が戦われたが、その間、ロコソフスキーはモスクワ近郊の町ヴォロハムスクの地区司令官として功績をあげ、勲章を授与された。ロコソフスキー軍はいったんはモスクワの城門まで後退するが、十二月には町を奪還する。ドイツ軍が去った後の町に入ると、中央広場に多数の絞首門が設けられ、数百の死体が揺れていた。

一九四二〜四三年のスターリングラード攻防戦では、ロコソフスキーはドン方面軍の司令官として、包囲されたスターリングラードの北側に布陣し、ドイツ第六軍を包囲する作戦を指揮した。一九四三年二月二日午後四時にスターリン宛ての最終電報で「スターリングラード市内外の軍事作戦は終了した」と報告したのは他ならぬロコソフスキーだった。その翌日、ロコソフスキーは世界的に有名になった。捕虜となったドイツ軍のフォン・パウルス元帥をロコソフスキーが尋問している写真が『プラウダ』第一面の全面を飾ったからである。この写真の唯一の欠点は、同席していたチェレーギン将軍の顔が検閲によって消されていたことだった。理由は不明である。(8)

一九四三年七月のクルスク突出部の戦いは史上最大の戦車戦と言われている。モスクワ南方の広大なステップを舞台に、独ソ両軍を合わせて約六〇〇〇両の戦車と、同じく約六〇〇〇機の航空機がぶつかりあい、潰しあって一八日間の激戦を展開した。赤軍は兵士六〇万人を失ったが、ソ連軍のT-34戦車はドイツ軍のティーガー戦車を圧倒した。クルスク戦で敗北したドイツ国防軍は二度と再び大規模な攻勢に出ることができなくなった。この激戦の間、ロコソフスキーはクルスク突出部の中央部で作戦の指揮にあたった。

クルスク戦に勝利した赤軍はとどめようもない大波となって西進した。ロコソフスキーは南北に展開して進撃する両翼部隊の中軸となる中央軍の司令官だった。中央軍はグルーホフ〔フルーヒウ〕付近で北ウクライナに突入し、廃墟となっていたチェルニーゴフ〔チェルニーヒウ〕市を九月二十一日に奪回して、十月にはドニエプル川を越えた。ドニエプル川の渡河は戦局の転換を象徴する重大事件だった。

一九四四年の初頭、中央軍は第一ベラルーシ方面軍に改称され、最大限の増員が行なわれた。司令官は依然としてロコソフスキーだったが、その兵力は対峙するドイツ軍に対して兵員で二倍、火砲で三倍、戦車で四倍以上、航空機で四・五倍と、圧倒的な優位を確保した。加えて、約一五万人のパルチザン部隊がソ連軍を支援して戦っていた。しかし、それにもかかわらず、ロコソフスキーの前途は多難だった。ドイツ中央軍集団はすでにベラルーシを徹底的に破壊して砂漠地帯に変えてしまっていた。村々は焼き払われ、農作物は踏みにじられ、市街地は爆破されて、地雷が仕掛けられていた。生き残った住民は森と沼地に追い込まれていた。ドイツ軍はヴィテプスクやボブルイスクのような主要都市を最後の一兵になるまで守り抜くべき「要塞」と宣言していた。首都ミンスクには四〇〇〇発の偽装爆弾が仕掛けられ、市内三三二ヵ所の工場のうち、無傷で残ったのは一九ヵ所に過ぎなかった。

とはいえ、一九四四年六月二十三日にソ連のバグラチオン作戦〔バグラチオンはロシアの祖国戦争でナポレオン軍と戦った将軍〕が発動されると、その戦果は目覚しかった。ミンスク東方で一〇万人のドイツ軍が包囲されて捕虜となり、その約半数がモスクワに連行されて赤の広場を行進させられた。膨大な規模のソ連軍が一日に一〇～一五キロの急速度で西へ驀進した。ドイツ中央軍集団のうち二五個師団ないし二八個師団が潰滅した。ドイツ軍最高司令部の公式記録によれば、「中央軍集団の潰走は……スターリングラードの敗北よりもはるかに重大な破局だった」[9]。七月十八日、ロコソフスキー軍の先鋒部隊がブク川を渡った。二十八日、三年前にバルバロッサ作戦が始まった場所であるブレスト・リトフスク要塞をソ連軍が奪回する。これでソ連の領土からドイツ軍が完全に駆逐されたことになった。二十九日、ロコソフスキーにソ連邦元帥の称号が与えられる。同日、ロコソフスキー軍の第六一軍部隊はヴィスワ川に殺到し、一部は渡河作戦を敢行して西岸に達した。

それより早い一九四四年の春、ソ連軍はベラルーシ戦線の戦力を増強していた。ロコソフスキー将軍揮下の第一ベラルーシ方面軍に参加して、その戦力強化に貢献した部隊のひとつがベルリンク将軍の第一ポーランド軍団だった。第一ポーランド軍団は開戦後にソ連国内で結成されたポーランド人部隊としては二番目の部隊であり、前年にスターリンの祝福を受けてモスクワで成立した「ポーランド愛国者同盟」(ZPP)と呼ばれる政治組織の軍事部門に相当した。ソ連国内で最初に結成されたポーランド人部隊はアンデルス将軍の軍だったが、アンデルス軍はその頃すでにソ連の支配を逃れて中東に脱出し、連合国軍の一部として英国軍の指揮下で戦っていた[10]。

一九四四年四月二十九日にロコソフスキー軍に合流した時点で、ベルリンク軍はすでに約一〇万四〇〇〇人の大軍に成長し、さらに増大を続けていた。アンデルス軍の場合と同様、ベルリンク軍には、強制移住でソ連に送られたポーランド人、ポーランドからソ連に逃れていた避難民、ソ連に囚われていた戦時捕虜などが多数参加していた。彼らは戦闘に参加する道を選び、それを通じて祖国への帰還を果たそうとしていた。しかし、ベルリンク軍に対するソ連の政治的管理は厳重を極めた。指揮官は全員がソ連国内で訓練された士官であり、これもソ連国内で訓練された政治委員が全軍に配置されて目を光らせていた。「ポーランド共産党員四万三〇〇〇人がベルリンク軍に参加していたが、彼らはその直前までソ連の強制収容所に収容されていた」。したがって、「ソ連に対する彼らの感情はどう見ても兄弟愛に満ちたものではなかった[11]」。とはいえ、ベルリンク軍には戦闘で失われた人数を上回る数の人々が新たに参加したので、兵力は進撃とともに増大し、今や、歩兵師団五、戦車旅団一、砲兵旅団四、航空団一を擁する大軍団に成長していた。

ベルリンクとロコソフスキーの関係がどのようなものだったかは不明である。ただし、二人の間には多くの共通点があった。二人は同じ世代であり、ともに職業軍人であり、スターリンの粛清を危うく免れた点もよく似ていた。ジグムント・ベルリンクは一八九六年にクラクフ近郊で生まれ、ロコソフスキーが帝政ロシア軍に入隊した頃には、オーストリア軍に属するポーランド軍団の兵士だった。そして、ロコソフスキーが赤軍に参加した頃には、ベルリンクはポーランド国軍の軍人だった。ロコソフスキーが強制収容所で呻吟していた頃、ベルリンクもルビャンカ監獄に放り込まれていた。ポーランド軍のベルリンク中佐はソ連のスタロビェリスク捕虜収容所で数ヵ月を過ごしたが、その時の捕虜仲間だった将校の大半は後に虐殺された。ベルリンクはスターリンが殺害しなかったごく少数のポーランド軍将校の一人であり、そのうちでソ連軍への協力に同意したさらに少数のポーランド軍人の中のただ一人の上級将校だった。アンデルス軍に入って最終的にソ連を脱出したポーランド軍人たちの目から見れば、ベルリンクは控え目に言っても変節者だった。

ベルリンクがそのような道を選んだ動機はもちろん単純ではなかった。虚栄心、日和見主義、戦略的な現実主義、保身、かつての上官への恨みなどが複雑に絡んでいたことは間違いない。戦前、ベルリンクは不適切なロマンスを引き起こして譴責処分を受け、その結果、自らの意志で連隊勤務を辞した経歴があった。さらに言えば、ベルリンクとその同世代の人々の一部には、ドイツとロシアの間で戦争が始まった場合、ポーランドが中立の立場を維持することは不可能であるという根強い確信があった。ロシア人と価値観を共有しなくとも、ロシア人と協働することはできると彼らは信じていた。当時ルビャンカ監獄に拘束されて尋問されていたベルリンクは、カティンの森の虐殺を知る由もなかった。しかし、ベルリンクの未亡人を含む多数の人々の証言によれば、一九四〇年十月のある会合の席上、ひとりのポーランド人幹部がベリヤに行方不明のポーランド軍将校の消息を尋ねた場にベルリンクも居合わせていた。その時、ベリヤは「我々は過ちを犯した」という寒気を催すような発言をしている。(12)しかし、いずれにせよ、ひとたびソ連との協力に同意すると、ベルリンクの前途には出世と名声の道が開かれた。ロコソフスキーが強制収容所から釈放されてソチの浜辺に送られたように、ベルリンクはルビャンカ監獄から釈放されて、モスクワ郊外のマラホフカ村にあった「喜びの家」に送られて、再教育とリハビリテーションを受けた。その後、ベルリンクは自立志向の強いアンデルス軍に短期間所属したことがある。間違いなくソ連側のスパイとしての行動だった。しかし、上官の一人と口論した後に脱走してしまう。(13)一九四三〜四四年になると、ベルリンクはポーランド人で構成されるコシチュシコ師団の司令官として再び姿を現し、一九四四年三月には第一ポーランド軍団の司令官となる。ベルリンクがベラルーシ戦線におけるソ連軍の攻勢に参加した頃、アンデルス軍はイタリア戦線のモンテ・カッシーノ攻撃に成功して脚光を浴びていた。

ベルリンクの考え方を知る鍵は、一九四二年八月にアンデルスと会見した時の彼自身の発言の中にあった。会談の場所はカスピ海沿岸だった。ベルリンクは雇い主であるNKVDの意向を受けて、中東へ脱出しようとするアンデルス軍の動きを監視する目的をもって、上官に当たるポーランド軍将校たちの前に姿を現したのである。彼はやがて三番目の妻になる女性を同伴していた。ベルリンクは、ソ連邦を離れて中東に脱出する同胞たちに向かって、その行為は祖国ポーランドに帰還する機会を最終的に放棄することに等しいと断言した。なぜなら、アンデルス軍はかつてのナポレオン軍のポーランド人部隊と同様の間違いを犯しつつあったからだ。ナポレオン軍に馳せ参じたポーランド人部隊はイスパニョーラ島で発生した黒人奴隷の反乱を鎮圧するためにカリブ海に派遣された後、二度とヨーロッパに戻らなかったのである。

ベルリンク将軍とその軍団は、ベラルーシ方面軍に合流する直前に、高度に象徴的な儀式の遂行を命じられた。つい最近ソ連がドイツ軍から奪回したスモレンスク近郊のカティンの森に連れて行かれ、虐殺されたポーランド軍将校の集団墓地を見せられたのである。犠牲者たちが消えた時期が一九四〇年だったこと、つまり、ドイツ軍による占領の一年前だったことをベルリンクは十分に知っていた。それでも、ソ連の調査委員会が虐殺はナチスの犯罪であると発表している以上、虚偽と知りつつも、ソ連の立場を擁護する演説を行なわざるを得なかった。「冷酷な敵ドイツはポーランド国民全員の殺戮を意図している……」(14)。ベルリンクは、ロコソフスキーと同じように、スターリンの政治ゲームの危険性を熟知していた。それは今戦っている戦争に勝るとも劣らない危険なゲームだった。

彼らの良心の痛みを和らげるのに都合の良い動きもあった。ポーランド愛国者同盟(ZPP)の宣伝扇動部がベルリンクのような人々の心を慰める歴史的説明を持ち出したのである。その説明とは次のようなものだった。戦前のポーランドは教会と貴族が支配する抑圧社会だった。そして、その旧弊なポーランドはすでに死滅し、それとともに、ロシアに対する時代遅れの憎悪と疑惑も消滅した。ソ連邦の援助を得て、平和と正義に満ちた新生ポーランドが誕生しようとしている。抑圧に抗して立ち上がるのは、ポーランド国民の立派な伝統である。これまでも長い間、ポーランド国民は事あるごとにロシアの兄弟と手を携えて戦争反対の戦いに立ち上がってきた。一七九三〜九四年にも、一八三〇年にも、一八六三年にも、また、一九〇五年にも、ポーランドの首都は繰り返し蜂起してきた。反抗はポーランド国民の特技である。ヴィスワ川の戦いが始まれば何が起こるかは、衆人の知るところである。
しかし、ポーランド愛国者同盟が何かにつけて歌い上げる「愛国主義」が実際に何を意味するのかという問題は未解決のままに残されていた。ポーランド人に対してドイツとの戦いを求め、その一方でソ連邦への盲目的な服従を求める愛国主義とはいったい何なのか？「ポーランドをソ連邦の第一七番目の共和国に！」というポーランド愛国者同盟の初期のスローガンも、この疑問の解決には少しも役立たなかった。

一九四一年六月にドイツ軍が越境したのは旧ロシア帝国の国境であって、ソ連邦の国境ではなかったと考える人々がいるとすれば、彼らは今後に起こる事態の全体像を見失うことになるかも知れない。その点は繰り返し強調しておかねばならない。しかし、モスクワとワルシャワの間に広がる広大な地域の現代史を比較的単純な形で理解する方法は存在する。それはこの地域のすべての当事者が例外なしにそれぞれ独自の歴史解釈を有し、独自の要求を主張し、独自の用語で独自のプロパガンダを繰り返してきたという事情を受け入れることである。リトアニア大公国がたどった経過を見れば事情は明らかである。歴史上のリトアニア大公国は、西は旧ポーランド王国、東はモスクワ公国と境を接する広大な大国であり、十六世紀後半の最盛期には、ヴィルノ、ミンスク、キエフの三都市をその領土内に含んでいた。その後、多くの動乱を経て、ヴィルノはリトアニアの首都となり、ミンスクはベラルーシの首都、キエフはウクライナの首都となった（最近、これら三ヵ国の頭文字を合わせて、この地域をひとくくりにLBUまたはULBと呼ぶ言い方が行なわれている。主要な人種分布とも、ソ連崩壊後の国家構成とも符合する便利な呼び方である）。（下巻付録1参照）
その存在のほぼ全期間を通じて、リトアニア大公国はライバルであるポーランド王国とモスクワ大公国からの攻撃にさらされていた。一三八五年から一五七二年までは、ヤギェウォ王朝がリトアニアとポーランドの両国を統治し、一五七二年から一七九三年まではポーランド・リトアニア連合共和国の体制が続いた。しかし、十八世紀の半ば以降、歴史の流れは明らかにモスクワ大公国に有利に傾き始める。モスクワは連合共和国の領土を少しずつ蚕食し始める。一六六二年にはキエフが、一七七三年にはミンスクが、一七九三年にはヴィルノがモスクワの手に落ち、二度目ないし三度目の試みの後、一八一五年にはワルシャワもモスクワに呑み込まれる。全ロシアの皇帝であることを宣言したツァーリは地域の伝統的な名称も変更してしまった。モスクワ大公国はすでにみずからを「ロシア」と呼んでいたが、「白ルテニア」は「白ロシア」に改称され、それ以外のルテニア、つまり連合共和国の南部地域にあたるウクライナは「小ロシア」となった。ロシア帝国の最後の数十年間には、「ポーランド」、「リトアニア」、「ルテニア」などの歴史的名称は公式の地図から消滅した。

第一次世界大戦が終わってロシア帝国が瓦解すると、旧帝国の北西の端のフィンランドから南東の端のグルジアに至るまで、ありとあらゆる民族国家が独立を宣言する。しかし、その大部分は、たとえばベラルーシやウクライナのように、ボリシェヴィキによって直ちに圧殺された。ボリシェヴィキはいわゆる内戦に勝利することによって、ソ連邦という形式の新しいロシア帝国を樹立しようとしていた。しかし、ポーランドは新帝国への編入に抵抗した。ポーランドはドイツとソ連を相手に三年間の戦争を戦った末、国際的な承認に耐える恒常的な国境線を獲得した。一九二一年にポーランドとソ連の間で結ばれたリガ条約で正式に確定した東部国境は戦間期を通じて変更されることなく、一九三九年九月十七日にソ連軍がポーランドに侵攻する時まで有効だった。独ソ不可侵条約によって、また、一九四一〜四四年のドイツ軍による占領という一方的な押しつけによって事実上侵犯されたものの、リガ条約の国境線はポーランドとソ連邦を隔てる唯一の正統な国境線として国際的に認められていたのである。

リトアニア、ベラルーシ、ウクライナの三ヵ国にまたがる地域に住む人々の人種構成は国境線の歴史に劣らず入り組んでいた。この地域の主要な言語集団はポーランド人（五〇〇万人以上）、ウクライナ人、ベラルーシ人、リトアニア人、イディッシュ語を話すユダヤ人などだったが、少数派ながら帝政時代の名残として、ロシア人も暮らしていた。この地域では、ロシア人は「モスカーレ」（モスクワ大公国人）と呼ばれていた。これらの言語集団にはそれぞれの宗教があった。ポーランド人とリトアニア人はローマ・カトリック、ルテニア人（ウクライナ人とベラルーシ人）は合同教会（ギリシャ正教）、ユダヤ人は様々な宗派のユダヤ教、そしてロシア人はロシア正教である。

この比較的単純な構図は、帝政ロシアが恣意的に導入した二つの政策によって歪められた。そのひとつは、帝政ロシアがロシア人とルテニア人の区別を認めず、また、ルテニア人の中に二つの異なる民族グループがあることも認めなかったことである。ロシア帝国の方針によれば、東スラヴ族はすべて単一の大ロシア民族の一部に過ぎず、ベラルーシ語とウクライナ語はともにロシア語の方言に過ぎなかった（これを例えて言えば、オランダ人とドイツ人は単一の民族グループに属し、オランダ語とドイツ語は同じゲルマン語の変種に過ぎないということになる）。第二は、ロシア正教のモスクワ総主教がギリシャ正教会とルテニア正教会の存在をまったく容認しなかったことである。伝統的に、この二つの教会はモスクワではなくコンスタンチノープルの総主教に帰属していた。結果として、ロシア皇帝の威令が及ぶ範囲に住むすべての東スラヴ族は自動的に「ロシア人」として扱われ、ロシア正教徒と見なされた。この不当な取扱いは、この地域全体をロシアの一部分と見なす誤った定義と表裏一体をなす重大な不正と言うべきものだった。

現実にはロシアの辺境に当たるこの地域の住民の最も顕著な特徴は、その多様性にあった。人種、言語、文化、宗教のどれを取っても豊かな多様性を含む地域だった。地域内の二大都市であるヴィルノとルヴフについても同じことが言えた。確かに、この二都市ではポーランド的な要素が大勢を占めていたが、たとえば、ヴィルノはポーランド人にとってのみならず、リトアニア人にとっても、ベラルーシ人にとっても、さらには周辺地域のユダヤ人にとっても、それぞれの文化の中心地だった。ルヴフは地域内のすべての都市の中で最もポーランド色の強い町であり、一九三九年までは歴史上一度もリトアニア大公国にも、ロシア帝国にも、ソ連邦にも属したことがなかった。ルヴフは歴史的にポーランド王国の東の要塞であり、ルヴフ市の標語「常に変わらぬ忠誠」はポーランドへの忠誠を意味していた。オーストリアの支配下に入ってガリツィア地方の首都となった時でさえも、ルヴフには大幅な自治権が認められ、ガリツィアのポーランド人はウィーンで大いに影響力を発揮した。一九一八〜一九年の動乱に際しても、ルヴフ市民は繰り返し武装蜂起してポーランドとの結びつきを守り抜いた。ルヴフはポーランド人にとって東の守りの固めであり、絶対に失うことのできない都市だった。

第一次大戦と第二次大戦の戦間期には、ソ連とポーランドの両国政府がともにこの地域の民族問題についての政策を修正した。リトアニア、ベラルーシ、ウクライナはソ連邦内の共和国となり、それぞれの民族言語が共和国の公用語として認められた。これは歴史上初めてのことだった。ポーランド共和国の内部でも、リトアニア語、ベラルーシ語、ウクライナ語が国内少数民族の言語として法的に保護され、東部地域の学校ではポーランド語と肩を並べて公用語として教えられた。イディッシュ語はシオニスト・グループを含む様々な社会集団から顰蹙を買っていたが、依然としてソ連とポーランドに住むユダヤ人の大多数にとっての母語だった。ギリシャ正教（合同教会）はソ連では厳しく弾圧されたが、ポーランド国内ではその復活が正式に認められた。

第二次大戦が始まると、ドイツによる占領地域は一九三九年から四一年まではブク川までであり、一九四一年から四四年まではさらに東部地域まで拡大したが、その間、この地域の民族構成はナチスの人種主義的な分類に従って大幅に再編された。スラヴ族は、言語集団としても、人種グループとしても、単一の民族として分類された。そして、人間以下の存在と見なされ、民族内部の人種的な差異は無視されるか、あるいは「分割統治」の手段としてのみ利用された。ナチスの分類によれば、スラヴ民族はユダヤ人よりも上位ではあるが、支配民族たるドイツ人よりもはるかに劣っており、アーリア化に適するバルト族よりも下だった。

戦争の過程では、国境地域のすべての人種グループが重大な被害を受けた。一九四一年と四四年の二度にわたる独ソ国境の変更にともなって発生した「付随的損傷」は途方もなく大きかった。軍事作戦と政治的弾圧の結果、ベラルーシ人とウクライナ人は大幅に人口を減らした。ユダヤ人はナチスによる大量殺戮の対象となった。ポーランドはソ連国内への強制移送、ナチスの抑圧、そしてウクライナ民族主義者による民族浄化作戦の被害を受けて多数の国民を失った。戦後明らかになるドイツによるユダヤ人のホロコーストのうち、最悪の残虐行為が実行されたのはこの国境地域だった。一方、ソ連による抑圧は特定の人種グループに的を絞ることなく実施された。

ロコソフスキーの回顧録はこのような事情には少しも触れていない。しかし、ロコソフスキーとその部下たちは、進撃中の地域で起こりつつある人種構成と歴史的情景の変化を鋭く意識していたに違いない。

スターリングラードとクルスクは、ともにロシア国内の都市である。この場合のロシアとは「ロシア社会主義連邦共和国」（RSFSR）を意味する。かつてはツァリーツィン（「ツァーリの町」）と呼ばれ、今は「スターリンの町」に改称されたスターリングラードはヴォルガ川の右岸に位置する。

スターリングラードは東進して来たドイツ国防軍中央軍集団が到達し得た最東端地点だった。モスクワの南方に位置するクルスクは、そのスターリングラードから六五〇キロの距離にあり、そこはロシア、ベラルーシ、ウクライナの三ヵ国が境を接する地点に近いが、歴史的にモスクワ大公国の版図内の町であり、住民はロシア人で、周囲の村々にもロシア語を話すロシア農民が暮らしていた。

ロシア社会主義連邦共和国は言うまでもなく広大な国であり、東はシベリアを経て太平洋岸まで続く広大な地域に広がり、面積で言えば、ソ連邦全体の八五パーセントを占めていた。しかし人種構成では、ロシア人の割合はソ連邦の全人口の五五パーセントに過ぎなかった。ただし、軍隊内でのロシア人の比率はそれよりもはるかに高く、将校に限れば、その大多数がロシア人だった。したがって、ソ連がこうむった軍事的損傷の中でロシア人が占める割合は全体的な人口比を大幅に上回った。一方、ドイツ軍が占領した地域は主としてロシアの周辺部だったので、ロシアの民間人の損傷はベラルーシ人やウクライナ人に比べれば、相対的にも、絶対数でも、大幅に小さかった。

ロコソフスキー軍はウクライナの北部を通って西進していたが、そのウクライナはソ連邦の中でロシアに次いで人口の多い共和国だった。ウクライナの面積はフランスより広く、約五〇〇〇万の人口は英国またはイタリアに匹敵した。一九三九年まで、ウクライナは大小二つの部分に分かれていた。ルヴフ（リヴィウ）を中心とする狭い方の西ウクライナは何世紀もの間ポーランドまたはオーストリアの支配下にあったが、広い方の中央および東ウクライナは、一九一七年までは帝政ロシアの一部であり、一九二三年以降はソ連邦の一部だった。

第一次大戦の終盤、ウクライナはカイザーのドイツ軍によって占領された。当時のドイツはウクライナに対して比較的寛容で、ウクライナ共和国の独立を短期間ながら容認した。しかし、第二次大戦では、ナチス・ドイツはウクライナを野蛮に取り扱い、ウクライナ共和国復活の希望を認めず、代わりに直接的な軍事支配体制である「帝国コミッサリアート」を導入した。一九四一年から四四年までにドイツ軍によって殺害されたウクライナ人の数は三〇〇万人と推定されるが、これはその十年前にスターリンが命令した人為的な飢饉とテロルによって死亡したウクライナ人三〇〇万人と同数である(15)。第二次大戦で最大の民間人の死者を出したのはウクライナだった。

一九四四年にソ連軍が西ウクライナに侵攻すると、きわめて凶暴な民族浄化の嵐が吹き荒れた。古くから存在していた多数のユダヤ人社会はすでにナチスによって根こそぎ殺戮された後だったが、それに続いて、「ウクライナ人のウクライナ」を標榜するファシスト集団「ウクライナ蜂起軍」（UPA）が機会に乗じて地域のポーランド人の殺害を開始したのである(16)。ソ連軍は、ポーランド人の殺戮に関与したか否かを問わず、すべてのウクライナ民族主義勢力を逮捕し、生き残ったポーランド人には地域からの退去を促すという解決策を採用した。

ウクライナと同じように、ベラルーシも二つに分割されていた。西ベラルーシはポーランドの一部だったが、ミンスクを首都とする東ベラルーシ、つまりベラルーシ社会主義共和国はソ連邦の創設メンバーのひとつだった。東西ベラルーシの苦難は一九四四年に頂点に達する。原因はナチスによる占領だけではなかった。ベラルーシの広大な沼沢地と森は戦争の全期間を通じてパルチザンにとっての恰好の根拠地となった。ドイツ軍は「匪賊」がドイツ人を一人殺害すればその報復として一〇〇人を処刑すると警告していたが、パルチザンは怯まなかった。沼地と森にはロシア人、ベラルーシ人、ポーランド人、ユダヤ人など、あらゆる人種の地下抵抗グループが潜んでドイツ軍と戦い、また相互に争っていた。一九四五年までにベラルーシの人口の四分の一が戦争で命を失ったが、これは全ヨーロッパで最も高い死亡率だった。

ベラルーシ社会主義共和国はすでに戦前から相次ぐ災難に見舞われていた。一九二〇年代には、民族語であるベラルーシ語の採用が歴史上初めて認められたが、それも束の間、一九三〇年代に入ると、ベラルーシに新たに誕生しつつあった知識人層がスターリンの粛清によって事実上一掃されてしまう。ミンスクのベラルーシ科学アカデミーについて言えば、会員である学者の六〇パーセントが粛清の犠牲となり、その空席にロシア人の学者が入り込んだ。ウクライナでも同じだったが、農業集団化の強行にともなって膨大な数の農民が命を失った。その頃、ミンスクにはポーランド共産党（KPP）の幹部が亡命していたが、その全員が銃殺された。ミンスク郊外のクロパトゥィの森〔クラパティの森〕で発見された多数の巨大な穴の中には、一九三八～三九年の「大テロル」の犠牲となって殺害された数十万人の遺体が埋められていた。スターリンの秘密警察が割当て数にしたがって計画的に殺害した人々の遺体だった。そして、ナチスによる占領が始まった。大規模なユダヤ人社会を抱えていたミンスク市の人口はほぼ全滅に近い状態となった。市民の殺戮が終わると、ナチスは市街地の破壊に取りかかった。

一方、西ベラルーシにはノヴォグルデク〔ナヴァフルダク〕、グロドノ〔フロドナ〕、ブレスト、ピンスクなどの都市があり、また、英語では「プリペト沼沢地」の名で知られている広大なプリピャチ沼沢地が広がっていた。そこは古代スラヴ民族発祥の地として伝承される聖域であり、多種多様な野鳥の天国でもあった。中でもヨーロッパ・バイソンとオオカミが数多く棲息していた巨大なビャウォヴィエジャ原生林には、歴代ロシア皇帝が狩猟と射撃のために好んで訪れたロッジがあった。西ベラルーシが一九二一年にポーランドの支配下に入ると、ベラルーシ語の使用とベラルーシ文化の復活が認められ、農村部では農民協同組合の強固なシステムが形成された。ソ連邦時代には禁止されていたベラルーシ独自の政治運動も復活した。ただし、その指導者たちはすでにソ連の監獄で獄死していた。西ベラルーシの農村部に暮らす農民は主としてベラルーシ人だったが、都市住民の中ではポーランド人とユダヤ人が圧倒的な多数派だった。ポーランドの国民的詩人アダム・ミツキェヴィチも、後にイスラエルの首相となるメナヘム・ベギンも、ともに西ベラルーシのノヴォグルデクの出身者である。ピンスクなど一部の都市では、人口の大多数がユダヤ人だった。ユダヤ人の一部は一九三九年九月に侵攻した赤軍を大袈裟に歓迎したが、そのことで他の住民から顰蹙を買った。しかし、一九三九年九月は平和な時代が終りを告げた時期でもあった。一九三九年から四一年まで続いたソ連軍による占領は、大量逮捕、強制移送、財産没収を意味していた。次いで、ドイツ軍のバルバロッサ作戦によってナチスの支配が始まると、際限のない殺戮と報復が続いた。ロコソフスキー軍の接近はさらに大々的なせめぎ合いの再開を意味していた。

かつてベラルーシはリトアニア大公国の中心地だった。その頃、ベラルーシ語はリトアニア大公国の公用語だった。しかし、その当時も、ベラルーシを西に進んでブク川を渡れば、そこはすでにポーランド王国が支配するローマ・カトリックの土地であり、ポーランド語を話すポーランド人が住む地域だった。ナチスの占領時代には、ブク川が「帝国コミッサリアート・オストラント」と総督府の境界線だった。ブク川を西に渡れば、そこからヴィスワ川までの間には、戦前と戦後の呼び名を使えばヘウム、ルブリン、ザモシチなどの都市と肥沃なポーランドの大地が広がっていた。

ルブリンは遠い昔から西と東が出会う町として知られていた。リトアニア大公国から近い距離に位置していたために、一五六九年、ルブリン城はポーランド・リトアニア共和国の合同宣言の場所に選ばれた。ルブリン城内にある聖三位一体礼拝堂は西欧風のゴシック建築とロシア・ビザンチン様式のフレスコ画の驚異的な組み合わせで知られている。ただし、ポーランド分割後、ルブリン城は帝政ロシアの悪名高い監獄となった。一九三九年九月、赤軍はいったんブク川を渡って西進し、ルブリンに到達するが、すぐに独ソ協定に従ってブク川まで後退する。代わってルブリンに入ったドイツ軍は旧市街のユダヤ人社会を一掃し、市の郊外にマイダネク強制収容所を設立した。ルブリンを中心とする地域ではさらに多くの事件が発生した。ナチスはこの地域にトレブリンカ、ソビボル、ベウジェツの三大絶滅収容所を建設し、ザモシチでは親衛隊がポーランド人住民を全員排除してドイツ人を入植させる政策を開始した。地下抵抗勢力の内部でも激しい抗争があった。主流を占めるポーランド人抵抗勢力はドイツ占領軍を相手として戦うだけでなく、共産党系の抵抗組織とも、また東から潜入して来るウクライナ民族主義勢力とも戦わなければならなかった。したがって、一九四四年七月にソ連軍が再びブク川を渡ってヴィスワ川を目指した時、彼らを迎えたのはあらゆる種類の怨恨を抱えた人々だった。この地域の政治情勢は、控え目に言っても、混迷の極にあった。

ロコソフスキーは一九四四年七月二十四日にルブリンに到達した。政治は彼の得意分野ではなかった。たとえソ連邦元帥の称号を授与されたとしても、軍人の義務は軍事であるというのが彼の考え方だった。回顧録によれば、当時ロコソフスキーの心を占めていたのは次の二点だった。第一に、生まれて初めてポーランド語による演説をしなければならなかった。第二に、次の作戦をどうすべきか真剣に考慮する必要があった。彼は東部戦線中央軍の作戦司令官だったが、当時はモスクワとベルリンを結ぶ直線上を西進しており、すでにモスクワからの距離よりもベルリンまでの方が近い地点に達していた。バグラチオン作戦と同程度の圧倒的な作戦をもう一度敢行すれば、第三帝国の心臓部に侵攻する展望が開けるだろう。ただし、ヴィスワ川を守るドイツ軍の防衛態勢は強固だった。ロコソフスキーがベルリンを視野に入れた今、敵の抵抗はさらに強まりつつあった。どの地点からでも強力な反撃を受ける可能性があった。しかし、大勢は明らかにロコソフスキー軍の側に有利だった。敵はうろたえていた。したがって、進撃を続ける意味は十分にあった。ロコソフスキーが大量の戦車を動員してヴィスワ川を渡り、ポーランド中央平原を突破すれば、その後は「野獣のようなファシストの巣窟」に到達することを阻止するものは何もなかった。作戦を実行するかどうかの最終決定を行なうのは「スターフカ」(ソ連軍最高総司令部)であり、ロコソフスキーを操る政治指導部だったが、少なくともロコソフスキーにも軍人としての専門的判断が求められるはずだった。

ロシアとポーランドの国境の歴史は厄介きわまる問題として知られている。シュレスヴィヒ・ホルシュタイン問題や「マケドニアの迷路」問題と同じように、合理的な理解の範囲を超えた問題であると言われることも多い。しかし、もし細部に立ち入らなければ、本質的にはきわめて単純な問題である。ポーランド人の国家はヴァルタ川とヴィスワ川の流域で興り、次第に東方へ拡大した。一方、ヴォルガ川流域で発祥したロシア人の国家は東側と西側の両方向に拡大した。その結果、ポーランド人とロシア人は、数世紀にわたって、ヴィスワ川とヴォルガ川の間に広がる二〇〇〇キロをめぐって、せめぎ合いを続けてきたのである。ポーランドが強大な国家だった時代には、国境ははるか東方だった。ロシアが強くなると国境は西に移行した。そして、今、ロシアはますます強大化しつつあった。十九世紀末にポーランドが地図から消滅した時には、ロシアはドイツと直接に国境を接することになった。(下巻付録6参照)

というわけで、いわゆる歴史的経緯に基づく双方の領土的主張については慎重に取り扱うべきだというのが常識である。たとえば、一九一九年のパリ講和会議でポーランド代表は一七七二年〔ポーランドの第一次分割〕以前の国境への復帰を主張したが、会議では合理的な提案と見なされなかった。逆に、ロシアの「白衛軍勢力」は一九一四年の国境線(つまり、ポーランドの存在を認めない国境線)への復帰に固執したが、この主張も真面目な議論には発展しなかった。一方、そもそも国境線なるものを過去の瑣末な遺物と見なしていた初期のボリシェヴィキは、国境問題を論議すること自体に消極的だった。

間近に迫っている世界革命が実現すれば、ヨーロッパにおける旧来の国際的取り決めは効力を失うはずであり、その意味では、現在の国境線はすべて暫定的なものでしかないと彼らは確信していた。しかし、スターリンは、いったん手に入れた領土はたとえ一インチでも二度と手放さない方針だった。

　第一次大戦が終焉を迎え、それに続いてロシア革命の嵐が吹き荒れた混迷期には、ソヴィエト・ロシアとポーランド共和国は先祖伝来の紛争を受け継ぐ形で国境問題に直面した。ソ連とポーランドの国境線に関しては、一九一九～二〇年にかけて、西側列強の間で三つの提案が検討されたが、当事国にとって受け入れ可能な案は一件もなかった。どの案も一時的な休戦ライン以上のものとは見なされず、この問題をめぐる際限のない論争を激化させるだけで、ひとつとして歴史に貢献するに至らなかった。最初の案は一九一九年十二月に関係国大使会議が提案した暫定的国境であり、第二案は一九二〇年七月にスパ〔ベルギー東部のスパは温泉の語源となった町〕で開かれた英仏独外相会議で英国外相カーゾン卿が提案した国境案、すなわち「スパ・ライン」だった。この案では、ルヴフはポーランド側に入っていた。第三はカーゾン卿の知らないところで英国外務省が秘密裏に「スパ・ライン」を修正した案で、この案ではルヴフはソ連領だった。

　一九二一年三月十八日、ポーランドとソ連の代表団はリガ条約を締結し、両国にとって合法性を持ち得る唯一の国境線を画定する協定に調印した。この「リガ条約国境線」は、一七七二年の歴史的国境線と「スパ・ライン」とのほぼ中間に国境を引くという妥協の産物だった。この妥協の背景には、直近のポーランド・ソ連戦争でポーランド側が勝利したという事情があった。しかし、ポーランド側は、革命を存続させようとして必死だったレーニンが密かに覚悟していたさらに多くの領土的譲歩を引き出すことができなかった。戦間期の全期間を通じて、国際社会はリガ条約の国境線をポーランドとソ連の正式の国境線として承認した。両国がともに批准したリガ条約は国際連盟の承認を受け、さらに、一九三二年七月二十五日に締結されたソ連・ポーランド不可侵条約によって再確認された。つまり、それ以降、リガ条約に定める国境線を一方的に無視することは国際法違反と見なされることになったのである。

しかし、ソ連は、独ソ不可侵条約が結ばれていた期間、つまり一九三九年から四一年までの間、国際法遵守の姿勢をかなぐり捨てた。ドイツが国際連盟から放逐され、続いてソ連も追放されると、スターリンはもっぱらヒトラーとの二国間協定を優先する道を選ぶ。モスクワは、「ポーランドという国家がもはや存在しない」という理由で、ポーランドとのリガ条約も失効したと宣言した。一九三九年の独ソ協定によって「平和境界線」と呼ばれるポーランド分割線が確定し、ソ連邦は大ドイツ帝国と直接に国境を接することになった。

しかし、一九四一年六月に独ソ戦が始まると事情は急変した。ソ連邦は連合国陣営に参加し、それにともなって急遽新たな国際関係の枠組みが必要となった。スターリンはロンドンに代表団を送り、ポーランド亡命政府を承認し、同時に、大西洋憲章に調印した。大西洋憲章は大国による領土併合を否定していた。まるでチェスの勝負のように進む複雑な外交ゲームが始まった。表面だけを見れば、ソ連は過去に犯した過ちを改める動きに出たかのような印象を与えた。ソ連はリガ条約国境への復帰を明示的に認めたわけではないが、少なくとも独ソ協定に固執していた過去の態度を放棄したように見えた。東部戦線の戦況が決定的な段階を迎えていた時期、西側諸国の外交専門家の間には、スターリンはナチス・ドイツとの共謀関係を通じて不当に獲得した領土を手放すつもりだろうとの観測が生まれた。しかし、スターリンにはそのつもりはまったくなかった。

英米の指導者たちが最初にその事態に気づいたのは、一九四一年のドイツのソ連侵攻の直後に行なわれたソ連と西側との交渉の過程だった。西側諸国は、ソ連のバルト三国併合を何とかして撤回させようとしたが、スターリンがバルバロッサ作戦の間に失ったすべての領土を最後の一インチにいたるまで取り戻す意向であることを知って愕然とする。モロトフはリッベントロップとの間で合意した領土分割交渉の結果に固執する意図を隠そうともしなかった。英国政府は、イーデン外相の意向を受けて、ソ連によるバルト三国併合を容認する。ただし、米国はさすがに態度を保留した。しかし、さらに驚くべきことが起こった。モロトフは英ソ条約締結のために一九四二年五月にロンドンを訪問するが、その時彼が提示した条約案には領土問題に関する条項は一切含まれていなかったのである。事態はそのようにして進んで行った。

いわゆる米英ソ「三巨頭」による第一回目の会談は、一九四三年十一月にテヘランで開催された。テヘラン会談を意味する暗号名は、その内容にふさわしく、「ユリーカ」〔新発見〕だった。というのも、この会談で、またもや西側は足元をすくわれて驚愕するからである。会談では戦後のヨーロッパのあり方が検討されたが、その席で、モロトフが冷静に取り出したのは一九二〇年七月二十五日付の英国外務省の電文の写しだった。そこには、モロトフが「カーゾン線」と呼ぶ国境線が書かれていた。出席者の間に肌に感じられるほどの驚きの波が走った。英国の代表団自身が「カーゾン線」の内容について明確な知識を持たず、したがって、隣席する米国代表団に対しても十分に説明することができなかった。英国代表団は、その時点では、カーゾン卿の最初の提案を英国外務省内の何者かが密かに修正していたことも知らなかった。また、この「カーゾン線」すなわち「修正スパ・ライン」が独ソ間の「平和境界線」に酷似していることに気づいた者も少なかった。いずれにせよ、英米代表団から激しい反対の声は上がらなかった。「第二戦線」を開設して西側からドイツに反撃するという約束を久しく果たせないでいた英米両国には、ソ連に対する遠慮があった。スターリンは、また、チャーチルとルーズヴェルト硬路線を追求しても危険はないと見て取っていた。スターリンは国境問題に関して強トには大西洋憲章に固執する覚悟も、同盟国ポーランドの利益を擁護する度胸もないと読んでいた。スターリンは英米の首脳たちが自分の機嫌を取ろうとする姿を見てご満悦だった。チャーチルは、ルーズヴェルトが居合わせない場所で、スターリンに向かって「カーゾン線」は戦後の国境問題解決のための「基礎となるだろう」と発言した。ドイツの東部領土の一部をポーランドに移譲して埋め合わせるというのがチャーチルの出し得た唯一の条件だった。また、別の会合の席では、チャーチルのいない所で、ルーズヴェルトがスターリンに向かって、国境については「何らの障害も生じないだろう」と穏やかな口調で保証した。それ以降、もし英米側が国境問題の細部について異論を唱えたり、関係当事国の合意調整に失敗したりすれば、スターリンは自分に対する侮辱として露骨に不快感を示すようになる。戦後の国境問題に関するテヘラン会談の協議を秘密扱いとすることに英米両国が合意した時には、スターリンは大いに満足したにちがいない。

客観的に見て、モロトフの一撃は輝かしい勝利であり、英米側の対応はきわめて遺憾だったと言わざるを得ない。複雑な国境線問題の経過を解明するという厄介な任務を命じられた米国の若い外交官は、時をおかずして次のような事実を突き止めた。まず、モロトフが提出した英国外務省の電文は偽物ではなかった。ただし、スパ会談でカーゾン卿が提案した国境線案は、その後、英国外務省内の何者かの手によって密かに修正されていた。その修正はソ連側に有利だった。しかし、一九四三年の今となっては、細かな経過はすべて遠い昔の話だった。カーゾン卿が一九二〇年に提案した国境案に手を加え、それによって一九四三年のモロトフの一撃に有効な武器を提供した英国外務省職員がルイス・ネイミアだったことはほぼ間違いない〔ネイミアはポーランド出身の英国の歴史家。ポーランド名はルドヴィク・ニェミロフスキ〕。後年、ネイミアは「カーゾン線を策定したのはカーゾン卿ではなく、実は自分だった」と豪語している[17]。

というわけで、事態は事実上スターリンの思うままに進んだ。西部国境問題に関する対ポーランド交渉という厄介な義務をチャーチルとルーズヴェルトによって免除されたスターリンは、テヘラン会談の数週間後、大胆に自分の立場を明らかにした。一九四四年一月、ソ連政府機関紙『イズヴェスチア』はソ連の戦後の西部国境をカーゾン線とするという趣旨の記事を発表した。同時に掲載された地図には西部国境を示す黒い太線が描かれていた。太線は北部ではLBU諸国（リトアニア、ベラルーシ、ウクライナ）と接しているが、これら三国との境界地域にある主要都市はすべてソ連側に入っていた。地図の中央部では、太線はブク川に沿って走り、南部ではルヴフの西側を通っていた。つまり、ルヴフはソ連のものとなっていた。ルヴフとその周辺地域との歴史的つながりを完全に無視して恣意的に引かれた国境線だった。記事と地図はソ連の新聞各紙に何十回も転載され、宣伝パンフレットとして世界中に配布された。スターリンは英米首脳の暗黙の了解を得た上で自分の打つべき手を打ったのである。反論しようとする立場からすれば、スターリンの意図を挫くことは難事中の難事だった。（下巻付録13参照）

この西部国境については、ソ連側の本音を暴露する秘密メモが残されている。書かれてから五〇年間公開されなかったその秘密メモは、一九四四年一月十日付でマイスキー［イワン・マイスキーはソ連の外交官で、一九三二年から駐英大使、一九四三年以降は外務次官だった］がモロトフに宛てて送った「戦後世界に向けての我々の展望」と題する覚書である。その中でマイスキーはポーランドを「最小限の規模の国家」の地位にとどめておくべきであると提案している。このメモを発見したロシアの歴史学者に言わせれば、「ポーランドに対する偏見はひとりスターリンにとどまらず、ソ連の全支配層に共通の特徴だった」。

存続可能な独立国家ポーランドの創設はソ連邦の目指すところである。しかし、あまりに巨大で、強力なポーランドの出現は我々の望むところではない［強調は原文］。歴史的に見て、ポーランドはほとんど常にロシアに対して敵対的だった。将来のポーランドが（少なくとも今後数十年間）ソ連にとって真の友邦になるかどうかは誰も確信できない。ポーランドについて疑念を抱く人々は少なくない。そして、その疑いには十分な根拠がある。(18)

誰か勇気ある人物がいたとして、ある連合国が別の連合国の領土を奪うことは太平洋憲章の見地から正当化できるかどうかという疑問をスターリンまたはモロトフに質したとしたら、二人は激しく侮辱されたと思っただろう（もちろん、あえて質問する者はいなかったが）。スターリンも、モロトフも、隣国ポーランドの領土を併合することには何ら問題がないと主張したはずである。なぜなら、彼らが実際に進めていた領土政策は、西側の外交官が何年も前に勧告した線に沿ったものであり、一九四一年六月の独ソ戦開戦以前のソ連領土を回復する措置に過ぎなかった（一九四一年六月以前には戦争はなかったというのがソ連の公式の立場だった）。いずれにせよ、ソ連がポーランドを同盟国と見なしていなかったことは確かである。ロシア人は依然としてその心の奥底でポーランドを「ろくでなしの私生児」と見なしていたのである。

軍隊というものは、どの国の軍隊でも、政治という主人公に仕える召使である。しかし、政治が軍隊を統制する方法と程度については、その国の体制のあり方によって様々な違いがある。たとえば、第二次大戦以前の英米両国には、軍隊内に深刻な反乱や不服従が発生した場合にそれを統制するための十分な仕組みが存在しなかった。英国にも、米国にも、軍の規律を監視する憲兵隊と兵士の士気を監視する軍情報部は存在したが、その両部隊は参謀本部の管理下に置かれていた。フランスの場合、事情はややマシだった。参謀本部から独立した国家憲兵隊に加えて、民間部門の統制を担当する共和国保安機動隊（ＣＲＳ）が存在したからである。一方、全体主義諸国には、いかなる民主主義国家も匹敵し得ないような強力な安全装置があった。たとえば、第三帝国の場合には、ナチスが党独自の軍事警察部隊を保有していた。親衛隊である。親衛隊は帝国内のありとあらゆる活動を監視し、戦時には正規軍であるドイツ国防軍と肩を並べて戦ったが、正規軍の中に命令に抗する動きがあれば、その鎮圧には必ず親衛隊が使われた。

一方、スターリンのソ連軍は歴史上最もがんじがらめに手足を縛られた軍隊だった。ソ連軍の指揮官には自発的に部隊を指揮する自由がなかった。何というパラドックスだろう！　ソ連軍は強力この上ない戦争遂行装置としてドイツ国防軍を粉砕しつつあったが、その内部では指揮官の自発的な指揮活動は一切許されなかった。ロコソフスキーは軍隊の階級で言えば最高位の元帥であり、最も重要な戦線の最高司令官を務めていたが、にもかかわらず、どんな些細な決定も単独で下すことができなかった。命令を出す時には、前後左右に群がって彼の行動を監視している政治将校たちから書面による事前の許可を得る必要があった。ロコソフスキーは、ソ連のすべての軍人と同じように、名目的には彼の軍事組織のトップを占めていても、実際にはその組織の中で従属的な立場に置かれていた。

ソ連軍のこの仕組みを理解するためには、三つの主要なメカニズムを見ておく必要がある。ひとつはスターリンの個人独裁システム、第二は共産党の中央軍事政治部による軍の統制、そして、第三は絶大な権限を持つ内務人民委員部（ＮＫＶＤ）の存在である。ソ連では、あらゆる国家機関のひとつひとつについてその動向に眼を光らせる監視機関が存在し、さらにその監視機関を監視する上級の監視機関が存在した。

スターリンの個人崇拝システムは一九四〇年代の半ばまでにほとんど完成の域に達していた。それまでの二〇年間、スターリンはボリシェヴィキ党による集団的独裁を自分自身の個人独裁に転換すべく努力を重ね、その結果、極端な全体主義的体制の実現に成功していた。指導者個人の意志と党の意志との区別が判然としないような体制である。後世の解説者たちはこの体制を「個人崇拝」という上品な呼び名で呼ぶことになるが、実際には、ただひとりの権力者が秘密のヴェールに包まれて悪逆の限りを尽くすという意味で、ナチスの「指導者原理」と変わるところのないシステムだった。スターリンは無謬だった。あらゆる権限はスターリン個人に集中していた。彼は共産党の書記長であり、政府の首相であり、軍の総司令官だった。党内にはもはやいかなる分派も存在しなかった。一九二〇年代まで残っていた「右翼反対派」も「左翼反対派」もすでに消滅していた。存在したのはただひとりの権力者が二億人の国民の生死を思いのままに操る独裁体制だった。ソ連軍もまた独裁者の命令を執行するための機関のひとつであり、命令を執行し得ない司令官がいれば、その司令官の処刑が執行された。ロコソフスキーやジューコフのような元帥たちも、スターリンの命令を忠実かつ効率的に実行するための道具だった。しかし、元帥たちがあまりに華々しい戦果をあげると、かえってスターリンの不興を買う恐れがあった。

　レーニン以来、あらゆる国家機関はソ連邦共産党の指導下に置かれていた。共産党が絶対的な権限をもってあらゆる国家活動を監視し、すべての国家機関に命令するという原則（「党の指導性」）が貫徹されていたのである。共産党の承認を得ずに行なわれる活動は憲法の規定によってすべて非合法とされていた。その結果、あらゆる国家機関の活動の裏側に常にそれを監視する党機関が存在するという複雑な「二重システム」の国家運営が出現した。たとえば、閣僚会議〔閣内〕は党政治局（ポリトビュロー）の指令を受けて活動していた（ただし、その指令は非公開だった）。ソ連外務省の外交政策は党書記局国際部の監督下にあった。党の国際部は外務省を支配するだけでなく、諸外国の共産党の活動にも眼を光らせていた。そして軍隊は共産党軍事政治部の統制下にあった。共産党書記長の権限が国家元首を上回るというソ連のシステムを理解していた西側の解説者たちも、在外ソ連大使館の責任者が大使ではなく、ソ連の各省庁の責任者が閣僚ではなく、さらには、ソ連軍の実質的な指揮官が元帥でも将軍でもないという事実はあまり指摘したことがない。

一九四〇年代、ソ連軍の活動はそのあらゆる局面で党の軍事政治部とNKVDの厳重な管理下におかれていた。スターリンはNKVD長官ラヴレンチー・ベリヤを通じて軍隊を自分の思いのままに操っていた。軍を締めつける方法には、政治教育、二重指揮システム、「特殊部隊」による督戦の三つがあった。

軍隊では軍事訓練よりも政治教育が優先された。兵士は完全に洗脳されるまで政治教育を叩き込まれたが、その一方で、十分な軍事訓練は授けられなかった。まともな軍事訓練を受けたのはエリート軍人だけだったのである。軍事アカデミー、徴兵センター、訓練キャンプ、そして、出撃直前の前線兵士を対象とするプロパガンダなどは、すべて政治将校によって運営されていた。マルクス・レーニン主義は無謬であり、ロシア民族を中核とするソ連邦の力は不敗であり、ヨシフ・スターリンは比類なき天才であることがすべての兵士の頭に叩き込まれた。

しかし、第一ベラルーシ戦線では厄介な問題が生じ始めていた。一九四四年から四五年にかけて、新たに徴兵された非ロシア人の部隊が前線に配置されたが、補充兵の多くはソ連邦以外の地域、特にポーランドやルーマニアで戦前の教育を受けた人々で、公式の政治教育に馴染まなかった。ある政治将校は「兵士の間に懐疑的な姿勢が見られる」と報告している。「自分の身体を投げ出して敵のトーチカの銃眼を塞ぐという勲功を立てたソ連邦英雄ヴァルラーモフ軍曹の話をすると、彼らの間からそんなことはできっこないという声が上がった」(19)。同じ頃、別のNKVD報告は、非戦闘中の部隊で発生した許容し難い死傷事故を伝えている。すなわち、ある師団では、非戦闘中の事故が原因となって、わずか一ヵ月間に兵士二三名が死亡し、六七名が負傷したが、それは「無能な士官と訓練不足の兵士たち」が短機関銃（サブマシンガン）の取扱いを誤ったためだった。[20]

共産党の中央軍事政治部は軍隊のあらゆるレベルに監視網を張りめぐらしていた。一般社会では「コミッサール」と呼ばれ、公式には「政治委員」または「政治指導員」の肩書きで呼ばれる政治将校は、通常、二種類の階位を保有していた。ひとつは、外部には公表されない軍事政治部内の階級、もうひとつは通常の軍隊内の階級だった。そこで、軍隊内では階位の高い軍事将校よりも比較的階位の低い政治将校の方が大きな権限を持つという現象が日常的に発生した。政治将校は、たとえ階位が低くても強力な権限と影響力を行使することができた。大隊以下のレベルの部隊には軍事指揮官の他に必ず政治将校が存在した。彼らは共産党の上部機関から派遣された身分で、軍事指揮官を監視する役割を担っていた。軍団や師団のレベルでは、司令官である元帥や将軍の陰に政治委員が控えていた。彼らは名目的には軍事指揮官と同等の階級を名乗っていたが、政治的には優位な立場だった。

たとえば、ロコソフスキー元帥の前線司令部だった掩蔽壕は、その事情を物語る典型的な例である。掩蔽壕の内部は非常に質素で、簡易二段ベッドとテーブル、それに椅子が二脚あるだけだった。元帥は二段ベッドの上段を使っていた。下段には政治委員である秘密警察出身のニコライ・ブルガーニン将軍がいて、日夜ロコソフスキーを監視していた。司令部が命令を発する際には二人の署名が必要だった。二人は並んでテーブルに向かい、まずロコソフスキーが署名し、次にブルガーニンが署名した。この手順を見れば、第一ベラルーシ方面軍の実質的な司令官が誰かを推測するのは難しくない。二人の間の会話はとうてい愉快な話し合いとは言えなかった。ほんの六、七年前、ブルガーニンはロコソフスキーを裁判に引き出し、彼の同僚の多数を銃殺し、ロコソフスキー自身を強制収容所に送り込んだ共産党秘密警察の幹部だったからである。ブルガーニンの前途には輝かしい出世が待ち構えていた。戦後、ブルガーニンは国家のトップに上り詰めることになるが、それも当時から予測される事態だった。一方、ロコソフスキーの将来がどうなるかは不明だった。

チェーカー（反革命・サボタージュ・投機取り締まりのための全ロシア非常委員会）とOGPU（合同国家政治保安部）の後継機関であり、後のKGB（国家保安委員会）の前身であるNKVD（内部人民委員部）は、ソ連の保安機関のすべての部門を管理する包括的組織であり、その活動範囲は類例を見ないほど多岐にわたっていた。諜報と防諜、民生警察、国境警備と沿岸警備、消防、監獄、強制収容所、通常の内務省業務、刑事捜査と起訴手続き、国内公安部隊の指揮など、すべてがNKVDの担当業務だった。ドイツの組織に例えれば、親衛隊、武装親衛隊、親衛隊情報部、国防軍情報部、刑事警察（クリポ）、国家保安部（ゲシュタポ）その他多数の機関をひとつにまとめたのがソ連のNKVDだった。NKVDの歴代長官だったG・G・ヤゴダ、N・I・エジョフ、ラヴレンチー・ベリヤの三人はそろって大量殺戮に手を染めたが、彼ら自身も処刑されて命を失うという運命をたどった。

一方、「スパイに死を」（スメルチ・シュピオーナム）というスローガンの頭文字を組み合わせて「スメルシュ」と名付けられた機関が存在した。これは前線での防諜と督戦の機能を果たす究極の監視機関で、スターリン主義の被害妄想を余すところなく体現していた。スメルシュは公式には一九四三年に赤軍参謀本部の下に設立されたが、その後、赤軍からもNKVDからも独立した特殊な組織となった。ただし、要員はすべてNKVD第三局軍事防諜部の出身者であり、ベリヤの副官だった人物〔ヴィクトル・アバクーモフ〕が司令官を務めていた。スメルシュの任務は赤軍内部および赤軍が占領した地域から敵のスパイ、破壊工作員、抵抗分子、その他の疑わしい分子をすべて排除することにあった。前線で戦うあらゆる軍、軍団、師団の司令部にスメルシュの代表者が配属されていた。

第一ベラルーシ方面軍の司令部にも中将の肩書を持つスメルシュの代表者が配属されて独自の命令系統を通じて秘密の監視活動を行なっていた。必要な場合にはいつでもスメルシュの「特殊部隊」を導入する用意も整っていた。スメルシュの中将は上官に当たる司令官のロコソフスキー元帥をいつでも逮捕する権限を持っていた。一方、ロコソフスキー元帥には、政治将校の逮捕を命ずる権限はなかった。

ＮＫＶＤの国境警備軍・国内軍総局（ＧＵＰＶＯ）は、国境警備軍、輸送警備軍、産業・国家施設防衛軍、鉄道警備軍、工兵隊、督戦部隊などを所管する六部門に分かれていたが、一九四一年、この総局の中に兵員十万人規模のＮＫＶＤライフル連隊が結成され、実戦訓練に入った。やがて、このライフル連隊に加えてＮＫＶＤ独自の機甲部隊と砲兵部隊が結成され、これらを合わせてＮＫＶＤ軍の師団が編成される。このＮＫＶＤ軍から選抜された部隊で編成されたのが、世に恐れられた殲滅大隊と悪名高い脱走防止部隊である。殲滅大隊の任務は後方に潜む敵を捜索して殲滅することであり、脱走防止部隊は赤軍の前線の背後に警戒線を引いて兵士を戦闘に駆り立てる督戦隊だった。正面から飛んでくる敵の銃弾から逃れようとすれば、背後から飛んでくるＮＫＶＤ軍督戦隊の銃弾によって殺されることは、赤軍の兵士なら誰でも知っていた。

赤軍の進撃を迎える地域の住民がこれらのＮＫＶＤ特殊部隊に捕まるようなことがあると、きわめて深刻な事態になった。通常、最初にやって来る最前線部隊の赤軍兵士は住民に対して非常に友好的だったが、その後から到着するＮＫＶＤ部隊は猛烈な悪意に満ちていた。ＮＫＶＤ部隊は到着するとすぐに住民を手当たり次第に逮捕し、その後に尋問するという方法を取っていた。ＮＫＶＤ部隊は何の咎めも受けずに日常的に同胞を殺害していたので、外国人を殺すことなど何とも思っていなかった。ＮＫＶＤは非常に閉鎖的な集団で、外部と交流することがなかった。

侵攻する赤軍の様子を目撃した人の目には、赤軍が政治的な統制下に置かれていることは一目瞭然だった。目撃者によれば、赤軍は明らかに異なる三つの集団の波となって町を通り過ぎて行った。最前線の部隊は軍服も軍靴も立派で、武器も十分だった。戦車、自走砲、機動対空砲、ロケット砲発射装置などがこの最前線部隊を支援していた。次に来る大集団は破れた制服や襤褸を纏った兵士と囚人部隊のグループで、靴を履かない者も少なくなかった。彼らは蟻のように右往左往し、みすぼらしい子馬に乗ったり、あるいは、壊れかけの荷馬車の脇をとぼとぼと歩いたりしてやって来た。農場から奪った家畜を引いている兵士もいた。彼らは銃を紐で縛って背負い、略奪品を詰め込んだ袋を担いでいた。その後からＮＫＶＤ軍の特殊部隊がやって来た。彼らは新品の米国製ジープに立ち乗りして前進して来た。青い肩章つきの灰色の制服で身を固めたＮＫＶＤ部隊は自動小銃で武装していた。その任務は前進する部隊からの脱走兵を射殺することだった。

占領地域の住民に対するソ連軍兵士の野蛮な振舞いの裏側にも政治的な意味があった。それはソ連の威力を被征服民族に見せつけるための意図的な計算だった。また、ドイツ軍の占領地域に残されていたソ連市民に対する扱いも残酷だった。ドイツ占領軍に抵抗して命を失わなかったソ連市民は反逆者として扱うという指令が開戦当初に最高政治指導部から出されていた。占領地域での兵士による略奪は事実上公認されていた。住民に対する襲撃や暴行は正常な行為だった。殺害は当然の義務であり、強姦は日常茶飯事だった。兵士の間に政治的な反抗を匂わす動きがあれば即座に弾圧に乗り出すＮＫＶＤだったが、民間人に対する兵士の些細な乱暴には介入しようとしなかった。当時ロコソフスキー軍の砲兵士官で、後にロシアの有名作家となる人物〔ソルジェニーツィン〕は次のような証言を書き残している。

ヨーロッパの征服者となったロシア兵が
群れをなしてあらゆる品物を盗み回っている。
真空掃除機、ワイン、蠟燭、
スカート、額縁、煙草のパイプ、
ブローチ、メダル、ブラウス、バックル、
ロシア語が打てないタイプライター、
ソーセージとチーズ……
次の瞬間、女性の叫び声が
壁の向こうから聞こえてくる。
「ドイツ人じゃない。私はドイツ人じゃない。
ちがう！　ポーランド人よ。私はポーランド人よ」。
ロシアの若者たちの誰も彼もが
手当たり次第に奪い、犯している。
ああ、この流れに逆らう優しい心は
もうどこにも残っていないのか？(21)

ソ連軍は民間の対独抵抗勢力に対しても冷酷な取扱いをしたが、その背景にも政治的な圧力があった。ロコソフスキー軍がブク川を渡った日と同じ週の一九四四年七月十四日、スターリンと参謀総長アントーノフ将軍の名で、西部戦線のすべての司令官宛てに次のような特別指令が発せられた。

……ソ連軍部隊の一部はリトアニア、ベラルーシ、ウクライナなどの地域ですでにポーランド人の軍事組織に遭遇している。これらの組織はポーランド亡命政府の指揮下にある部隊で、その行動には疑わしい点が多い。彼らはあらゆる場所で赤軍の利益に反する動きをしている。したがって、ポーランド人軍事組織との接触を禁止する。これらの組織を発見した場合にはただちに武装解除し、指定の収容場所に収容し、尋問することとする。(22)

モスクワから見れば、諸外国の共産党はソ連の国際的影響力を補強するための道具に過ぎなかった。ヨーロッパ諸国の共産党が自国の政府に協力し、あるいは敵対するのは、もっぱらソ連を支援するためだった。モスクワに本拠を置くコミンテルンが世界各国の共産党を操る体制は一九四三年まで続いた。

一九三八年には、そのコミンテルンがポーランド共産党(KPP)の解散と同党指導者の処刑を決定した。ポーランド共産党に代わる組織の設立は「保留」された。これについては、重大な疑問が生じていた。これは、明らかに、単なる粛清の域を越えたやり方だった。確かにスターリンは自分の党の古参ボリシェヴィキ幹部を次々に殺害したが、数次にわたる粛清を経た後に、ほぼあらゆる点で新しい党組織を創り出した。スターリンは党そのものを廃止しようとしたことはなかった。なぜなら、共産党はソ連邦を統治するための鍵を握る組織だからである。だとすれば、ポーランド共産党に対する激しい攻撃の意図が単に潜入分子の排除とイデオロギー上の反対派の抑圧にとどまらないことは明らかだった。KPPに取って代わる新組織が設立されなかったことは、スターリンがポーランド国家そのものの消滅の可能性を予測していたという疑いを生んだのである。事態はその疑いを裏づけるような形で進んだ。モロトフは、コミンテルンがKPPの「暫定的解体」を宣告してから一年も経ないうちに「もはやポーランドは存在しない」と公言するのである。

ポーランド共産党再建の問題は一九四一年の半ばまで浮上しなかった。ところが、一九四一年六月にドイツ国防軍がソ連邦に侵攻すると、窮地に追い込まれたスターリンはやむを得ずポーランドの存在を認めることになる。事実、スターリンはポーランド亡命政府を急ぎ承認した。ポーランド国家が復権することになれば、ポーランド共産党も再建されなければならない。そこで、コミンテルンはポーランド共産党再建のための組織委員会をソ連国内に設けることを認めた。ポーランド共産主義者中央局（ＣＢＫＰ）という名の組織委員会がモスクワで設立され、新党設立の準備に入ったが、再建される新党は戦術上の理由からポーランド共産党ではなく、ポーランド労働者党（ＰＰＲ）を名乗ることになる。残念ながら、当時はポーランド全土がドイツ軍の占領下にあったので、ＰＰＲが国内に影響力を広げる方法はモスクワから飛行機で活動家を潜入させる以外になかった。一九四一年十二月に組織委員会のメンバーが初めてドイツ軍占領下のワルシャワに潜入し、地下抵抗運動内の親共産党グループと連絡を取った上で、一九四二年一月五日の秘密総会でＰＰＲが発足する。

占領下のワルシャワで設立されたＰＰＲには、当初から怪しげな陰謀と胸糞の悪い殺害事件がつきまとっていた。党は暗い秘密のヴェールに覆われ、外界からほぼ完全に孤立した状態だった。初代の書記長〔マルツェリ・ノヴォトコ〕は内部抗争によって殺害され、その殺害犯とされた幹部〔ボレスワフ・モウォジェツ〕を処刑した二代目の書記長〔パヴェル・フィンデル〕はおそらく同志の密告によってゲシュタポに逮捕される。三代目の書記長になったのが同志ヴィエスワフの名で呼ばれたヴワディスワフ・ゴムウカだった。ゴムウカは戦前からの共産主義者で、ポーランド国内で投獄された経験があった。今回はモスクワから送り込まれたのではなく〔戦前にモスクワで教育を受けたが〕、ソ連の占領地域に逃れるよりもナチスの占領下に留まることを一九三九年の段階で選んだ人物だった。ゴムウカのＰＰＲが一九四三年十一月に発表した「我々は何のために戦うのか?」と題する党声明は典型的なマルクス・レーニン主義的現状分析と親ソ的プロパガンダの組み合わせだった。

一九四三年、外国の共産主義運動に対するモスクワの姿勢に変化が生ずる。赤軍が大反撃を開始し、ナチス・ドイツの壊滅が視野に入ってくると、ボリシェヴィキは従来の国際主義の衣をかなぐり捨て、狭隘なロシア愛国主義とさらに狭隘なスターリン主義への傾向を強めたのである。コミンテルンは廃止され、その機能はソ連共産党内部の各種機関に受け継がれた。

この新路線はポーランドとポーランドの共産主義運動に重大な影響を与えた。ソ連はポーランドとの関係を調整するために新たにポーランド愛国者同盟（ZPP）を組織した。代表者に選ばれたのは戦前にポーランド外相を務めたことのある有名な人物〔レオン・ヴァシレフスキ〕の男勝りの娘〔ヴァンダ・ヴァシレフスカ〕だった。ZPPは、ありとあらゆる政治的傾向の人々を、ソ連の指示に従うことを唯一の条件として組織内に受け入れた。つまり、PPRは多数の政治的党派のうちの弱小グループのひとつに過ぎず、ZPPはNKVDによって発掘された多数の身元の不確かな機会便乗主義者の集団だった。

一九四三年の年末、PPRとZPPが共同発起人となって全国国民評議会（KRN）が設立される。KRNは将来のポーランドにソヴィエト型の政治を導入するための布石だった。KRNは戦前の人民戦線をモデルとして様々な政治党派の代表者を網羅する組織であるとされていた。しかし、実際にKRNに結集したのはほんの一握りの親ソ的な小政党でしかなかった。KRNの議長ボレスワフ・ビェルトはポーランド出身のソヴィエト官僚で、コミンテルンの職員だったが、その解体によって職を失ったところだった。KRNが戦後ポーランドの国内政策として提示したのは、農業改革と部分的な産業国有化だったが、それはポーランド農民党とポーランド社会党の政策の焼き直しだった。一方、ＫＲＮの外交政策はソ連邦との「永続的な友好関係」を基本としていた。ＫＲＮは影の薄い存在だったが、成立後何ヵ月間かを経て、その指導者たちは、ソ連軍が進撃して占領する地域の行政を逸早く担当する政府機関がなければ実質的な影響力は行使し得ないことに気づき始める。

そこで、ロコソフスキー軍がブク川を渡り、スターリンが将来のポーランドの領土として認めた地域に赤軍が突入すると、それに急かされるように、ＰＰＲ、ＺＰＰ、ＫＲＮの幹部がモスクワに集まってポーランド国民解放委員会（ＰＫＷＮ）を設立した。ＰＫＷＮは一九四四年七月二十一日、空路でヘウムに降り立ち、その翌日、あらかじめ用意されていた政治宣言を発表した。ＰＫＷＮの議長には社会党員と称する無名の人物〔エドヴァルト・オスプカ＝モラフスキ〕が就任した。ＰＫＷＮが最初に出した政令のひとつは、「後方地域」の治安管理をＮＫＶＤに委任する通達であり、もうひとつはポーランド軍を再編成してソ連軍の指揮下に入れるという宣言だった。ＰＫＷＮは一九四四年八月一日にルブリンに移動したので、一般には「ルブリン委員会」の名で知られるようになる。

ルブリン委員会は征服軍が被征服地に貨物列車で送り込むタイプの典型的な傀儡政権だったが、その長期的な目標がどこにあるのかは長い間不透明だった。というのも、ＰＫＷＮはみずから臨時政府であることを主張しようとせず、また、明確に共産主義的な姿勢も見せなかったからである。ＰＫＷＮが発表した声明の中には、農業集団化、計画経済、プロレタリアート独裁などソ連型の政策は何ひとつ含まれていなかった。また、ＰＫＷＮの下には行政府として一六の省が編成されたが、担当相のうち共産主義者であることを鮮明にしたのは三人に過ぎなかった。また、ポーランドの東部地域をソ連に引き渡す件についても何の言明もなかった。したがって、もし、ルブリン委員会の目的が世間を煙に巻くことにあったとすれば、そのやり方はきわめて有効だったと言える。これから実際に何が始まろうとしているのかを知る者は、モスクワの政策担当者以外には誰もいなかった。高度の分析能力を持つ政治学者にとってさえ、ＰＰＲ、ＫＰＰ、ＫＲＮ、ＰＫＷＮなどと続く略号の連続は理解困難な呪文に過ぎなかった。しかし、もし当時、ソ連軍の進撃を支援するために民衆が蜂起することがあり得るかと誰かが質問したとしたら、その回答は疑いなくイエスだった。それどころか、迫り来る蜂起の先頭に共産主義者自身が立とうとしているという見方さえあった。

赤軍はポーランド中央部まであと一歩の距離まで前進した段階で、三隊の偵察部隊をドイツ占領地域に潜入させてポーランド地下国家の現状を調査させた。三つの偵察部隊の指揮官がもたらした情報はモスクワに送られ、ベリヤの手で整理照合された上で、一九四四年三月二十三日に同志スターリンに報告された。偵察部隊はポーランド地下国家を構成する主要な抵抗勢力、各勢力の軍事組織と戦闘行為の実態、各グループの階級構成などを詳細に分析して、たとえば、次のように報告している。

最大のグループは、親ソ派のポーランド労働者党（ＰＰＲ）とその軍事組織の人民防衛軍（ＧＬ）によって構成されている。接触した偵察隊員によれば、同グループの指導者「同志ミェチスワフ・モチャル」はＧＬの組織編制を説明した上で、実戦に参加する兵力は五〇〇〇人を超えると言明した。第二のグループはＯＺＯＮまたは「サナツィア」と称する「亡命政府系のファシスト集団」である。この集団は「きわめて反ソ的」であり、「海岸から海岸までの大ポーランド」の実現をスローガンとしている。第三のグループは「小規模地主、ブルジョアジー、将校」などを基盤として結成され、権力の奪取を狙う反動的な「エンデク党」である。一方、軍事組織として「農民大隊」を持つ農民党は、実際には富農つまり「クラーク」によって組織されており、農民大隊の一般兵士は自分たちの指導者を無視して、ＧＬの兵士と友好関係を結んでいる。一九四三年の秋、「サナツィア」と他の四グループが統合して国内軍（ＡＫ）を結成した。「陸軍士官と警察官」によって指導されるAKは「ポーランド軍」を自称しているが、ドイツ軍とは戦わず、「彼らの最大の敵であるソ連邦との戦闘に向けて準備している」(23)。

全体として膨大な報告書の内容は、一から十まで、ほぼ全部が嘘っぱちだった。もし偵察隊がたとえ末端の代表者であれ地下国家の関係者と実際に接触していれば、これほど多くの事実誤認をしないですんだだろう。素人じみた階級分析もまったく的外れだった。もっとも、スターリンがこの報告を真に受けたとは思われない。追従をもっぱらとする臣下たちが偽情報を提供していることをスターリンは見抜いていた。しかし、モスクワにいて事実関係をチェックすることは困難だった。ともかくも、報告書はソ連に有利な内容だった。ポーランドの地下国家が圧倒的に親ソ的であり、いずれにせよ抵抗運動の規模は無視できるほど小さいという情報は歓迎すべき材料だった。スターリンにとって、この段階でこれ以上に都合の良い状況はあり得なかった。このお粗末な諜報活動がもたらし得る結果を慎重に検討しようとする姿勢はモスクワにはなかった。

退却するドイツ国防軍を追撃してヴィスワ川に至ったソ連軍は、さらにその西側へ進撃する作戦を採用したが、この作戦を開始するとすぐに、スターリンは領土を一インチでも多く獲得すれば、それだけ中東欧地域の戦後処理が有利になることに気づいた。しかし、同時に、いかなる戦後処理も、英米ソ三大国の合意がなければ不可能なことは明らかだった。当時、英米両国は依然として戦後に和平会議を開催する方針を維持していた。したがって、ソ連としては西側の世論、特に英国の世論を味方につけておく必要があった。なぜなら、英国はポーランドの支援国であり、ポーランド政府はロンドンに亡命していたからである。そこで、英国に対するソ連の圧力は、戦争が終盤に入るにつれてますます重要な要素となる。

英国内で活動するソ連の代理人とその同調者たちは、三つの基本的な課題に直面していた。第一に、ポーランド亡命政府とそれを支持する勢力の信用を掘り崩しておく必要があった。第二は、ソ連によるLBU（リトアニア、ベラルーシ、ウクライナ）地域の併合には明らかに合理性があるという世論を醸成すること、第三は、不可避的に発生する対立反目の責任がポーランド側にあると見せかけるために、ソ連が犯したすべての犯罪行為を否定することだった。彼らの活動は効果を上げつつあった。

英国における反ポーランド・キャンペーンはほとんど開戦と同時に始まった。ソ連がポーランドに侵攻してからわずか一週間後の一九三九年九月二十四日、英国の元首相で第一次世界大戦の戦争指導者だったデイヴィッド・ロイド＝ジョージは、新聞王ビーヴァーブルック卿が発行する新聞各紙の中の旗艦紙『サンデー・エクスプレス』に「スターリン首相の目的」と題する長文の論評を発表して、まず、階級社会のポーランドで支配階級の代理人を務めていたポーランド政府は国民を見捨てたと論じた。次に、ロイド＝ジョージはソ連とポーランドの国境線の変更を弁護し、その理由として当該地域の住民はポーランド人ではなく、「まったく別の民族」であると主張した。さらに、締めくくりとして、ナチスとソ連がポーランドの第四次分割を企図しているという噂を否定した。スターリンにとってこれほど都合の良い援護射撃はなかった。それは、あたかもソ連政府広報部の意見を代弁するかのような論調だった。デイヴィッド・ロイド＝ジョージの長広舌に対しては、もちろん反論があった。しかし、彼の論評がその後の論争の基調となったことは間違いない。(24) ポーランドの第四次分割が発表されたのは、この論評が掲載されてから三日後のことである。

デイヴィッド・ロイド＝ジョージが提起した三点は、その後の数年間、繰り返し蒸し返された。ポーランドの名誉を貶めようとする人々は、ポーランド政府が「階級支配的性格の強い」政府であるという問題を持ち出して、罵詈雑言を並べ立てた。ポーランドは地主、貴族、郷士、軍人、銀行家、司祭などの悪辣な「吸血鬼」が支配する国であり、ポーランド政府は、ソ連政府とは違って、少しも国民を代表していないという主張だった。ポーランド亡命政府を構成する人々が明らかに民主主義者であり、ソ連の用語を使えば「労働者と農民」であることが明らかになった後も、ソ連の代理人たちはポーランド亡命政府を「ファシスト」呼ばわりすることをやめなかった。領土問題については、ソ連支持派は複雑な現実を論ずることを慎重に避け、代わりに、ロシア人が住むロシアの土地はロシアに帰属するのが当然であると主張した。そして、独ソ協定とその結果については、何も言わないという戦術を採用した。一九三九年のポーランド分割についても、ポーランド人の大量強制移住についても、カティンの森の虐殺についても、彼らは口を拭って何も言わなかった。これらは決して口にしてはならないテーマであり、それを話題にすること自体が「反ソ的」姿勢として非難されたのである。

　事実に基づかないロイド＝ジョージの論評に対して、ポーランド亡命政府の駐英大使〔エドヴァルト・ラチンスキ〕は当然反論したが、それに対する英国世論の対応は露骨に反ポーランド的だった。大使は長文の反駁書簡を『タイムズ』に送った。当時、『タイムズ』の投稿欄は国民が様々な問題について広く意見を交換する場所となっていたからである。しかし、他紙が最初に取り上げた問題についての投稿は掲載しないのが『タイムズ』のルールであるという理由で、大使の書簡の掲載はにべもなく拒否される。いかにも英国風の冷淡なあしらい方だった。そこで、ポーランド大使はその書簡を私家版のパンフレットとして公開した。読者はせいぜい数百人だっただろう。この経緯については、『タイムズ』編集部の外交問題担当者が戦争のほぼ全期間を通じてE・H・カーだったことを忘れてはならない。歴史学者のE・H・カーは、戦前には、何かにつけてナチスに同情を寄せ、戦中戦後は、スターリンの歓心を買うことに熱心だった。[25]

英国内のソ連支持派の大半を占めていたのは、同伴者と呼ばれる人々だった。同伴者の大多数は左派系の知識人で、自分たちはマルクス・レーニン主義者ではないし、ソ連の政策とも無関係であると声高に宣言する一方で、ソ連型の共産主義を興味深い政治的選択肢のひとつ見なしていた。彼らはファシストとは決して食卓を共にしようとしないが、その一方で、共産主義者を家に招くことをためらわず、彼らの新聞やセミナーでソ連の代理人が意見を述べることを歓迎する人々だった。なかでも最大の大物はファビアン協会のシドニー・ウェッブとベアトリス・ウエッブ夫妻だった。二人は批判精神を欠く愚昧さという点で悪名高い『ソヴィエト共産主義、新しい文明？』（一九三五）を著して当時の世代の人々全体に深刻な誤解を振りまいた。さらに、ジョージ・バーナード・ショー、H・G・ウェルズをはじめ、ロンドン・スクール・オブ・エコノミックス（LSE）の学長として大きな影響力を持っていたハロルド・ラスキ、ヴィクター・ゴランツ〔ゴランツはラスキ、ストレイチーとともにレフト・ブック・クラブを創設した人物〕、J・B・プリーストリーなど、同伴者は至る所にいた。国会議員の中にも、トム・ドライバーグやエレン・ウィルキンソンなど、親ソ派は少なくなかった[26]。この問題については、ある歴史家〔ロバート・コンクェスト〕の言葉を引用するのが最も適切だろう。彼の意見は、発表された当時は流行らなかったが、今ではその正当性が実証されている。「ロンドンとワシントンに巣食う親ソ派の連中の政治的判断は愚昧としか言えなかったが、それにも増して胸糞悪いのは、都合の良いことだけを論ずる彼らの殊勝ぶった態度だった[27]」

英国のロシア歴史学界の第一人者だったバーナード・ペアーズ卿までがこの国際論争の馬鹿騒ぎに加わり、独立国としてのポーランド共和国の存在そのものを疑問視するような重量級の一撃を加えた。彼は『マンチェスター・ガーディアン』に寄稿して、ロシア帝国が第一次大戦の終結時に西部地域の領土を失ったのは「ほとんど偶然の事故」であり、その結果、戦間期には「一〇〇〇万人のロシア人」が国境の非ロシア側に取り残されたと論じた。バーナード・ペアーズ卿はボリシェヴィキではなかった。彼はボリシェヴィキよりも、むしろ帝政ロシア時代の末期に重要な役割を果たし、臨時政府設立の立役者となったカデット（立憲民主党）と密接な関係にあった。カデットは後にボリシェヴィキによって打倒される。つまり、彼は自分を「リベラル派」と見なし、「立憲主義者」を自任していたが、実際には、同じ世代の多くの英国人と同じように、恥知らずな帝国主義者でもあった。ペアーズにとっては、ロシア帝国が無傷で生き残れなかったことは重大な不正だった。彼のいわゆる「一〇〇〇万人のロシア人」が自分たちを何者と思っているかも、彼らの民族自決の権利も、ペアーズ卿には関係なかった。明らかにバーナード・ペアーズ卿はスターリンによる一九三九年九月のポーランド東部の占領と一九四〇年のバルト海沿岸諸国の併合の両方を是認する立場だった。彼はワルシャワとヘルシンキについては発言しなかったが、おそらくそれは別の範疇の問題と見なしていたのであろう。しかし、彼の考え方をもう一歩進めれば、ワルシャワとヘルシンキがロシア帝国の支配から脱したのはともに不幸な成り行きであり、歴史の重大な逸脱ということになったに違いない。ペアーズの論争参加は、スターリンとは何の共通点もない善意の西欧人の多くが結果としてスターリンの侵略と略奪を支持し、奨励することになるという奇妙な現象の代表的な例だった。バーナード・ペアーズ卿はソ連のプロパガンダ戦略に急速に組み込まれていった。

英国共産党は弱小政党であり、その主張と行動は概して不人気だった。彼らは上部の命令に従うこと、つまり、最終的にはモスクワの命令に無条件に服従することを誓った政治セクトに過ぎなかった。共産党は英国社会に存在する周知の欠陥については異常に敏感だったが、ソ連の欠点には眼をつぶるという体質を備えていた。「党の無謬性」という原則を叩き込まれていた英国共産党員は、一九三九〜四一年にモスクワがドイツ第三帝国を絶賛するという事態が発生すると慌てふためき、混乱状態に陥った。つい最近までは、ドイツを最大限非難するように教えられていたからである。しかし、ヒトラーとスターリンの間に再び敵対関係が復活すると、彼らも元気を回復する。事実、一九四三年から四四年にかけては、英国共産党がその歴史上で最も大きな社会的存在（とは言っても、依然としてつつましい存在だったが）となった時期だった。英国共産党にも、少数ながらエリック・ホブズボームのような知識人党員がいた。そのホブズボームは、後年、スターリンの大量虐殺については何ひとつ知らなかったと抗弁することになる。[28] しかし、党員の圧倒的多数は「赤いクライドサイド」〔クライドサイドはスコットランド南部の造船工業地帯〕やロンドンのイーストエンド地区出身のプロレタリア活動家であり、彼らは外交問題にはほとんど関心がなかった。[29] 常識に反して、英国当局は戦時中にも英国共産党員を国家への忠誠心が疑わしい分子として扱うということがなかった。英国ファシスト党員は投獄されたが、英国共産党員は行動の自由を認められ、英国社会のあらゆる分野で体制転覆の計画を進めていた。当時の共産党員で英国陸軍の士官だった人物が後に一九四三年から四五年までの活動を振り返って語っている。彼は勤務の余暇に党の宣伝パンフレットの原稿を書いていたが、それはポーランドの「軍国主義者」、「ファシスト」、「帝国主義者」などの評判を貶めるための活動であり、ポーランド人は大連合に加盟する諸国の民主主義的な連帯を破壊するために不和の種を蒔いているという内容だった。[30] 当時の英国社会には、「非対称的な寛大さ」とでも言うべき状態が出現していたのである。

西欧の知識人はなぜスターリンに幻惑されたのだろうか？ この疑問に個人的な関心を持つ英国の作家が、最近になって「当時のオックスフォード大学の共産党員たちはどこまで事実を知っていたのか？」という問題提起を行なっている。彼は独ソ秘密協定とそれにともなうポーランド、フィンランド、ルーマニア、バルト諸国への侵攻というソ連の忌まわしい外交政策を要約した上で、スターリン主義がソ連国内で引き起こした驚くべき恐怖政治の実態をリストアップしている。ソ連の国内事情はすでに一九三〇年代から広く報じられており、少しでもまともな知性を備えた観察者なら警戒心を抱いたはずである。

西側では、すでに一九三一年の段階でソ連の強制収容所に対する公然たる抗議の声が上がっていた。一九二九〜三四年の農業集団化にともなう暴力的な混乱と一九三三年の飢饉についても多数の具体的な指摘が行なわれていた（ただし、当時はまだ、飢饉がスターリンの人為的なテロルであるという指摘はなかった）。一九三六〜三八年にはモスクワで見世物裁判が行なわれた。裁判は外国の報道陣と傍聴者に公開され、世界中に報道された。裁判は大袈裟でヒステリックな茶番劇だったが、被告となった有名な古参ボリシェヴィキたちは、自分が最初から人民の敵であったと「告白し」、ありとあらゆる馬鹿げた容疑を認めた……ところが、世界の人々の大多数は、飢饉も農民の奴隷化も強制労働も存在しないというソ連政府の怒りに満ちた否定の方を信じたのである。[31]

ソ連の実情に関する真実を人々が信じようとしなかった理由は、「事実が（つまり真実が）あまりにも信じがたいものだったからかも知れない[32]」。

後に明らかになることだが、英国政府上層部へのソ連の影響力の浸透は当時の人々の想像をはるかに越える範囲にまで広がっていた。たとえば、一九四四年に陸軍情報部から外務省北ヨーロッパ局に出向してソ連部門の責任者になったクリストファー・ヒルは、巧妙に正体を隠していたが、ソ連のスパイであり、英国共産党の正式党員だった。そのヒルの友人で、情報省のソ連部門の責任者だったピーター・スモーレットも実はソ連のスパイだった。彼はやがてソ連に亡命する。そのスモーレットの同僚だったキム・フィルビーは最も優秀なソ連のスパイだった。彼は外務省防諜部MI6のソ連部門の責任者だったので、ソ連の諜報活動に対する英国の防御システムを無力化することに造作なく成功した。この三人は秘密のスパイ委員会を結成し、スターリンの政策が善意に基づくものであるという印象を英国民に植えつける工作を推進していた。三人組に接触して指令を与えていたのは多分ソ連大使館のグリゴリー・サクシンだったと思われるが、サクシンは一九四四年九月に慌ててロンドンを発って帰国している。このグループの考え方は、クリストファー・ヒルが当時執筆していた著書の内容から窺がうことができる。ヒルが一九四五年にK・E・ホームの筆名で発表した『二つの連邦国家、ソ連と英国』はソ連を普通選挙権の保証された完全に民主主義的な国家として描き、英国のチャーティスト運動の反乱と比較しつつ、一九三〇年代のソ連の粛清をむしろ「非暴力的」だったとして擁護している。英国外務省がワルシャワ蜂起の勃発後もポーランド問題に関して奇妙な無気力状態を続けていた理由は、このような人々が要職を占めていたことにあると考えても不自然ではない(33)。

ソ連大使館は、英国共産党とは別の場所でも大規模なスパイ網を動かしていた。スパイ網は、金属産業の秘密技術情報をソ連に漏らしていた素人スパイのメリタ・ノーウッドのような末端から、高度の訓練を受けて英国政府の最上層部に潜入していたプロのスパイに至るまで広い範囲に及んでいた。一九三〇年代にソ連のスパイとして雇われ、後に「ケンブリッジの五人組」と呼ばれることになるバージェス、マクリーン、フィルビー、ブラント、ケアンクロスの五人は、一九四〇年半ばにその活動の頂点を迎えていた。ポーランドについて偽情報を流すことも彼らの重要な活動任務のひとつだった。しかし、スパイの問題について最も驚くべきことは、彼らの活動を許容していた英国社会の雰囲気がスパイ天国と言えるほど異常に無防備だったという事実である。たとえば、ケアンクロスは一時ブレッチリー・パークの通信基地で働いていたことがあり、考え得る限りの最高の機密事項をモスクワに送っていたが、自分がスパイ活動をしているという自覚さえなかった。一風変わった愛国者として、英国の同盟国ソ連に情報を提供する義務を果たしていると思っていたのである。[34]

一九四四年の英国の新聞界には、『デイリー・ミラー』をはじめとして声高にソ連を擁護するグループが存在した。労働党系の『デイリー・ヘラルド』ももちろんそのひとつだった。しかし、戦時中の読者の大半は気づいていなかったが、『タイムズ』や『デイリー・エクスプレス』のような右派系の保守的な新聞も、イデオロギーの上では距離をおきながら、親ソ的な偏見に染まっていた。

英国内の親ソ派の合唱を取り仕切り、促進する役割を果たしていた本部はソ連大使館だった。在英のソ連軍事使節団は英米両国から大量の情報提供を受けていた。また、北極海経由でも援助物資とともに膨大な量の情報が西側からソ連に流入していた。しかし、援助と情報の提供は一方的だった。ソ連は東部戦線の情報を事実上独占し、軍事的勝利を最大限宣伝しながらも、占領地の政治的、経済的、社会的状況に関する正確な情報はすべて秘密にしていた。英国では英国共産党、ソ連のスパイ網、同伴者、同調者などがソ連大使館に協力していた。ロンドン大学ロシア研究所はソ連大使館の報道官を講師として招いていたが、これは英国の当時の雰囲気をよく象徴する現象だった。[35]

後に英国外務省に対しては、戦時中の姿勢がスターリン主義に対してあまりにも弱腰だったという批判が加えられることになる。確かに、ソ連・ポーランド問題を扱う北ヨーロッパ局では、ジェフリー・ウィルソンなど、「懲りないソ連擁護派」とも言うべきグループが暗躍していた。しかし、この恥知らずな親ソ派が外務省の主流を占めていたわけではない。彼らの悪辣なもくろみは決してすんなりとは通らなかった。たとえば、E・H・カーは一九四二年に建議書を提出して、ソ連の勢力圏構想を公式に承認すべきであると提案している。彼は皮肉ではなく、大真面目に書いている。「大西洋憲章の指導原理を東欧地域に適用する際の実務的解釈の権限と責任は……ソ連邦政府にある」。しかし、イーデン外相の次官だったオーム・サージェント卿はこの提案をにべもなく却下した。サージェント卿によれば、E・H・カーの提案は「対ソ有和政策」であり、「英国の責任放棄を正当化する手口」だった。[36] 当時からソ連の野望を警戒していたのはサージェント卿だけではなかった。彼の同僚で中欧局長だったロジャー・マキンズも同意見だった。マキンズはソ連の外交政策の全般的傾向について、早くも一九四二年に次のように論じている。「ソ連は東欧に対する排他的な影響力を拡大しようとしており……その目的を達成するために、フィンランドを占領し、ハンガリーを粉砕し、ポーランドを包囲しようとしている」[37]

一方、英国陸軍省は外務省ほど深刻な内部対立を抱えていなかった。一九四二年、陸軍省はファイアブレイス准将の執筆になる『対ソ戦略について』という冊子を発表したが、その中で、赤軍が戦果を「鼻にかける」様子を「子供じみた野蛮」と評した。これに対しては「ロシア嫌悪症」とか「乱暴な反ソ主義」という非難の声が上がった。果たせるかな、外務省のジェフリー・ウィルソンは英国軍の一部は粛清に値すると論じた。[38]

英国では、早くも一九四四年四月に「戦後計画委員会」が発足し、戦後ヨーロッパの再建問題に関する検討が始まった。しかし、戦後計画について、陸軍省と外務省の間に見解の違いがあることが明らかになる。陸軍省が英国の敵国をドイツだけに限定する考え方を拒否したのである。また、外務省内でも、中欧局は高水準の兵器生産を維持する提案を行なった。つまり、将来の対ソ対決の可能性を認めたのである。北ヨーロッパ局はこれに激しく反発し、ジェフリー・ウィルソンは英ソ外相会談の開催を提案した。[39]

英国の対ソ政策はいわば戦後の「修正主義的」歴史家の対ソ観に似ていた。つまり、現実に起こっていることをまったく何も知らなかったわけではないが、基本的な事実を信ずるまでには至らなかったのである。一種の幻惑状態に置かれていたと言ってもよい。幻惑をもたらしたのはソ連に対する賞賛と恐怖の入り混じった感覚であり、ソ連の「現実についての確実な認識の欠如」だった。「ふたつの互いに矛盾する懸念が繰り返し問題となった。ひとつは、ソ連は侵略者を駆逐して一九四一年当時の国境を回復すればそれで満足してしまうのではないかという懸念であり、もうひとつは、ソ連が実質的に単独でドイツを打ち負かしてしまうのではないかという懸念だった……」[40]。ある評論家によれば、ソ連とポーランドの関係改善を目指していた英国の外交関係者は「楽観的であろうとする決意と単なる希望的観測との入り混じった精神状態におかれていた」[41]。

米国にも、英国の場合と同じような親ソ派が存在した。ただし、米国の親ソ派は英国よりも派手で熱狂的だった。一方、対立する反ソ派の保守勢力も英国より激越だった。また、戦後に明らかになるように、米国にもソ連のスパイ網があった。米国の親ソ派の中でも、その比類ない愚かさで人々を仰天させたのは、モスクワ駐在大使のジョセフ・E・デイヴィスだった（筆者が彼の親戚でなかったことに感謝する）。デイヴィスは一九三六年から三八年まで駐ソ大使を務めたが、それはスターリンのテロルが頂点に達した時期だった。しかし、彼は何ひとつ学ばずに帰国し、一九四一年に回顧録『ミッション・トゥー・モスコー』を発表し、ワーナー・ブラザーズ社を動かして映画化した。デイヴィスは映画化の過程で何かにつけて口を差し挟んだ。少し前に『カサブランカ』の脚本と監督を担当したマイケル・カーティスとハワード・コッチのコンビによって撮影されたこの映画は、幸福で、豊かで、友好的なソ連というデイヴィスの見解をアメリカの大衆に臆面もなく押しつけようとする作品だった。ウォルター・ヒューストンがデイヴィス大使に扮し、ジーン・ロックハートがモロトフ役、ダドリー・マローンがチャーチル役を演じたこのスクリーン上の作り話は、スターリンの粛清を賞賛し、見世物裁判の被告を中傷し、独ソ不可侵条約を正当化し、ポーランドとフィンランドへの侵略をソ連の「自衛行為」と見なす内容だった。ルーズヴェルト大統領のための試写会を経て、一九四三年四月に公開された映画は批評家に絶賛された。抗議の声はかき消されてしまった。一ヵ月後にこの映画を見たスターリンは、自分の目を疑うほど喜んだはずである。スターリンは直ちにロシア語の吹き替え版を作って公開することを命じた。それは過去十年間で初めてソ連国内での上映を許されたアメリカ映画だった。ロシア語版の映画から削除されたのは、デイヴィスの豪華ヨット「シー・クラウド号」のシーンだけだった。レニングラードに係留されたその豪華ヨットには、デイヴィスと家族のために食料と飲み物が満載されていた(42)。

ソ連は英米両国で同調者を増やす努力を根気よく重ねる一方、ポーランド亡命政府との間には距離をおいていた。カティンの森の一件を理由として一九四三年四月に国交を断絶して以来、一切の外交関係を避ける姿勢を保っているように見えた。しかし、実は水面下での接触は始まっていた。一九四四年の六月と七月、ソ連の駐英大使はポーランドの元外相スタニスワフ・グラプスキと複数回の極秘会談を行なった。外交関係復活の可能性を探ることが目的だった。世界の目が届かないところで、スターリンは様々な選択肢を自由自在に試していた(43)。

一九四四年の夏、ソ連邦の威信は最高点に達していた。過去三年間、西側列強から物資以外の支援をほとんど受けずに、ナチス・ドイツの攻撃の矢面に立って戦ってきたソ連は、超人的な犠牲を払って、今やついに勝利を収めようとしていた。英米両国の国民の大多数は、彼らの政治的信条とは無関係に、ソ連を惜しみなく賞賛する気持ちだった。

一九四四年七月の最後の週、ソ連軍は東部戦線の中央部で所定の目標を達成しつつあっただけでなく、目標を上回る戦果を上げようとしていた。四〇日間の激戦を経て、ベレジナ川とヴィスワ川に挟まれた地域の大半はすでにソ連軍によって制圧されていた。進撃の速度は以前よりも遅くなっていたが、戦線は容赦なく西へ進みつつあった。ドイツ軍はワルシャワ東部に防衛線を引いて塹壕戦に備え、ヴィスワ川に架かる橋を守っていた。しかし、ドイツ軍の防衛線には弱点があり、そこを衝かれて突破される恐れがあった。第一ポーランド軍団はすでに七月二十五日にヴィスワ川の右岸に到達していた。七月二十七日にはチュイコフ将軍の第八軍の一部が渡河作戦に成功する。ヴィスワ川とピリツァ川が合流するワルシャワ南方五〇キロ地点付近の川幅の狭い場所を選んで、武装水陸両用車で渡ったのである。これは戦車部隊の支援を得て計画されていた二次にわたる大規模な渡河作戦に先立って、前衛部隊が敢行した行動だったが、思いがけない戦果を上げた。ヴィスワ川の左岸に橋頭堡を得たのである。翌七月二十八日、第一ベラルーシ方面軍司令官ロコソフスキー元帥の許に最新の作戦目標が伝達される。作戦計画には、遅くとも八月二日までにプラガ地区を奪取するという命令も含まれていた。

ヴァルカ=マグヌシェフと呼ばれることになる橋頭堡はドイツ軍の必死の攻撃に耐えて持ちこたえていた。ヴィスワ川の両岸に跨って展開することになったチュイコフ軍は巧妙で執拗な敵の反撃にさらされていた。

プラガ地区の南東に展開しているはずだったドイツ軍の二個師団がヴィスワ川の西岸に回り込んで、チュイコフ軍の新しい橋頭堡に迫った……激しい攻撃が続き、第四七ライフル師団の三個連隊は壊滅寸前の状態に追い込まれた。正午ごろ、スターリン型重戦車連隊が西岸に上陸し、ヘルマン・ゲーリング師団のティーガー戦車を圧倒した。橋頭堡は維持された。(44)

ソ連軍のヴィスワ川到達には三つの意味があった。第一に、それによって南と東の両方向から脅かされることになったドイツ軍のワルシャワ守備隊が退却の準備を開始した。ドイツのワルシャワ行政府には退去命令が出た。第二に、ロコソフスキーが予測していた通り、ドイツ軍司令部は予備兵力を投入してワルシャワ東方の防衛線を強化する決定を下した。第三に、ワルシャワに対する決定的攻撃が近いとの見通しから、市民の間に何らかの動きが始まることを誰もが予想するようになった。市民は背後からドイツ軍守備隊に襲いかかり、ソ連軍の攻撃を支援するに違いなかった。

鍵を握るのはタイミングだった。もし、ドイツ軍守備隊の撤退時期が早すぎれば、市民の蜂起を誘発してワルシャワ防衛の成功はおぼつかなくなるだろう。ドイツ軍の予備兵力の投入が遅れれば、東部防衛線の強化は不可能だろう。一方、十分な重火器の集結を待たずにソ連軍が攻撃を開始すれば、ドイツ軍の反撃によって撃退される可能性があった。また、ドイツ軍とソ連軍の本格的戦闘が始まる前に市民が蜂起すれば、彼らは無駄に命を危険にさらすことになるだろう。当事者の全員が微妙このうえないバランスの上での意思決定を迫られていた。

ロコソフスキーは今回に限って慎重に行動することを決めていた。第一ベラルーシ方面軍の最前線の兵士は疲労困憊していた。第二線の部隊も一息ついて体力を回復する必要があった。歩兵の予備兵力と重火砲部隊の集結も完了していなかった。長期的に見れば、時期の熟さない攻撃に賭けるよりも、橋頭堡を維持する戦術の方が得るところは多いと思われた。何よりも、偵察部隊による情報収集が上手く行っていなかったことは間違いない。ドイツ軍司令部の意図についても、味方になるはずのワルシャワ市民の計画についても、確かなことは何ひとつ分からなかった。全般的に見れば、ロコソフスキー軍は優位に立っていた。息継ぎをして体力を回復し、攻撃を受ければそれを吸収し、時期を選んで圧倒的な反撃を加えるという余裕が生まれていた。最優先の課題は偵察部隊を送ることだった。そこで、ロコソフスキーは七月の末に第二軍の戦車部隊を送ってドイツ軍の防衛態勢を探らせた。簡単な任務ではなかった。未知の戦場に突入した戦車は敵の砲火の餌食となった。数十両の戦車とその乗組員が犠牲となった。しかし、七月三十一日になって、ある勇敢なT－34戦車中隊がドイツ軍の防衛線を迂回してワルシャワの東部郊外地区に到達し、司令部が何週間も待ち望んでいた情報をもたらした。

この間、世界各地の報道記者や宣伝扇動担当者は情報を求めて逸っていた。各国政府は状況説明を求める圧力にさらされていた。戦争特派員の仕事は作戦行動を報道することだった。連合諸国のラジオ放送には楽観的なニュースを報道する義務があった。あらゆる方面から声明、報告、アピールなどが次々と大量に発せられた。

ソ連外務省は七月二十五日に声明を発して、ソ連軍とポーランド軍がポーランド解放作戦を開始したことを発表した。声明によれば、作戦の唯一の目的は「敵を粉砕し、強力で民主主義的な独立国家ポーランドの再建を支援する」ことだった。ソ連政府はポーランドには占領軍による行政府を設立しない方針であり、国家の再建については、ポーランド国民解放委員会（ＰＫＷＮ）と協議する予定であるという説明がつけ加えられた。「ソ連政府はポーランドの領土をいささかでも獲得することを希望せず、ポーランドに社会秩序の変更を迫るつもりもない[45]」

同じ頃、ＫＲＮとＰＫＷＮもそれぞれに政令、声明、宣言を発表した。それらは次第に外部世界にも浸透して行った。ＰＫＷＮの宣言はロンドンのポーランド亡命政府を非合法な簒奪者として非難し、一九三五年憲法を「ファシズム体制の憲法」と呼んで否定した[46]。七月二十九日、モスクワ放送はワルシャワ市民に向けて感情に訴える内容の放送を流し、間近に迫る解放作戦への支援を訴えた。

ワルシャワをまもなく解放するための戦いが始まっている。その砲声はすでにワルシャワ市内にも響いているであろう。ヒトラーの圧制に決して屈しなかったワルシャワ市民諸君！一九三九年と同じように、ドイツ軍との戦いに参加する時が再び訪れた。今回の作戦は決定的に重要な戦いである……屈服することを知らず戦い続けてきたワルシャワのために、立ち上がるべき時はすでに来ている。(47)

ポーランド語によるさらに分かりやすい放送が七月三十日に流された。ソ連側の指示に従ってPKWNが行なった放送である。この放送は四回繰り返された。

轟々たる砲声がワルシャワの町を土台から揺るがしている。ソ連軍は力強く前進し、プラガ地区に近づきつつある。ソ連軍は自由をもたらそうとしている。プラガ地区から駆逐されれば、ドイツ軍はワルシャワの旧市街に退却して防衛戦を戦うだろう。そして、すべてを破壊するだろう。すでに、ビャウィストクで、ドイツ軍は六日にわたって暴虐の限りを尽くし、数千人の同胞を殺害した。ワルシャワで彼らに同じ所業を繰り返させないために、できる限りのことをしようではないか。

首都ワルシャワの市民諸君！　武器を取れ！　全市民がKRNと首都の地下抵抗軍を中心に結集し、石の城壁となれ！

ドイツ軍を攻撃せよ！　公共の建物を爆破しようとする彼らの計画を阻止せよ！　赤軍のヴィスワ川渡河作戦を支援せよ！　情報を提供せよ！　道案内人となれ！　一〇〇万人の市民が一〇〇万人の兵士となってドイツ侵略者を駆逐し、自由を勝ち取ろうではないか！(48)

一九四四年八月一日、ロンドンでは『タイムズ』がワルシャワの戦いはすでに始まっていると報じた。東部戦線からの戦争報道がソ連当局の検閲を経なければならなかったことを考えれば、『タイムズ』が報じる事実はすでに二日ないし三日前に起こったことに違いなかった。BBCも同じ内容の放送を流していた。

決定的瞬間が迫っていたこの時期、ロコソフスキーは戦闘指揮所を前進させた。回顧録によれば、新たに指揮所を設置した村からはワルシャワ市の東部を目視することができた。八月二日の朝、彼は前線視察を行なった。

私は副官たちを連れて第二戦車軍の前線を視察した。工場の高い煙突の上部に設置された監視ポストに登ると、ワルシャワ市街を見渡すことができた。市街は煙で覆われていた。各所で家屋が炎上していた。爆弾や砲弾の炸裂する様子が見えた。あらゆる点から見て、すでに戦闘が始まっていることは明らかだった。(49)

第4章 レジスタンス

自由を求めて戦う気風はポーランドの長い伝統だが、その伝統には他のヨーロッパ諸国のどこにも見られない特質がある。祖国を分割した列強勢力〔ロシア、オーストリア、プロイセン〕に対して十九世紀に繰り返し発生した武装蜂起は、この国の歴史を語る上で欠かせない重要事件である。しかし、〔十八世紀の〕三次にわたるポーランド分割よりも前の時代、つまり、ポーランド・リトアニア連合共和国の時代にも、貴族たちは彼ら自身が選んだ国王の圧制に反対し、「武装同盟」の権利を守るために戦った〔シュラフタと呼ばれる貴族階級には国王を選出する権利があった〕。「黄金の自由」を尊重するこの国の気風は数百年を経ても変わることなく、多くの詩や歌に讃えられ、世代を超えて伝わって来た。二十世紀に入ってもその気風は少しも変わっていない。たとえば、一九一八年十二月、ヴィェルコポルスカ地方の民衆は一斉に蜂起してプロイセン軍を駆逐し、ポーランド共和国への復帰を果たした。一九一九～二一年には、シロンスク地方でプロイセン支配に対する三度の蜂起が発生した。ヴィルノとルヴフでも武装蜂起があり、その結果、両都市はポーランドに帰属することになった。ソヴィエト・ロシアからポーランドを防衛するために戦われたポーランド・ソ連戦争は、その昔の「国民総蜂起」の様相を呈した。一九二〇年代と三〇年代に育ったポーランド人にとって、国家の自由のために戦うことは単に愛国者の義務というだけでなく、民族の伝統を

受け継ぐ行為そのものだった。蜂起の伝統はそのつどそれなりの戦果を実現した。(1)

　武装蜂起と並んで、武器によらない精神的抵抗の伝統もポーランド人の心に深く染み込んでいる。実は、ポーランドの世論には常に深い亀裂があった。武装闘争を主張する「ロマン主義派」とそれに反対する「ポジティヴィズム（実証主義）派」の対立である。武装闘争に反対する人々は、反乱にともなって発生する人命と財産の犠牲があまりにも過大であると感じていた。荒っぽさを売り物にする反乱派を批判して十九世紀後半に優勢となったこの潮流が提唱したのは、いわゆる「有機的戦略」だった。つまり、直接的な武力闘争に訴えるのではなく、抑圧された民衆の側が忍耐強い努力を通じて経済的、文化的な力量を蓄え、最終的には圧制者の政策を骨抜きにするような社会システムを構築するという戦略だった。

　しかし、やがてこれら二つの潮流の間に社会的な合意が成立する。両派は、その手段こそ違え、最終的な目標では十分に一致していたからである。血気に逸る青年たちの多くは言うまでもなく少数派の武装蜂起路線に与した。しかし、彼らの背後には、それを支える幅広い層の人々がいた。中でも決定的に重要な役割を果たしたのは女性だった。ポーランドの女性は、妻として、母として、また、祖母として、民族の伝統を受け継ぎ、社会の基本構造を守り、活動家を支え、男たちにその果たすべき役割を教えた。女性がみずから武器を取って戦いの先頭に立つことさえあった。たとえば、エミリア・プラテル（一八〇六～三一年）は、その短い生涯によって歴史に不朽の名を残している。「ポーランドのジャンヌダルク」と呼ばれたプラテルは、男装して［一八三〇年の］十一月蜂起に参加し、反乱軍部隊を率いてロシア軍と戦った。アダム・ミツキェヴィチはプラテルの勲功を称えて「大佐の死」という詩を書き残している。

　ポーランドの反乱と蜂起は何十回も繰り返されたが、そのたびにロマンチックな詩や感動的な歌、そして格調高い音楽が生まれ、蓄積されて民族の貴重な財産となった。最も有名な詩はユゼフ・ヴィビツキ〔ナポレオン軍の一部としてイタリアで編成されたポーランド軍団の将校〕が書いた『ポーランドいまだ滅びず』である。この詩には一七九七年に曲がつけられ、一九二六年に国歌〔『ドンブロフスキのマズルカ』〕となった。国歌に劣らず人々に愛されているのは、一八三〇〜三一年の十一月蜂起で生まれた『ヴァルシャヴィヤンカ』（ワルシャワ行進曲）〔「ワルシャワ労働歌」として日本で知られている「一九〇五年のヴァルシャヴィヤンカ（ワルシャワ行進曲）」とは別物〕である。この歌のフランス語の原詞を書いたのはフランスの詩人カジミール・ドラヴィーニュだった。

ついに血戦の朝が明けた。
今日が復活の日であらんことを！
かの輝かしい白鷲の姿を見よ。
その眼はフランスの虹を見据えている。
今、七月の太陽に向けて飛び立ち、
空高く舞い上がる鷲の叫びを聞け。
気高き祖国ポーランドのために、暴虐の鎖を打ち砕け！
自由か、しからずんば、死あるのみ！

ポーランド人よ、武器を取れ！
祖国の自由のために！
鬨の声を轟かせよ！
敵の耳を聾するまで。

敵の耳を聾するまで[2]。

このような抵抗の歴史からすれば、一九三九年九月の軍事作戦が公式に敗北を迎えた時、すでにそれ以前に敗北後の地下抵抗運動の組織化が始まっていたのもごく当然の経緯だったと言える。ポーランド軍参謀本部が地下抵抗組織「ポーランド勝利奉仕団」（ＳＺＰ）の設立を命じたのは、ポーランド軍のワルシャワ守備隊がドイツ軍に降伏する日の前日だった。抵抗運動の最初の課題は生き残ったポーランド軍兵士をできるだけ多く海外に逃亡させることであり、ＳＺＰの任務はこの撤退作戦を支援することにあった。ＳＺＰの司令官には参謀本部の幹部のひとりで、一般には単に「ドクター」の呼び名で知られていた人物〔ミハウ・トカジェフスキ＝カラシェヴィチ〕が任命された。政府がパリに亡命し、さらに、一九四〇年七月にロンドンに亡命した後も、ＳＺＰはポーランド亡命政府と密接に連携し、亡命政府の指揮命令を受けて行動した。ＳＺＰの『戦況速報』はワルシャワの地下出版所で印刷され、終戦まで途切れることなく定期刊行物として発行され続けた。

ポーランド地下抵抗運動は、したがって、誕生の最初の段階から確固たる命令系統と正統な法的枠組みの中で活動する組織だった。初期の任務には、通信連絡網の確立、降伏以前にポーランド軍兵士が命令に応じて隠匿した武器を保管するための秘密の武器保管場所の確保、抵抗組織のネットワークの確立と全国規模への拡大などが含まれていた。

こうしてポーランドに成立したヨーロッパ最大の抵抗組織ＳＺＰは、一九四〇年一月にその名称を「武装闘争同盟」（ＺＷＺ）に変更し、さらに一九四二年二月には「国内軍」（ＡＫ）を名乗ることになる。ＡＫはポーランド正規軍の一部であり、被占領国の国内にとどまって占領軍と戦うという特殊任務を持ち、ポーランド亡命政府にひたすら忠誠を誓い、亡命政府の最高司令官の命令を受けて行動する組織だった。その意味で、ポーランドのレジスタンスには、フランス、イタリア、ユーゴスラヴィアなどの抵抗運動に比べてはるかに強固な政治的枠組みと法的正統性があったと言うことができる。

抵抗運動の最終目標が占領軍に対する一斉武装蜂起であることは、関係者全員にとって暗黙の了解事項だった。一九四〇年一月十六日にZWZが出した指令第二号の四項は、蜂起について次のように述べている。

武装蜂起の際には、地域司令部は政府の命令を受けてその地域内のすべての戦闘員に戦闘命令を発する権限を有する。地域司令部は、その権限を管轄下のZWZ組織に委任することができる(3)。

最初の段階で抵抗運動を支えたのは、当然ながら、九月戦争を戦った兵士の家族と友人たちだった。兵士の弟や妹に当たる世代の若者たち数千人が、ドイツ軍とソ連軍の追及をかわして、抵抗組織に志願してきた。若者にとって、秘密活動に従事するスリルは大きな魅力だった。当面は戦死する可能性も高くなかった。戦前に兵舎として使われていた都市部や郊外の施設に多数の若者が集結した。抵抗運動の総司令部が最初に編成した部隊は、その頭文字の組み合わせから「バシュタ連隊」の名で呼ばれるようになる。発端は一九三九年十一月に遡る。軍事抵抗運動の指導部は若い志願者を募って、武装闘争の中核を担うべき指揮官の養成を開始した。最初の任務は通信連絡網の確立と参謀本部の安全確保だった。通信連絡の分野には多数の女性隊員が参加した。一九四二年半ば、その後長期にわたってバシュタ連隊を指揮することになるスタニスワフ・カミンスキ(暗号名ダニエル)中佐が連隊長に就任する。二〇〇〇人の兵士で構成されるバシュタ連隊には、バルチック大隊（B大隊）、カルパティ大隊（K大隊）、オルザ大隊（O大隊）の三大隊があり、各大隊の中にB1中隊、K2中隊、O3中隊など、数個中隊が編成された。ただし、中隊はその部隊長の通称で呼ばれることが多かった。バシュタ連隊には、この他にも重要な補助業務を担当する部門がいくつかあった。たとえば、参謀本部直属の情報宣伝部（BIP）は二人の有名な歴史学者を責任者として、公報を発行し、地下放送局を運営していた。しかし、バシュタ連隊の最も重要な貢献はその軍事訓練機能にあった。一九四四年夏に先立つ二年間、バシュタ連隊は六〇〇人以上の国内軍士官を養成した。六〇〇という数字は蜂起時にワルシャワ市内に投入される国内軍の中隊の数に一致する。

一九四四年の初め、バシュタ連隊はワルシャワ南部の郊外地区モコトゥフに兵力を集中するよう命じられる。防衛拠点として指定された建物を要塞化する作業が秘密裏に開始された。この地区には二五〇〇人のドイツ軍守備隊が一一ヵ所の拠点を中心に配置されていたが、その拠点を攻撃する計画が練られた。中でも、親衛隊（SS）が拠点としていた「手織り工芸学校」への攻撃計画は特に重視された。不安材料は武器の慢性的な不足だった。一九四四年八月一日現在、バシュタ連隊の兵力は士官三一人、兵士二一七〇人だったが、その武器は重機関銃一、軽機関銃一二、小銃一八七、短機関銃（サブマシンガン）八〇、拳銃三四八、対戦車ロケット砲（PIAT）二、手榴弾一七五〇、爆薬一二〇キロに過ぎなかった。強力なドイツ国防軍に立ち向かうにはあまりにも貧弱な装備だった。[4]

ポーランド軍の中には、一九三九～四〇年の冬になっても依然として武装解除に抵抗し、同時に地下抵抗運動への合流をも拒否している部隊があった。つまり、彼らは公然と戦い続けていたのである。たとえば、ドイツ軍の占領地域では、ヘンルィク・ドブジャンスキ少佐（暗号名フバル）が総勢二〇〇人以上の独立騎兵部隊を率いて激戦を繰り返していた。ドブジャンスキ少佐は優勢なドイツ軍に追い詰められて戦死するが、その志を継ぐ者は少なくなかった。この独立騎兵部隊の生き残りはその後も九ヵ月間、果敢にドイツ占領軍と交戦した後にようやく地下抵抗運動に参加した[5]。一方、ソ連軍の占領地域でも、同様に降伏を拒否した部隊が森や沼沢地に身を潜めて赤軍とＮＫＶＤの捜索網を逃れ、何ヵ月も戦い続けていた。たとえば、一九四一年三月十五日になっても、そのような部隊のひとつを指揮していたアントニ・ポウビンスキ大尉（通称ピョルン〔雷〕）が小競り合いで負傷し、ＮＫＶＤの捕虜となったという記録が残されている[6]。さらに、一九四一年六月、ドイツ軍がバルバロッサ作戦を発動して侵攻して来た時点になっても、赤軍の報告書には依然として「ポーランド人匪賊」との戦闘記録が含まれている。

　抵抗運動の側にとって、一般的には、ナチスの親衛隊やゲシュタポと戦うよりもＮＫＶＤを相手にする方が厄介だった。それにはいくつかの理由がある。第一に、ＮＫＶＤはドイツ軍よりもはるかに周到な準備を整えていた。ＮＫＶＤはあらかじめ数十万人分の詳細な容疑者名簿を用意しており、ポーランド侵攻と同時に一斉逮捕を行なった。そのため、抵抗運動を担うべき勢力の大半が失われ、抵抗組織は成立する以前に麻痺状態に陥ってしまった。第二に、侵攻して来たＮＫＶＤはポーランドの反乱分子が生き残るための基本的条件を前もって排除するための措置を取った。たとえば、ポーランド東部の主要な森林地帯については、森林管理人と狩猟管理人の全員をＮＫＶＤ職員に入れ替えて、抵抗運動が森の奥に基地を設営することを防止した。第三に、ソ連の占領地域では住民の間から占領軍に協力する者が現れた。これはドイツ軍の占領地域では決して見られない現象だった。ポーランド市民がドイツ侵略軍に協力するという事態は例外的な場所を除けばほとんど皆無だった。例外的な場所とは、ビェルスクやウッチなど、もともと多数のドイツ系住民が住んでいた町である。たとえば、ドイツ国防軍を歓呼して迎えるウッチの群衆の写真が残されているが、歓迎する群衆と歓迎され

る兵士がともにドイツ人であるという事実は伏せられている。(7)

一方、ソ連の侵略軍については、それを歓迎する人々がいた。歓迎したのは主としてベラルーシ人やウクライナ人の貧しい農民層で、彼らは、ソ連の占領が自分たちに物質的利益をもたらすことを期待していた。また、ユダヤ人の中にもソ連軍を声高に歓迎する動きがあった。どの人種グループも、その大多数はソ連の共産主義を歓迎していたわけではない。ただし、ソ連軍のスポークスマンは、すべてのポーランド人、すべての宗教指導者、すべての商人と専門職、共産党以外のすべての政党、すべての地主と資産家はソ連の敵であると宣言していた。ファシズムからの解放というソ連軍の宣伝を信じていたユダヤ人にとって、この宣言は魅力的だった。

ソ連の侵攻に対してユダヤ人がどのように反応したかを目撃したユダヤ人学者の的確な記録が残っている。


最も信頼できる相手が少数派のユダヤ人であることは当時のソ連占領軍にとって常識となっていた（その常識は正しかった）……ソ連の占領体制が確立するにつれて、行政部門のあらゆる場所で働くユダヤ人の数の多さが目立つようになる……

ソ連軍が占領したヘウム市について……当時その地を訪れたユダヤ人の共産主義者は……ユダヤ人が市の行政を牛耳っていることに気づいた。市長はユダヤ人、警察署長もユダヤ人、市役所の幹部もそのほぼ全員がユダヤ人であり、ポーランド人は例外的な少数派に過ぎなかった。ザモシチでも民警の大多数はユダヤ人だった(8)……


同様の現象は大都市でも起こっていた。たとえば、ピンスク市では、ソ連軍の侵攻直前にポーランド人の警察署長が逃亡したが、逃亡する前に地元のユダヤ人に権限を引き渡している。

警察署長が警察署の玄関に現れた。後継者となるラビのグリックが一緒だった。共産党員として知られていた他のユダヤ人たちもその場に連なっていた。署長は町を去るつもりであると簡潔に挨拶した……警察署の中にあるすべての武器はラビのグリックを議長とする地域委員会に引き渡すとも言った。二人は握手した。ラビのグリックは集まった群衆に向かってロシア語で宣言した。「今から……私がこの町の運営に当たる。私の命令に従わない者は誰であれ厳しく処罰されるだろう[9]」

ロンドンのポーランド亡命政府は、占領下の祖国の状況と国民の動向について正確な情報を得るために必死に努力していた。そこで、一九四〇年の初頭、地下国家の密使として最も有名なヤン・カルスキ〔ヤン・コジエレフスキ〕がフランス経由でポーランドに派遣される。カルスキは並々ならぬ苦労を重ねて任務を果たし、その過程で多くの事実を目撃した。途中、ゲシュタポに捕らえられて拷問されるが、地下国家の部隊によって救出され、その支援で使命を果たすことができた。ロンドンに帰還したカルスキはポーランド亡命政府の首相と大統領、そして英国外相に事態を直接に報告し、国際連盟の戦争犯罪委員会に出頭して実情を訴え、米国大統領にも直接会見した。カルスキの報告書にはユダヤ人の状況に関する一章があり、その中でソ連軍占領地区におけるポーランド人とユダヤ人の関係についても触れている。カルスキは公平な立場で慎重に記述しつつ、ポーランド人とユダヤ人の間に「緊張関係」があったことを認めている。「大多数のポーランド人はユダヤ人を裏切り者と見なしている……そして、ユダヤ人を基本的には共産主義者だと思い込んでいる。ユダヤ人が旗を掲げてボリシェヴィキを歓迎したという噂も流れている」[10]。彼はこれらの見方を裏づける事実も記している。「多くの都市で、ユダヤ人は赤いバラを捧げ、演説をし、旗を振ってボリシェヴィキを歓迎した……そして、ポーランド民族主義派の学生やポーランド人の政治活動家をソ連軍に密告した……一方、ポーランド共和国に対するユダヤ人の忠誠を証明するような事例を見ることは非常に稀である」[11]。さらに、カルスキは共産主義者またはプロレタリア層に属するユダヤ人の行動と教育水準の高い富裕層のユダヤ人の行動を比較して、後者の方がポーランドに対して親和的であると述べている。しかし、最近の研究によれば、カルスキはユダヤ人の反ポーランド主義とポーランド人の反ユダヤ主義の間に対称性があるという見方には否定的だった[12]。

戦時中のポーランドで最大の被害をこうむったのはユダヤ人だったという説（ナチスの支配地域ではその通りだったが）を聞き慣れている西側の読者は、ソ連軍の占領地域では事情が違っていたことを理解する必要がある。さらに言えば、ソ連軍の占領地域でソ連の同調者およびソ連軍に任命された警察官と民警が果たした役割がどんなものだったかも知っておく必要がある。彼らの任務は「敵性分子」をNKVDに告発すること、家主を住宅から追い出し、農民を農場から追放すること、大量逮捕と強制移住に手を貸すこと、そして地下抵抗勢力と戦うことだった。これらの行動はソ連とその協力者の評判を落としたが、抵抗運動の側は当然ながら重大な損害をこうむった。一九四一年にバルバロッサ作戦が始まり、ソ連軍がポーランド東部から撤退した時には、その地域の抵抗組織はほぼ壊滅状態になっており、ZWZは地域の抵抗運動をゼロから組織し直さなければならなかった。

カルスキはその潜入行の途中で最もぞっとした瞬間を正直に記録している。それは彼を救出した地下国家の部隊に感謝しようとした時だった。「あまり過大に感謝することはない」と兵士たちは言った。「俺たちは二つの命令を受けている。ひとつは、全力を尽くしてあなたを救出せよという命令、もうひとつは、救出に失敗した場合には、あなたを殺せという命令だ[13]」

ポーランドのレジスタンスは厳しい条件に鍛えられて成長した。彼らが置かれた厳しい環境は、英国または米国の兵士の大半が享受していた比較的快適な環境には似ても似つかなかった。安全に退却できる本拠地は存在しなかった。技術的な優位もなく、組織的で慎重な戦略もなく、戦えば必ず重大な損失をこうむった。損失を出さずに戦うなどという贅沢は望みようもなかった。ポーランドのレジスタンスが選んだのは危険と孤立と犠牲の道だった。同胞から嘲笑されることさえあった。抵抗組織を生み出す母体となったポーランド軍に魂を吹き込んだ人物と同じように、レジスタンスの隊員たちはすべての事態に打ち勝つ精神力の価値を学びつつあった。ピウスツキ元帥は言ったことがある。「勝利とは敗北に耐えること、そして、降伏しないことだ」。この助言に従うのは困難な業だったが、それは人種、宗教、身分を問わず、すべての愛国者に向けて発せられた助言だった。

わが軍団は兵士の誇り、
わが軍団は殉教者の運命、
わが軍団は乞食の歌、
わが軍団はならず者の死、
わが軍団は第一旅団の速射連隊。
命はすでに預けている。
自分で選んだ運命だ。
火刑の薪に身を投じたのだ[14]。

国内軍は、その精神においては、前世代のピウスツキ軍団の継承者だった。ピウスツキの理想を受け継いだ男女が一九三九年以降のポーランド地下国家の中核となったのである。ポーランド地下国家は、〔イタリア戦線の〕モンテ・カッシーノの丘の中腹の共同墓地を埋め尽くして眠るカトリック教徒、ギリシャ正教徒、ユダヤ教徒のポーランド軍兵士たちと同じ理想を分かち合う集団だった。

一九〇八年に英国で生まれたボーイスカウト運動は、第一次大戦を経て中東欧地域の新独立諸国に広まっていた。一九一四年以前の様々な青少年運動とは違って、ボーイスカウトには豊かな国際性があり、国家の管理を受けずに活動するという特徴があった。野外の冒険活動、愛国心、宗教的道徳心などを組み合わせた斬新な気風のボーイスカウト運動は戦前のポーランドでも少年少女に人気があった。中学校や教会を拠点に組織されたボーイスカウトのクラブは、斥候や道案内の活動を盛んに行なった。誕生から二〇年を経て、ポーランドのボーイスカウト運動は全国ボーイスカウト連盟を結成してワルシャワに本部を設置するまでに発展し、重要な社会的地位を占めるグループとなっていた。隊員たちは明るい灰色の洒落た制服を着ていたので、「シャレ・シェレギ」（灰色部隊）と呼ばれていた。地下の抵抗運動に参加するのにふさわしい名称だった。

灰色部隊は開戦とともに本領を発揮した。ワルシャワ、ポズナンその他の都市で消防隊と救急隊を手伝い、ドイツ軍による空爆への対応に貢献した。ポズナンが陥落した時には、大勢のスカウト隊員が退却するポーランド軍と行動を共にし、二七〇キロを歩いてワルシャワに逃れ、ワルシャワのボーイスカウトに合流して、その後の抵抗運動で目覚しい働きをした。一九三九年九月二十七日、すなわち、「ポーランド勝利奉仕団」（SZP）が設立されたのと同じ日に、全国ボーイスカウト連盟は会合を開き、地下国家のために働く秘密組織の設立を決定した。最初の仕事のひとつは外国との連絡ルートの確立だった。クラクフの灰色部隊がこの任務に当たった。この連絡ルートはポーランド南部の山岳地帯を越えて〔チェコスロヴァキア経由で〕ハンガリーに達し、そこから世界に通ずるという道だった。カルスキはこのルートを逆にたどって秘密裏に入国した。

当初、灰色部隊は十七歳以上に限って志願者を受け入れていた。しかし、やがて、任務が拡大し、また、若年層からの参加希望者が増大したので、年齢層を三つに分けて受け入れるシステムを採用する。まず、十二歳から十四歳までの少年少女を予備グループとして受け入れ、十五歳から十七歳までのグループに訓練をほどこし、十八歳以上の成人グループに限って実戦に参加させることになった。訓練部隊の任務は小規模な妨害活動や地下国家の郵便業務など非軍事的な活動に限られたが、戦闘部隊は国内軍の最前線で戦闘任務に就いた。十七歳以上の少女たちは専門的訓練を受けた後に、看護婦、伝令兵、無線技師、暗号係、諜報係などとして活動した。戦前は非軍事的な組織だった灰色部隊は戦争によって準軍事組織に変身したが、その標語は以前と変わることなく、「備えよ、常に」だった。

戦時中のワルシャワには、ボーイスカウト以外にも多数の青少年組織があり、抵抗運動に参加して偵察活動などを行なっていたが、その中から戦闘集団パラソル部隊が誕生した。初期のパラソル部隊は離合集散を繰り返し、部隊名も頻繁に変えていた。やがて、市内の抵抗運動が組織化されると、国内軍「撹乱工作本部」（ケディフ）の傘下に入り、次第に戦闘部隊としての陣容を整えていった。一九四三年六月にはゲシュタポを相手に何度か凄惨な戦闘を展開したが、その後、歴史学の教授マルツェル・ハンデルスマンの自宅で関係者の話合いが行なわれ、独自のやり方でゲシュタポと戦う武装青年組織の設立が決議された。この組織の特殊任務にはナチス隊員の暗殺も含まれていた。指導者は潜入工作員（チホチェムヌィ）の予備士官アダム・ボルィス（暗号名「プウク〔鋤〕少佐」）だった。

部隊は一年間の実戦経験を経て戦闘部隊に成長し、その間に名称を「アガト（アンチ・ゲシュタポの短縮）部隊」から「ペガサス中隊」へ、さらに「パラソル大隊」へと変更した[15]。同じく青少年組織から生まれて、パラソル大隊と兄弟関係にあったゾシカ大隊の任務は、ゲシュタポの監獄から囚人を救出することにあった。部隊の名称は一九四三年九月にドイツ軍の歩哨所を襲撃した際に戦死した指導者「ゾシカ〔本名タデウシュ・ザヴァツキ〕」の名に由来していた。

ポーランドの信用を貶めようとする人々が好んで口にしたのは、戦前のポーランドが暗黒の抑圧国家だったという主張である。しかし、法による支配、人権の尊重、少数民族の待遇という点から見て、戦前のポーランドは両隣のドイツとソ連における全体主義的な大量虐殺の体制に比べて、決定的に優れた社会だった。ただし、明らかな欠点があったことも否めない。ポーランドに同情的な評論家の中にも、同国を「病める民主主義国」とか「権威主義的独裁体制への移行期にある」とする論評があった。一九二一年に採択された理想主義的な新憲法は主としてフランス第三共和国憲法の精神に依拠していたが、早くもその五年後には軍事クーデターによって廃止されてしまう。軍事クーデターの指導者たちは右翼民族主義的な政府を何としても排除しようとした。排外主義的政府は打倒されたが、打倒した方法は胡散臭い反民主主義的なクーデターだった。その結果として誕生したサナツィア体制、すなわち「健全な体制」は必ずしも全国民に支持されたわけではなかった。議会選挙の廃止こそなかったが、政府が選挙を操作したことは明らかである。一九三〇年と三六年の選挙では、政府主導の選挙ブロックが形成され、既存の民主主義的政党は不利な立場に追い込まれた。一九三一年には一連の政治的裁判が演出され、政治的反対派に国家の敵の烙印が押された。さらに、一九三六年には独裁的色彩の強い修正憲法が導入された。ポーランドは「一党独裁国家」ではなかったが、完全な民主主義国家でもなかった。少数民族に対する政策、特にウクライナ人農民の反抗に対する残忍な平定作戦は大きな傷跡を残した。

サナツィア体制の権威は、一九三九年九月の敗戦によって失墜する。その結果、戦前サナツィア体制と対立していた民主主義勢力が戦時中のポーランド亡命政府を構成することになる。たとえば、〔亡命政府の首相となった〕シコルスキ将軍は一九三〇年代を通じて国政の舞台から排除されていた人物だった。亡命政府に参加した農民党（SL）、ポーランド社会党（PPS）、国民民主党（ND）、キリスト教民主勤労党（SP）の四党はいずれもサナツィア体制下でピウスツキ派による弾圧と戦って生き延びた政党だったが、サナツィア体制が崩壊した時点で、サナツィア体制よりもはるかに厳しいドイツとソ連による占領という政治状況に投げ込まれることになった。四党は国内で地下国家を政治的に支えるとともに、それぞれ独自の擬似軍事組織を擁していた。各党の擬似軍事組織は地下国家の武装抵抗運動に参加して活発に活動した。

民主主義的政党が一九三九年までに経験していた比較的緩やかな抑圧体制は、皮肉にも、その後に彼らを待ち構えていた極端に厳しい試練と戦うための訓練として大いに役立った。たとえば、警察の監視を逃れ、検閲当局の目を潜り抜ける方法、秘密の会合を開き、行方をくらますやり方などはすでに習得済みだった。九月戦争の敗北と同時に、彼らはその技術を駆使して活発な地下活動を展開することになる。

ロンドンに亡命したポーランド政府の立場は一九四二年に入って安定した。英国内で活動するための基盤が整い、英国との同盟関係も順調に進んだ。よく訓練されたポーランド軍兵士は英国陸海空軍に協力して戦い、高く評価され、特に国防省から感謝されていた。情報分野でのポーランド軍の功績は特に顕著だった。様々な怨念をいったん保留して、ソ連との国交回復を実現したシコルスキ将軍は偉大な政治指導者として尊敬を集めていた。シコルスキ首相はチャーチル首相とも、ルーズヴェルト大統領とも、きわめて親密な関係にあり、両国とポーランドとの結びつきは自由フランス運動との関係よりもはるかに緊密だった。また、少なくともソ連が国家の存亡を賭けて戦っている間は、ソ連から不合理な冷遇を受ける恐れも少なかった。

亡命政府の活動が安定すると、政府の組織と機構も充実した。大統領〔ヴワディスワフ・ラチキェヴィチ〕の地位は安泰だった。シコルスキ将軍がポーランド軍最高司令官と首相を兼任することについては批判の声もあったが、この兼任体制もひとまずは順調に機能していた。四つの主要な民主主義政党のすべてが閣僚を送り込んで首相を支えた。指名された議員によって構成される「亡命議会」も成立し、諮問機関として機能し始めていた。

英国内で態勢を整えた亡命政府の最初の課題は、占領下の祖国で活動する地下国家の行政機関および軍事組織との連絡網を確立し、それを強化、維持することだった。行政機関との連絡は亡命政府が地下国家に派遣した二人の「政府代表」が現地に到着した一九四〇年十二月の段階ですでに成立していた。代表のひとりは第三帝国に併合された地域の首都ポズナンに、もうひとりは総督府の首都ワルシャワに派遣された。一方、軍事組織の統合には、いくぶん時間がかかった。しかし、一九四二年二月十四日に国内軍が公式に編成されると、それ以降、シコルスキ将軍はロンドンのルーベンス・ホテルの最高司令部からポーランド国内のすべての町と村、そしてほとんどすべての秘密組織と連絡を取り、指令を出すことができるようになる。

地下国家の組織化が始まった最初の段階では、かなりの混乱が生じた。指導者が次々に逮捕され、あるいは殺害されるという事態が生じたからである。亡命政府が最初に派遣した政府代表〔アドルフ・ブニンスキ〕は国民民主党の幹部だったが、目的地に到着する前にゲシュタポに逮捕されて殺害された。シコルスキが最初に派遣した密使〔リシャルト・シュフィエントホフスキ〕も捕らえられて、アウシュヴィッツで死んだ。農民党の指導者で、元国会議長だった人物〔マチェイ・ラタイ〕も逮捕され、パルミルィ村の処刑場に連行されて銃殺された。ポーランド社会党の指導者で同党の機関紙『ロボトニク（労働者）』の編集長だった人物〔ミェチスワフ・ニェジャウコフスキ〕も逮捕された。彼は処刑される前に親衛隊全国指導者ハインリヒ・ヒムラーに会見する機会を与えられた。ヒムラーが質問した。「君は我々にどうして欲しいのかね？　我々に何を期待しているのかね？」「あなた方には何も望まないし、また、何も期待してない。あなた方に対しては戦いあるのみだ」。彼はこの問答の直後に射殺された(16)。

戦前から持ち越されていた対立関係が混乱を引き起こす場合もあった。軍事部門の指導者の大半は、当然ながら、ほぼ全員がピウスツキ派の軍人だった。それに対して、政治指導部はかつてピウスツキ派と対立していた勢力の出身者だった。両者の統合を実現するためには、調整のための委員会の設立と解散が一度ならず必要だった。ただし、一九四〇年に調整役を務めたある人物の言葉を借りれば、原則は常に明確だった。第一に、「ポーランド人の中からは決して対独協力者を出してはならなかった。〔ノルウェーの〕クヴィスリングのような売国政治家はあらゆる手段で排除しなければならなかった(17)」。第二に、地下国家の運営をロンドン亡命政府の政策に完全に同調させなければならなかった(18)。

ポーランド国内で最大の支持層を持つ政党は農民党（SL）だったが、農民党はこれまでその潜在的な能力を十分に発揮したことがなかった。当然ながら、ワルシャワは農民党の地盤ではなかった。農民党の擬似軍事組織である農民大隊（BCh）は一九四二～四三年に成立したが、その目的は、ザモシチ地方からポーランド人農民を排除してドイツ人を入植させようとするナチスの政策と戦うことにあった。

ポーランド社会党（PPS）は、ユダヤ人ブントと密接な関係にあり、「独立のための戦いに関して最も経験豊かで、最も長く、途切れることのない伝統を持つ」政党だった。かつてはピウスツキ自身を党首に戴いたこともあったが、その後はサナツィア体制に対する最も頑強な反対勢力となっていた。ただし、共産党とは一線を画していた。ポーランド社会党は共産党の専制的な政治手法や国家主権に関する曖昧な姿勢を受け入れることができなかったのである。社会党は最初から戦闘的で、党名を「自由、平等、独立」に変更し、すでに一九三九年九月初旬に、軍事組織「労働者首都防衛委員会」を設立していた。

ポーランド社会党が一九四〇年のメーデー直前にワルシャワ＝クラクフ間の急行列車の中で乗客に撒いたビラには、抵抗闘争を呼びかける同党の考え方が明確に表明されている（ちなみに、ソ連もナチスもメーデーを祝日として祝っていた）。

この苦難の時にあたって、労働者、農民、知識人をはじめ、すべてのポーランド人に訴える。我々は奴隷の扱いを受けているが、決して黙って甘んじることはできない。これはポーランドの社会主義者の声である。我々はポーランドが独立国であった頃にも、専制政治に反対して繰り返し声を上げた……

独立と社会主義の時代を想起することを諸君に訴えたい。メーデーが近づいている。ブク川のどちらの側でも、メーデーは公式の祝日として祝われようとしている。しかし、メーデーはスターリンやヒトラーを称えるための日ではない。彼らに対する不屈の戦いに備えて国民の力を結集する日でなければならない……

ポーランドは敗北した……我が国民は恐るべき歴史的教訓を得た。今や、ゲシュタポとゲーペーウーの拷問室、彼らの牢獄と強制収容所、そして大量強制移住と大量処刑を経由しなければば、我々が自由を獲得する道は開かれないのだ……

西欧では英仏両国がドイツと戦っている。海外で編成されたポーランド軍も連合国軍と肩を並べて戦っている。しかし、ポーランドの運命はマジノ戦やジークフリート線の動向によって決まるものではない。ポーランド国民自身が立ち上がって侵略者と戦う時にこそ、決定的な瞬間が訪れるだろう。堅忍不抜の精神でその時に備えなければならない。政治的な洞察力と知恵を磨くべきである……武器を蓄え、戦士を育てよう。

過去の過ちから学んで、新生ポーランドの建設に備えよう。土地は農民に無償で分割すべきである。鉱山、銀行、工場には、社会的管理を適用すべきである。言論、宗教、良心の自由は保証すべきである。学校も大学も国民に開放されなければならない。我々はユダヤ人が直面している受難を日々目撃している。共通の敵によって迫害されているユダヤ人と共存する方法を学ぶべきである……また、ウクライナ民族とベラルーシ民族の自由への希求も尊重すべきである。

我々は前例のない暗黒の時代に生きている……この時に当たって、ポーランド人の戦闘精神と忍耐力に訴えるために我々は立ち上がった。メーデーを機に、かつての革命のスローガンを再び響かせよう……[19]

社会党は一九一八年以前に彼らが果たした役割、すなわち国家の独立を達成する前衛としての役割を再び引き受けようとしていた。

国民民主党（ND）は「ポーランド人のためのポーランド」を主張する右派政党として広く全国的な支持を集めていた。同党の宣伝誌の表題『ポラカトリク』が象徴的に物語るように、カトリックの神秘主義的信仰と深く結びついた同党のナショナリズムには排外主義的傾向が色濃くつきまとっていた。党内にはやや世俗的なナショナリズムの潮流もあったが、全体的に見て、党風は非常に攻撃的だった。その理由は、国民民主党が一度も政権の座についたことがないという事情にもあった。自分たちが政権を取るのは当然であると思っていた同党は、それを妨害する陰謀の存在を常に非難していた。非難の矛先はピウスツキ派であり、また、あれこれの少数民族だった。国民民主党は他の政党からは反動的勢力と見なされていた。

戦争が始まると、国民民主党はひとつの弱点を露呈することになる。同党はポーランドの武装蜂起の伝統を否定する立場をとっていたのである。そのため、国民民主党の党員はあらゆる場面で抵抗運動に参加していたものの、当然ながら軍事行動で主導権を握ることができなかった。その結果、政治的右派勢力の重要な部分が、国民民主党の分派である国民急進陣営（ONR）に流れるという事態が生じた。戦前は非合法団体だったONRは一九四〇年に国民武装勢力（NSZ）と称する軍事組織を設立して活動を開始していた。NSZは他のどの団体に対しても友好的ではなかったが、占領軍と戦う決意だけは本物だった。

キリスト教民主勤労党（SP）は穏健な保守勢力に支持されていた。近代的なカトリック信仰に基づいて社会正義を追及するという政党だったが、勤労党という名称は誤解を生みやすかった。同党の活動の本拠地は総督府ではなく、第三帝国に併合されたシロンスク地方にあった。

一九三九年から四一年までの間、ポーランド共産党（KPP）は存在しなかった。戦前のポーランド共産党の主要な指導者たちは、スターリンによってすでに殺害されていた。また、ナチスのユダヤ人隔離政策によって共産党の最大の支持層が消滅してしまった。KPPの後継党であるポーランド労働者党（PPR）が活動を開始するのは一九四二年以降である。PPRの軍事組織である人民防衛軍（GL）は地下国家では弱小勢力に過ぎなかったが、ソ連の赤軍の勝利が見えてくると俄然存在感を高めた。GLが勇猛果敢に戦ったのは数の少なさをカバーするためだったという説もある。

抵抗闘争の初期段階では、これらの勢力が各地で個別に活動していた。占領下の危険な状況でこれらの勢力を統合することは容易な業ではなかった。組織に入らず単独で戦うことを選ぶ個人もいた。

［ヤン］という名の男がいた。ポズナン地方の出身者で、ドイツ語を流暢に話した。戦前は豚の取引をしていたという……ドイツ軍は彼の出身地で残虐の限りを尽くした……ワルシャワに逃れて来た［ヤン］は、自分なりの独特のやり方でドイツ軍に報復した。当時、その種の人々は少なくなかった。

［ヤン］が専門とした手口は伝染病を広めることだった……彼が持ち歩いていた特製の箱には、チフス菌に感染した虱が入っていた……彼はバーに入り浸り、ドイツ兵に話しかけて一緒に酒を飲んだ……そして親しくなったドイツ兵の襟首に機会を見計らって虱を投げ入れるか、コップの中にチフス菌を落とすのである。また、性病持ちの売春婦をドイツ兵に紹介するという方法も採用していた……この「黴菌男」と接触したドイツ兵たちがひどい目にあったことは言うまでもない[20]……

雨後の筍のように噴出するレジスタンスの動きを正確に見極めることは歴史家にとって難しい問題だが、それは当時のゲシュタポにとっても頭痛の種だったに違いない。一九四三年にワルシャワで活動していた擬似軍事組織のリストを見れば、問題の複雑さを理解することができる。ただし、一九四四年七月までには、このリストに示す組織の多くが離合集散を経て大組織に再編成される。

国内軍（AK）（ワルシャワ市内に八六〇小隊）	四〇三三〇人
国民武装勢力（NSZ）	一〇〇〇人
ポーランド人民軍（PAL）	五〇〇人
人民軍（AL）（共産党系）	八〇〇人
ポーランド・サンディカリスト同盟（ZSP）	一〇〇〇人
ポーランド社会主義民兵団（PPS）	五〇〇人
ポーランド防衛軍（PKB）	五〇〇人

各グループの人数は推定値だが、その比率を見れば明らかなように、国内軍の兵力は他を断然圧倒していた。国内軍の兵士の数は他のすべてのグループの合計の十倍に相当した。[21]

その国内軍がワルシャワ市内外の各地区に配置した兵力数を分析したリストからも興味深い傾向を読み取ることができる。

地区	小隊の数	兵力
第一地区（シルドミエシチェ〔中央地区〕）	九〇	五五〇〇
第二地区（ジョリボシュ）	一二	八〇〇
第三地区（ヴォラ）	二一	一三〇〇
第四地区（オホタ）	一二	八〇〇
第五地区（モコトゥフ）	七〇	四五〇〇
第六地区（プラガ）	九〇	六〇〇〇

第七地区（ワルシャワ市外）	六	四〇〇
第八地区（オケンチェ）	一三	八〇〇
工兵部隊	一一	七〇〇
撹乱工作本部（ケディフ）	三	二〇〇
通信連絡部隊	（二一）	四六〇
軍事公安部隊	一四六	一〇〇〇〇
女性補助部隊（ＷＳＫ）	……	四三〇〇
ワルシャワ県	二〇六	一一〇〇〇
合計	八〇〇	四六七〇〇[22]

兵力の具体的数字は歴史学者の説によって異なるが、比率を見るとひとつの傾向が明らかになる。まず、最大規模の兵力がプラガ地区に集中していた。これに匹敵する重要地区は市の中央地区（シルドミェシチェ）とモコトゥフ地区だった。また、もし市内と郊外との連絡網が機能していれば、市外のワルシャワ県から相当規模の兵力を市内に導入することが可能だったことが分かる。

ポーランドの抵抗運動は驚くほどの強靭さを発揮したが、その背景には総督府内に存在した次のような三つの事情があった。ひとつは、ナチスがすべての高等教育機関と科学研究機関を閉鎖したことである。ナチス自身が創り出した環境が大量の高学歴のレジスタンス闘士を一挙に生み出す結果となった。行き場を失った学生や研究者はドイツの支配を掘り崩す仕事に全精力を注ぎ込み、フルタイムの戦闘員になった。

次に、抵抗運動の内部に「上部機関とは接触しない」という鉄の原則が存在したことが幸いした。地下運動の参加者は自分の上部機関の責任者が誰かを知らなかったし、また、知ってはならなかった。全員が暗号名を使って巧妙に正体を隠すシステムが整っていた。戦闘に参加するレジスタンスの闘士たちは、自分とロンドンの司令部とを結ぶ見えない鎖については何も知らなかった。ゲシュタポは網を張りめぐらし、容疑者を捕らえては拷問と射殺を繰り返したが、結局、抵抗運動の指令系統を把握することができなかった。

第三に、最も重要な要素して、抵抗運動を自発的、本能的に支えるという雰囲気が社会全体にあった。ある有名な密使〔ヤン・ノヴァク（ズジスワフ・イェジョランスキ）〕は回想している。「地下国家が機能し得たのは、すべての国民が抵抗運動を支えることを暗黙のうちに了解していたからである。人々は決して『奴ら』には協力しようとなかった」。ある日、彼はロンドンからワルシャワに到着した。途中、数々の危険を潜り抜けてナチス支配下の欧州諸国を通過して来たのである。ワルシャワに着くとすぐに市の中心部で行なわれた秘密の会合に出席した。建物から通りに出て、歩き始めたところで、ゲシュタポの捜査員に肩を叩かれた。「今どこから来たのか言いたまえ」。とっさにあたりを見回すと、偶然に歯科医の真鍮の看板が目に入った。彼は答えた。「歯医者に行ってきたところです」。捜査員は彼を近くのカフェに連行し、そこから歯科医に電話をかけた。すると、電話に出た女性歯科医はよどみなく答えた。「そのとおりです。その人は治療を終えてほんの数分前にここを出て行ったところです」。密使は会ったこともない歯科医に命を救われた。歯科医は自分と家族全員の命を危険にさらして見ず知らずの男の命を助けたのだった。[23]

「文化的戦争」という言葉は形容矛盾のように聞こえるかも知れないが、他国を侵略した占領軍が被占領国民の人間性の改造を公然と標榜するような場合には、それは避けることのできない戦いである。ナチスは彼らのいわゆる人種主義に基づいて「新秩序」を建設しようとしていた。一方、ソ連も「新しいソヴィエト人を鋳造する」という野心的な目標を掲げていた。言語、文学、歴史、伝承、慣習、そして民族のアイデンティティなど、国民の最も貴重な文化がドイツとソ連の占領軍によって破壊されようとしていた。

文化的戦争を戦う地下国家にとって決定的に重要だったのは自由な情報網の確保だった。ワルシャワの秘密印刷所には古い伝統があった。帝政ロシアの秘密警察「オフラーナ」による弾圧にも挫けなかったワルシャワの地下出版がゲシュタポに恐れをなすようなことはなかった。秘密の執筆者、秘密の印刷工場、秘密の配布網が健在だった。あらゆる政治組織、あらゆる地下行政機関がそれぞれに独自の日刊紙、週刊誌、公報などを出していた。秘密の無線受信局はBBC放送やニューヨークから中継されるWCBX放送を聞いて連合軍のコミュニケを受信し、市民に発表するという活動を展開していた。暗い地下室では、手動の印刷機がガタゴトと作動していた。商店主は商品を非合法の地下新聞でくるみ、その上にドイツ軍発行の新聞紙を被せて客に渡した。ゲシュタポは苛立っていた。秘密の印刷所が一ヵ所閉鎖されるたびに、新しい印刷所が何ヵ所も生まれた。たとえば、『ポーランドの声』の出版所は一九四二年七月にゲシュタポの手入れを受けたが、勇敢な編集長はその事態を冷静に報告している。

七月四日、チェルニャクフ地区の洒落た住宅街にある一軒の屋敷をゲシュタポと黒服の親衛隊が包囲した……その屋敷には我々の印刷所があった……連中はドアを叩いたが、返事がないので窓から手榴弾を投げ込み、短機関銃を乱射しつつ乱入した……その数日後、屋敷の持ち主

〔ミハウ・クルク〕、その妻と息子たち、隣近所の家の住人などが逮捕され、その後銃殺された……この件では全部で八三人が命を失った。(24)

腹の据わった編集者たちは、「諸君の捜査活動の便宜を図るために、また、我々が諸君をどう思っているかを諸君に知らせるために……」という添え書きを付けて、その出版物をわざわざゲシュタポ本部に郵送していた。(25)

地下国家は長期的な目標を立てた上で、文学書の刊行も行なっていた。占領下で暮らすすべての作家や詩人に作品発表の場を与え、人々を知的な飢餓から救うというのがその趣旨だった。地下国家は若い芸術家を対象に奨学金や助成金さえ支給していた。ある新進詩人〔チェスワフ・ミウォシュ〕は武装抵抗には気乗りがせず、「西欧文明についてゼロから学び直そうとしていた」。彼は処女詩集を「複写印刷機」で印刷して出版し、タイプライターで文学雑誌を刊行し、『独立の歌』というタイトルの詩文集を編纂し、ジャック・マリタンの『惨禍を越えて』とシェイクスピアの『お気に召すまま』を翻訳した。「正しかったか、間違っていたかは知らないが、私にとっては詩を書くことこそが最も重要な政治活動だった」と彼は回想している。(26)

地下出版の最大のスターのひとりが青年詩人クシシュトフ・カミル・バチンスキだったことは間違いない。バチンスキは輝ける新進詩人で、戦時中は「ヤン・ブガイ」または「クシシュトフ〔クリストファ〕」のペンネームで知られていた。ワルシャワで生まれ、社会主義思想と文芸批評で名高い両親の許で育ち、ステファン・バトルィ王記念ギムナジウムで学んだバチンスキは、在学中から詩を書き始めた。一九四〇年、最初の詩集『閉ざされた谺』が著者名も発行日も架空のまま、七部だけ印刷された。動作にぎこちないところがあり、子供の頃から喘息もちで、結核に感染している疑いもあったバチンスキは、ロマンチストの運命論者だったが、詩人兵士として国内軍に加入し、パラソル大隊に配属される。生涯の恋人だったバルバラ・ドラプチンスカと一九四二年に結婚すると、彼の言葉と感覚に情動的な力が加わり、驚くべき正確さが実現する。バチンスキは言葉を愛し、自然を愛し、ポーランドを愛し、平和だった時代を愛し、妻の「バーシャ」を愛する一方、戦争を悲しみ、戦争のために十分に愛せないことを嘆いた。彼には不思議な予知能力があり、大破局の到来を予感することができる様子だった。同世代の人々はバチンスキを一種の預言者として扱っていた。『歴史』と題するバチンスキの詩の一行を紹介しよう。

まだ鳥のさえずりは聞こえている。そして馬のいななきも。(27)

暗黒の時代の例に漏れず、人々は信仰に慰めを求めた。教会はどこも満員だった。司祭たちは、教区司祭と修道司祭の別なく、祭壇や説教台や告解室の範囲を越えて人々に手を差し伸べた。教区会館や教会の地下室はあらゆる種類の秘密会合の場に提供された。男子修道院も、女子修道院も、行動の自由を阻まれている多くの逃亡者を匿った。これが最初でもないし、また最後でもなかったが、ポーランドの教会はその伝統を発揮して苦境に置かれた人々に惜しみない支援を与えたのである。教会に保護された人々の中には文化人も数多く含まれていた。

教育の最重要性については、ワルシャワ市民の間にほとんど異論がなかった。十代の若者たちの世代が全体として教育課程の半ばで勉学の機会を奪われようとしていた。そこで帝政ロシア時代に生まれたポーランド独特の「飛ぶ大学」の伝統が復活した。ドイツ軍の禁止令は無視された。大学や高校から放り出された教授や学生、教師や生徒たちは、しばしば夜中に、無害な趣味の集会を装って密かに集まり始めた。非公式の小さな勉強会が正規のクラスに発展し、参加した若者たちは試験を受け、卒業証書を受け取った。一九四〇年代、学生たちは公式には閉鎖されていたワルシャワ大学に正式に入学し、卒業する時には一九三八年または三九年の日付のある卒業証書を受け取った。公式には存在しない高校の卒業証書を獲得すれば、公式には存在しない大学に入学することができた。

　このように、十代の若者たちは非合法の抵抗活動が生得権の一部と見なされるような環境で成長した。ナチスの法律は道徳的見地から無効であると思われていた。もちろん、権威に反発するという若者特有の自然の心理も働いていた。学業を終えて一人前の大人になっても、彼らは次のステージに移って、熱心に非合法活動を継続した。開戦当時大学生や高校生だった若者の多くが一九四四年には地下国家の軍事活動を支える中核となっていた。

　地下国家では、演劇サークルも急増した。演劇サークルの大多数は国内軍と密接な関係にあり、軍事訓練ならぬ文化的訓練を実施していた。その行動規範は厳格で、たとえば、ナチスが管理する施設への立ち入りは禁じられていた。演劇サークルの公演は私人の住宅や修道院で行なわれた。演劇人はきわめて前向きの姿勢を維持していた。ある有名な演出家〔エドムント・ヴィエルチンスキ〕が主宰するワークショップは、戦後の演劇改革を目指して、新しい前衛的なレパートリーを準備していた。

　ワルシャワの美しい建築遺産は、一九三九年の空襲でドイツ軍に破壊されて以来、絶望的な状態にあったが、すでにその保存と再建に向けて様々な計画が始まっていた。たとえば、あるグループは破壊された王宮の周囲に張りめぐらされた非常線を夜な夜な密かに突破して忍び込み、粉々になった織物や家具の破片を集めるという厄介な作業を何ヵ月も続けていた。彼らの努力があってこそ、戦後の大がかりな王宮再建プロジェクトが可能となるのである。王宮の再建が完成するのは一九九〇年になってのことである。別のグループはナチス占領当局に押収されたワルシャワ開発計画局の設計図の奪回に成功した。彼らは大胆にも白昼堂々と二台のトラックでナチスの施設に乗りつけ、資料を運び出した。ナチスによって徹底的に破壊されたワルシャワを数十年かけて再建することができたのは、このグループのおかげだった(28)。

歴史学者も、また、他の人々とともに一臂の力を貸した。多くの人々が占領の実態とナチスの犯罪を記録しておく必要性を認識していた。数千人の歴史学者が日記を書き綴った。国民の財産である公文書の多くが火災によって損傷し、安全のために分散され、あるいは占領軍に略奪されていたが、その所在を確かめ、救出し、安全な場所に保管するために努力した歴史学者のグループがあった。その作業に没頭していたある歴史家〔ステファン・キエニェヴィチ〕はワルシャワ蜂起が始まってから終わるまで机の前に座っていたので、周囲で荒れ狂う戦闘にもまったく気づかなかったということである。

音楽家は大小のコンサートを開いて人々を勇気づけた。職を失った音楽家の数は多数にのぼった。会場として最もしばしば利用されたのはカフェと地下室だった。

苦難の極みに追い込まれた国民にとって、民族のアイデンティティとしての表象を守ることは生死を賭ける戦いとなった。男女の市民があらゆる危険を冒して錨のマークを壁やプラカードに書きつけた。錨は「戦うポーランド」の表象である。彼らは、また、街路に新たに取り付けられたドイツ語の標識を破壊し、禁止されたショパンのレコードを大音響で通りに流した。赤いスカートと白いブラウスの組み合わせという単純な行為も重大な反抗の印だった。ドイツ語を話さないこと、話す時にはひどい訛りをつけて下手に話すことが愛国者の義務だった。肉体は鎖につながれても、魂は時に微笑むことができる。

「秘密国家」の政治部門と軍事部門は、その成立の初期段階で、手強い障害に直面した。ポーランドはドイツ軍占領下のヨーロッパの中でナチスが明らかに最も激しい敵意をもって支配した地域だった。ナチスに抵抗するには入念な用心深さが必要だった。親しい同志が捕らえられ、拷問され、殺害される事態は日常茶飯事だった。その絶えざる苦痛に耐えるために精神を鍛えなければならなかった。しかし、勇気と創意工夫だけで事が足りたわけではない。「秘密国家」を組織し、効果的に維持するためには、英国の「特殊作戦本部」の惜しみない支援が必要不可欠だった。ポーランド地下国家は連合国の共同事業だった。

たとえば、政府代表部（デレガトゥーラ）の歴史ひとつを取っても、事態は決して順調には進まなかった。最初に政府代表として派遣されたのは前ポズナン市長〔ツィルィル・ラタイスキ（暗号名ヴジョス）〕だったが、彼はゲシュタポに拷問されて、殺害された。後継者に指名された優秀な経済学者〔ヤン・ピェカウキェヴィチ（暗号名ヴェルニク）〕も逮捕された。三番目に派遣されたのがソブルという暗号名で知られたヤン・スタニスワフ・ヤンコフスキだった。彼も逮捕されたが、首尾よく脱走し、亡命政府の副首相としてワルシャワに着任した。[29]一九四三年には地下国家の運営にあたるべき保健、法務、内務、産業、農業、輸送、経済、通信の八省が設立された。また、同年、八省とは別に「地下闘争司令部」（ＫＷＰ）が設立された。さらに、一九四四年七月二十六日には、「地下国家閣僚会議」が成立した。「秘密国家」を支えたのはこのような組織だった。これは占領下のヨーロッパでは他に類例のないシステムであり、実態を知る人々から惜しみなく賞賛された組織だった。（下巻付録11参照）

政府代表部が有効に機能するためには、効果的な連絡通信網が不可欠だった。ロンドンからの通達は短波無線局を通じて送られていた。無線局は所在を探られないように絶えず移動していた。協議を必要とするような重要な通達は密使（クーリエ）によってもたらされ、また、持ち帰られた。密使たちはナチス占領下のヨーロッパ大陸をまるで魔術師のようにすり抜けて往来した。国内軍のある密使はワルシャワとパリの間を一四回往復することに成功して評判となった。彼はいつもドイツ国防軍の将軍の身なりをして列車の一等車を利用していた(30)。

ナチスが支配する地域を移動するだけでも大変だったが、ナチスの支配地域と自由世界との国境を越えて往復するには、さらに高度の才能と工夫が必要だった。国境の管理は厳重を極めた。パスポート、身分証明書などの偽造は完璧でなければならなかった。露見すれば死を免れることはできなかった。事実、亡命政府から派遣される密使は常に青酸カリのカプセルを携帯していた。彼らの旅は数週間から数ヵ月かかるのが普通だった。

戦争が続いている間、地下国家の数十人の密使がポーランドと自由世界との連絡にあたった。通常、彼らの目的地はロンドンだったが、ロンドンに到着するためにはスカンジナヴィア半島またはイベリア半島を通過する必要があり、そのためには最大限の創意工夫が要求された。それに比べて、ロンドンからの帰路は迅速だった。英国空軍機からパラシュートで降下するという方法があったからである。密使の多くは無名のままで、称賛されることもなかった。敵に捕らえられた後に、忘れられてしまった密使も少なくない。しかし、「カルスキ」、「ノヴァク」、「ユール」、「ゾー」など何人かの密使が生き残り、生存中に伝説上の人物となった。

ヤン・カルスキ〔ヤン・コジエレフスキ〕の兄〔マリアン・ステファン・コジェレフスキ〕は戦前のワルシャワ市の最後の警察長官だったが、敗戦後は紺色警察の責任者になった。しかし、地下国家との接触を疑われて（その嫌疑は正しかった）、アウシュヴィッツに送られた。カルスキ自身はポーランド社会党（PPS）のメンバーで、密使として三度にわたって西側との間を往復した。彼自身は使命を十分に果たせなかったとして悔やんでいたが、ユダヤ人に対するホロコーストの実態を初めて西側に知らせたことで有名になった(31)。

ヤン・ノヴァク〔ズジスワフ・イェジョラィンスキ〕はベストセラーとなった回顧録『ワルシャワの密使』（一九七八年）

で有名になった。この回顧録を通じて彼と彼の同僚の命がけの仕事の多くが世に知られることになった。ノヴァクは国内軍の心理作戦部門（N部門と呼ばれていた）で活躍していたが、彼もロンドンとの間を三度往復した。三度目の使命でロンドンからワルシャワに帰着したのは一九四四年七月三十一日だった。(32)

ユール〔イェジ・レルスキ〕は一九四三年二月に英国特殊作戦部隊本部（SOE）の飛行機からのパラシュート降下でポーランドに潜入した。ジブラルタル経由で英国に戻ったのは一九四四年五月だった。ロケット技師に変装したユールはゲシュタポ、ヴィシー政権の警察、フランコ将軍の治安警察隊の追及をかわして三二〇〇キロを旅し、スペインを出国する最後の駅のプラットホームで聞き違えようのない合言葉を耳にする。「やあ、ジョージ、元気かい？」ロンドンに戻ると、ユールはポーランド亡命政府の最後の首相〔トマシュ・アルチシェフスキ〕の私設秘書になった。(33)

ゾー〔エルジビェータ・ザヴァツカ〕は地下国家の活動家として戦時中に数々のエピソードを残した女性で、大陸を縦断してロンドンとの間を往復する任務は彼女の生涯の多彩なエピソードのひとつに過ぎなかった。数学の教師だった彼女がポーランド陸軍女性補助部隊に入隊したのは一九三六年のことだった。国内軍では、当然の人選として、女性兵士を徴募、訓練する役割を担った。シロンスク地方で組織活動をしている間にゲシュタポに密告され、姿をくらます必要に迫られていた時、折よく、国内軍がドイツ語を話す密使を探していた。一九四二年十二月、彼女はドイツ系石油会社の経営者エリザベート・クビツァになりすましてワルシャワを出発する。ストラスブールを経由してパリに至るまでは、列車の一等車、豪華ホテル、エレガントなレストランなどを利用して、旅は順調に進んだ。しかし、それから先はあまり快適ではなかった。アンドラ領に入って単独でピレネー山脈を越え、雪の降り積もった藪の中でスペイン人のガイドを待たねばならなかった。

スペイン語は一言も分からず……その上、一文無しだった……夜明けには霧が出て、身体が骨の髄まで冷え切ってしまった。私は咳を抑えられなかったが、それが幸いして、ガイドのヒルベルトが私を探し当てた。私たちはセオ・デ・ウルヘルの方角を目指して慎重に山を下った。満開のアーモンドの花が美しかった。ようやく支援者たちと合流することができた。中のひとりは教師で、かつてはカタルーニャ共和国の官吏だったが、今はファランへ党員である……彼がバルセロナの英国領事館に人を送ったが、領事館は取り合おうとしなかった……マドリード……ジブラルタル……一九隻の船団……そして、ついにブリストル港に入港するが……二日間留置所に拘置された。五月三日になって、亡命政府の最高司令部から人が来て私を救出した……(34)

ゾーは英国で三ヵ月を過ごした。その間にパラシュート降下の訓練を受け、一九四三年九月十日、エリザベス・ワトソンのパスポートを持ってワルシャワ郊外に降下する。完璧なジャンプだった。

国内軍(AK)はその膨大な任務をこなすために複雑な仕組みを編み出していた。秘密の司令部は必要に応じてワルシャワ市内を転々と移動した。一九四四年はじめのAKの兵力は総計三〇万人から四〇万人と推定されている。初期のAKの基本戦略は兵士の徴募と訓練だった。

一九四三年に入ると、ポーランド亡命政府はみずから招いたのではない困難に次から次に見舞われることになる。四月にはカティンの森の事件が明るみに出た。その結果、ソ連が一方的にポーランドとの国交を断絶する。七月にはシコルスキ将軍がジブラルタル上空の飛行機事故で死亡した。十一月にはテヘラン会談が開かれた。テヘラン会談によって、パンドラの箱が開いたように緊急の問題が噴出し、亡命政府は対応に追われた。

実際問題として最も重大な被害をもたらす可能性があったのは、ソ連との国交断絶だった。スターリンは一〇〇パーセント虚偽の理由で外交関係の断絶を強行したが、それは、赤軍が間もなく侵攻してくる地域では、地元のレジスタンス運動が非合法の犯罪と見なされることを意味していた。どう考えても、影響はきわめて深刻だった。ソ連とポーランドの国交断絶は一九四三年四月のことだったが、その頃、赤軍はまだロシア領内で戦っていた。戦局の決定的な転換点となるクルスク戦車戦は三ヵ月も先のことだった。テヘラン会談の開催は七ヵ月も先の話だった。国際政治に刺さった棘とも言うべきソ連・ポーランドの国交断絶問題の解決を「三巨頭」が本気で望んでいたとすれば、そのための時間は十分に残されていた。

ただし、多少の緊張はあったものの、ポーランドと英国との同盟関係が揺らぐことはなかった。むしろ、両国の協力関係は「特殊作戦」の分野でますます強まりつつあった。

英国特殊作戦部隊本部（SOE）のポーランド部門は特殊作戦の草分け的存在だった。それどころか、一九三九年九月、まだSOEそのものが存在しなかった時期にフランス向けに実施された最初の「特殊飛行」試験機にも、すでにポーランド軍飛行士が搭乗していた[35]。また、フランスの敗北に先立ってパリで行われた英国・ポーランド会談では、ガビンズとシコルスキが話し合っていた。ポーランド軍は英国に亡命した後も、チェコスロヴァキア軍と並んで、「最初のレジスタンス」として特権的な扱いを受けていた。英国内で独自の無線通信活動をすることを無制限に許されていただけでなく、独自に要員を選んで独自の作戦を実行することが認められていた。SOEのポーランド部門で働く職員は、その大半が英国人ではなく、ポーランド人だった。ポーランド亡命政府はSOEを事実上思いのままに利用していたが、SOEがポーランド政府を利用することはなかった。SOEの公式記録を整理した歴史家は、シコルスキの影響力の大きさに驚いている。シコルスキは一九四一年に英国空軍のハリファックス機をポーランドとの連絡のために使うことに成功しているが、それは「英国航空省が重爆撃機を純金よりも貴重と見なしていた時期」だった。しかし、英国の好意に対して、ポーランド側も十分に報いていた。多くの分野でSOEはポーランドの助力を得ていた。特に、大陸での諜報活動、秘密通信用の無線機の設計と生産、文書の偽造などに関するポーランド軍の貢献は目覚しかった。

SOEは占領下のポーランドに多数のポーランド人工作員を送り込んだ。一般に「チホチェムヌィ（隠密）」と呼ばれたこれらの潜入工作員は戦争中に全部で三一六人がポーランドに送り込まれたが、そのうち目的地に到着できなかったのはわずか九人だけだった。九人のうちの三人は一九四二年十月三十日に死亡した。彼らを乗せたハリファックス機がノルウェー海岸の断崖に激突したのである。別の三人は、一九四三年九月十五日、これもハリファックス機でデンマーク上空を飛行中に撃墜されて死亡した。さらに、パラシュートが開かないという事故が三件発生し、三人が死亡した。この九人以外はすべて潜入に成功したので、成功率は九七パーセントを上回ったことになる。潜入した工作員は計り知れないほど重要な役割を果たした。[36] たとえば、彼らは武器を運び、武器生産のキットを運び、作戦書を持ち込み、命令を伝達し、密使を同伴し、地下国家を支えるための莫大な資金を運んだ（一九四一年の作戦開始から四二年にかけての一年間にSOEがポーランド部門のために支出した金額は六〇万ポンドに達した）。そして、何よりも、潜入工作員の存在そのものが、地下国家にはそれを支援する同盟国があり、国内軍の戦いは決して孤立していないことを伝えるために役立ったのである。

戦時中に英国からポーランドに飛ぶ飛行便は決して快適とは言えなかった。上空の気温は寒く、騒音は激しく、時間は長く、安全は保証されなかった。最初の飛行は一九四一年二月十五日に敢行された。長距離飛行用の補助燃料タンクを取りつけた旧式のホイットリー型双発機の最高巡航速度は時速一九〇キロだった。三人の乗客と三六五キロの荷物を投下するのに往復一一時間半の飛行が必要だった。その後、四発エンジンのリベレーター機〔米国陸軍航空隊重爆撃機B24〕を使ってデンマークまたはスウェーデンの上空を経由して往復する定期便が始まった。一九四三年十二月以降は、ポーランド空軍（1568部隊）がイタリアのブリンディジから出発してポーランド上空までを往復する飛行を開始した（リベレーター一二機からなるポーランド軍独立飛行連隊を編成して輸送に当たるという計画は、結局実現しなかった）。

ＳＯＥがポーランド地下国家に潜入させたすべての「チホチェムヌィ（隠密）」の中で最も波乱に富む生涯を送った人物と言えば、それは間違いなくボレスワフ・コントルィム少佐だった。「ホワイト」、「サモギティア人」などの暗号名で呼ばれたコントルィム少佐は、ロシア革命からナチスの電撃作戦まで、また、ベルゲン＝ベルゼン強制収容所からスターリンの見世物裁判まで、二十世紀の最悪の恐怖を直接に目撃した歴史の証人だったが、その生い立ちにはロコソフスキー元帥によく似たところがある。生まれはロシア帝国内のヴォウィニア（ヴォルヒニア）地方で、父親はロシア皇帝軍の大佐だったが、祖父と曽祖父はともにポーランドの反ロシア蜂起に参加した叛徒だった。ヴォルガ河畔のヤロスラーヴリにあったロシアの軍学校で教育を受け、卒業すると一九一五年から一八年まではロシア帝国軍の士官として、また、一九一八年から二二年までは赤軍の士官として戦った。二十四歳までに赤旗勲章を三回受章し、赤軍の旅団長まで昇進した。しかし、ロコソフスキーと違ったのは、ソ連軍に残る道を選ばず、独立した母国に帰国した点にあった。帰国してポーランド軍に加わると、最初は前線部隊で戦い、後に国家警察の幹部になった。一九三九年にはヴィルノの警察長官だった。

コントルィムの地下活動は一九三九年九月にストックホルムとの間を往復するという冒険から始ま

った。その後、リトアニアで逮捕され、脱走してノルウェーに逃れ、フランスに潜入して在仏ポーランド軍に参加し、「ポーランド軍派遣部隊」〔フィンランドの対ソ戦争を支援するために派遣される予定で編成された「ポトハレ独立射撃旅団」〕とともにノルウェーに渡ってナルヴィク戦を戦い、その後、スペインとポルトガルを経由する危険な旅を経て英国に到達する。一九四二年にはリンカーンシャー基地のポーランド降下旅団で降下訓練を受け、同年九月二日にパラシュート降下で祖国に潜入した。

潜入後も、コントルィムの冒険に満ちた活動は続いた。まず、「ヴァフラシュ〔扇〕作戦」の責任者として東部に派遣された。東部地域に抵抗組織のネットワークを設立するための国内軍の作戦だったが、結局は実を結ばなかった。次に、ワルシャワに戻って国内軍国家保安部隊（PKB）の責任者になった。親衛隊とゲシュタポの支配に対抗する戦略の立案と作戦の実行がその任務だった。彼は自分の手で二五人のナチスとその協力者を処刑したと言われている。しかし、コントルィムの人生の見せ場はまだこれから始まろうとしていた。東部戦線の戦況とその結果はコントルィムの身の安全に直接関わっていた。コントルィムは、ナチスにとっては首に懸賞金のかかった犯罪者集団の頭目であり、ソ連にとっては脱走兵だったからである。[37]

「チホチェムヌィ（隠密）」と呼ばれた潜入工作員たちが書き残した多数の回顧録には、身の毛のよだつような冒険談が数多く記録されている。しかし、時には潜入が時計仕掛けのように順調に運ぶこともあった。

四人の潜入工作員チームが編成され、私（ユール〔本名イェジ・レルスキ〕）もその一人に指名された。私たちの潜入を担当した飛行便の暗号名は「南京鉋《かんな》」だった。チームの仲間三人はいずれも陽気な連中で、カジミェシュ・アントニ・チワプカは「ピョネク〔チェスのポーン〕」、ピョートル・ノヴァクは

「オコ〔眼〕」、チェスワフ・ピェニャクは「ブル〔森〕」と呼ばれていた。機長はリダ市〔リガ条約でポーランド領となったベラルーシ地方の町、ポーランド空軍の基地があった〕出身の熟練パイロットのミェチスワフ・クジミツキ、乗組員はルヴフ出身の二人の兄弟と138飛行大隊でハリファックス機の後部機銃射手をしていた元郵便局員という面々だった……

出発前、私たちは服装と装備についてポーランド軍と英国軍の将校の点検を受けた。その際、私にはドル紙幣が一杯詰まったベルト二本が渡された……一方、ロンドンのバスの切符など、身許を暴露するような品物はすべて捨てなければならなかった……

イングランド東部にある英国空軍のテンプスフォード飛行場を飛び立つ時には、ポーランド軍情報部第VI局とポーランド空軍の代表者たち、そして我々の守護天使である英国情報部のハロルド・パーキンズ中佐が見送ってくれた。パーキンズ中佐は例によって上機嫌だった。彼は愛用の籐のステッキを指揮棒のように振り回しながら別れの挨拶をした。「向こうに着いたら、英国にはポーランドを決して見捨てることのない友人がいることを伝えてほしい……」

飛行機は一九四三年二月十九日十八時四十五分に離陸した。ポーランドではすでに雪どけが始まっているということだったので、離陸するとすぐに雪用の白い迷彩服を脱いで濃緑色のセーターに着替えた……満月だった。見下ろすとまず眼に入ってきたのは銀色に輝くヴィスワ川だった。やがて短時間だが雲間にワルシャワの町が見えた。下では空襲警報のサイレンが鳴っているはずだと機長が言った。我々がいわゆる「小鳥」なのか、それとも本格的な爆撃部隊なのかを見分ける能力はドイツ軍にはないはずだからだ。機はピリツァ川上空を越えた頃から静かに高度を下げて私たちの降下地点を探し始めた。暗い森の真ん中の大きな空き地に十字架の形でけなげに燃える発火信号を見た時の感動は忘れられない。「万歳！　あそこに我々を待つ仲間がいる！」

と私たちは叫んだ。色々な噂が飛び交っていたが、結局のところ、国内軍は亡命者が宣伝用にでっち上げた夢物語などではなかったのだ……

機内では「戦闘配置」のランプが点灯した。誰だったかは思い出せないが、誰かが「降下開始!」と叫んだ。最初に武器のケースが投下された。全部で一二ケースあった。次に「ブル」が飛び降り、政治密使である私が後に続いた。降下しながら見上げると、頭上で「ピョネク」と「オコ」のパラシュートが開くのが見えた。

私たちが降下した時の高度はわずか三〇〇フィート(九一メートル)だったので、着地点の分散は最小限の範囲にとどまった。私は高い松の木の枝先をかすめて落下し、仁王立ちのままで着地した。教本どおりに身体を回転させるまでもなかった。気がつくと、私が立っていたのは深く耕された農地だった。

一、二分待つと、ヘルメットを被って武装した人相のよくない男が現れた。我々は合言葉を交わし、男らしく力を込めて握手した。空き地と森の境界線あたりで、ワルシャワから来た指揮官が彼の部隊に集合を命じていた。隊員は全員が戦前の「農村青年同盟」に属していた地元の若者で、今は国内軍の兵士だということだった。彼らは武器のケースとパラシュートを運び去った。パラシュートの布地を利用して、女性たちが絹のブラウスや下着を縫うのである。私たちは事前の指示どおりに規定量のエキセドリンを服用した。精神の集中を高めるためだった……ズボンの隠しポケットには、逮捕と拷問に備えて青酸カリのカプセルも入っていたが、それには手をつけなかった。私のオーバーの裏地にはロンドンの亡命ポーランド軍最高司令官から国内軍の総司令部に宛てた暗号命令が縫い込まれていた。

地元のガイドに案内されて星空の下を二、三キロ歩くと、村の学校に着いた。楽しい散歩と言ってもよかったが、ただ、農場の犬の咆え声が気になった。近くのドイツ軍監視所を刺激する恐れがあった。学校では、勇敢な女性校長が舌のとろけそうなオムレツとトマトとベーコンを振舞ってくれた。私たちは身につけていた武器とドル札の詰まったベルトをワルシャワからやって来た国内軍の代表者に引き渡した。その後、私は武器を持ち歩いたことがない。私が英国から持参した拳銃はどこかで国内軍兵士の役に立ったはずである[38]……

SOEとその潜入工作員が地下国家のために果たした役割はきわめて重要だった。地下国家の軍事指導部と行政指導部の幹部の過半数は一九四四年までにSOEが送り込んだ人々だった。ブル＝コモロフスキ〔国内軍総司令官タデウシュ・コモロフスキ、暗号名ブル（森）〕はそのひとりではなかったが、彼の周辺の人材の多くは潜入組だった。たとえば、「ポーランド勝利奉仕団」（SZP）の創設メンバーで、やがてソ連に捕らえられてルビャンカの囚人となるレオポルト・オクリツキ〔ニェジヴィャデク（子熊）〕は一九四四年九月二十二日にイタリアから空路潜入した潜入工作員だった。国内軍の地方部隊の指揮官を務めた潜入組も、ニェメン川流域地方の司令官マチェイ・カレンキェヴィチ〔コトフィツ（錨）〕、ポレシエ地方の司令官ヘンルィク・クライェフスキ〔レシニク（森番）〕、聖十字架丘陵地帯の司令官ヤン・ピヴニク〔ポヌルィ（陰気）〕など、少なくなかった。ワルシャワ蜂起にも数十人の潜入工作員が参加して戦った。ドイツ軍と戦う目的でポーランドに潜入した工作員の多数が命を落としたが、彼らの命を奪ったのは必ずしもドイツ軍だけではなかった。

ポーランドのレジスタンス運動は一九四三年から四四年にかけて大幅に勢力を拡大し、また多様化した。その要因のひとつは、統一的な指揮命令系統が機能し始めたことにあったが、もうひとつは、今や国の西部と東部の区別なしに、全国がナチス・ドイツというひとつの敵の占領下に入ったという事情があった。憎むべき敵がひとつに絞られたために、抵抗運動の統合が促進されたのである。この頃は、また、抵抗する側にとって心理的な地平線とでもいうべき将来への展望が徐々に見え始めた時期でもあった。一九四三年までは、ナチスの勢いはいかにも無敵に見えた。しかし、一九四三年以後、ドイツ軍は退却局面に入る。ヨーロッパ大陸でナチスと戦うレジスタンス闘士の誰もが報復の時は近いと感じ始めていた。

ポーランドの地下国家は、行政部門と軍事部門の両方で、驚くべき強靭さを発揮していた。ロンドン亡命政府の指揮命令を受ける地下国家には、必要なすべての省庁、部局、特殊機関が整備されていた。各部門はある分野では個別に活動し、ある分野では協力し合った。どの部門もナチスの抑圧によって絶えず大きな人的犠牲を強いられていたが、決して屈することはなかった。

国内軍は設立当初から雑多な混成軍だったが、かえってそれが幸いして、傘下に多様な戦闘部隊を抱える統合組織という本来の機能を十分に果たすようになった。ただし、その兵力は次第に大型化し、規模においても、行動形態においても、パルチザンの集団というよりも、むしろ正規軍としての性格を強めるようになる。その傾向はソ連軍の占領下にあった東部で特に著しかった。東部では一九四一年以降、地域全体としても、また、各地区でも、抵抗組織の再編成が避けられなかったからである。国内軍はそれぞれの地域で特殊な問題に直面していた。たとえば、第三帝国に併合されたシロンスク地方では、国内軍はドイツ系住民の敵意にさらされていた。一方、クラクフやキェルツェの周辺は山岳地帯に近く、ポーランド人住民の支持が厚かったので、抵抗運動にとっては理想的な地域だった。ルブリン県では四〇にも達するレジスタンス・グループが活動していたが、その中には右派の国民武装勢力（NSZ）や共産党系の人民軍（AL）も含まれており、彼らは国内軍の権威を認めようとしなかった。そのため、国内軍総司令部は時として暴力的な介入を余儀なくされた。ルブリン以東の地域にも別の問題があった。一九四三年半ば以降、ソ連がドイツ占領地に大々的にパルチザン部隊を送り込んでいたのである。ソ連のパルチザン部隊は自分たちをその地域の唯一の正統な勢力と見なしていた。ソ連のパルチザンの他にも、リトアニア系、ベラルーシ系、ウクライナ系、そしてユダヤ系のパルチザン部隊が活動していたが、彼らはソ連に対しても、また、ポーランドに対しても距離を保っていた。

国内軍は驚くほど高度の武器爆薬生産システムを保有していた。司令部の技術研究部門が開発した数十件の新技術の中には、英国製ステンガンの改良型二種、各種の榴弾砲、改造型の装甲乗用車などが含まれていた。開発された技術を利用して実際に武器を生産したのは工兵師団だったが、後には秘密生産本部が設立された。ワルシャワ市内だけでも、三ヵ所に秘密の手榴弾生産工場があった。国内で製造された一五〇〇台以上の無線通信機はSOEが空中投下した英国製または米国製の機械よりも性能が優れていた。国内産の武器の中で最も有効だったのは、「フィリピンカ」と呼ばれる殺傷能力の高い手榴弾だった。この手榴弾は大量に生産されていた。

一九四三年一月、国内軍司令部は前年十一月に発足した「撹乱工作本部」（ケディフ）をAKの正式機関として承認した。ケディフの責任者アウグスト・エミル・フィエルドルフ少佐（暗号名ニル〔ナイル〕）は英国内でSOEの訓練を受けた後にカイロに飛び、カイロから英国空軍機に運ばれてポーランド国内に降下した潜入工作員だった（エジプト経由で潜入したことからナイルという暗号名をつけられた）。ケディフの使命はその設立命令書に明記されている。

一、撹乱工作と妨害行為を通じて……敵に常時圧力をかけること。敵が民間人に危害を加えた場合は、必ず報復すること。

二、隊員を訓練して、任務の遂行に必要な経験と力量を授けること。常に戦闘態勢を維持すること……将来の武装蜂起に備えること。[39]

ケディフ傘下の組織は一九四三年から四四年にかけて大幅に成長拡大し、よく訓練された男女兵士の本格的な戦闘部隊となった。この部隊は、ブル＝コモロフスキ司令官の参謀本部に直属するバシュタ連隊と並んで、国内軍の中核を形成する精鋭部隊となった。ケディフ部隊は独自の参謀会議を持ち、フィエルドルフの後継指揮官〔ヤン・マズルキェヴィチ中佐〕の暗号名にちなんでラドスワフ軍団を名乗るようになる。ラドスワフ軍団を構成する主要な六部隊はそれぞれ奇妙な名称を持っていた。たとえば、撹乱工作旅団「ブロダ〔顎鬚〕53」という部隊があった。「ブロダ53旅団」はゾシカ大隊、「トポラ〔ポプラ〕中隊」、女性部隊の「ディスク〔円盤〕中隊」によって構成されていた。また、独立大隊として、「パラソル大隊」、「チャタ〔見張り〕49大隊」、「ミョトワ〔箒〕大隊」、「ピェンシチ〔拳骨〕大隊」の四部隊があった。さらに、ケディフのワルシャワ地区司令部に直属する特殊部隊として「コレギウムA中隊」があった。

撹乱工作には、不意を突いて敵を混乱に陥れるためのあらゆる攻撃作戦が含まれていた。ラドスワフ軍団は敵の監獄からの囚人の奪回、ドイツ軍トラックの奪取、放火、銀行強盗、親衛隊兵舎への時限爆弾攻撃などあらゆる手段に訴えた。

サボタージュの方法も多岐にわたった。ドイツ軍の兵器工場ではポーランド人労働者が不発弾を作り、銃の銃口を塞いでいた。鉄道を脱線させ、橋を爆破し、建物に放火するという妨害作戦も盛んに行なわれた。地下国家は、一九四一年から四四年までに実行したその種の妨害工作の件数を（やや誇張して）二万五一四五件と発表している。

ドイツ軍幹部、特にナチス高官を目標とする報復作戦も盛んに行なわれた。ワルシャワでは親衛隊とゲシュタポの悪辣な幹部が次々に殺害された。パヴィアク監獄の残虐な看守オットー・シュルツは一九四三年五月六日に殺害され、街頭での人間狩りの専門家オットー・ブラウンは十二月十三日に処刑された。そして、一九四四年二月一日、灰色部隊ペガサス中隊の兵士によって編成された暗殺チームが、ワルシャワ地区警察長官の親衛隊旅団指導者フランツ・クチェラを殺害した。暗殺は大規模な報復を招いた。ナチスは普段からドイツ人が一人殺害されればその報復としてポーランド人一〇〇人を射殺する方針だった。それに対抗して国内軍は、暗殺目標が休暇でドイツ本国に帰国している間に現地で暗殺する方針も採用していた。全部で五七三三人の暗殺が計画されていたと言われている。ゲシュタポは逮捕処刑すべきレジスタンス指導者の名簿を用意していたが、それと同じように、レジスタンス側もナチス高官を対象とする「お尋ね者リスト」を作成していた。

たとえば、一九四二年九月にも、国内軍の暗殺チームは危険な敵を排除していた。ユゼフ・ハンメル＝バチェフスキ、または、ヘンルィク・シュヴェイツェルを名乗り、「ヴィエク〔叔父さん〕」の暗号名でも知られていた人物が偽の情報組織を作り上げ、集まった情報をドイツ国防軍情報部（アプヴェーア）に流していた。この組織は「亡命政府最高情報部」という大袈裟な名称で抵抗運動に潜入し、パヴィアク監獄から密かに持ち出される抵抗側の連絡メモを途中で横取りしてゲシュタポに渡すという汚い手口を使っていた。地下国家の裁判所は欠席裁判を開いてこの組織に有罪判決を下し、幹部たちは街頭で銃殺された。処刑したのはトヴァルディ・トマシュ〔レゼルク・コヴァレフスキ〕が指揮する国内軍防諜部の死刑執行部隊だった[40]。

　親衛隊国家保安本部長官のラインハルト・ハイドリヒがチェコスロヴァキアのプラハで暗殺された事件は有名だが、その一年半後にワルシャワで敢行されたフランツ・クチェラの暗殺は、その計画性と豪胆さにおいてハイドリヒ暗殺に勝るとも劣らない事件だった。国内軍ケディフ部隊の司令部が発案したこの計画では、ペガサス中隊第一小隊の八人の兵士が暗殺チームに選ばれた。チームの指揮官はブロニスワフ・ペトラシェヴィチ伍長〔暗号名ロト（飛行）〕だった。決行の日時は一九四四年二月一日の朝、場所はショパン通りの公園交差点に近いウヤズドフスキエ大通りの美しい並木道だった。

午前九時〇六分、クチェラを乗せた鉄灰色の乗用車オペル・アドミラルが並木道の旧英国大使館前を通過した。その後から護衛の兵士を満載した無蓋トラックが一台付き従っていた。舗道では親衛隊の部隊が行進していた。オペルはゆっくりと北上した。その時、道路脇に立っていた女性がコートのフードを上げて道を横切った。クチェラが現れたという合図だった。オペルがさらに一四〇メートルほど進んだ時、一台の乗用車が前方のピウス十一世通りの角を曲がって猛烈なスピードで突進し、反対車線に出てクチェラの車列に正面から突っ込んだ。衝突と同時に、左側の舗道を走ってきたペトラシェヴィチ伍長が至近距離からオペルの開いた窓に向けてステンガンを乱射した。もうひとりが右側から走ってきて同様にステンガンを撃ち込んだ。クチェラはすでに瀕死の状態だった。ドイツ軍の機関銃が一斉に火を吹き、攻撃した二名は負傷して倒れた。しかし、付近に展開していたチームが銃と手榴弾で応酬したためにドイツ軍は守勢に立たされた。その間にチームは二名の負傷者を収容し、待機していた別の二台の乗用車で撤退した。二台がその場を脱出したのは九時〇八分だった。その後、一台はヴィスワ川を渡ろうとして橋の袂のドイツ軍監視所に突っ込み、乗っていた兵士たちは欄干を飛び越えて冷たい川面に飛び込んだ。残りの一台は旧市街地区（スタレ・ミャスト）までたどり着いた。医師の「ドクター・マックス」〔ズビグニェフ・ドヴォラク〕に負傷者の診察を依頼し、その後、ペトラシェヴィチ伍長の手術を引き受ける外科医を探していくつかの病院を回ることになる。手術は夜遅くになって行われた。二人の負傷者の病状は悪化し、息を引き取る前に二人の母親が呼ばれた。ペトラシェヴィチ伍長には肝臓結核を死因とする死亡証明書が発行され、遺体は通常の手続きを経て市の共同墓地に埋葬された。

一方、親衛隊とゲシュタポは特別捜査班をルブリンから呼び寄せた。チェコスロヴァキアでラインハルト・ハイドリヒが暗殺された時には、報復としてリディツェ村の村民一九八人が射殺されたが、クチェラ暗殺の報復としては、市民三〇〇人が銃殺された。捜査班は市内の全病院の死亡者の死因を洗い直し、ペトラシェヴィチ伍長の死体を墓から掘り出して解剖し、死亡診断書の虚偽を発見した。しかし、背後の組織を摘発することはできなかった。ドイツ軍はワルシャワ市に一〇〇万マルクの罰金を課し、外出禁止時間を一時間延長した。ドイツ人以外の者が自動車またはオートバイを利用することは無期限に禁止となった。クチェラの葬儀が営まれたが、葬列が通る街路は命令によって無人だった。一分四〇秒間のクチェラ暗殺劇は占領期間を通じて人々の語り種となったが、これほど有名ではないにしろ、同様の暗殺事件は数百件の規模で発生していた(41)。

地下国家の戦士たちは、ナチスから見ればテロリストに過ぎなかった。しかし、クチェラ自身が生前に書き残していたように、「自己の生命を進んで犠牲にしようとする敵に対しては、確実な防御策は存在しない」という状況だった(42)。

地下国家の司法制度は地下の秘密裁判所と国内軍の軍事法廷によって支えられていた。秘密裁判は有資格の上級判事と下級判事によって正式に開催され、判決は公表された。国内軍の懲罰処刑部隊が刑の執行に当たった。密告者、悪徳商人、対独協力者、犯罪者たちは戦々恐々として暮らしていた。たとえば、ワルシャワの俳優だったイゴ・スィムは、ドイツ軍の求めに応じて市立劇場の支配人の職を引き受けたが、その途端に急死することになった。他にも多数の人々が同じ運命をたどった。ユダヤ人を虐待した人々もその中に含まれていた。ワルシャワの地下裁判所は全部で二二〇人に死刑の判決を下している。[43]

抵抗闘争が激しさを増すと、それに応じて地下裁判の件数も増大した。対独協力者の多くは処刑されたが、一部には鞭打ちの刑を受ける者、頭髪を剃られる者もあった。一九四四年三月には大がかりな地下裁判があり、摘発された「ウクライナ福祉委員会」なる組織の幹部たちが裁かれた。「福祉」の名とは裏腹に、彼らは悪辣な陰謀を企む連中だった。また、同年六月後半には、「ポロヴァニエ〔猟狩〕作戦」が発動され、ドイツ保安警察ジポの公用車両が相次いで手榴弾や火炎瓶で襲撃されるという事件が発生した（ジポの車両の登録番号がすべてOST－47で始まることを国内軍が探り当てたことによる作戦だった）。この作戦の最初の頃、一時パヴィアク監獄の所長代理として憎しみを買っていた親衛隊中尉ヘルベルト・ユンクが殺害された。その際、攻撃チームの側でも、ステファン・プウォトカ〔暗号名ミコワイ二世〕が戦死した。ゲシュタポは報復として七五人の「共産主義者」を銃殺したと発表した。[44] しかし、銃殺されたのは実際には「共産主義者」ではなかった。

ただし、地下国家とゲシュタポとの間に一切の接触がなかったと考えるのは間違いである。両者は相手の出方を常に意識しており、いわば同じ土俵で戦っていた。したがって、時には取引することもあった。たとえば、一九四三年の秋、ベルリンの国家保安本部（ＲＳＨＡ）の高官がワルシャワを訪問した際、乗ってきた防弾仕様の超高級車メルセデスを国内軍保安部隊の兵士二名が厚かましくも盗み去るという事件が発生した。ナチス高官の部下たちは自分たちの首が飛ぶのを恐れるあまり、国内軍に接触してきた。国内軍は自動車を返却する見返りとしてパヴィアク監獄に収容されている囚人一五人の釈放を要求した。ジポの担当者の机の電話が鳴った。

こちらの手紙は読んだか？

読んだ……
上官はこちらの提案を呑んだのか？
ああ、だが……
よし。では、リストにある者全員を明日の午後三時に釈放しろ。
で、車はどうなる？　車を返せば囚人を釈放する。ドイツ軍士官の約束だ。
まず、囚人を釈放しろ……車はその三日後に返す。
その保証は？
ポーランド軍士官の約束だ[45]……

事は約束どおりに運んだ。
一九四二年の夏、ゲットーから強制的に移送されているユダヤ人の本当の行き先がどこかを確認した国内軍情報部は、「ユダヤ人支援評議会」を創設した。「ジェゴタ」という分かりにくい暗号名は正体をくらますために意図的につけられたものだった。しかし、ゲットーも輸送経路も厳重に警備されていたために、事態への直接的な介入は事実上不可能だった。そこで、ユダヤ人の子供に焦点を絞って救出する作戦が採用された。ユダヤ人の子供たちのために偽の証明書を作り、安全な住居に隠し、教会のネットワークが引き取るというシステムだった。ポーランドにはヨーロッパのどの国よりも大規模なユダヤ人社会が存在していたので、ナチスは他のどの地域よりも多数のユダヤ人をポーランドで殺害することに成功した。しかし、ジェゴタの活動もあって、ポーランドでは他のどの地域よりも多数のユダヤ人が救出されたことも事実である。ポーランドで救出されたユダヤ人の数は一〇万人前後と推定されている[46]。

国内軍の情報宣伝局（BIP）は日刊紙を発行していたが、その発行部数は最盛期には二〇万部に達した。BIPは、また、あらゆる種類の軍事書、技術書、歴史書、教科書なども発行していた。国内軍を代表する機関誌『戦況速報』は三一七号まで発行された。さらに、BIPのN部門はドイツ国防軍を装って『デア・ゾルダート』、『デア・ハンマー』、『デア・クラバウテルマン（船の妖怪）』などと題するドイツ語刊行物を印刷し、ドイツ軍兵士に配って偽のニュースを流していた。今では収集家に珍重されているこれらの偽刊行物は痛快な成功を収めた。一九四三年には「アンティーク」と呼ばれる特殊部門が設立され、脅威となりつつあった共産党側のプロパガンダに対する対抗措置を開始した[47]。

国内軍で諜報と防諜を担当したのは有名な第Ⅱ局だった。その活躍はポーランドのためだけでなく、連合国全般のために計り知れない貢献をした。第Ⅱ局の直接の前身である戦前のポーランド軍情報部は、「解読不可能」と言われていたドイツ軍の暗号システム「エニグマ」の解読に最初に成功した。一九四一年、間近に迫るドイツ軍のバルバロッサ作戦の詳細をロンドンに伝えたのも第Ⅱ局だった。スターリンはこの情報を信じようとしなかったと言われている。一九四二年、第Ⅱ局は重大な危機に直面する。ドイツ国防軍情報部アプヴェーアが組織に侵入したのである。第Ⅱ局は全ネットワークをいったん閉鎖し、もう一度ゼロから情報網を再構築した。絶対に秘密の漏れることのない三つの独立したネットワークが築かれた。総督府の「アルカディウス」、第三帝国に併合された地域の「ロンバルト〔質屋〕」、ソ連占領地域の「プラルニャ〔洗濯屋〕」の三組織はいずれも戦争終結まで活動を続けた。ただし、三組織の記録文書は一九四五年に英国外務省に引き渡された後、信じがたいことだが、誤って破棄されてしまった[48]。

一九四四年の七月末、第Ⅱ局の諜報活動は最大の成果をあげた。すでにその一年前、ポーランドの諜報員はドイツ軍のロケット計画開発基地がウーゼム島のペーネミュンデ研究センターにあることを探り出し、その位置を特定していた。英国空軍はその情報に基づいてロケット研究センターを爆撃した。今回、第Ⅱ局はポーランド南部の僻地で行なわれていたドイツ軍の最新型V2ロケット開発の秘密実験基地を発見し、驚くべきことに、ブク川近くの沼地に着弾した不発のV2ロケットを無傷のまま鹵獲することに成功したのである。ロケットと推進装置はばらばらに分解されてワルシャワに運ばれ、詳細な技術図に写し取られた上で、梱包し直された。V2ロケットの推進燃料についても、専門の化学者が分析し、組成の謎を解明した。後はこの貴重この上ない成果をロンドンに送るという比較的単純な作業が残るだけだった。(49)

国内軍は武装蜂起の機が熟することを何年も何ヵ月も待っていたが、ついにその時が来たと思うたびに予想外の邪魔が入って肩をすくめるしかなかった。一九四三年四月一日の『戦況速報』に次のような方針が発表されている。「全国蜂起は三ヵ月毎に宣言するようなものではない。武装蜂起はただ一度だけ決行する。その蜂起は絶対に成功させなければならない(50)」。それと同じ時期に、BBCはまったく同じ内容をフランス国内のレジスタンスに向けて放送している。

国内軍に対する思いがけない賞賛が意外な場所から寄せられたことがある。戦争末期、ドイツ第三帝国が敗北に直面し、連合軍によるドイツ占領が予想された時、ナチスの指導者たちは東部戦線のドイツ軍情報局長だったラインハルト・ゲーレンに対して占領軍に対する有効な抵抗運動のあり方についての助言を求めた。ナチス党員ではなかったゲーレンは、ポーランド国内軍を手本にするべきだと回答している。

国内軍とその支持者たちが重大な重荷と感じていたのは、ソ連と共産党勢力が繰り返し広めていた中傷宣伝だった。ソ連は国内軍の抵抗努力を認めるどころか、国内軍は「消極的」であり、「臆病者」

であり、「親独的」であると非難していた。ソ連の勝利をもてはやす英米の報道機関も、無意識的にソ連の中傷宣伝を容認していた。国内軍にしてみれば、「今に見ていろ！」と言うしかなかった。

一九四三年四月十九日にワルシャワ・ゲットーの蜂起が始まった。ゲットー蜂起が二七日間も持ちこたえたことは敵味方のすべてに驚きをもたらした。蜂起を主導した二つの小さな秘密グループは、ゲットー解体というナチスの政策の最終的な意味を正確に予測した上で、結果がどうなろうとも立ち上がって戦う道を選んだのである。強制移送作戦のために親衛隊集団指導ユルゲン・シュトロープ中将に率いられてゲットーに入った約三〇〇〇人のドイツ軍兵士と武装警官に対して、手榴弾と銃弾の雨が降り注いだ。抵抗は想定外の事態だった。誰もがユダヤ人は子羊のようにおとなしく処刑場に引かれていくに違いないと思っていたからである。

ゲットー蜂起に対する弾圧は連日比類ない残虐さで展開された。蜂起側も十分に準備を整えていた。わずかな数の軽火器は主としてポーランド地下国家から提供されたもので、ドイツ軍の圧倒的な重火器にはとうてい及ばなかった。しかし、ドイツ軍からも死傷者が出た。蜂起側は秘密の掩蔽壕や抜け道の迷路を使って戦った。最後に、シュトロープは武器で戦うよりも建物ごと燃やしつくす方法を選ぶ。水道とガスと電気が切断され、建物にはブロックごとに火がつけられた。中にいた人々は、逃げ出したところを無差別に銃撃された。地下室には発炎筒が投げ込まれた。この作戦で二万人以上が殺害され、生き残った一万六〇〇〇人がトレブリンカに送られた。ミワ通りにあったユダヤ戦闘組織（ŻOB）の司令部が破壊され、司令官モルデハイ・アニェレヴィチが戦死したのは五月八日だった。その一週間後、シュトロープはベルリンに報告している。「ワルシャワにはもはやゲットーは存在しない[51]」

ゲットー蜂起については多数の記録が残されている。シュトロープはその報告書の中で、蜂起したユダヤ人の勇気を不承不承ながら認めている。「ユダヤ人は拳銃を両手に構えて撃ってきた……女たちは衣服の下に武器を隠して運んでいた……最後の瞬間には彼女らも手榴弾を取り出して……兵士に投げつけた……」[52]。ユダヤ人ブントのメンバーで、蜂起の指導者としてただ一人戦後まで生き残ったマレク・エデルマンは、戦後、イデオロギー論争にとらわれない立場でゲットー蜂起の経過を書き残している[53]。一方、レオン・ユリス〔『栄光への脱出』、『OK牧場の決闘』（脚本）を書いた米国の小説家〕はワルシャワ・ゲットー蜂起を題材にして小説〔『ミワ通り18番地』〕を書いたが、そこに描かれたフィクションはしばしば事実と取り違えられている[54]。

ゲットー蜂起の英雄たちがユダヤ人であると同時にポーランド人でもあったことを強調する論評はほとんどない。しかし、米国のユダヤ人が自分をユダヤ人であるとともにアメリカ人であると感じているように、戦時中にポーランドで暮らしていた若い世代のユダヤ人の大多数は「ポーランド人」と「ユダヤ人」がまったく違う人種グループであるという説とは無関係だった。彼らは単にポーランド国籍を有するというだけではなかった。年輩の世代とは違って、若い世代のユダヤ人の大多数はポーランドの学校で教育を受け、ポーランド語を話し、ポーランド人と同じように愛国心を抱いていた。非ユダヤ人の同胞から切り離されたのはユダヤ人自身の意志によってではなく、ナチスの専横によってだった。

ゲットー蜂起が圧殺されている間、ワルシャワの「アーリア人側」に住むすべての人々がゲットーの中で起こっている事態に気づいていた。詳細な中身は分からなかったが、誰もが炎を目にし、煙の臭いを嗅ぎ、銃声に身震いし、時には悲鳴を耳にしていた。ゲットーの高い建物の屋上にダヴィデの星の旗と並んで赤白のポーランド国旗がはためくのを見た人々は感動で打ち震えた。しかし、どうすることもできなかった。ゲットーの内と外はもう二年間も切り離された状態だった。ゲットーの外部でも恐怖にさらされる日常生活が続いていた。外見では消極的に見えた人々が必ずしも無関心だったわけではない。ある詩人〔チェスワフ・ミウォシュ〕は、ゲットーの壁のすぐ外側に場違いな移動遊園地が開かれているのを見て、三〇〇年前に「異端者」としてローマで火刑になったジョルダーノ・ブルーノの孤独な死を連想している。

春の日の晴れた夕方
カーニバルの甲高い音楽に合わせて
ワルシャワの空に回る観覧車は
カンポ・デ・フィオーリの広場を思い出させる。
陽気なメロディーが
ゲットーの一斉射撃の銃声をかき消す。
何組もの二人連れが椅子に乗って
雲ひとつない空に高く昇って行く。
……
壁の向こうで人知れず死んでいく人々がいる。
世界から忘れられたままに。
私たちの舌は彼らのために
古い惑星の言葉をつむぐ。
長い年月が過ぎ
すべてが伝説となり、

新たなカンポ・デ・フィオーリの広場で
詩人の言葉が怒りに火を灯す時まで。[55]

ゲットー内の蜂起は壁の外側にいたワルシャワ市民の間にも、痛恨の思い、怒り、罪悪感、焦燥感を引き起こしたが、同時に遺産として引き継ぐべき具体的な教訓をももたらした。人生には生命以上に重要なものがあり得るという道徳的な教訓はあまりにも明白だった。ゲットーの戦士たちは一般のワルシャワ市民に比べて極端に厳しい苦境に直面していた。彼らが蜂起を決断した勇気は尊敬に値した。絶望的な戦いだったが、その勇気は壮大だった。ゲットー蜂起が示した道徳規範は、きわめてポーランド的な道徳規範そのものだったと言うことができる。

政治的教訓としては、支援に立ち上がるべきだった人々が行動に出なかったという問題が残った。ナチスのユダヤ人政策については、一九四三年の段階ですでに多くのことが外部世界に知られていた。しかし、ユダヤ人の問題に高い優先順位を置いて抵抗を主導する勢力が存在しなかったことが問題だった。列強諸国には独自の「利害関係」があった。巨大な戦争を戦っている主要連合国に当面の作戦を後回しにさせ、代わりに主要国の観点からすれば局地的な傍系の問題を優先するよう説得することは困難だった。[56]ポーランド地下国家も独自の緊急課題を抱えていた。地下国家は限定的な支援は惜しまなかったが、ユダヤ人問題のために戦略全体を危険にさらす意志はなかった。ゲットーの戦士たちはまったくの孤立状態で戦うしかなかった。その孤立は彼らの責任ではなかった。

軍事的教訓としては、都市部におけるゲリラ戦の予想外の有効性が実証された。ゲットー蜂起は歴史上最初の都市ゲリラ戦のひとつだった。十分な武器もなく、ほとんど訓練も受けていないが、並外れて機略に富み、戦意の高いゲリラ戦士たちを制圧するのは非常に困難だった。彼らはドイツ軍の圧倒的な重火器を前にしても、数日単位ではなく、数週間単位で持ちこたえた。彼らを制圧するためには、戦場となっていた都市環境全体を破壊する必要があった。これらの事実からひとつの結論が浮かび上がるように見えた。ゲットー蜂起で証明されたように、二〇〇〜三〇〇人の戦士がナチスの巨大な戦争マシーンを敵に回して一ヵ月近く戦うことができるとしたら、その三〇倍ないし四〇倍の兵力があれば、たとえ戦場が二〇倍の広さであっても、さらに長期間持ちこたえられるという計算が現実性を帯びてきたのである。

蜂起の最終幕を飾ったのは、ゲットーの記録を書き残した歴史学者エマヌエル・リンゲルブルム博士の運命だった。リンゲルブルムは一九四三年三月にゲットーから密かに脱出し、「アーリア人側」の隠れ家に身を潜めて執筆に専念していたが、一年後に所在を発見された。博士とその家族、彼を匿ったカトリック教徒のグループ全員がパヴィアク監獄に収監され、そこで銃殺された。(57)

ポーランドの公式世論では、国民的な武装蜂起は常に予定の行動だった。蜂起は一九三九年にドイツに降伏したその日から議論されていた。民間人の中には蜂起に反対する意見もあり、また、軍事的な見地から蜂起を非現実的であるとする見方もあった。しかし、蜂起を予定する亡命政府の立場は一度も揺らぐことなく、世論の大多数も政府に従った。したがって、戦争の全期間を通じて、問題となったのは蜂起の時期とその形態だった。全国一斉蜂起、「ブジャ〔嵐〕作戦」、首都蜂起という三つの異なる案が提起されていた。

ロンドン亡命政府のシコルスキ首相が一九四〇年十月に承認したのは、大陸への正規軍の大規模な上陸反抗作戦と呼応して、全国的に一斉蜂起するという計画だった。この方針は「武装闘争同盟」（ZWZ）の設立を命じる文書にも明記されている。ZWZには、いざと言う時に間に合うように武装蜂起の準備をせよという命令が出されていた[58]。この作戦は、上陸軍を大陸の適切な地点まで輸送する能力が英国海軍と英国空軍にあることを前提としていたが、その際、国内の武装抵抗組織は主として農村地帯で戦い、ドイツ軍による上陸阻止行動を妨害することになっていた。

しかし、独ソ戦が始まると、それにともなって当然ながら武装蜂起の方針も一部変更された。一九四二年秋に出された「作戦報告五四号」によれば、一斉蜂起が予定される地域はポーランド中央部に限定され、西部地域と東部地域は蜂起の予定から外されている。蜂起を敢行する場合にはその二週間前に「警戒態勢」が予告され、最終的に蜂起するかどうかは国内軍総司令官の判断に委ねられることとされた。列記されている蜂起の目的のリストの上位には、ドイツ軍占領体制の転覆と蜂起行動拡大のための武器弾薬の鹵獲が掲げられている[59]。ソ連については、国内軍総司令官ステファン・ロヴェツキ将軍〔暗号名グロト〕が次のように指摘している。「ソ連は連合国の一員だが、それはあくまで表向きの話である。ソ連がわが国に対して敵意を抱いていることは明らかであると考えねばならない……ただし、弱い立場にある限りは、ソ連はその敵意を表に出さないだろう[60]」

国内軍の武装蜂起に関する計画が英米両国に対して秘密にされることはなかった。それどころか、ロンドンとワシントンに駐在するポーランドの軍事使節団は蜂起への支援を求めて両国の軍事当局者を絶えず煩わせていた。たとえば、一九四三年七月二日、国内軍は連合軍統合参謀本部に作戦行動計画書を提出し、あわせて希望する武器援助のリストを提出している。ワシントン駐在ポーランド軍事使節団の責任者レオン・ミトキェヴィチ大佐に対して連合国軍統合参謀本部の英国代表ゴードン・マクレディー中将からポーランド国内の蜂起に最も適した時期についての厳しい質問が浴びせられた。この質問に対して、ミトキェヴィチは連合軍がハンガリー平原に突入する時期が最適であると答えている。これは連合軍をイタリアからいわゆるリュブリャナ峡谷を抜けて急速に北上させるというチャーチルの構想を明らかに意識しての回答だった。また、ソ連軍がポーランド領内に侵攻した場合についての質問に対するミトケヴィチの答えは次のようなものだった。「その場合には蜂起は行なわない。国内軍は地下に潜行したまま抵抗活動を続けることになるだろう[61]」

連合軍はポーランド側の熱心な要請を受けて、一九四三年から四四年にかけてポーランド国内の「秘密の軍隊」についての検討を続けた。ワシントン駐在のミトケヴィチ大佐の膨大な報告書から明らかなように、この検討は二つの前提条件を想定して進められた。ひとつは、「秘密の軍隊」に対して少なくとも連合国空軍による空輸支援を提供すること、もうひとつは、英国内にあってポーランド亡命政府の直接の指揮下で訓練しているポーランド降下旅団を参戦させることだった[62]。

ところが、西側連合軍は一九四三年の秋になってもイタリアを除いて大陸に侵攻することができない状態だった。一方、東部戦線では赤軍が着実に勝利を収め、急速に西進しつつあった。七月のクルスク戦以降、ポーランド亡命政府はその領土が西側の連合軍によってではなく、スターリンの軍隊によって解放される可能性に直面せざるを得なくなる。その場合に適用される作戦は「ブジャ〔嵐〕作戦」だった。

ポーランドの蜂起計画が連合国軍の最高首脳部に知られていた証拠は、米国国務長官コーデル・ハルがルーズヴェルト大統領宛てに送った一九四三年十一月二十三日付の電報の中に含まれている。ハル国務長官はポーランド亡命政府首相スタニスワフ・ミコワイチクから得た次のような情報を大統領に報告している。「ポーランドはドイツ占領軍に対する蜂起を計画中である。蜂起はポーランドと連合国軍が相互に合意した日程で決行されるが、それはソ連軍がポーランドに侵攻した瞬間またはその直前になるだろう[63]」。この報告は誰でも見ることができた。電報の日付はテヘラン会談以前であり、赤軍がポーランドに侵攻する二ヵ月前、ヴィスワ川に到達する九ヵ月前だった。鍵となる文言は「相互に合意した日程」という部分だった。ハル長官の情報がその後の数ヵ月間に何をもたらすことになったのか、それは歴史家が検証すべき問題である。

一九四三年十月二十六日、ポーランド亡命政府は国内軍総司令官と地下国家代表部宛てに、選択すべき将来の武装蜂起のあり方に関する詳細な訓令を伝達した。第一案は従来と同じく西側諸国の軍隊との共同歩調による全国的な一斉蜂起だった。第二案は、西側諸国が一斉蜂起を承認しない場合に実施すべき小規模な撹乱工作だった。第三案と第四案は赤軍が介入した場合に取るべき行動の詳細だった。ソ連との外交関係が再開されない場合に取るべき対策については、亡命政府は決定を保留していた。(64)

その一ヵ月後、国内軍のブル＝コモロフスキ総司令官は、亡命政府の訓令を慎重に検討した上で、独自の実行計画を決定した。「ブジャ作戦」の基本的な内容に触れた一九四三年十一月二十日付の命令1300／Ⅲ号である。亡命政府の十月訓令と部分的に異なる点があった理由は、ポーランド東部に住む少数民族グループの反応が予測困難だったこと、また、国境地帯のポーランド人社会が弱体化して一斉蜂起を支えられない状態にあったことを考慮したためだった。ソ連との国交断絶状態の影響も考えなければならなかった。このような状況下では、国内軍の再編成と強化に加えて、ソ連を「同盟国の同盟国」として歓迎し、共通の敵ナチス・ドイツと戦う協力相手として強調する必要があった。「ブジャ作戦」では、多くの判断が現地部隊の司令官の判断に委ねられていた。東部戦線の接近に呼応してドイツ国防軍を背後から攻撃し、あらゆる手段を尽くしてソ連軍の戦いを支援し、主人役として、侵攻してくるソ連軍をにこやかに歓迎すること、それが各地の司令官に与えられた命令だった。「ブジャ作戦」は大規模な国民蜂起ではなく、地域分散型の局地的作戦と理解されていた。

ブル＝コモロフスキ総司令官はこの命令が亡命政府の十月訓令と異なる点について次のように補足説明している。

退却しつつあるドイツ軍を相手に戦う各地の司令官とその部隊に対して、侵攻して来るソ連軍の前に自らの存在を明らかにするよう命令する。この段階での任務はポーランド共和国の存在を明示することにある。この点で、私の命令は亡命政府の訓令と異なっている。[65]

また、そうした判断の基礎となった原則についても触れている。

我々の戦争準備はすべてドイツ軍に対する武装抵抗のためであって、いかなる場合にも、ドイツ軍を追撃してポーランド国内に侵攻して来るソ連軍と戦うためではない……唯一の例外は必要最小限の自衛行為としてソ連軍と戦う場合である。正当防衛はすべての人間の権利だからだ。[66]

「ブジャ作戦」は、国の中央部および西部で一斉蜂起を行なう可能性を残していた。一斉蜂起のために、ブル＝コモロフスキは三段階の準備態勢を指示している。第一段階は「監視強化態勢」、第二段階は「警戒態勢」、第三段階は「戦闘準備態勢」で、その後直ちに作戦行動に移行する予定だった。ワルシャワが果たすべき役割も検討された。一斉蜂起の場合には農村地帯での作戦が優先するので、ワルシャワは蜂起作戦から除外されるはずだった。ただし、「ブジャ作戦」がヴィスワ川地域まで拡大した場合には、ワルシャワも局地的蜂起のひとつとして戦闘に参加することになるであろう。

国内軍指導部が「ブジャ作戦」を採用したことについて、歴史家の間ではその有効性を疑う見方があり、さらには、亡命政府への忠誠を疑う意見も出ている。ブル＝コモロフスキ将軍の「ブジャ作戦」は亡命政府の訓令を大きく逸脱していたと指摘する意見もある。しかし、その当時、事態の深刻な影響に気づいた人はほとんどいなかった。すなわち、もし地下国家の指導部がロンドンの亡命政府の方針から逸脱するようなことがあれば、それは亡命政府と西側同盟諸国との作戦調整を成功させるという課題への重大な障害となり得るという点だった。

この「十月訓令問題」は亡命政府内部に発生しつつあった対立の現われでもあった。この対立はやがて公然たる分裂に発展するが、それについては現在に至るまで正確な説明がなされていない。ソ連筋の不正確な情報に基づく従来の見方は次のようなものだった。すなわち、亡命政府の最高司令官〔カジミェシュ・ソスンコフスキ〕に代表される「強硬派」は執拗に蜂起を主張したが、その目的はソ連軍による国土の占領を阻止することにあった。一九四四年を通じて、ソ連は国交回復の前提条件としてこれらの「反ソ分子」の追放を要求していた。一方、首相〔スタニスワフ・ミコワイチク〕に率いられるグループはソ連との妥協を主張し、軽率な蜂起に反対する立場だった。しかし、この見取り図はほぼ全面的に事実に反している。国家の独立を何よりも重視し、スターリンの恣意的な計画に強硬に反対するという意味では、亡命政府内の全員が「反ソ的」だった。外国の抑圧体制を転覆して国家の主権を回復するための正当な手段として、全員が原則的に蜂起を支持していた。意見が食い違ったのは、ひとつには蜂起の現実性をめぐってであり、もうひとつは、連合国「ビッグ・スリー」の意図をどう評価するかをめぐってだった。最高司令官に代表されるグループはいわば「懐疑派」だった。彼らはスターリンから妥協を引き出すのは困難であり、また、西側列強にはスターリンと対決する勇気がないと考えていた。「十月訓令」にあったように、孤立した対独武装蜂起が成功するとも思っていなかった。一方、首相を中心とするグループはいわば「楽観派」であり、西側列強の保証を額面どおりに受け入れていた。つまり、スターリンと交渉するという西側の約束を信じ、いざという場合には西側からの積極的な支援があると信じていた。したがって、皮肉なことに、英米両国政府の目から見て最も「反ソ的」と思われた人々こそが実際には最も強硬に蜂起に反対する人々だった。

「楽観派」の中には、身を以てソ連の現実を知る人は誰一人いなかった。首相はポーランド西部の出身だったが、西部出身者の間にはドイツに対する根深い恐怖心があり、そのため、やむを得ずロシアに支援を求めようとする伝統的な傾向があった。いずれにせよ、農民党の指導者だったミコワイチクは国内問題には強かったが、国際関係には疎い面があった。亡命政府は武装蜂起の可否の判断を最終的には国内軍の指導部に委任することになるが、興味深いことに、ブル＝コモロフスキをはじめとしてソブル〔ヤン・スタニスワフ・ヤンコフスキ〕、モンテル〔アントニ・フルシチェル〕、ニェジヴィャデク（子熊）〔レオポルト・オクリツキ〕など、国内軍指導部の全員がかつてオーストリア軍に勤務したか、オーストリア軍の士官として訓練を受けたことがあった。一方、亡命政府内の「懐疑派」は全員がロシアのやり方を熟知した人々だった。最高司令官ソスンコフスキはロシア皇帝の臣下として生まれたが、一九二〇年にはピウスツキ将軍の右腕として赤軍を撃退した。同僚のアンデルス将軍は帝政ロシア軍の士官であり、かつてはルビャンカの囚人でもあった。ただし、例外もあった。スタニスワフ・タタル（タボル）将軍も帝政ロシア軍の士官だったが、あらゆる犠牲を払っても蜂起を実現すべきだと思っていた。その理由はただひとつ、最高司令官ソスンコフスキが蜂起に反対していたからだった。いずれにせよ、蜂起について最も懐疑的だった人々、そしてソ連の支援にも西側の援助にも希望を持たなかった人々の多くは、過去にロシアと深くかかわったことのある人々だった。

ポーランド亡命政府は英米両国に対して繰り返し支援を求めた。英国は東部戦線に介入するためには兵站上の重大問題を解決する必要があると答えるのみだった。一方、米国は東部戦線がソ連の戦域である以上、ポーランドは何とかしてソ連の総司令部と折り合いをつけるべきだと繰り返した。

近づきつつある「ブジャ作戦」の発動と、それにともなって直面するはずのジレンマを認識していたポーランド亡命政府は、英米両国に対してポーランド国内に軍事使節団を送り、国内軍の実情を直接に視察するよう繰り返し要請した。ミコワイチク首相がウィンストン・チャーチルに対して一九四四年二月二十二日に行なったのがその最初の要請だった。二十三日には同様の提案が駐ロンドンの米国代理大使に対して行なわれた。使節団の派遣は双方に利益をもたらすはずだった。英米両国にとっては、信頼できる情報ルートを確保する機会であり、現地の実情を見ればポーランド側が偏見やデマを流しているという嫌疑も晴れるはずだった。しかし、英米両国は迅速に動こうとしなかった。要請に対する回答はイエスでもなく、ノーでもなかった。亡命政府側は要請を繰り返したが、事態は進展しないまま何週間かが過ぎ、そして何ヵ月かが過ぎた。

英米両国の態度は一九四四年七月の半ばになっても変わらなかった。現地では、ロコソフスキー軍の進撃がワルシャワにも直接的な影響を及ぼし始めていた。国内軍指導部は七月二十一日に緊急参謀会議を開き、ドイツ国防軍中央集団の敗走によって首都における武装蜂起成功の前提条件が整いつつあるという情勢判断を下し、七月二十五日付で「警戒態勢」を発令することを決定した。亡命政府最高首脳部の最終判断を求める緊急の無線通信がロンドンに向けて発せられた。

緊張が高まるにつれてロンドンのポーランド亡命政府の内部では深刻な亀裂が生じ始めていた。ただし、亡命政府は当面の焦眉の問題については素早く対応していた。ひとつはソ連との関係をどうするかという問題、もうひとつは国内軍が待ち望んでいる武装蜂起に許可を与えるかどうかという問題だった（事が迅速に進んだのは、最高司令官のソスンコフスキ将軍がイタリア国内の情勢視察のためにロンドンを離れていたことが幸いしたとも言える）。重大な閣議が開かれたのは七月二十五日だった。

ソ連に対するポーランド人の姿勢には明確に異なる三つの流れがあった。ひとつはベルリンク将軍に代表されるグループで、彼らはスターリンの希望ならば何でも受け入れるという立場だった。ポーランドに共産主義運動を復活させようとする屈従的な姿勢は長い間世間の軽蔑の的だったが、今や、にわかに勢いを増しつつあった。第二はソスンコフスキ最高司令官のグループで、ソ連を相手とするいかなる交渉の試みも屈辱的な結果に終わらざるを得ないと考える人々だった。彼らにとって最善の道は行動を急がずに事態を静観し、その間に力を蓄えることだった。もし、ロコソフスキー軍がワルシャワに入城するようなことになったら、国内軍は地下にとどまって抵抗を続けるべきだと彼らは考えていた。しかし、農民党とミコワイチク首相に代表される第三の最大グループは、ソスンコフスキ派の意見を絶望的な敗北主義と見なしていた。西側諸国の支援を受けてソ連との妥協策を探ることは可能であり、また、望ましい方針だと彼らは考えていた。ポーランドの発言権が弱く、さらに弱まりつつあることは彼らも認めていた。しかし、スターリンが西側諸国からの大量の援助に依存している以上、チャーチルとルーズヴェルトがポーランドをみすみす狼の餌食として見捨てることはないだろうというのが彼らの観測だった。このグループはルーズヴェルトの約束を信用し、チャーチルの要求に黙従した。ミコワイチク首相がモスクワを訪問し、スターリンと直接交渉することに合意したのである。

武装蜂起に関する判断はそれほど簡単ではなかった。前進するロコソフスキー軍の進路が真っ直ぐにワルシャワを目指していることは、地図を見れば誰の目にも明らかだった。ワルシャワには国内軍と地下国家のすべての中枢機能が集中していた。したがって、時間を無駄にすることはできなかった。しかし、その一方で、ポーランド中央部のドイツ軍はまだ崩壊の兆しを見せていなかった。ドイツ軍を叩くべき最適の時期を決定する判断はロンドンでは不可能だった。決行すべきか、慎重を期すべきか、二つの相反する意見のバランスを図ることが重要だった。結局、次の三点が決定された。武装蜂起の計画を承認すべきだという国内軍の提案を受け入れる。ただし、蜂起の範囲は首都ワルシャワに限定する。これは「ワルシャワのための戦い」という名の局地的な作戦とする。第三に、事態の進行速度が予測できないので、蜂起開始の時期に関する最終判断は現地の政府代表部に委ねる。ロンドンのミコワイチク首相からワルシャワの政府代表部に訓令が届いたのは七月二十六日だった。「共和国政府は武装蜂起を宣言する権限を貴官に付与することを全会一致で決定した。蜂起の日時は貴官の判断に委ねるものとする。もし可能ならば、事前に連絡することを願う。この訓令の写しは軍の連絡網を通じて国内軍総司令官にも伝達される」[67]

同じ七月二十六日、ミコワイチク首相はロンドンを発ち、ジブラルタル、カイロ、テヘラン経由でモスクワに向かった。モスクワ到着は四日ないし五日後の予定だった。首相はスターリンを懐柔して武装蜂起への承認を取りつけ、ソ連軍がワルシャワに入城するための最も有利な環境を創り出すという戦略を構想していた。

ソスンコフスキ最高司令官は六月から七月にかけての事態の推移を深く憂慮していた。「二つの敵理論」の申し子だったソスンコフスキは、誰にも劣らず対独戦争に熱心だったが、ミコワイチク首相のスポンサーである英米の政治家とは異なり、赤軍の迅速な進撃をも大いに憂慮していた。そして、何よりも、ソ連の実態についての英米両国の無邪気な思い込みが気になっていた。ミコワイチク首相が明確な提案もなく、英米両国からの具体的な保証もなしにモスクワを訪問することについての最高司令官の怒りは激しかった。ソスンコフスキは最悪の事態を恐れていた。すわわち、英米両国はすでに秘密裏にスターリンの野望に承認を与えているのではないか、そして、ミコワイチク首相はモスクワで屈服を強いられるのではないか。

七月三日、亡命政府の国防相マリアン・クキェルがソスンコフスキ最高司令官とミコワイチク首相の二人に話し合いの機会を提供した。ロンドン市内の夕食会に二人を招き、意見の違いを調整しようとしたのである。三人は地下国家の指導部が間もなく指示を仰いでくるだろうという見通しで意見が一致した。ただし、ワルシャワが直ちに蜂起すべきだとは三人とも考えていなかった。ミコワイチク首相の立場は、彼が最近ルーズヴェルト大統領と協議したという事実によって強まっていた。ルーズヴェルトは、ソ連によるポーランド併合は既定の方針ではないと保証し、西側からの援助に大きく依存しているソ連は共産主義を拡大して西側との関係を危険にさらすことはないだろうとの見通しを明らかにしていた。

しかし、ソスンコフスキはスターリンの自己抑制についても、英米の善意についても、ミコワイチク首相の楽観主義に与しなかった。最高司令官は次の四点に要約できる提言を行なった。(一)ドイツとの戦争は継続する。(二)ソ連軍に対する武装抵抗は禁止する。(三)ソ連が亡命政府の主権を認めない場合には、国内軍の幹部をドイツ占領地域に移動させる。(四)ソ連・ポーランド間に合意が成立しない場合は、ドイツ軍に対する一斉武装蜂起は行なわない。この最後の点について、ソスンコフスキ本人は次のように述べたと言われている。「ソ連邦政府から一定の理解を得て、赤軍と誠実かつ実質的な協力関係を築いた上でなければ、武装反乱は政治的に正当化できないし、軍事的には絶望的な暴挙以外のなにものでもない(68)」。疑問の余地のない断定的な否定である。ソスンコフスキ最高司令官が蜂起を扇動した一人であると考える者がいるとすれば、それはまったくの誤解だった。
夕食会が終りに近づいた頃、ソスンコフスキは在イタリアのポーランド軍を視察するためにまもなく出発する予定であることを明らかにして二人の了解を求めた。首相と国防相は反対したが、翻意させることはできなかった。最高司令官は七月十一日にロンドンを離れ、その後、亡命政府が七月中に行なう決定には参加することがなかった。[69]

しかし、イタリアに出発する前に、ソスンコフスキは最高司令官としてワルシャワのブル＝コモロフスキ国内軍総司令官に助言する権利を行使した。七月七日付の至急公電でソスンコフスキはミコワイチク首相に対して自分が行なった提言の内容をブル＝コモロフスキに伝えたが、その終り近くにどんでん返しのような一節が含まれていた。すなわち、赤軍は早晩ポーランドの国土の大半を制圧するだろうが、そうなれば、クレムリンは「我が国の政府と話し合うことさえ拒むだろう。そのような状況下での武装蜂起は決して正当化できない……」。しかし、状況は刻々と変化しているので、警戒態勢は維持すべきである。「ドイツ軍が撤退を始めた瞬間を狙って、赤軍が到着する以前に、機会があれば、武装蜂起を決行してヴィルノ、ルヴフ、およびその他の重要都市を一時的に掌握することは可能であろう……それが実現したら、我々は国家の正統な主人としてソ連軍を迎えることができる」[70]。ブル＝コモロフスキは「その他の重要都市」がワルシャワを意味すると解釈したはずである。

ソスンコフスキ最高司令官は、また、ワルシャワに向けて出発する密使ノヴァク〔ズジスワフ・イエジョランスキ〕に任務の説明を行った際、今後五年以内に西側とソ連との紛争が勃発するだろうとの見通しを述べた。この点についてミコワイチク首相の見通しは違っていた。首相が密使ノヴァクに指示したのは、ルーズヴェルトとチャーチルが約束する外交的支援を得てモスクワとの合意に達することが緊急の最重要課題であることを地下国家指導部に伝えることだった。

その後、ソスンコフスキ最高司令官はアンデルス将軍と長時間会談するが、この会談は彼の持論を強化したようである。つい三年前までＮＫＶＤの牢獄に拘束されていたアンデルス将軍は今後予想される事態について何の幻想も抱いていなかった。

ソスンコフスキ最高司令官は、外国の支援がなければ一斉蜂起は成功しないと考えているようだった。その場合の外国とは、現実にはソ連以外にはあり得ない。しかし、ロシア人のことをよく知る私に言わせれば、ソ連の支援は当てにできなかった。ソ連にはソ連の計画があるから[71]だ……私の意見では、ドイツ軍に対する蜂起はどんな形であれ無益な流血に終わる可能性が高い……

イタリア到着後も、ソスンコフスキは部下の参謀長〔スタニスワフ・コパンスキ〕との無線通信による連絡を絶やさず、参謀長を通じて国内軍のブル＝コモロフスキ将軍に指示を与えようとした。最高司令官の指示のうち、少なくとも一件は無事に国内軍総司令官に伝達された。それは国内軍の指導部をふたつに分割せよという命令だった。二分割した指導部の一方はブル＝コモロフスキ総司令官の下で武装蜂起を指揮する。もう一方はブル＝コモロフスキの副官であるレオポルト・オクリツキ将軍を指揮官とするグループとし、これには国内軍総司令部のスタッフと地下国家の行政指導部の三分の一を当てる。このグループは地下深くに潜行し、首都の市民のうちの消極的な分子に紛れ込み、戦闘行為には一切参加しない。彼らが表面に出るのは、ブル＝コモロフスキ総司令官のグループが逮捕され、殺害されるなどしてその機能を失った時に限られる。[72]予想されるソ連軍のワルシャワ占領に備える対応措置として最高司令官ソスンコフスキがこの命令を発したことは疑いない。

ところが、後になってソスンコフスキ自身が知ることになるように、これ以外の最高司令官指示は途中でブロックされるか、検閲されていた。たとえば、ソスンコフスキはイタリアのアンコーナからブル＝コモロフスキ宛てに至急電報を送り、ヴィルノで国内軍兵士が一斉逮捕された件とＰＫＷＮ（ポーランド国民解放委員会）が設立された件についての対応を指示した。「モスクワは暴力と圧力によって既成事実を積み上げる道を選択したようである」。この電報がワルシャワに到達するまでに三日間の遅れがあった。しかも、重要な部分が三ヵ所削除されていた。削除部分のひとつには次のように書かれていた。「ソ連軍占領地域が急速に拡大しつつある実態から考えて、国家消滅の危機は二重になって迫っている。現在の最重要課題は国民の生物学的存続を確保することである」。検閲を行なっていたのは最高司令部の幕僚だった[73]。また、ソスンコフスキが七月二十八日付で「イタリア戦線から」ブル＝コモロフスキに送った至急電報は、国内軍が警戒態勢を発動したことへの反応だった。その中には次のような一文が含まれていた。「武装蜂起は政治的見通しを欠いた暴挙であり、無益な犠牲を招く恐れがある[74]」。この電報は宛て先に届かなかった。その三日前にソスンコフスキ不在の会議で政府が決定した方針に反していたからである。記録によれば、この暗号電報は八月一日になるまで解読さえされなかった。妨害したのがスタニスワフ・タタル将軍（タボル）だったことは間違いない。

一九四四年春、ユゼフ・レティンゲル（サラマンダー〔火トカゲ〕）がポーランドに潜入した。この潜入についてはすでに多くが論じられているが、今もなおポーランド地下国家の歴史における最も不可解なエピソードのひとつであることに変わりはない。レティンゲルの伝記を読めば、この黒幕的人物は占領された祖国の政治的動向を探ることを唯一の目的として、自分自身の意志でナチス占領下の欧州大陸に潜入したかのように書かれている。しかし、その真偽を確かめるには、いくつかの事実を突き合わせる必要がある。（一）サラマンダーがイタリアのバリに向けてロンドンを発ったのは一九四四年一月だったが、四月になるまでバリにとどまっていた。（二）ミコワイチク首相を除けば、亡命政府または最高司令部の誰にも行き先と業務内容を告げていない。（三）ＳＯＥが準備した飛行機でポーランドへ飛ぶに当たっては、覆面をして身許を隠していた。（四）その飛行機は通常の降下地点を避けて、別の地点にサラマンダーを降下させた。（五）ポーランド国内ではサラマンダー暗殺計画が試みられた。（六）最終的にロンドンに戻った時、彼が最初に報告した相手は英国外務省のアンソニー・イーデン外相だった。（七）英国の公文書から後年明らかになったように、サラマンダーは英国軍事情報部（ＭＩ６）の「協力者」だった。つまり、公式に雇用された職員ではなかったが、貴重な情報源だった。（八）一九四一年にモスクワを訪問した外交団の一員だったので、ソ連の指導者たち、特にモロトフと個人的な知り合いだった。（九）サラマンダーはポーランドとソ連の和解を推進する意見の持ち主だった。

　レティンゲルは一九四三年から四四年にかけて深刻化した政治的危機を鋭く意識していたはずである。西進する赤軍の勢いはとどめようがなかった。国境問題は未解決だった。ソ連はモスクワでポーランド人の親ソ分子を訓練し、ポーランド併合の可能性に備えていた。ポーランドの地下勢力はドイツ軍の退却に合わせて武装蜂起を計画していた。ソ連とポーランドは国交を断絶していた。ここまでは誰でも知っていることである。これに加えて、シコルスキ将軍の秘書だった頃から、レティンゲルはポーランドとソ連の和解を推進する立場を公然と表明していた。国内の和解派を糾合するためにも、また、何らかの打開策を準備するためにも、彼はまたとない人材だったと見ることができる。

　遅ればせながら大統領〔ラチキェヴィチ〕宛てに提出した報告書の中で、レティンゲルは潜入行を秘密にしていたのは英国側の要請によるものだったと告白している。この場合の「英国側」がMI6を意味することはほぼ間違いない。しかし、MI6とその政治的主人である英国外務省が何を企んでいたのかは、推測するしかない（推測は罪にあらず）。

一九四三年から四四年にかけて、英国外務省はソ連・ポーランド関係について互いに矛盾する二種類の情報を受け取っていた。モスクワの英国大使館から伝えられるソ連サイドの情報によれば、ポーランド国民は赤軍による解放を待ち望んでおり、解放にとっての唯一の障害は反動的政策を掲げるポーランド亡命政府ということだった。一方、ポーランド亡命政府から入る情報はまったく違っていた。ソ連の強制収容所と大量殺人の実態を非難する立場を取るポーランド亡命政府の情報は、ロンドンでは大袈裟と思われるほど激しく反ソ的だった。亡命政府は、ポーランド国民の中にはソ連軍を歓迎する動きはほとんど皆無であると頑固に主張していた。そこで、英国政府としては、偏らない立場の人物を現地に送り込んで実態を見極める必要が生じていた。最適の人物として選ばれたのがレティンゲルだった。英国政府は、ポーランド亡命政府には何も知らせずにレティンゲルをポーランドに送り込み、亡命政府の主張の信憑性を確かめようとしたのであろう。彼には特に次の三点を報告する指示が与えられたと思われる。すなわち、共産主義者とその関連組織に対する国民の支持のレベル、共産主義者と民主主義的諸政党との協力の可能性、武装蜂起が勃発した場合に予測される国民の反応の三点である。英国政府のやり方としては十分に推測できるシナリオである。

ロンドンを発ったレティンゲルはイタリアのバリに到着するが、そこで三ヵ月間ポーランドに飛ぶ飛行機を待つことになる。彼がバリに滞在していることは秘密扱いだった。三ヵ月の遅れはおそらく天候不順のせいだったのだろう。ついに四月二十二日、レティンゲルはSOEが用意した飛行機でバリを発ち、六時間後の夜明け前にポーランド国内に無事に降下する。待ち構えていたレティンゲル専用の出迎えチームが彼を素早く連れ去ったが、その行き先と任務内容を知る者はＳＯＥ機の同乗者の中には誰一人いなかった。ポーランド国内でのレティンゲルの活動内容の詳細については不明の点が多いが、一定期間ワルシャワ市内に潜伏して地下国家の指導部と接触したことは間違いない。彼は国内軍総司令官のブル＝コモロフスキ将軍、政府代表のヤン・スタニスワフ・ヤンコフスキ（ソブル）、およびその他の指導者と会ったが、すでにロンドンの亡命政府に伝わっていた内容以上の話はなかった。レティンゲルはワルシャワ市内の安全な住居に匿われ、国内軍の公安部隊から派遣された護衛に守られていた。彼が共産主義者の指導者に接触したという記録は残っていない。ただし、当時ワルシャワ市内のレティンゲルの隠れ家近くに潜伏していた〔ポーランド国民解放委員会（ＰＫＷＮ）の〕ボレスワフ・ビェルトと〔全国国民評議会（ＫＲＮ）の〕ヴワディスワフ・ゴムウカ（同志ヴィェスワフ）がレティンゲルの正体を知って、おそらくは仲介者を通じて会見を試みたことはほぼ確実に推測できる。しかし、当時の共産主義者は孤立した少数派に過ぎず、独自の判断で行動することはできなかった。何かをしようとする場合には、まずモスクワに連絡して支持を仰ぐのが共産主義者の本能となっていた。

レティンゲルの個人的書類は現在もその一部がロンドンに残されているが、それによれば、彼がブル＝コモロフスキとヤンコフスキに会ったことは確実である。レティンゲルの潜入をゲシュタポが把握していたらしいとの記述もある。レティンゲルは、また、自分がスパイ扱いされたことに対して不満を表明している。「私はいわゆる諜報専門家によるスパイ活動については常に否定的だった。そのため、どの国に行っても、情報部や『第Ⅱ局』と呼ばれる連中の敵意にさらされることになった」[73]。記録によれば、レティンゲルは地下国家の力量に強い印象を受けているが、彼の評価は必ずしも好意的ではない。「ポーランドは夜になるとポーランド人の国になる」という記述もある。国民武装勢力（ＮＳＺ）と農民党（ＳＬ）の役割についての言及はあるが、共産党の存在について触れた部分はない。レティンゲルは後日書き加えたと思われるコメントの中で、秘密国家の行政組織には感嘆しているが、国内軍の軍事能力はまったく評価していない。彼の推定によれば、英国がポーランドに送り込んだ工作員のうち二七パーセントは活動を封じられていた。ワルシャワの成人市民のうち国内軍指導部の指揮下にある者は四〇パーセントであり、全国的に見れば、国内軍に従う国民は全人口の五パーセントに過ぎないとの指摘もある。(76)

レティンゲル暗殺未遂事件の実行犯は若い女性だった。彼女は国内軍上層部から直接の命令を受けて活動していた暗殺の専門家で、彼女自身の説明によれば、それまでに多数のナチス隊員と対独協力者の処刑を実行していたが、処刑の正確な理由を告げられたことはなかった。彼女が後年回顧しているところによれば、レティンゲル暗殺はブル＝コモロフスキ将軍の参謀で諜報の責任者だったカジミエシュ・イラネク＝オスメツキ大佐（暗号名ヘルレル）からの直接の命令だったということだが、この点についてはもちろん激しい反論があった。いずれにせよ、暗殺計画が試みられた。方法は毒殺だった。実行犯はレティンゲルの部屋に侵入し、彼が常用していた薬の瓶に毒薬を滴らせ、効果を見届けるために身を潜めた。やがて戻ってきた犠牲者は薬を飲み、激しく嘔吐して倒れるが、意識を回復する。彼はいつもの胃病の発作としか思わなかったが、しばらくすると多発性神経炎を発症した。毒薬の作用で、四肢の麻痺を特徴とする急性症状が現れたのだった。(77)彼の任務は、それが何であれ、その時点で打ち切りとなった。支援者が彼を偽名でドイツ軍の診療所に運び込んだ。そこでレティンゲルは好意的なポーランド人医師の診療を受けたが、生き延びられるという確信は持てなかっただろう。彼はそれまで六ヵ月を費やして漫然たる情報収集活動を行なったが、結局、MI6が必要としていた情報を得ることはできなかった。

しかし、レティンゲルは幸運に恵まれていた。事態が好転したのは一九四四年七月だった。国内軍が鹵獲に成功したV2ロケットを英国に運ぶためにSOEが計画していた特別機の飛来が実現したのである。この飛行機は例外的にポーランド国内に着陸して、離陸することになった。そこで、手足の麻痺した「黒幕」レティンゲルも輸送貨物のリストに加えられた。ただし、条件は厳しかった。特別機の乗員に与えられた最大の使命は分解梱包したV2ロケットを何としても持ち帰ることだった。次の優先順位はV2ロケットの技術分析を担当した地下国家の技術者であり、麻痺した病人の収容は優先順位の最下位だった。レティンゲルは若い兵士に背負われ、その兵士とともに乗り込むはずだったが、この二人が離陸の障害となる場合には置き去りにされる予定だった。

作戦に選ばれた場所は、ドイツ軍が放棄したポーランド南部の飛行場だった。コードネームで「モティル〔蝶〕」と呼ばれるその飛行場の近くで、乗客と貨物は待機していた……不安定な天候のために、飛行日時が確定できなかったからである。

七月二十五日午前八時、気象良好の報告を受けて、イタリアのブリンディジ基地からダコタ機〔双発輸送機C-47〕が離陸した……乗組員は英国兵だったが、操縦士はニュージーランド人、副操縦士はポーランド人、通訳のポーランド人も同乗していた……

往路の飛行は順調だったが、作戦全体が中止になりそうな場面もあった。今や東部戦線はポーランドの中央部分にあり、その周辺には西へ向かって退却するドイツ軍部隊がひしめいていた……例の飛行場にもドイツ軍の偵察機シュトルヒが二機飛来した。しばらくして飛び去ったが、また戻ってこないという保証はなかった……

ダコタ機は飛行場の上空を二度旋回した。飛行機のサーチライトに照らされて滑走路がはっきりと見えた。最初の着陸に失敗して急上昇した時には、エンジンの轟音が夜の闇をつんざいた。

二度目の試みで着陸に成功すると、国内軍の兵士と地元の少年たちの群が飛行機を取り巻いた。少年たちの一部は裸足だった……

　事は迅速に運ぶ必要があった。イタリアから運ばれてきた乗客たちは転げるように輸送機を降りて夜の闇の中に消えた。西側へ向かう乗客が乗り込み始めた……エンジンが轟音を立て、機体が振動し、数インチ前進したが、そこで停止した……車輪が泥の中に沈みこんで動かず、離陸は不可能になった。

　派遣部隊の指揮官と協議した上で、操縦士は乗客全員と貨物全部を降ろすように命じた……出迎えの兵士たちが命令されて、車輪の前に溝を掘り、藁を詰める作業を行なった。

　この作業が終わると、レティンゲルは再び機内に担ぎ込まれた。分解されたV2ロケットの部品の袋が積み込まれ、その他の乗客も乗り込み、彼らの荷物も投げ込まれた。エンジンの軋む音が夜の田園に響き渡り、数マイル四方のドイツ軍兵士の目を覚まさせた……しかし、飛行機は動こうとしなかった……

　ダコタ機の乗員は、離陸が不可能な場合には機を焼くように命令されていた。決断が急がれた。しかし、もう一度だけ離陸を試みることが決定された。兵士たちは車輪の下に板を敷いた。機外に出ていた乗客たちは再度搭乗を命じられた……七月の短い夜が明けようとしていた。

　今回はついにダコタ機が動き始めた。離陸する飛行機を追って走る国内軍の兵士たちは銃や帽子を振り、歓声を上げた。

　ブリンディジまでの飛行は問題なかった。しかし、絡まって動かなくなっていたブレーキのワイヤーを離陸する際に切断してしまったので、着陸はブレーキなしで行なわねばならなかった。(78)

ダコタ機はブリンディジでレティンゲルと他の二人の乗客を降ろし、修理を受けて飛び立ち、ラバトとジブラルタルを経由して七月二十八日にロンドンに到着する。V2ロケットの入った袋を持って降り立ったSOE職員に二人の英国軍士官が近づいて、すぐに袋を渡さなければ射殺すると脅迫した。「チャーチル首相はもう数日前からその袋を待っているのだ」。SOE職員はナイフを取り出して構え、袋は自分の上司に渡すことになっていると言い返した。「我々もチャーチル首相を四年間待っていた(79)」

一方、手足の麻痺したレティンゲルはブリンディジ飛行基地司令官の宿舎に収容された。彼の看護を命じられたのはSOEポーランド部門所属の英国応急看護婦部隊（FANY）隊員だった。彼女は次のように証言している。

誰もが声をひそめるような秘密の雰囲気だった。私は基地司令官のテリー・ローパー＝コールドベックから訪問客の看護を命じられた。その人物は重病だった。急性灰白髄炎の患者という触れ込みだったが、彼がポーランド人だということは後に聞くまで知らなかった。ましてや、名前など知る由もなかった。当時はそういう問題はあまり話題にならなかったし、そもそも人々はあまり話をしなかった。私は二十四時間つききりで彼を看護した。その人物はチャーチルを訪問する使命があるという話だった……食事の介護もした……彼は歩行もままならなかった……大男の軍曹が護衛についていた……私はその大男が怖かった……そこでテーブルの上に自分のルガー拳銃を出して万一に備えていた(80)……

レティンゲルの使命はチャーチルを訪問することではなかった。彼が会いたかったのは自分の国の首相ミコワイチクだった。そのミコワイチク首相はまもなくエジプトのカイロ経由でモスクワに赴き、スターリンと会談する予定だった。そこで、レティンゲルは療養を最短期間で切り上げ、カイロに向けてブリンディジを発った(81)。

レティンゲルの最後の旅程はロンドンまでの二〇時間の飛行だった。暖房がないばかりか、揺れの激しいリベレーター機の飛行は疲れ果てた麻痺患者にとって辛い試練だったに違いない。しかし、ロンドンに到着すると、ドーチェスター・ホテルの贅沢な部屋が彼を待っていた。英国外相イーデンも彼を待ち構えていた。レティンゲルがイーデンに報告した内容は記録されていない。しかし、ミコワイチク首相に対して行なった報告とほぼ同じ内容だったはずである。亡命政府は事態を誇張していなかった。ソ連との取引はほとんど不可能だった。ポーランド国民はファシスト・ドイツによる占領を望まないが、それ以上に共産主義者による占領を嫌っていた。ただひとつ残されていた希望はミコワイチク首相とスターリンの直接会談だった。

前進するソ連軍の前線部隊とポーランド国内軍とが最初に接触したのは、一九四四年二月、ヴォウィニア（ヴォルヒニア）でのことだった。ロコソフスキーの第一ベラルーシ方面軍の最前線部隊と国内軍の第二七ヴォウィニア歩兵師団の一部が短時間ながら遭遇し、両軍の前線指揮官が戦術的協力について原則的に合意した。ただし、大規模な接触が始まるのは、「ブジャ〔嵐〕作戦」が全面的に発動された七月初めになってからだった。ヤン・ヴォイチェフ・キヴェルスキ中佐（オリヴァ）が指揮する第二七ヴォウィニア歩兵師団の約六〇〇〇人に加えて、北部ではアレクサンデル・クシジャノフスキ大佐（ヴィルク〔狼〕）のヴィルノ旅団一万二〇〇〇人、南部では「ヤンカ大佐」の第五歩兵師団一万一〇〇〇人が活発に「ブジャ作戦」を展開していた。これらの部隊の戦力は、その周辺に展開していた強力なドイツ軍とソ連軍に比べれば劣っていたが、それぞれの地域で存在感を示すには十分な規模だった。

国内軍とソ連軍の最初の接触は予想に反して友好的だった。しかし、後になってその経緯を振り返れば、それは重大な誤解を生む原因だった。三月二十三日、ブル＝コモロフスキはロンドンの亡命政府に対して、ヴォウィニア地方の国内軍司令官代理がソ連軍を訪問して「明らかに歓迎された」と報告している。その三日後、第二七ヴォウィニア歩兵師団の司令官オリヴァはソ連軍のセルゲーエフ司令官との協力覚え書きに署名したが、その協定には、同師団がワルシャワとロンドンの上級機関に忠誠を誓う部隊であることが明記されていた。この覚え書きがスタニスワフ・タタル将軍（タボル）の知るところとなり、ワシントンで将軍が示した楽観的見通しの根拠となったものと思われる。しかし、覚え書きの第五項に「ソ連軍は戦線の後方でのいかなるパルチザン活動も容認しない」と明記されていたことをポーランド側は愚かにも見逃していたと指摘する見方もある(82)。

ソ連軍がある地域を占領すると、いうまでもなく、すぐその後からNKVD部隊が到着した。NKVDの最初の仕事は地下抵抗部隊の実態を解明することだった。この点について、NKVD部隊の司令官セローフ大佐が一九四四年七月十五日にヴィルノで作成し、ベリヤとスターリンに宛てて急送した驚くべき報告書が残っている。セローフの報告書は国内軍の武器と制服から地元の人々の動向に至るまであらゆる問題に触れているが、その最大の特徴はほとんどすべての細部が虚偽か、あるいは歪曲された情報であるという点にある。まず、ヴィルノ旅団の司令官アレクサンデル・クシジャノフスキ大佐（ヴィルク）の姓を「カスプリツキ」と誤記した上で、大佐がドイツ軍の占領期に「ロンドン政府の代表としてワルシャワから飛行機で不法に送り込まれた」と説明している。報告書は、また、国内軍兵士の服装についても、奇妙な描写を行なっている。

ポーランド国内軍の兵士は全員が「ポーランド＝ドイツ型」の制服を着用し、階級を示す肩章と記章をつけている。帽子は角帽か略帽である。多くの兵士が鷲のバッジをつけ、腕に赤白の腕章を巻いている……すべての兵士が印刷された身分証明書を携帯しているが、それにはポーランド国内軍の兵士であることと所属部隊の名称が記されている……ポーランド国民は国内軍に対して友好的である。国民の多くが愛国者の印として白と黄色の花形記章をつけている。(83)

国内軍部隊の指揮官が協力相手のソ連軍の将軍に次のような確認文書を要求する例があったが、これについても、セローフは見当違いの解釈を加えている。

本官、ビェールキン将軍はポーランドの兵士たちがヴィルノ奪回作戦で善戦したことを確認し、ソ連軍を代表して謝意を表明する。ポーランド旅団は必要なあらゆる特別待遇に値する権利を勝ち取った。(84)

国内軍が確認文書を要求した裏側には、たとえば、ヴィルノ奪回はソ連とポーランドの共同作戦だったと主張する下心がポーランド側にあるというのがセローフの解釈だった。つまり、ポーランド国内軍の旅団が自分たちをセローフ自身のNKVD部隊から守るために確認文書を必要としたという事情は思いつきもしなかったのである。報告書の最後でセローフはその地域一帯に展開するNKVD部隊の戦力が一万二〇〇〇人であることを明らかにしている。

セローフの言動はスターリン主義官僚の心理構造を如実に示す好例だった。自分の閉鎖的な世界の外側にいる者は誰であれ、異端分子であり、潜在的な敵であるという思考様式は彼らの固定観念となっていた。ドイツ人はもちろん敵だったが、ポーランド人もドイツが支配する惑星から来たばかりの連中だった。つまり、ポーランド人もドイツ人も基本的には同じ種類の異端分子であり、彼らが同じタイプの「ポーランド＝ドイツ型」制服を着用しているのがその証拠だった。ポーランドのレジスタンスの指導者たちは実際には抵抗運動をしているのではなく、ナチスが占領する欧州全域をドイツ空軍から提供された飛行機で自由に飛びまわっているか、あるいは国内軍自身が独自の空軍を保有して、ドイツ軍の施設を利用している。その飛行はもちろんNKVDの許可を得ておらず、したがって「違法」である。セローフは「ヴィルク大佐」がロンドンの亡命政府から送り込まれたと書いているが、そのロンドンが英国の首都であることには言及していない。英国はドイツと交戦中であり、ロンドンのポーランド亡命政府も英国の同盟国としてドイツと戦っていることには触れていないのである。ロシア人にとっては重要な戦争は「大祖国戦争」だけであり、東部戦線の西側で起こっている戦争は問題にもならなかった。したがって、ロシア人にとって、一九四三～四四年にロンドンからワルシャワに飛ぶことはワルシャワからリトアニアに飛ぶのとまったく同じことと思われたのであろう。(85)
ソ連の文書にはそう明記されている。

ソ連の諜報活動はこの種の不正確な分析に依存していた。したがって、モスクワにおける政策決定がしばしば誤った前提で行なわれたことは想像に難くない。しかし、公平を期すために言っておけば、ソ連と同様に、英米政府もまた正確な情報を得ていなかった。英米両国も、困難な世界情勢の現実を把握するに当たって深刻な問題を抱えていたのである。両国は最初の同盟国であるポーランドに対してソ連への譲歩を迫っていたが、そのソ連は英米とは社会システムがまったく異なる国家だった。一方、ポーランドでは、旧ロシア帝国で生まれ、ロシア語を話すことのできるポーランド人で

さえも、不合理な敵意を剝き出しにするソ連軍部隊に遭遇して、面食らっていた。［345ページの囲み「NKVD」］

このような状況下では、「ブジャ作戦」は始まる前にすでに失敗していたと言ってもよい。ソ連軍が到着した地域では、国内軍の現地司令官たちは自分の部隊の存在を明らかにせざるを得なかった。国内軍が姿を現すと、ソ連軍前線部隊は彼らを歓迎し、その戦力を活用したが、後からやって来るNKVD部隊は最大の猜疑心をもって国内軍を扱った。たとえば、国内軍のヴィルノ旅団はソ連軍のビェールキン将軍の部隊に合流し、七月十二日から十三日にかけてドイツ軍を襲撃し、ヴィルノ市の奪回に貢献した。解放されたヴィルノ市では、赤軍、ベルリンク軍、国内軍の兵士たちが並んで勝利の行進を行なった。その後の数日間、NKVDのセローフ将軍が報告書を書き上げている間、国内軍の兵士たちは市内で自由に行動することができた。しかし、突然、国内軍は市の外側に集合するよう命じられる。集合すると、包囲され、銃口を突きつけられて乱暴に武装解除された。士官と兵士が分離され、士官は監視兵によってどこかへ連れ去られた。一方、兵士はベルリンク軍への合流を命じられる。七月二十五日のルヴフ解放に参加した国内軍第五師団への扱いもこれと同様だった。

第二七ヴォウィニア歩兵師団の運命はやや複雑な経過をたどった。一九四四年の春、同師団は一万人の歩兵を有し、騎兵隊と砲兵隊の支援を受ける強力な部隊だった。機動力と装備に優れたヴォウィニア師団はコヴェル（コヴェリ）市の近郊でドイツの武装親衛隊を相手に激戦を展開していた。司令官のオリヴァは戦死し、重火器の多くが失われたが、部隊は壊滅することなく、退却作戦を戦っていた。しかし、ソ連軍から武器の補給を受けることができなかったので、西へ向かって後退し、退却するドイツ軍と前進するソ連軍との間の危険な無人地帯に入り込んだ。一帯は森と沼地だった。点在する村々は何ひとつ残さず焼け落ちているか、あるいはドイツ兵がひしめく場所となっていた。糧食が

囲み◆1

NKVD

国内軍部隊がワルシャワ郊外で遭遇した「友人たちの友人」

……まずT34戦車隊が轟音を響かせて農園の屋敷の前を通り過ぎた。スターリン親衛機甲旅団の最前線部隊だった……ソ連軍の最前線部隊との遭遇は軍人同士の同志的な雰囲気で始まった……だが、軍事以外の問題に触れると、目に見えない壁が立ちはだかるのだった。

戦車を除けば、彼らの重装備はすべて米国製だった。どの兵器にもよく見える箇所にUSAのスタンプが押してあった。これについて、ソ連軍の兵士は、いずれ米国に輸出してその戦争努力を援助するための兵器であると口を揃えて説明した……話は逆だと言っても納得する者はいなかった。

機甲部隊の後から歩兵部隊がやって来た。歩兵たちは、まるで虱のように散らばって、道路や野原を歩いてきた。そして、最後尾の部隊とともにNKVD部隊が来た。NKVD部隊を見ると、ソ連の兵士たちは口を閉ざした。

丘陵地帯を越える前に我が軍とソ連軍の幹部が会合することになった。場所は森番小屋、時間は一六〇〇時に決まった。歩哨によれば、ソ連軍の少佐がやって来て……会合には我が第二師団の士官全員が出席することを要求した……師団長の「クルク〔ワタリガラス〕」〔タデウシュ・ストシェレツキ〕は私に同行を求めた。私がロシア語を話すからだった。

一九三〇時頃、ソ連軍の指揮所に着いた。茶色の制服を着て、NKVDの肩章をつけた二人の士官が対応した……彼らは「政治委員」であると自己紹介した……年輩のひとりは背の高い太ったユダヤ人で、ポーランド北東部のビアウィストクの生まれだと言った。若い方はウクライナのハリコフ（ハリキフ）の出身だった。

最初に、彼らは、他の国内軍士官はなぜ来ないのかと「クルク」に質問した。師団長は前線のドイツ側に移動せよという命令が出たからだと説明した。ソ連側は納得せず、不満の様子だった。

私を見張っていたソ連の衛兵が私の背後に座った。「クルク」を担当する衛兵は近くの木の下に立っていた。瓶に立てた蠟燭の明かりの外側を動き回る兵士の影が幽霊のように見えた。ウォッカが出た。「クルク」が、勤務中は酒を飲まないことになっていると嘘をついて断った……次に、煙草が勧められた。ソ連製の煙草は品質がよく、値段が安いというコメントつきだった。

ＮＫＶＤの士官のうち年輩の方が私たちから情報を引き出そうとした……部隊の人数、武器、弾薬、士気、出身階級などを聞き出そうとした……若い方の士官がその合間を縫ってドイツ軍について質問した……私は落ち着き払って、国内軍の装備は空中投下された対戦車迫撃砲（ＰＩＡＴ）を含めて万全であると答えた。また、士官も兵士もすべて労働者と農民の出身であるとも言ってやった……さらに、すべての大隊は師団長「クルク」の指揮で動いており、師団長は一日に四回ロンドンから直接に指示を受けていると説明した（実際にはスウェーデンのどこかにある無線局「ドーン」を経由して通信していた）……

すると、連中は戦術を変更した。「諸君はルブリン委員会〔ポーランド国民解放委員会〕を真の人民代表として認めるかね？」

「我々はルブリン委員会のことは何も知らない。我々はロンドンのポーランド政府の命令に従うのみだ」

「だが、ソ連軍と協力して戦うとしたら、ソ連軍の指揮下に入るか、あるいは、ベルリンク将軍のポーランド軍に参加する必要があるだろう？」

「その命令に優先してワルシャワを救援するという新しい命令を受けている……」と私は答えた。頭上から飛行機の爆音が聞こえた。明かりが消された。私が片方の長靴を引き上げようとすると、すぐに懐中電灯が私の両手を照らした。

ＮＫＶＤの士官たちはルブリン委員会の一二人の委員が写った大きなポスターを出して来て質問した。「これが誰か知っているか？　これは？　じゃあ、こっちは？」

「知っている人物はいない」と私は答えた。「だが、待てよ、この人物は聖十字架通りの監獄の囚人だった男に似ている。そうでなければよいが」

会話はその調子で延々と続いた。しだいに緊張が高まって耐え難くなった。最後に決定的な質問が来た。「では、もし今ここでソ連軍に参加せよと命令したら、諸君はどうする？」

「我々はすでに命令を受けている。もし、構わなければ、そろそろ失礼したい」

重い沈黙が立ち込め、時々はるか遠くで響くドイツ軍の鈍い砲声だけが聞こえた。私を担当するソ連の衛兵がステンガンの安全装置に手を延ばすのがチラッと見えた。私も自分のウーデット拳銃の安全装置に指を滑らせた……もし、私たちを撃つのなら、その前にＮＫＶＤの二人を撃つのみだ。

二人のＮＫＶＤは黙って顔を見合わせていた。永遠と思われるほど長い時間が過ぎた。ついに、年輩の方が言った。「まあ、どうってことはない。この連中を帰らせてやろう」

我々は握手をして、きわめて形式的に別れを告げた……「クルク」と私は馬にまたがり、二人だけで暗い森の中へ駆け込んだ。★1

ヴィトルト・サガイウォ

不足し始めた。行く先々で敵との小競り合いが続いた。ある地点では、ドイツ軍の強力な対パルチザン部隊に遭遇しそうになり、危うく難を逃れた。また、プリピャチ沼沢地（プリペト沼沢地）の縁にたどり着いた時には、ソ連軍の罠にはまって砲撃された。八週間かけて三〇〇キロを走破した後に、師団の生き残り約六〇〇〇人がブク川を渡ってルブリン県に入った。

第二七ヴォウィニア歩兵師団はルブリン県に入って一息つけると思っていた。農民は好意的だった。他にも多数の国内軍部隊が活動していた。ワルシャワも視野に入って来た。しかし、運悪く、同じ週にソ連のロコソフスキー軍もルブリン県に突入していた。赤軍の出現によって、国内軍に敵意を持つ共産党系のパルチザン部隊が活気づいていた。七月二十四日、第二七師団はドイツ軍と交戦し、いくつかの町を解放したが、気がつくと、包囲されていた。ソ連軍の罠にはまっていたのである。部隊の無線通信士は電文を暗号化する暇もなく英国のバーンズ・ロッジに宛てて平文の緊急通信を打電した。「彼らは我々を武装解除しようとしている。彼らが接近して来る……」。それが東部から移動してきた国内軍の最後の大規模部隊の運命だった。彼らはドイツ軍に敗北したのではなく、「同盟国の同盟国」の手にかかって壊滅したのである。わずか一週間で二万人ないし三万人規模の国内軍が消滅してしまった。

例によって、大量のNKVD報告が前線からモスクワに送られていた。ただし、報告書の言葉遣いには変化が生じていた。七月十五日のセローフの報告書では、「ポーランド国内軍」という正式の呼称が使われていたが、スターリンはこの呼称に対する不快感をあらわにしていた。そこで、NKVDの報告書は、今では「ポーランド白衛軍」、「非合法武装集団」、「反乱分子」、「匪賊」などの蔑称を用いていた。

事態は急速に進行していた。様々な事象の持つ意味を十分に解明する間もなく、重要な決定を下さなければならなかった。ワルシャワの国内軍総司令部は七月二十一日の段階で「ワルシャワのための戦い」を実行する必要性を感じていたが、それはヴィルノで国内軍兵士の大規模な一斉逮捕が初めて行なわれてから数日後のことだった。ロンドンでミコワイチク首相の閣議がブル＝コモロフスキ将軍の作戦を承認する決定を下したのは七月二十五日だったが、その時には最高司令官〔ソスンコフスキ〕の反対意見はまだ届いておらず、第二七ヴォウィニア歩兵師団が壊滅したニュースも入っていなかった。第五師団の一斉逮捕に関するニュースが届いたのは閣議決定の四日後のことである。いずれにせよ、この決定的瞬間にミコワイチク首相にはふたつの思惑があった。ひとつは、ポーランド領としてモスクワが認めている地域に入れば、ソ連軍の動きはこれまでよりも寛大になるのではないかという希望であり、もうひとつは、スターリンとの直接会談なしには何事も解決しないだろうという確信だった。すべての事態の意味が解明される前に、首相は急遽ロンドンを出立した。

しかし、第二七ヴォウィニア歩兵師団がソ連軍による包囲と武装解除に直面して打電してきた平文のSOS電報は、ロンドンに重大な衝撃を与えた。電報はミコワイチク首相の閣議決定に影響を与えるには到着が遅すぎたが、西側諸国に緊急介入を促す材料になった。七月二十六日、ロンドン駐在のポーランド大使〔エドヴァルト・ラチンスキ伯爵〕はチャーチル首相に会見を申し入れた。しかし、翌日短時間だけ会見できた相手は、首相ではなく、アンソニー・イーデン外相だった。

> 私は国内軍第二七ヴォウィニア師団が武装解除された件についての覚え書きを英国側に手交した。イーデン外相は、その件についてはソ連のグーセフ駐英大使と協議すると答えた(86)……

次に、ラチンスキ伯爵は以前からしばしば提起していたポーランド地下国家に対する英国空軍の空輸支援を改めて要請した。ただし、今回は明確にワルシャワに的を絞っての支援要請だった。最後の重要テーマは交戦権の問題だった。国内軍はドイツ軍との本格的戦闘を前にして交戦権の確保を希望していた。

英国外相は、ドイツ軍と戦う国内軍の兵士に交戦権を保証し、ドイツ軍当局が捕虜に対する残虐行為を続ける場合には報復措置を取ると警告するために、BBC放送を通じてドイツ語とポーランド語で国内軍総司令官の告知を中継するという提案を行なった……しかし、英国側が国内軍の交戦権について確信を持っていないことは明らかだった。英国はこの種の問題で窮地に追い込まれたことが一度ならずあったからだ[87]……

会見の最後に、イーデン外相は米国の通信社がミコワイチク首相のモスクワ訪問の詳細を報道したことについての「強い不快感」を表明した。外相によれば、この種の「軽率な報道はソ連政府の厳しい反応を挑発する恐れ」があった[88]。同じ頃、タタル将軍とSOE幹部がまったく異なる雰囲気で会見しようとしていた事実をイーデン外相が知っていたかどうかはただ推測するしかない。

その後の事態の発展、あるいは発展の欠如に照らして言えば、イーデン外相がポーランド大使の要請に熱心に対応しようとしたとは考えられない。外相が外務省の部下に与えた命令は、英国空軍の空輸支援についてただちに否定的な回答をすること、その他の要請については当たり障りのない返事でお茶を濁すようにせよという内容だった。七月二十八日付の英国外務省の書簡はポーランド政策の変更について何も触れていない。ただし、この書簡には注目すべき点がある。「ワルシャワにおける蜂起」について明確に言及している点である[89]。ワルシャワ蜂起については事前に何らの情報も得ていな

かったとする西側諸国の後年の主張を一撃で撃破する証拠の書簡である。(下巻付録16参照)

一九四四年七月の最後の一週間は、ワルシャワのレジスタンス指導部にとって苦しい選択の一週間だった。「ワルシャワのための戦い」を敢行するかどうかの責任は国内指導部の肩にかかっていた。しかし、何ひとつとして有利な条件は整っていなかった。「ブジャ作戦」の結果から判断すれば、何もしないでいることは自動的な敗北を意味していた。一方、武装蜂起を決行してドイツ軍に粉砕されれば、結果は破局しかなかった。

地下国家の指導部は「成功」が実際に何を意味するのかを真剣に考える必要に迫られていた。単独でドイツ国防軍を粉砕する望みはなかった。できることと言えば、ワルシャワの全体または大部分を奪回し、次の決定的な転換が生じる時まで持ちこたえることだけだった。指導部は、五日間ないし七日間持ちこたえれば十分だろうと想定していた。それだけの時間を稼げば、ミコワイチク首相はモスクワでスターリンから合意を引き出すことができるだろう。西側諸国も武器を空輸することができるし、可能ならば兵力の増強も叶うだろう。地下国家は公然化し、行政組織を樹立することができるだろう。ソ連軍が決定的な追撃作戦に出れば、ドイツ軍を駆逐することができるだろう。

しかし、事態の進展が遅れた場合についても考慮しておく必要があった。必要な時間が五日ないし七日ではなく、十日ないし二十日に延びた時にはどうなるだろうか？　理論的には、モスクワでミコワイチク首相が交渉する時間がそれだけ増え、西側諸国が支援を組織する時間が増え、地下国家が態勢を整える時間が増え、ソ連軍が圧倒的な優位を確保する時間が増えることになる。その一方で、ドイツ軍にも反撃を組織する余裕ができ、地下国家の戦力が限界に達する恐れがある。国内軍が二週間あるいは三週間持ちこたえられるとは到底感えられなかった。［353ページの囲み「国内軍の新兵」］

七月の最終週に入るまでに、すでに多くの事態が起こっていた。ソ連軍はヴィスワ川に向かって急進し、一部はすでに渡河していた。ヘウムではポーランド解放委員会（ＰＫＷＮ）が設立され、解放された地域についての主権を主張していた。地下抵抗軍の部隊が次々に武装解除されているという報告が入った。ＳＯＥの潜入飛行の件数が増大した。ラステンブルクでのヒトラー総統暗殺未遂事件のニュースが世界を駆け巡っていた。ナチスの巨大帝国は揺るぎつつあった。ナチスと戦う人々は歓喜に沸いていた。さらに一撃を加え、ドイツ軍を窮地に追い込もうとする心理的圧力が増していた。

一方、国内軍も苦しい立場に立たされていた。その苦境を分析すれば、四つないし五つの問題点が浮かび上がったはずである。問題点はいずれも最終的結論に関係していたが、単独では決定的な要素にはならなかった。

第一に、民間人が不安定な動揺状態にあった。民間の市民が独自に事を進める恐れもあった。五年近くに及ぶナチスの占領を経験して、多くの市民が報復を願っていた。七月二十九日、ナチスは一〇万人の市民に塹壕掘りを命令したが、市民は応じなかった。市民がいつまでも受身のままでいるとは考えられなかった。危険な暴発の雰囲気がみなぎっていた。

第二に、共産主義者が独自の行動を計画していた。国内軍には共産主義者の作戦を知る手立てがなかった。それは歴史家にとっても困難な課題である。しかし、共産主義者がＰＫＷＮと連絡を取っており、モスクワが繰り返し行なった蜂起の呼びかけが主として共産主義者向けだったことは間違いない。七月二十九日、共産党の後継組織であるポーランド労働者党（ＰＰＲ）の軍事組織の名称が人民防衛軍（ＧＬ）から「人民軍」（ＡＬ）に変更され、三十日には亡命政府を僭称者として非難するポスターが街頭に貼り出された。当座は誰もそのポスターに注目しなかったが、事態の進展が遅れれば、共産主義者に有利になる可能性があった。その場合には民主主義国家を樹立するという希望はす

国内軍の新兵

ゲットーを脱出して国内軍に加わったユダヤ人少年の証言

僕は一九二五年五月六日にワルシャワの裕福なユダヤ系ポーランド人の家で生まれた。両親とたった一人の姉はやがてホロコーストの犠牲者となる。僕はウッチの中学校に通っていた。戦争が始まってから数日後、一家はウッチを出て車で東へ向かった。行き先はルヴノの近郊で、そこには親戚が広い土地を持っていた……だが、目的地には行き着かなかった……

一家がワルシャワ・ゲットーに入った時には、ナチスのユダヤ人絶滅計画はまだ始まっていなかった。生活はまだ耐えられる範囲であり、金持ちは生き残ることができた。僕は地下国家の学校に通って中学校の最終学年の勉強を続けた。試験も受けた。同時に仕事にも就いた。最初はゲットーの中にあったドイツ人経営の工場でアストラ加算機の組み立てをやった。その後、ゲットーの外へ働きに出る労働グループに入った。毎日朝早くゲットーを出て、仕事をして、午後に戻るというシステムだった……重要なのは食料の確保だった。食べるものがあったので、僕は健康を維持していた。

一九四三年一月、ドイツ軍の狩り込みがあり、両親と姉と僕の四人とも捕まった。僕らはウムシュラークプラッツ（貨物積み替え駅）まで連れて行かれた……そこで親衛隊が家族から僕を引き離し、殴り倒した上で、強制収容所行きの囚人の隊列に放り込んだ。貨物列車はグダンスク駅に停車していた。僕らは貨物列車に押し込まれたが、あまりにぎゅうぎゅう詰めだったので身動きすることができず、呼吸さえまともにできなかった。僕は貨車の天井近くに小さな開口部があるのに気づいた。狭い開口部だったが、鍵はかかっていなかった……どんな結果になろうとも、その開口部から抜け出して貨車の外へ飛び出そうと決心した……

数時間経って、朝の四時か五時頃、ついに貨物列車が動き出し……一五分ほど走ってからいったん停車した。その瞬間、僕は人々の頭上に飛び上がって、何とか開口部に手を届かせた。貨車の中の全員が僕を止めようとした。ドイツ軍の報復を恐れたのだ。だが、僕は素早く身をくぐらせ、数秒後には貨車から外へ飛び出していた……

まず、列車の下に身を隠した。寒い冬の朝だったが、雪はそれほど深くなかった。親衛隊がサーチライトで列車の周辺を照らしていた。光の方向が変わるのを待って、僕は全速力で二〇〇～三〇〇メートルを走った……

列車が行ってしまってから、立ち上がって森の方向へ歩き始めた。数分後に小さな礼拝堂に行き着いた。僕は中に入って、しばらく休んでから、また歩き始めた。何軒かの農家があったので、一軒のドアを叩いた。出てきた農夫にワルシャワへの道を尋ねると、かれは僕を招き入れ、朝食を出してくれた。彼は何も質問しなかったが、すべてを理解していた。農夫は僕を小さな駅まで案内してくれた。二〇分後には、僕はワルシャワの中心部に戻っていた……

ワルシャワで僕は姉の親友を訪ねた……二時間もしないうちに、彼女は僕の潜伏先を見つけてくれた。それは彼女の叔母の家で、叔母という人はドイツ系ポーランド人だったので、ナチスから疑われることがなかった……その叔母さんが僕の書類と住居と仕事を用意し、地下組織との連絡をつけてくれた……最初のうちは鉄道設備の妨害工作をしていたが……四ヵ月ほど経った頃、「ジュビク〔山猫〕中尉」が指揮するチェルニャクフ地区の戦闘団に加えられた。それは僕が入隊試験に合格したことを意味していた。その後、戦闘団は国内軍撹乱工作部隊ケディフのコレギウムA中隊に合流した……隊員全員が親友のような間柄だったが……ひとつだけ知らされないことがあった。それは上官の本名と住所だった。

一九四三年の半ば、上官の「ジュビク」が僕のところにやって来て、突然、お前はユダヤ人ではないかと質問した。僕は一瞬ためらったが、ユダヤ人であることを認めた。それまでは仲間に対して自分はルヴフの出身だと話してきた。ルヴフで発行された身分証明書を持っていたからだ。「ジュビク」は、調査の結果、僕の家族がルヴフに存在しなかったことが判明したと説明した。そのため、僕がウクライナ人か、あるいはユダヤ人であるという疑いが生じたというのである。

同じ日、「ジュビク」はワルシャワ地区特別作戦本部の司令官「アンジェイ」〔ユゼフ・ルィビツキ〕に僕がユダヤ人であることを報告し、僕の身許が見破られた場合に部隊全体の安全が脅かされないかどうかを質問した……だが、僕は六歳までしかワルシャワに住んでいなかったので、誰かに見破られる可能性はなかった。もし、ワルシャワの学校に通っていれば、見破られる危険は十分にあり、その場合は、森林地帯で戦うパルチザン部隊に転属させられていただろう。

「ジュビク」は僕に自分がユダヤ人であることを誰にも漏らさないように命令した。しかし、「スウォン〔象〕」だけはすでに知っていた。「スウォン」と僕は無二の親友だったので、「ジュビク」は事前に彼に事情を尋ねていたのだ。「ジュビク」はすぐに僕のために新しい身分証明書を用意してくれた。僕は「ルィシャルト・ジュラフスキ」から「ルィシャルト・ジュコフスキ」に改名した。[★1]

スタニスワフ・アロンソン

べて失われるだろう。

第三に、蜂起計画に対する西側諸国の反応がはかばかしくなかった。七月末の段階で、国内軍の指導部は英国がポーランド降下旅団の空輸にも、ドイツ軍飛行場の爆撃にも熱心でないことを知っていた。理由は兵站が困難に過ぎることにあった。密使ノヴァク〔ズジスワフ・イェジョランスキ〕がロンドンからワルシャワに向かっていたが、彼の任務はポーランド問題が英米両国にとっての最優先課題ではないという気の滅入る知らせを伝えることだった。ノヴァクはワルシャワ蜂起が「コップの中の嵐」としか見られないだろうと警告するはずだった。しかし、一方でロンドンのタタル将軍と接触していた国内軍指導部は、ロンドンもワシントンもまだ最終的な態度を決定していないと考える根拠を持っていた。指導部の中の楽観的なグループは、いったん蜂起が始まれば英米は熱狂的に支援するだろうと予測していた。もし、ミコワイチク首相がスターリンとの合意に達すれば、支援の動きがさらに強まることは間違いなかった。

第四に、ドイツ軍の反応はいずれにせよ残忍を極めるだろうと予測された。武装蜂起は親衛隊を挑発し、大量虐殺を招く恐れがあった。しかし、もしソ連軍の進撃にタイミングを合わせて蜂起すれば、親衛隊も好きなように報復する余裕はないはずである。一方、もしドイツ軍に防御体制を整える時間を与えてしまえば、成功の見通しはきわめて薄くなる。東部戦線で後退を続けるドイツ軍は、ワルシャワのような拠点を「要塞」に指定し、すべてのドイツ民間人を撤退させた上で塹壕を掘り、その後の砲撃によって市街地を物理的に破壊しつくすという戦術を繰り返していた。ワルシャワ市民の側から見れば、何もしないでいることは惨禍を招くことに他ならなかった。つい最近ミンスクで起こった惨劇の再発は避けねばならなかった。〔358ページの囲み「メレフの日記」〕

第五に、ソ連の反応を予測することが困難だった。ソ連軍はその秘密方針を決して外に漏らさなかったので、彼らの今後の出方については推測する他なかった。ヴィスワ川に到達したロコソフスキー軍がそこでいったん前進を停止し、一息入れるだろうという推測は可能だった。長期間強行軍を繰り返してベラルーシを走破してきたロコソフスキー軍の前線部隊は疲労困憊していた。ドイツ国防軍が反撃態勢を整えていることも明らかだった。しかし、同時に、ポーランド国内軍の諜報機関はここ数ヵ月ドイツ軍の病院列車が次から次へとワルシャワを通り抜けて西へ向かう様子を把握していた。さらに、ソ連軍が増強しつつある兵力と兵器がドイツ軍に対して圧倒的に優勢であることは明らかだった。さらに、ソ連軍は隙間のない波状攻撃を繰り返して、ドイツ軍に休息の時間を与えないという戦術を採用していた。純粋に軍事的な計算からすれば、ロコソフスキー軍がヴィスワ川付近に長期停滞することはあり得なかった。むしろ、見たところ無限とも言える予備兵力を投入して、すでに確保した橋頭堡を最大限に活用するだろうと考えられた。ワルシャワの東部郊外でソ連軍戦車が目撃されたという噂を攻撃の前兆と判断した国内軍の分析にもそれなりの根拠があった。

スターリンについて言えば、その反応ないし反応の欠如はワルシャワ現地の国内軍指導部の理解を超える問題だった。自分の部下である元帥たちの助言にも影響されないスターリンが一戦線の一地域に位置する「同盟国の同盟国」の意向に配慮するとは考えられなかった。「ブジャ作戦」の間、国内軍の指揮官たちは連帯精神をもってソ連軍に接近したが、それに対してスターリンが何ら寛容な態度を示さなかったことは、ポーランド抵抗運動の指導者たちの目にも明らかだった。したがって、今回、国内軍がワルシャワで局地的な力を誇示する動きに出たとしても、対ソ関係がこれ以上悪化することはないだろうと思われた。ポーランドの首都がポーランドの民主主義勢力によって奪回されたことを西側世界が知ることになれば、たとえスターリンが民主主義勢力を力で排除しようとしても、連合国側からの抵抗に遭遇することになるだろう。

メレフの日記

ワルシャワのジャーナリストが習い始めたばかりの英語で書いた日記

一九四四年七月三十日、日曜

ドイツ人がこの地の主人公でなくなる時が近づいている。もちろん、ポーランドの領土で彼らが真の主人公だったことは一度もないが……私はハンス・フランク博士が一九三九年に総督に就任した時の演説をよく覚えている……彼は言った。「ドイツ人がこの地を去ることは決してない。ドイツ人が出て行くようなことがあれば、その前に大地が崩壊するだろう」。しかし、時勢は変わる（Tempora mutantur）！……ドイツ人は逃げて行く。算を乱し、恐慌状態で敗走して行く……

残忍な占領軍と闘う準備は整っている。人々は促されるまでもなく戦いに立ち上がるだろう。敵は五年間にわたって憎悪の海を創りあげ、今やその海に溺れて敗れ去ろうとしている……

我々はソ連軍を共通の敵に立ち向かう連帯勢力として扱うだろう……ソ連の軍事当局が我々の主権を尊重することを希望する。自由の地に国家を建設する主権を……政治的、社会的、文化的、経済的生活を我々自身の計画に応じて築く権利の元となる主権を[★1]……

一九四四年八月一日、火曜日

三日前から眠れない。七月二十八日にポーランドの地下軍が警戒態勢に入ったからだ……朝早くから目が覚めて、間もなく始まる軍事行動について考える。

兄のボホダン（士官）、親友のスタニスワフ（警官）、ヴウォジミェシュ（少尉）その他多くの友人がポーランド軍に所属している。先週、彼らは多忙だった。手榴弾、弾薬、拳銃などの武器を各地の拠点に運ぶ仕事に追われていた。

今日、アパートを出て市街地を歩いた。町の様子はすっかり変わっていた。交通はまばらで、ワルシャワを通過して西へ急ぐドイツ軍の輸送トラックだけが目立った。大部分の商店が店を閉めている。不思議な興奮状態だ。嵐の前の奇妙な静けさとも言える★2……

エウゲニウシュ・メレフ

（ぎこちない文法、奇妙な綴り、風変わりな語彙などが筆者の緊張感を雄弁に物語っている。）

一九四四年七月末に国内軍の参謀本部が何度か会合を開いて最終的な検討を行なった時の前提条件と情報知識はこんなところだった。最初の緊急参謀会議は七月二十九日に開催された。地下国家の議会に相当する「挙国一致評議会」（RJN）のメンバーも出席した。軍事指導部は民主主義諸政党の代表に蜂起案への賛同を求め、各党は全会一致で提案に賛成した。

二度目の緊急参謀会議はその二日後の七月三十一日に開かれた。よく晴れた月曜日の午後六時だった。ワルシャワ中央地区（シルドミェシチェ）の安全なアパートに、それぞれ労働者風の服装に変装して集まったのは、国内軍総司令官のブル＝コモロフスキ将軍、副司令官のレオポルト・オクリツキ将軍（ニェジヴィャデク〔熊子〕）、同じく副司令官のタデウシュ・ペウチンスキ将軍（グジェゴシュ）、ワルシャワ地区司令官のアントニ・フルシチェル大佐（モンテル）だった。政府代表のヤン・スタニスワフ・ヤンコフスキ（ソブル）は隣室で待機していた。国内軍諜報部の責任者カジミェシュ・イラネク＝オスメツキ大佐（ヘルレル）が出席していなかったのは、ドイツ軍の道路封鎖に阻まれて到着が遅れていたからだった。ヴィスワ川を渡る橋の通行は厳しく規制されていたが、まだ全面封鎖には至っていなかった。モンテルはその日の午後自転車で出かけて、その報告によれば、ドイツ軍はワルシャワ周辺の拠点数ヵ所をすでに放棄しており、プラガ地区に通ずる道路上ではソ連軍の戦車が目撃されたという噂だった。会議はこの報告を了承した。ブル＝コモロフスキはついに行動を起こすべき時が到来したと判断して、「戦闘準備態勢」を直ちに宣言すべきだと提案した。

ブル＝コモロフスキはこの判断の根拠として、対応が遅れた場合に発生し得る憂慮すべき事態を想定していた。彼は回顧録の中で次のように説明している。

ドイツ国防軍最高司令部は、その日の午後の声明の中で、「ソ連軍が南東方面からワルシャワへの総攻撃を開始した」ことを発表した。また、ヴィスワ川東岸に駐留していたドイツ軍第七四歩兵師団の司令官がソ連軍の捕虜になったことも明らかにした……その時点で国内軍が戦闘開始に踏み切れば、ドイツ軍の補強と補給を阻止することができると私は考えた……一方、もし、東岸のドイツ軍がソ連軍の圧力に押されて市内に退却してくれば、大量のドイツ兵が市内になだれ込み、我々が行動を起こす機会は失われてしまうだろう。そのような事態は今すぐにも起こる可能性があった。その場合、ワルシャワはドイツ軍とソ連軍の戦闘の舞台となり、市街は瓦礫と化すであろう。したがって、蜂起開始の時は今しかないと私は判断した[90]……

命令を書面にして各部隊に配布する作業がモンテルに委任された。ワルシャワ市内のすべての部隊に命令を伝達するための伝令兵部隊がすでに集合していた。

手書きによる緊急連絡！　七月三十一日一九〇〇時発。八月一日午後五時をW時とする。W時以降、本官への連絡先はヤスナ通り二二番地二〇号である。本命令を受領した旨を連絡せよ。X。(91)〔W時は解放の時、すなわち蜂起開始時刻〕

最終的な手続きとして政府代表のヤンコフスキが部屋に招き入れられ、命令についての了解を求められた。ヤンコフスキはいくつか質問をした上で、「よろしい。決行しよう！」と言った。〔362ページの囲み「イルカI」〕

一九四四年の夏、パリもワルシャワと同様に解放を目指していた。フランスの首都には、ある段階で、ポーランドの首都に見られない特徴がいくつか生まれていた。たとえば、フランスには対独協力政府とそれを支持する政治家がいた。レジスタンスの内部では共産党が影響力を持っていた。さらに、二万人を超える強力なフランス人武装警察部隊が存在していた。彼らが最終的にどちら側につくかが重要な鍵だった。しかし、全般的な状況から言えば、パリとワルシャワの間には多くの共通点があった。優勢な連合軍が近づきつつあった。ドイツ軍は浮き足立っていた。残忍な占領時代を経験した市民たちの多くが報復を待ち望んでいた。レジスタンス勢力はドイツ軍に痛打を与えるだけでなく、戦後の政治を展望しつつ優位な立場を確保しようとしていた。ただし、組織的な観点から見た最

囲み◆4

イルカⅠ

国内軍士官の若妻が夫に別れを告げる

一九四〇年の冬のことだった……学校の友人に誘われて、私は姉と一緒に地下組織に参加した。六人の少女（最年少は十二歳だった）が宣誓して、『戦況速報』を配布する伝令として働くことになった。八ヵ月ほど経った頃、夜中にゲシュタポが『戦況速報』の編集部を急襲した。編集部にいた全員がアレヤ・シュハのゲシュタポ本部に連行され、残忍に尋問された。翌日、私たち伝令も逮捕され、パヴィアク監獄に放り込まれた……

私たちが放り込まれたのは未成年者用の広い監房だった。私たちは決して有罪を認めないと誓い合った。監獄では女囚たちが台所でジャガイモの皮剝きをさせられる習慣だったが、そこで編集部のユゼファ・ケンシツカに再会した。彼女は私たちを見て恐れ戦いた。彼女は残忍な拷問に耐え切れずに私たちの名前を口にしてしまったのだ。彼女は証言を撤回すると約束した。

一九四一年七月になって再度尋問された。ドイツがソ連に宣戦布告した後のことで、ゲシュタポは重罪犯と軽微な犯罪者を選別して監獄を「浄化」しようとしていた。尋問は「市街電車」と呼ばれる方法で行なわれた。呼び出しを受けると、囚人たちはトラックでアレヤ・シュハに連れて行かれ、順番に次々と尋問を受けたが、戻ってくる時には殴られた跡があり、血を流していることもあった。パヴィアク監獄の看守だったゾフィア・コイロは地下組織の一員で、囚人と外部との手紙のやり取りを手助けしていた。彼女は私が尋問のためにアレヤ・シュハに運ばれる日時をアンジェイ・フィンデイセンに知らせてくれた。私にとって、アンジェイは生涯初めての恋人だった。私はトラックの後部に座り、指定された街角（ノヴィ・シフィアト〔新世界〕通りとイェロゾリムスキェ通りの角）で待ち構えるアンジェイの顔を見ることができた……ゾフィア・コイロは、また、聖体を化粧用のコンパクトに入れて監獄に持ち込み、死刑判決を受けた囚人やオシフィエンチム（アウシュヴィッツ）に送られる囚人に与えていた……

　私たちはユゼファ・ケンシツカに命を救われた。彼女は、女学生たちの名前を自白したのは拷問を逃れるための方便だったと繰り返しゲシュタポに申し出た。ゲシュタポは私が見ている前でユゼファに念を押した。もし、偽証をしたと言うのなら、今よりも厳しい罰を受けるが、それでもいいのか？「分かっている」と彼女は答えた。「でも、私のせいで無実の人々が苦しむのを見るのは耐えられない」。パヴィアク監獄にいる間に、私は肺病と結核にかかったが、結局、伝令は全員が釈放された。しかし、ユゼファ・ケンシツカはアウシュヴィッツで死んだ……

　私は両親の許に戻った。両親はゲットーのすぐ近くのアパートで他人と同居していた。その頃、ゲットーには飢餓が広がっていた。毎日、腹を空かせた二人の腕白小僧が私たちのアパートを訪ねて来て、椀一杯のスープと少々のパンをねだった。ある日、決して忘れることのできない出来事が起こった。通りを横切ろうとした時、二人のゲシュタポがゲットーを抜け出した二人の少年を見おろしている場面に出会った。少年たちは立ち上がれないほど衰弱していた。ゲシュタポの一人が最初の少年の足首を摑むと、その身体を振り回して頭を壁に打ちつけてつぶした。次に、もう一人の少年にも同じことをした。その光景は私の人生に深く刻み込まれ、その後ホロコーストについて読んだすべての事実よりも強烈な影響を与えた。そのことがあって以来、二人の腕白小僧が私たちを訪ねて来ることはなかった。

　私はアンジェイ・フィンデイセンと結婚した。彼は国内軍の新兵としてキェルツェ市の近郊で軍事訓練を受けていたが、一九四四年七月三十日に命令を受けてワルシャワに帰還した。私は第二子を妊娠しており、九ヵ月の身重だった。彼は「明日、午後五時に蜂起が始まる」と告げてから、私と一歳の娘のマグダレナを見た。それから彼が言った言葉は今も正確に覚えている。「我々が勝利することは確実だが、君が（ワルシャワから五〇キロほど離れた）叔父さんのところに疎開してくれれば、安心して闘うことができる。ソ連軍の動きがまだ分からないからだ。しばらくは会えないかもしれない……」★1

イレナ（イルカ）・ベレルト

後に文学作品となる日記の筆者の回想

一九四四年八月一日の火曜日は快晴ではなかった。少し雨が降った。あまり暑くはなかった。多分、午後だったと思うが、私はフウォドナ通りに行った。フォドナ通り四〇番地は私の家があったところだった。市電と乗用車が忙しく行き交い、大勢の人が街に出ていた。角をまがったところで、突然、今日の日付を思い出した。「八月一日、ヒマワリの日だ」……どうしてヒマワリのことを考えたのだろうか？そう言えば、ヒマワリが咲きそろう時節だった……私はまだ若く、感傷的だった。当時は信じやすく、荒削りで、呑気で、ロマンチックで、陰謀好きだった。だが、ヒマワリはどうして黄色くなるのか？きびしい日差しのためか、それともワルシャワの赤い市電の反射なのか？★2

ミロン・ビャウォシェフスキ

大の特徴は、フランスでは事前の計画も事前の協議もほとんど行なわれなかったという点にあった。ノルマンディーに上陸して一帯を制圧した時点で、米軍にはパリを解放する計画はまったくなかった。米軍の指揮下でフランス軍機甲師団を率いていたルクレール将軍には、パリのレジスタンスを支援する命令は出ていなかった。自由フランス運動の指導者だったドゴール将軍は最後の瞬間まで海外にいた。ドゴールの亡命政府は、敵対するヴィシー政権とも、ライバルである共産党とも、何ら合意に達していなかった。それでも、米国はドゴールを戦後フランスの指導者と見なしていた。(92) 客観的に言えば、「ちょっとした混乱の極み (pas mal de pagaill, un beau gâchis)」と言うべき状態だったが、それでも楽観主義が生き残る余地はあった。戦争には常に手違いや、へまや、混乱がつきまとうものである。ノルマンディーのユタ海岸に上陸したルクレール将軍は次のように宣言した。

過去四年間勇敢に戦ってきたフランス国民に合流できることを喜びたい。諸君は国内で、我々は海外で戦ってきた。すでに武器を持って立ち上がった人々に心からの挨拶を贈る。同じひとつの軍隊、つまり解放軍として共に闘いを続けようではないか。(93)

ワルシャワ市民が聞けば、誰でも共感できる内容だった。ルクレールの声明の日付は一九四四年八月一日だった。

七月三十一日（月曜日）の夕方、緊急参謀会議が終わり、命令書を携えた伝令たちが国内軍本部を出発してからW時までは二四時間しかなかった。二二人の伝令のうち八人は夜間外出禁止令に引っかかる恐れがあった。その時間になれば道路上の移動は禁止される。無線通信は非常に危険だった。電話は盗聴されているので使えなかった。伝令の大多数は外出禁止時間の直前に辛くも帰還した。しかし、火曜日の朝になるまで「戦闘態勢」の命令を伝えられなかった伝令も少なくなかった。たとえば、バシュタ連隊の司令官がブル゠コモロフスキの命令を受領したのは八月一日の午前九時十五分だった。それから午後五時までに戦闘態勢を整えるのは至難の業だった。

緊急参謀会議が終わって伝令たちが出発したすぐ後で、国内軍諜報部の責任者カジミェシュ・イラネク゠オスメツキ大佐（ヘルレル）が到着した。彼はプラガ地区の路上でソ連軍の戦車が目撃されたというフルシチェル（モンテル）の情報は誤報であると断言した。それを聞いて落胆したブル゠コモロフスキ将軍の胃の痛みは想像に難くない。もっと前に分かっていれば判断に変更が生じたような決定的情報を受け取るのは、この二日日間でこれが二度目だった。今回も、情報は遅すぎた。すでに手遅れだった。伝令を呼び戻すことは不可能であり、命令の撤回は問題外だった。しかし、いずれにせよ、モンテルの情報の真偽を早急に確かめる方法はなかった。ソ連軍機甲旅団の作戦日誌から後に判明したところによれば、その前線部隊が七月三十一日の午後にプラガ地区またはその近郊で行動したという記録はない。ただし、ソ連軍の戦車がその日の夜にプラガ地区に入ったことはほぼ確実である。また、ドイツ軍第九軍の戦闘日誌の三十日と三十一日の欄には、プラガ地区が「無防備の状態で、攻撃の危険にさらされており」、〔さらにその東方の〕ラジミン地区を奪回する作戦は進展していないと書かれている[94]。つまり、モンテルの報告は、たとえ創作だったとしても、それほど的外れではなかったのである。

しかし、ブル゠コモロフスキの判断が拙速だったことは、すぐに作戦のほころびとして露呈し始める。モンテルの誤報の件からも明らかなように、情報活動に重大な欠陥があった。武器の不足も深刻だった。実は、市内にあった秘密の武器庫の多くが全国一斉蜂起に備えて市外の田園地帯に移された後だったので、市内の国内軍のどの部隊にも、十分に戦うだけの手持ちの武器は残されていなかった。ブル＝コモロフスキの指令本部は鉄筋コンクリートの建物に移転したばかりだったが、そこでは無線の送信も受信も困難だった。国内軍は多数の小グループに分かれて分散していたので、相互の通信連絡に問題があった。さらに、蜂起の最初の攻撃目標が達成されなかった場合の代替計画が存在しなかった。ブル＝コモロフスキの作戦計画の不備が蜂起を一瞬のうちに失敗させるのではないかという危惧があった。すべてはその時にならなければ分からない問題だった。

国内軍兵士以外の市民に対しては何の警告もなかった。市内で戦闘態勢に入った国内軍兵士の数は四万人ないし五万人だったが、彼らには緘口令がしかれていた。その二〇倍ないし三〇倍の数の一般市民はドイツ軍と同様に蚊帳の外に置かれていた。しかし、正確に何とは言えないが、何かが始まったことは一般市民にも感じられた。八月一日の昼間、若者たちの小グループが建物の中庭に集合し、地下室や空きビルの中に消えていくという不自然な動きが目撃された。ドイツ軍がパトロールを強化したことも明らかだった。しかし、市民は何も質問しなかった。買い物をめぐってはちょっとしたパニックが生じていた。食料を買うには配給カードが必要だったが、まだ開いている商店があっても、商品はとっくに売り切れだった。人々は最後に残された商品を買おうとして念のために外出した。一般の市民にとって、心配の種は蜂起の噂だけではなかった。ソ連軍の砲撃が始まるという不安もあったし、ドイツ軍がワルシャワからの市民の全面退去を命令する恐れもあった。最悪の場合はその両方が同時に起こる可能性もあった。午後になって散発的な銃声が聞こえたが、市民はそれには特に注意を払わなかった。神経質になっているドイツ軍が何事につけ、相手構わず発砲することはよく知られていたからである。

蜂起直前の国内軍兵士の状況は一様ではなかった。早い時期に命令を受領して、時間より早く集合地点に到着した者もいたが、大多数への命令伝達は遅れ気味だった。多数の兵士が午後五時の直前にようやく配置についた。中には午後五時に遅れる者もあった。集合地点に到達できなかった兵士もいた。偉大なクラウゼヴィッツは書いている。「戦争ではすべてが単純だ。だが、どんなに単純なことも容易ではない」［369ページの囲み「展望」］

ワルシャワ市外にいた部隊の中には、ドイツ軍またはソ連軍の非常線を突破できずに、結局市内に戻れないケースもあった。ワルシャワの南方にある聖十字架丘陵地帯の森の中を移動していたある部隊の指揮官は、数日前にブル＝コモロフスキの警戒態勢命令を無線で傍受して以来、独自の判断で市内に戻ろうとしていた。しかし、田野を横断する移動は困難を極めた。聖十字架丘陵とワルシャワの間には、ソ連軍の橋頭堡を封じ込めようとするドイツ軍が集結して、十重二十重の防衛戦を構築していた。国内軍部隊は夜間に移動したが、何度も前進を阻まれ、気がつくと最後にはソ連軍の前衛部隊に包囲されていた。NKVDからは辛くも逃れたものの、部隊はついに蜂起に参加できなかった。[95]

一方、ワルシャワ市内では、六〇〇中隊を超える国内軍兵士ができるだけ目立たないように緊急集合地点に移動しつつあった。市内の交通量については、激しかったという記録とまばらだったという記録の両方がある。ただし、市内に不気味な期待感がみなぎっていることには誰もが気づいていた。

午前中に外出した。大勢の市民が通りを行き来していたが、特に若者の姿が目立った。彼らの顔は真剣で、緊張していた。服装の一部から判断すると、誰もが兵士のような格好をしていた。ある者は軍靴を履き、ある者は腰に保弾帯を巻いていた……荷馬車や人力車が若者とその荷物を載せてあらゆる方向へ向かっていた……ワルシャワに嵐が来ることは確実だと思われた。嵐が来れば、市民は無防備である。ソ連軍はいつ入って来るのか？ 明日か、それとも数日後か？……

展望

生活環境が劣悪化するワルシャワで、国内軍の兵士たちが蜂起の展望を語る

一九四四年七月、東部戦線が急速にワルシャワに接近しつつあった。市民はドイツ軍部隊が退却する様子を目にした。ドイツ軍の従僕であるハンガリー軍も一緒だった。ざまあ見ろ（Schadenfreude）という気持ちを禁じえない。昨日の征服者が今日は哀れな姿をさらしている。彼らがポーランドを侵略した一九三九年当時の、そして一九四一年にソ連を攻撃しようとしていた当時のあの傲慢な驕りはもうどこにも見られない。ワルシャワ上空ではドイツ軍機とソ連軍機による空中戦の死闘が繰りかえされている。ドイツ軍のワルシャワ占領が終わろうとしていることは明らかだ。★1

スタニスワフ・リキェミク

国内軍司令部の発表によれば、「補給路が切断されたために、ワルシャワの経済は籠城状態に入った」ということだ。基本的な食料の価格が高騰している。闇市場での外国通貨の価格も上昇中だ。豚のばら肉は六〇〇ズウォティ、バターは五〇〇ズウォティ、米ドルは一ドル紙幣が三〇〇〜四〇〇ズウォティ、金兌換紙幣だと二〇〇〇ズウォティする。扉を閉めたままの商店も少なくない。

今日、ドイツ軍はパヴィアク監獄から男一五〇人と女五〇人を釈放した。釈放されたのは主として病人と幼児を抱えた母親だが、医師と看護婦も含まれている。医師と看護婦たちは監獄内で抵抗組織を作り、囚人たちの助けとなり、外部との連絡を仲介した。これとは別に、一〇〇人以上のユダヤ人男女が

パヴィアク監獄からその近くのゲンシュフカ強制収容所に移された。

七月三十一日、ドイツ軍のライナー・シュターヘル将軍がワルシャワに着任した。ヒトラー直々の命令で、蜂起の勃発に備えてワルシャワの鉄道基地機能を防衛するために赴任したという話だ。シュターヘルは決断力に富む有能な指揮官と言われており、反乱を粉砕するあらゆる方法を知っているそうだ。すでにかなりの規模のドイツ軍部隊を指揮している。★2

ヴワディスワフ・バルトシェフスキ

我々のケディフ部隊では、ドイツ軍に対する蜂起が成功する可能性は乏しいと考える者が少なくない。戦友のスタンもアルデルもまったく悲観的である。ケディフには小型の武器が豊富に揃っているが、他の部隊では武器が不足している。特に対戦車砲が足りないことは明らかだ。国内軍は兵士五人につき手榴弾一個という装備で完全重武装のドイツ軍に立ち向かうことになるのだ。

蜂起の数日前、友人のロマン・ムラルチク（後に作家として有名になるロマン・ブラトィ）がやって来てこう言った。「よく聞けよ。ソ連軍はワルシャワ市民に反乱を呼びかけているが、我々が蜂起すれば、連中は前進をやめてドイツ軍に我々を始末させるつもりだ」。私は言ってやった。「俺たちが考えそうなことは、指導部も当然知っているだろう。指導部が英国とソ連から事前の了解を得ないで蜂起を命令するなんてことはあり得ない」★3

スタニスワフ・リキェミク

あの晴れた七月の日々、ワルシャワ市民はいつも砲声を耳にしていたが、事態がこれ以上悪化するとは思っていなかった。ワルシャワとワルシャワ市民の本物の苦しみがこれから始まろうとしているとは

誰も思いたくなかったのだ。★4

ズビグニェフ・ムルツ

帰宅する途中で聖カロル・ボロメウシュ教会を覗くと、大勢の若者が跪いて祈っていた。沈黙の祈りだった。教会の外で出会った若者の集団は全員がレインコートを着ていた。そのグループの後を歩いて行くと、彼らの後姿からレインコートの下に銃を携行していることが見て取れた……表通りにはドイツ兵を満載したトラックが巡航していた。ドイツ兵はいつでも発砲できるように銃を構えていた。時計の針は容赦なく進んでいた。W時が近づきつつあった。(96)

その日、日記帳にペンを走らせた人々の多くがドラマの開幕を感じ取っていた。詩人や作詞家たちも、作品を作り始めていた。地下室や秘密の集合地点で待機する蜂起兵たちが歌うべき歌はすでに用意されていた。

残虐な敵に復讐する時が来た。
流された血と涙をそそぐ時だ。
戦いに馳せ参じた兵士たちよ！
ああ、イェズス・マリヤ！

武器を取れ！　武器を取れ！
我が国とその未来の自由のために
夜明けを告げて空が燃えている。
新しい世界が生まれようとしている。
力の限り戦って奴隷の鎖を断ち切ろうではないか。(97)

ワルシャワが決意を固めていた頃、ＳＯＥは相変わらず忙しく活動していた。七月の最後の日曜日の午後七時、英国空軍のリベレーター機がイタリア南部のカンポ・カサレから離陸した。機長と乗組員はポーランド人、六人の乗客もポーランド降下旅団の兵士だった。最後の瞬間になってから知らされた目的地はワルシャワだった。

六人の降下旅団兵士はその日一日中、灼熱の太陽に照らされるラウレットの待機所で待たされていた。突然離陸の知らせが届き、慌てて半ズボン半そでの夏服を背広に着替え、車で飛行場へ急行したのである。飛行場で偽造のドイツ軍発行の身分証明書その他の書類を渡され、それまで使っていた暗号名とは別の新しい暗号名を与えられた。新しい暗号名は「トプル〔斧〕」〔本名ヤツェク・ベントコフスキ中佐〕、「ピョルン〔雷〕」〔フランチシェク・マリク大尉〕、「トゥール〔野牛〕」〔ズビグニェフ・スペツィラク大尉〕、「ヤシチェンビェツ〔鷹〕」〔スタニスワフ・オソフスキ中尉〕、「レヴェラ」〔ユリアン・ピョトロフスキ中尉〕、「ツィプル〔キプロス〕」〔ヴワディスワフ・シュミエタンコ少尉〕だった。

夜間飛行は順調には行かなかった。ブダペストを迂回してタトラス川を越え、クラクフ上空にさしかかった頃、リベレーター機は二機のドイツ軍夜間戦闘機に襲撃された。リベレーター機の後部機関銃士が応戦して一機を撃墜したが、もう一機は最後までつきまとった。

七月三十一日の午前一時頃、グロジスカの南七キロにあるソルニツァ〔壺塩〕と呼ばれる場所の滑走路に無事着陸し、「ブウィスク〔光閃〕中尉」〔ボレスワフ・シマイドヴィチ〕の部隊に迎えられた。合言葉の交換と抱擁。急いで基地に移動し、国内軍総司令部の代表「クシシュトフ中尉」〔フロリアン・コルトゥス〕に会う。武器と紙幣ベルトを引渡し、書類を確かめてから、朝まで語り合う。

一九四四年八月一日、一行は野菜を運ぶ農家の荷馬車に乗ってグロジスカに向かった。「レヴェラ」の日記によれば、彼はユリアン・ビョルドフスキという名の庭師見習いになりすまし、念のためにその略歴を暗記していた。グロジスカから電車に乗ってすぐにワルシャワに到着し、占領の実態を目にする。午後二時前、一行はナトリンスカ通り六番地の一軒の家の敷居をまたいだ。合言葉の交換があり、扉が閉まると、家の女主人が温かい抱擁で迎えてくれた。ステファ〔ステファニ・ドヴギャウォ〕と呼ばれる女性の家はロンドンとの連絡所だった。

ステファは一行の到着が最後の瞬間に間に合ったと言った。その日の午後五時が戦闘開始の時刻だった。蜂起だ！　一同は衝撃を受けた。

「トプル」が顎を撫でながら言った。「では、ソ連軍との間で話がついたんだな」。[98] すると「レヴェラ」が応じた。「だが、もし話がついていないとしたら、どういうことになるんだ？」

第2部
蜂起

第5章 ワルシャワ蜂起

蜂起開始

蜂起開始の時刻「W時」は八月一日の午後五時と決まった。しかし、ジョリボシュ地区では、早くも午後一時五十分に小競り合いが始まっていた。W時に先立って蜂起に突入する栄誉を手にしたのは、後に有名な音楽評論家になる人物で、当時マレクと呼ばれていた国内軍の若い大尉だった。彼は自分の中隊を率いて集合場所に急ぐ途中、ドイツ軍の機動パトロール部隊に遭遇したのである。

一瞬、敵味方の睨みあいになった。双方にとって状況は完全に明白だった。ドイツ軍部隊は衝突した場合の得失を計算している様子だった。不揃いながら制服らしきものを着用し、上着の下に短機関銃（サブマシンガン）を隠し持っているように見える若者の集団を目の前にして、攻撃すべきか、それとも見て見ぬ振りをすべきか迷っていたのだ……そして、突然攻撃をしかけてきた。しかし、我が中隊はその場を無傷ですり抜けた。彼らのトラックに手榴弾を投げ込み、爆発する間に道路を横切って物陰に身を隠したのである。(1)

午後五時、赤白の腕章をつけた威勢のよい若者たちのグループが計画どおりにドイツ軍の拠点を襲撃し、守りを突破して侵入し、爆弾を投げ込んだ。通りにはまだ市民が残っていた。飛び交う流れ弾に当たって倒れる市民がいた。その時以来、ついに生涯帰宅できなくなる市民もいた。まもなく、当時市内で一番高い建物だったプルデンシャル・ビルの屋上に赤白のポーランド国旗が翻った。蜂起軍はドイツ軍の武器庫と倉庫、中央郵便局、発電所、プラガ駅などを奪取し、市内のかなりの面積を支配下に収めた。最初の戦闘で犠牲となった人数は二五〇〇人、その八〇パーセントが国内軍の兵士だった。これはノルマンディー上陸作戦の初日に当たるDデーに連合軍が失った人命とほぼ同数である。［379ページの囲み「砲火の洗礼」］

　蜂起兵の中で誰が最初の戦死者となったかは確定できない。公式の戦闘開始時刻の前に死んだ者もあった。しかし、最初期の戦死者のひとりがサドフスキ〔本名スタニスワフ・エドヴァルト・グロツキ〕だったことは間違いない。サドフスキは十五歳の少年で、父親はポーランド共和国の元首相だった。八月一日の午後五時少し過ぎ、「サドフスキはフロルィ通りの喫茶店ダコフスキの向かい側に瀕死の状態で倒れていた。その少し前、友人が彼に退却しようと誘うと、サドフスキは『僕がここに配置されたのは逃げるためではない』と答えた」。サドフスキはドイツ軍の戦車に立ち向かい、火炎放射機の炎に焼かれて死んだ[2]。

　同じ八月一日の夜、サドフスキと同じ「イェレィン〔鹿〕大隊」の隊員がもう一人戦死した。三十歳の看護婦ダヌタ（看護婦番号１１０８）〔本名クルィスティナ・クラヘルスカ〕である。部隊が「新聞ビル」を襲撃した際、彼女は負傷兵を救護しようとして走り出たところを狙撃され、野戦病院に運ばれた後に死亡した。ダヌタは歌手兼作曲家であり、蜂起の歌の中で最もよく知られた「若者よ、銃剣をつけよ」の作者だった。また、ワルシャワの有名な「人魚像」のモデルでもあった。「人魚像」はドイツ軍によってすで

砲火の洗礼

若い新兵が初めて国内軍の部隊に合流し、戦闘に参加する

七月の最後の数日間はずっと電話機のそばに座って過ごした。当直士官として、小隊への呼集がかかるのを待っていたのだ……電話が来たのは八月一日の朝だった。僕らは二人ずつ組んで出発し、集合場所に指定されたグダンスク駅横の税関事務所に向かった。僕らは早めに到着した。午後三時頃には全員の集合が完了した。全部で七〇人から七五人の部隊だった。全員が公然と集合するのはこれが初めてだった……

僕らは中隊単位で蜂起に参加するよう指示された。中隊長はスタシネク〈本名スタニスワフ・ソサボフスキ（博士）〉だった。スタシネク隊長には、彼が地下活動を指導していた頃に会ったことがある……勇敢な士官で、優れた指導者だった……

温かな挨拶を交し合い、大いにお喋りをし、気分が盛り上がったところで、スタシネクが集合を命じて短い演説をした。僕らは税関事務所の大ホールに二列に並び、赤白の腕章を巻き、階級章をつけた。それまで一八ヵ月間、秘密の地下活動を続けて来たが、この日初めて軍隊らしい儀式を経験した……

僕らの部隊、つまり撹乱工作部隊（ケディフ）のコレギウムA中隊は午後五時きっかりに税関事務所から出撃して最初の目標に向かった。行き先はウムシュラークプラッツだった。ウムシュラークプラッツはワルシャワ地区全域のユダヤ人を絶滅収容所に送り出すための積み替え駅だ。二年前、僕自身もその場所で強制輸送されるのを待っていたのだ。ウムシュラークプラッツを守っていた親衛隊部隊はすで

に午前中に警戒態勢に入っていた。武器を運んでいた国内軍兵士の一部がドイツ軍に逮捕されるという事件があったからだ。戦闘は襲撃開始から一時間続き、双方に多数の死傷者が出た。

ついにウムシュラークプラッツを奪取し、そこで奴隷として親衛隊に使われていた約五〇人のユダヤ人を解放した。その晩はウムシュラークプラッツで一夜を過ごした。そこには膨大な量の食料、制服、武器などが貯蔵されていた。僕らはすぐに雑多な衣服を脱ぎ捨てて、親衛隊の制服と長靴に着替えた。ただし、ドイツ軍と間違えられないように赤白の腕章と階級章を着けることは忘れなかった。新しい軍帽には鷹の記章をつけた。

八月二日は蜂起二日目だった。僕らはウムシュラークプラッツを出て、隣のヴォラ地区まで進軍した。その間二キロほどの距離にドイツ兵の姿はなかった。代わりに通りには数千人の人々が溢れ、歓声をあげて、花を投げてくれた。感動的な場面だった……[★1]

スタニスワフ・アロンソン

に持ち去られていた(3)。

国内軍の総司令部はヴォラ地区のイェジ・カムレル家具工場への移転を完了していた。その晩総司令部に入った報告から判断すると、当初の攻撃目標の多くが達成されなかったことは明らかだった。王宮広場、親衛隊とゲシュタポ本部の密集地区、飛行場などへの攻撃は不成功に終わり、逆に重大な損傷をこうむった。ヴィスワ川にかかる主要な二つの橋は、その東詰めも西詰めも奪取できなかった。重大な立ち遅れだった。すでにこの時点で、蜂起が長期戦にならざるを得ないことは明らかだった。

八月二日、国内軍総司令部は、カムレル工場への移動中に失われていたロンドンとの無線通信を回復した。前日に規則に反して平文で打電されたメッセージが今回は正しく暗号化された上で再打電された。「ワルシャワのための戦いはすでに始まっている」[4]。その後、連日、ブル゠コモロフスキ総司令官はロンドンに対して物資、弾薬、降下部隊の空輸を繰り返し要請した。将軍がポーランド降下旅団の一部を英国軍の指揮下から外して国内軍に合流させる計画に期待していたことは明らかだった。

八月二日には朝から終日戦闘が展開されたが、街頭には新聞売りの少年たちが姿を現し、国内軍の『戦況速報』を公然と配布した。『戦況速報』には軍事指導部と政治指導部の声明の他、地下国家の行政府が発した厳重な指示が掲載されていた。

1　ポーランド人とドイツ人の区別なく、すべての死者は仮埋葬すること。その際、身分証明書類はすべて保管すること。
2　すべての私的裁判を禁止する。
3　ポーランド国民の敵、帝国ドイツ人、民族ドイツ人に対して、裁判を受ける権利を保障する。
4　ドイツ人およびドイツ国家に属するすべての財産は没収し、目録を作成した上で保存するものとする[5]……

八月三日、蜂起軍は初めてドイツ軍の戦車を鹵獲し、破損箇所を修理した上で、元の所有者を攻撃する作戦に投入した。攻撃目標のひとつは親衛隊の「ゲンシュフカ強制収容所」だった。蜂起軍の機略に富んだ戦術はドイツ軍に想定外の困難をもたらしつつあった。ドイツ軍は特殊部隊を投入したが、次々に問題が生じた。

八月四日から五日にかけての夜、イタリアから出撃した英国空軍の爆撃機が初めてワルシャワ上空に飛来し、クラシンスキ広場とヴォラ地区への物資投下に成功した。蜂起軍はどれほどの数の爆撃機が出撃し、そのうち何機が途中で撃墜されたのかを知る由もなかったが、物資投下によって励まされたことは確かだった。彼らは忘れられた存在ではなかった。蜂起軍が連合軍の一部として戦っていることが確認された。

八月五日、親衛隊上級集団指導者（大将）エーリッヒ・フォン・デム・バッハがワルシャワに着任し、蜂起鎮圧作戦の指揮に当たることになった。フォン・デム・バッハの到着と同時に、民間人の大量虐殺、避難民の逃亡、重爆撃の知らせが入った。

八月六日は蜂起開始から六日目に当たる日曜日だった。蜂起側の見通しでは、持ちこたえるべき期間は、理想的には四八時間、長引いてもせいぜい五日間ないし六日間だったが、すでにその限界が来ていた。事態を打開する道は見当たらなかった。首都の大半は蜂起軍の支配下にあったが、ドイツ軍を全面的に駆逐するには至らなかった。ドイツ軍がヴィスワ川の東岸から反撃して来るようなことがあれば蜂起計画が混乱することは分かっていた。ドイツ軍とソ連軍の機動戦がどのように展開しているのかを知る手段もなかった。ミコワイチク首相のモスクワ訪問に期待するところは大きかったが、その成果はまだ明らかになっていなかった。西側同盟国に訴えた支援要請に対する明確な回答は来ていなかった。つまり、戦い続ける他に選択肢はなかった。蜂起はまだ敗北はしていなかったが、勝利もしていなかった。［383ページの囲み「W時」］

W時

撹乱工作部隊（ケディフ）の兵士が戦闘に参加する

七月三十一日に出動命令を受け、国内軍の他の部隊と同じように指定場所に集合した。我々の部隊の最初の攻撃目標は旧市街地区（スタレ・ミャスト）のドイツ軍倉庫だった。ケディフには鹵獲した武器に加えて空輸機から投下されたトンプソン式小型機関銃があったので、他の部隊よりも武器が揃っていたと言える。我々は、また、すでにかなりの戦闘経験も積んでいた。作戦計画によれば、ドイツ軍倉庫を確保した上で中央地区（シルドミェシチェ）の郵便貯金銀行ビルまで進撃し、蜂起司令官モンテル将軍の指揮下に入るはずだった。そして、ワルシャワ解放が実現した暁には……秘密の保管場所にすべての武器を隠し、ソ連の占領下でも続くはずの地下抵抗活動に備えることになっていた。

私は栄光に輝く勝利のパレードに参加する場面を空想した。まだ二十一歳だった私は、長く、苦しい地下活動を続けながら、誰かに認めてもらいたいと思っていた。賞賛の言葉に飢えていたと言ってもよい。私たちと同じように愛国的な少女たちが私たちの勇気を称え、制服の魅力に参ってくれればどんなに嬉しいだろう……

八月一日に拠点を出る際、親友のオレク・ティラフスキの姿を見かけた。彼は自分の小隊の先頭を歩いていた。言葉を交わす暇もなかったので、私たちは手を振り合って挨拶した。その数分後、午後三時ごろだったと思うが、オレクの小隊がミツケヴィチ通りを横切っている時にドイツ軍の戦車から砲撃があり、彼は額を撃たれて倒れた。即死だった。蜂起の最初の戦死者だったかも知れない……

我々ジョリボシュ派遣隊は「コロンブス」が運転する有蓋トラックで出撃拠点に到着した。旧市街地区のドイツ軍倉庫に隣接する学校の校庭である……三時三〇分に学校を確保した。私はコロンブスと二人でトラックを安全な場所に移した。一〇メートルほど移動した時、元いた場所に砲弾が落ちて爆発した……

我々は作戦どおりに攻撃を開始した。午後五時きっかりにドイツ軍倉庫の裏塀を乗り越え、数人の親衛隊兵士を射殺した……ドイツ兵二人が反対側のゲットーの瓦礫の中に逃げ込もうとしたが……これも射殺した。突然、倉庫の中から五〇人ほどの集団が走り出てきた。強制収容所の縞の囚人服を着ていた。彼らは私たちには理解できない言葉で叫んでいた。ギリシャのテッサロニキから連れて来られて、倉庫の労役に使われていたユダヤ人たちだった。我々は彼らを解放するために来たことをやっとのことで説明した。

最初の攻撃を生き延びた親衛隊の若い士官が二階に立て籠もり、梱包ケースでバリケードを築いて猛烈に撃って来た。弾薬を十分に抱えていることは明らかだった。コロンブスが撃たれて、手に負傷した。我々はその士官が立て籠っている部屋のドアを爆破することにした。アンテク伍長〔本名アントニ・ゴドレフスキ〕が大型の手榴弾を仕掛けたが、敵愾心に逸るあまり十分な防御姿勢を取る暇がなかった。手榴弾が爆破する際、破片がアンテクの両足に刺さった。彼はコロンブスに次いで負傷者となった。

戦後に知ったことだが、旧市街地区の住民たちの多くがこのドイツ軍倉庫から小麦粉、砂糖、穀物など、数トンの物資を運び出すことに成功した。人々は食料を袋や箱に入れて運び出し、その後三週間にわたって激戦が繰り広げられ、旧市街地区が外部と完全に遮断されていた間、それで食いつなぐことができた。

我々はその晩をドイツ軍倉庫で過ごした。ドイツ軍の空挺部隊が着用する迷彩服が大量に見つかったので、我々は当然それに着替えた。多くが平服で蜂起に参加していたが、これでようやく兵隊らしい姿になった。私は細身の長靴を履き、ポーランド軍士官の上着を着、さらに新たに手に入れた迷彩服をまとった。誇らしい気持ちだった。★1

スタニスワフ・リキェミク

蜂起軍の捕虜となったドイツ軍事務官が蜂起当日の事務所の混乱を証言する

「クラコフスキェ・プシェドミェシチェ通りの保安警察本部事務所には、予測されるポーランド人蜂起に関するファイルがあった。専門家による大規模な調査、勧告、予測に加えてスパイからの秘密報告などがすべて分類され、特別の金庫に保管されていた。文書係だった私の仕事は、毎月、そのファイルのすべてのページをチェックすることだった。死ぬほど退屈な仕事だった。時々、軍の大物がやって来て『反乱』に関する調査書類を今すぐ見せろと言った。我々は数百人の態勢で君らの秘密書類を解読していた。だが、それを全部つき合わせても、結局糞の役にも立たなかった。まったくもって、糞の役にも立たなかったのだ!」

「なぜ役に立たなかったのか?」

「どんなに警戒しても、結局、ワルシャワ蜂起は勃発し、我々は完全に不意打ちを食ったからだ。事務所は狂乱状態だった。電話、電報、テレックスがすべてパンクし、何十人もの『専門家』が私の書類を引っ掻き回していた。連中の結論では、我が軍の諜報活動は完全に遅れを取っていた。頻繁に耳にする蜂起の噂は国内軍が我々を混乱させるために故意に流したものだと思っていたのだ。我々は蜂起について何も知らなかったわけではない。その正反対だった。だが、情報分析はまったくの的外れだった……」★2

蜂起に対するドイツ軍の反応は傲慢で残忍だった。八月一日の午後、蜂起予定時刻の前に発生した数件の小競り合いの報告を聞いて、ワルシャワ地区行政長官ルードヴィッヒ・フィッシャーは午後四時三〇分に全守備隊に対して警戒命令を発し、事態を上部機関に報告した。街頭のラウドスピーカーは、匪賊の動きとそれに対する鎮圧作戦の開始を告げた。「街頭に出る市民は射殺されるだろう[6]」。その晩、ドイツ国防軍の幹部たちがニコラウス・フォン・フォアマン将軍の司令部に集合した。第九軍の戦闘日誌は「予測されていた反乱が発生した」と冷静に記述している。「ワルシャワの全域で戦闘が始まっている。第三九機甲軍団の直接の補給線は遮断されたが、電話線は運良く維持されている……第九軍司令部は警察部隊に蜂起の鎮圧を要請した[7]」。つまり、すでに窮地に追い込まれていた国防軍は自分の部隊を蜂起鎮圧に投入するつもりはなかった。ワルシャワの混乱は親衛隊が招いたものである以上、親衛隊が始末をつけるべきだった。

ナチス指導部は残忍な喜びをもって事態に対応していた。蜂起はワルシャワに最終的な刑罰を与えるための格好の口実だと思ったのである。ベルリンのハインリヒ・ヒムラーの許には五時三〇分に無線で報告が入った。一報を聞いたヒムラーは激昂し、ただちにザクセンハウゼン強制収容所の司令官に電報を打って、ステファン・ロヴェツキ（グロト）将軍の処刑を命じた〔ブル＝コモロフスキの前任の国内軍総司令官ロヴェツキは逮捕されて、ザクセンハウゼンに収容されていた〕。最初の報告は、ワルシャワで共産主義者の叛徒による「騒乱」が発生したという誤報だった。夜になって、ハーン将軍がベルリンに電報を打ち、「叛徒は『国民抵抗運動を自称する国内軍』

に属している。彼らは赤い腕章ではなく、赤白の腕章をつけている」と訂正した。ヒムラーは粛々とヒトラーに事態を報告した。後の回想によれば、ヒムラーは「総統閣下！」と呼びかけて切り出した。

確かに現在の状況は厄介なものであります。しかし、歴史的視点から見れば、今回のポーランド人の行動は僥倖と言うべきでしょう。連中を最終的に始末するための絶好の機会だからでありますす……ワルシャワは壊滅するでしょう。首都ワルシャワは、人口一六〇〇万ないし一七〇〇万の国家の頭脳の役割を果たす都市として、最初のタンネンベルク会戦以来、七〇〇年にわたって我々の東進を阻止してきましたが、今や地上から消滅しようとしています。今後、ポーランド人が我々の子供や孫にとっての障害となることは永久になくなるでしょう(8)……

これに対するヒトラーの応答は記録されていない。しかし、ヒムラーがその後に発した命令を見れば、おのずから明らかである。ヒムラーは「すべての住民を始末すべし。捕虜や囚人として生かしておくことは認めない。すべての家屋を爆破し、燃やし尽くせ」と命令した(9)。

八月三日、親衛隊全国指導者ヒムラーはポズナンで開催されたナチスの地方長官会議に出席して演説した。その席で質問者がワルシャワの最近の事態がナチスの戦略に及ぼす影響について尋ねた。ヒムラーは質問に答える形で、一歩も譲らない決意を語っている。ヒムラーによれば、ナチスの戦略の最大の柱は「人種主義に基づく世界の再構築」だった。「この計画は不可逆的である。我々は人種戦争の前線をはるか東方まで拡大した。これも、また、不可逆的である……この植民地域をドイツ人で満たすこと、東方にドイツ人の楽園を築くこと、この戦略は不可逆的である(10)」。ナチスの考え方によれば、人口構成の変化の不可逆性という勝利に比べれば、軍事的敗北などは問題にならなかった。八月五日、ハンス・フランク総督はヒムラー演説と同趣旨の報告をテレックスでベルリンの首相官邸に送っている。

ワルシャワでは市街地の大部分が炎上している。家屋を焼き払うことが叛徒の隠れ家を一掃する最も確実な方法だからだ……一〇〇万人の住民はすでに言いようのない困窮状態にある。蜂起を鎮圧し終わったら、あるいは、蜂起が崩壊したら、全面的な破壊によってワルシャワを罰しなければならない。残念ながら、我が方もかなりの損傷をこうむっている。しかし、対ソ戦線の状況が改善しつつあるので、もう二、三日包囲を続ければ、反乱を完全に制圧することが可能である。[11]

反乱を起こした都市とその住民を空爆によって叩き潰すこと、それはナチスが本能的に採用した独特の戦術だった。しかし、ドイツ第六空軍は他の作戦で手一杯だった。いずれにせよ、ワルシャワ市内で戦っているドイツ軍部隊を安全に撤退させることは不可能だった。

そこで、ヒムラーは特別鎮圧部隊を編成してワルシャワに送り込み、フォン・デム・バッハの指揮下に入れることを命令した。参謀総長のグデーリアンもこの作戦を全面的に支持した。蜂起開始から一週間以内に、様々なドイツ軍部隊が鉄道でワルシャワに送り込まれた。フォン・デム・バッハの作戦担当責任者であるハインツ・ラインファルト親衛隊集団指導者(中将)の管轄下に次のような部隊が集結し、やや雑多ながらも強力な混成部隊が形成された。

・親衛隊旅団指導者ブロスワフニ・カミンスキ（少将）指揮下の「ロシア解放国民軍（RONA）」旅団の先遣隊二〇〇〇名
・親衛隊連隊指導導者オスカル・ディレルヴァンガー（大佐）指揮下の親衛隊旅団（二大隊三三八一名）。第一一一アゼルバイジャン連隊を含む。
・第五七二および第五八〇コサック大隊
・ブレスラウから派遣されたヴィリー・シュミット大佐指揮下の第六〇八特別防衛大隊
・ポズナン軍事警察大隊
・ドイツ空軍近衛連隊
・ワルシャワ東方で作戦中だったヘルマン・ゲーリング機動空挺師団の予備大隊

鎮圧部隊はこれらの増強部隊を従来のワルシャワ守備隊に加える形で編成された。彼らは八月四日に配置につき、八月五日の夜明けとともに西の郊外から市内に向けて一斉攻撃を開始した。ヒムラーの命令が文字通りに実行された。つまり、作戦開始から二日間は、拠点を守る国内軍との戦闘はむしろ副次的で、ドイツ軍は目に入る男女子供の全員を虐殺することに集中したのである。誰一人見逃されなかった。尼僧、看護婦、入院患者、医師、障害者、嬰児などを含む全員が殺害された。この時、オホタ、ヴォラの両地区で犠牲となった非戦闘員の数は二万人から五万人の間と推定される。

八月六日になって、フォン・デム・バッハ将軍は射殺対象を男だけに絞るという方針に変更した。捕虜となった市民は市の郊外一六キロに新たに設立された臨時収容所に送られた。処刑は特別編成の「アインザッツコマンド」（タスクフォース）が担当することになった。その結果、鎮圧軍は反乱分子への攻撃に戦力を集中することになる。しかし、混乱は一向に収まらず、ドイツ軍の作戦は順調に進まない。市を東西に貫く道路を確保するという最初の戦略目標も達成できない。八月四日の夜、ワルシャワの南方にあるソ連軍の橋頭堡に向けて出動しようとしたドイツ軍第一九機甲師団が市内を走行中に多大の被害を受けた。ドイツ側はついに反乱軍が掌握する地区への空爆を開始した。ユンカースのＪｕ87急降下爆撃機シュトゥーカとメッサーシュミットのＭｅ109戦闘爆撃機の編隊が相次いで飛行場を離陸して市街地を爆撃した。

この巨大な戦争マシーンに対峙する国内軍には空軍もなく、重砲もなかった。武器が不足する部隊も少なくなかった。しかし、国内軍はすぐにその力量を発揮し、侮れない敵であることを証明する。国内軍はいくつかの軍団によって構成され、軍団は大隊、中隊、小隊に分かれていた。しかし、現実には、市街戦の要求に応えるために、比較的小規模で半ば独立した小規模集団、すなわち、五〇人から一〇〇人規模の中隊を基本単位として行動する必要があった。中隊は普通その指揮官の名前で呼ばれ、それぞれが担当する街路や建物の防衛に当たった。八月一日現在、市内には約六〇〇個の中隊が展開していた。分散して展開し、必要に応じて自立的に合流と分離を繰り返す中隊の所在場所をドイツ軍が探り当てて炙り出すことは非常に困難だった。早くもドイツ軍の弱点が明らかになりつつあった。

同じ頃、クラクフでは総督府当局の予防措置命令によって、青年男子の一斉逮捕が始まっていた。前の週にワルシャワで失敗に終わった総動員令に似た措置だったが、クラクフのゲシュタポのやり方は徹底していた。八月六日の日曜日の午後、ゲシュタポはすべての通りを封鎖して通行中の若者を逮捕し、さらに、疑わしい若者のいそうなすべての家屋を捜索した。彼らはティネツカ通り一〇番地の住宅にも踏み込んだが、容疑者を発見することができなかった。地下国家の俳優で、神父になることを夢見ていた二十四歳の青年は、地下の隠し部屋に潜んで跪き、「胸の動悸を抑えながら」祈っていた。つい最近、親しい仲間の一人が人質として射殺されたばかりだった。ゲシュタポが立ち去ると、青年は若い女性に案内されて大司教宮殿に移った。大司教は青年を受け入れ、法服を着せて、大司教「秘書」の身分を与えて匿った。(12)カロル・ヴォイティワ青年はこのようにして聖職者になるための大きな一歩を踏み出し、やがて教皇ヨハネ・パウロ二世になるのである。

貧弱な武器しか持たない非正規軍が都市部で蜂起した場合、長期的な勝利を得る可能性が少ないことは、ドイツ軍、ポーランド軍の別を問わず、職業軍人ならば誰でも予想できる成り行きだった。軍事的に言えば、蜂起は一時しのぎの短期的戦術に過ぎない。隠れる場所は少なく、脱出の道はなかった。ゲリラ戦に有利な環境を提供する森林地帯や農村地帯とは違って、市街戦では機甲部隊と砲兵隊に支援される正規軍の兵力と火力を打ち破ることは不可能に近い。だからこそ、国内軍は、当初、ワルシャワではなく農村部での蜂起を計画していたのであり、ワルシャワの親衛隊も蜂起は早々に鎮圧できるものと期待したのである。［392ページの囲み「罠にはまって」］

しかし、ドイツ軍は約五万人の兵力による集中攻撃にもかかわらず、市街戦の戦場となった二五〇平方キロの面積に十分な密度をもって展開することができなかった。蜂起側は、第一週目が終わるまでに、旧市街地区（スタレ・ミャストまたはスタルフカ）、中央地区（シルドミェシチェ）、南部郊外（モコトゥフ）の三地区を確保していた。戦線の長さは合計八〇キロに達したので、ドイツ軍も全戦線で一気に攻撃に出ることができず、一時に一ヵ所を襲撃するしかなかった。国内軍は激しい空爆にも耐える能力を実証し、拠点をいったん失っても巧妙な戦術を駆使して繰り返し奪還することに成功した。また、部隊間の連絡網を確立し、攻撃にさらされている場所への兵力の補充を迅速に行なうこ

罠にはまって

蜂起勃発によって数千人の市民が罠にはまる

　ワルシャワが壊滅する時が近づいている。蜂起は非難すべき軽率な行為である。タイガー（本名タデウシュ・クロンスキ教授）の状況分析の正しさが証明されようとしている。ただし、蜂起がどのような伝説として後世に伝わるのか、数十年後、数百年後の社会にどのような影響を及ぼすのかは誰にも分からない。すでにソ連軍の砲撃音が聞こえている。蜂起があるという噂を聞いて人々は歓喜した。自分たちを苦しめてきた抑圧者に襲いかかって復讐を遂げる機会が来るからだ……だが、まもなく、蜂起は起こらないという噂がもたらされる。友人の社会主義者によれば、ロンドンの亡命政府首相がモスクワを訪問している最中にワルシャワで行動を起こすことはナンセンスである。スターリンは蜂起をカードとして使う者を相手に交渉するほど愚かではないからだ……

　その日、八月一日、ヤンカと私は連れ立ってタイガーの家を訪ねる途中だった。午後の紅茶でも飲みながら話がしたかったからだ。私には重要な話題があった。翻訳中の英詩の件だ。いったん家を出れば、無事に戻れる保証はない時代だった。自分の身に何が起こるか分からないし、帰るべき家が無事に残っているかどうかも分からないからだ。その日の外出は長いものになった。

　雲ひとつなく晴れた空の下を一〇分ほど呑気に歩いた頃、突然、周囲のすべてが爆発した。私の視角が急に変わった。思わず四つん這いになっていたからだ。ワルシャワ郊外のこのあたりは、野原の縁に沿って野菜畑の間に数軒の家が点在する地域だが、気がつくと親衛隊の大群によって制圧されていた。

動くものすべてが機関銃の標的だった。近くに友人の家が何軒かあったが、走ることも歩くこともできず、一〇〇メートルほど移動するのがやっとだった……だが、私は抱えていた本を手放さなかった。何よりもその本は社会的財産だったからだ。本には大学図書館の蔵書番号がついていた。第二に、それは私にとって必要な本だった（必要とすることをやめることもできたが）。それはフェイバー・アンド・フェイバー社版の『T・S・エリオット詩撰集』だった。
翌日の夜明け頃、這いながら進んでようやく島にたどり着いた。島とはつまり小さな近代的なアパートで、その中庭にはきれいな花壇があった。島の周囲には無人の空間があった。外部世界から完全に切り離された気分だった。

チェスワフ・ミウォシュ★1

蜂起が始まった日、アパートの部屋には母と僕と女中の三人がいた。父は街に出かけて、留守だった。父にはその後何ヵ月間も会えないことになる。しかし、蜂起初日の記憶のうち一番強烈なのは父の姿である。電話はまだ通じていた。近所まで帰って来ていた父から電話があった。手近な建物の屋根の上に登るので、そちらも家の屋根に登れば互いに顔を見ることができると言うのだ。僕は敵に見つかって狙撃されないように煙突の陰に隠れながら用心深く屋根に登った。僕の記憶は混乱している。母が僕を無理やり屋根に登らせたのは僕に何か強烈な印象を残しておくためだったのか？　僕たちが二度と父に会えないと思っていたのだろうか？　冬になって僕たちはクラクフで父に再会した。死んだと思っていたので、奇跡としか言いようがなかった。その時まで、僕は父を失った孤児の気分だった。

クシシュトフ・ザヌッシ★2

クルィスティナと僕はオペラ・ハウスの向かいに部屋を借りて暮らしていた。八月一日、突然、街の至るところから銃声が聞こえ始めた。何が起こったかは分かっていた。ソ連軍はすでにヴィスワ川の対岸まで来ていた。建物の三階に上るとプラガ地区でソ連軍の戦車が動くのが見えた。

僕らは現在地を脱出して旧市街地区に逃げようとしたが、通りはすでに通行禁止になっていた。そこで建物の地下室に降りて、地下室から地下室へとたどって四軒先まで進んだ。そこでいったん地上に出て、通りを横切らねばならなくなった。僕はクルィスティナに言った。「僕が走れといったら走るんだ！通りを横切ったら腹ばいになって伏せろ！ここに残っていたら死んでしまう。建物が崩壊して下敷きになってしまう。向こうの建物の上階に上れば助かるチャンスがある」。僕は何とかクルィスティナを地下室から引きずり出した。その直後に今いた建物に爆弾が命中した。

ドイツ軍はすべての建物に火をつけた。僕らが潜む建物も燃え始めた。何とか火を消そうとしたが、長くは持たない……僕らは隣の建物に移ったが、そこも燃え始めた。ふと見ると、誰かが庭造りを始めたらしい跡があり、大きな穴が掘ってあった。ちょうど僕らふたりが入れるぐらいの穴だった。あたり一面に灰が降り注いでいた。太陽が灰の雲に隠れて、まるで巨大なオレンジのように見えた。ワルシャワ全市が燃えていた。僕はハンカチに小便をかけ、それをクルィスティナの頭に被せた。髪の毛が燃えるのを防ぐためだ。僕らはその穴の中に三日間隠れていた。

ヤン・ダムスキ★3

とができた。待ち伏せや奇襲作戦では蜂起側がはるかに優れており、ドイツ軍が入念に準備した攻撃作戦を無力化し、あるいは逆転した。蜂起側はドイツ軍の攻撃をあらかじめ予測していた。さらに、驚くべきことに、蜂起軍は武器弾薬にも不足しなかった。混乱した敵から必要な武器弾薬を奪うことにかけては、蜂起軍は名人と言ってもよかった。図体だけは大きいが動きの鈍い柔道選手のように、ドイツ軍は自分の体重と体格を支えるだけで苦労していた。

というわけで、蜂起開始から一週間を経ても、双方とも決定的な優位を獲得し得なかった。ワルシャワは長い残酷な消耗戦に入ろうとしていた。ドイツ軍は毎日夜明けとともに出動してそれぞれの戦場に出かけて行った。まるで建設現場へ出かける労働者のようだった。通常の歩兵戦術では敵を駆逐できないので、ドイツ軍は爆撃機と重砲を動員し、蜂起軍の拠点を瓦礫の山に変え、何重かのバリケードを破壊し、それによって数ヤード前進し、あるいは街路を二本確保するが、翌朝になると破壊したはずのバリケードのうち半数が夜の間に再建されており、しかも、偽装爆弾が仕掛けられていた。崩壊した建物の残骸は格好の遮蔽物となって、姿なき狙撃兵や擲弾兵に活躍の場を提供する。ドイツ軍がある街区を安定的に確保するためには、事実上すべての建物とその地下室を繰り返し奪い返さなければならない。少しでも対応が遅れれば、あっという間に蜂起軍の術中にはまることになる。そうこうするうちに、一日が一週間になり、一週間が一ヵ月へと延びていった。戦闘がこれほど長期的になったことに、双方が愕然としていた。

国内軍が長期戦に耐えた背景には、機知に富んだ戦術、優れた即応力、女性を中心とする補助部隊の活躍、そして何よりも不屈の精神力があった。平均して二人の兵士に小銃が一挺という貧弱な装備の小隊が少なくなかったが、彼らは夜の部隊と昼の部隊に分かれて、二人で一挺の銃を使った。戦死者や負傷兵の銃は可能な限り回収したので、しだいに武器の保有率は改善された。敵の武器庫から武器弾薬を補給することも稀ではなかった。部隊間の通信連絡は迷路のように張り巡らされた塹壕と下水道を通じて維持されていた。ワルシャワの地下深く、ドイツ軍の手の届かない地下室では、秘密の炊事場、病院、作業場、通信拠点などが機能していた。国内軍の男女兵士は、恐るべき損傷率にも怯まず、捕虜となって生き残るという希望にも惑わされずに、まるで追い詰められた虎のように勇猛果敢に戦った。彼ら全員を殺すよりも名誉ある降伏を受け入れるように説得する方が有利であることにドイツ軍の司令部が気づくまでには長い時間が必要だった。

蜂起軍の武器とドイツ軍の武器の格差はあまりにも一方的だった。蜂起軍の基本的な武器は旧式の小銃と手榴弾だった。手榴弾の大半は「フィリピンカ」と呼ばれる自家製の火炎瓶だった。国内軍はすぐに地下工場のネットワークを構築し、これらの基本的な武器の生産と修理を行なった。自動式の火器は決定的に不足していたが、わずかながら短機関銃、ステンガン、ロケット発射装置、対戦車砲なども確保していた。連合軍の輸送機から投下された武器、敵の武器庫から奪った武器、地下の武器工場で製造した武器、交戦中の敵から鹵獲した武器など、すべてが投入された。街頭に築いたバリケードは、押せば倒れるような柔らかな物から、重い舗石を積み上げた堅固な物まで多種多様だったが、その数が多かったので、敵はどこへ向かうにも自由に動くことができなかった。機甲部隊が出動した場合でも、戦車の進行速度を遅らせて、反撃する時間を稼ぐことができた。(下巻付録30参照)

一方、ドイツ軍はあらゆる種類の小火器、軽火器、中火器、重火器、超重火器を保有し、弾薬を無制限に補給されていた。歩兵は近代的なMP40(シュマイザー)短機関銃を携行し、装甲兵員輸送車(APC)で移動した。機甲部隊には、重量六八トンの巨大なティーガーⅡ戦車から小型の軽駆逐戦車ヘッツァーにいたるまで、あらゆる種類の戦車が装備されていた。砲兵部隊の豊富な装備には、ラインメタルLe-FH18軽榴弾砲、81ミリ迫撃砲、有名な88ミリ対空砲(AA砲)などが含まれていた。さらに、ドイツ軍は場違いなほど大袈裟な60センチ自走臼砲「カール」や38センチ砲弾を発射する長距離砲「ベルタ」まで配備していた。ワルシャワ郊外の鉄道線路上には機甲列車が配置され、高性能爆弾の一斉砲撃に最適の地点を探して移動していた。［398ページの囲み「虐殺」］

ドイツ軍が使用した兵器の中で特に悪名を轟かせた物が二つあった。そのうちのひとつ「ゴリアテ」は遠隔操作で動く無人の超小型戦車で、カメラとマイクロフォンを搭載していたが、その最大の機能は爆発物の運搬だった。唯一の弱点は長い電気コードを引きずっていることだった。大胆な兵士や少年たちがペンチを手に瓦礫の中から這い出して電線を切断すればゴリアテを止めることができた。もうひとつの「ネーベルヴェルファー」は移動式の連発ロケット発射装置で、焼夷弾と爆弾を同時に発射して一斉砲撃することができた。「シャファ〔戸棚〕」とか「クロヴァ〔雌牛〕」の仇名で呼ばれたのは、発射する際に出す物凄い騒音が石の床の上で重い家具を引きずる音、あるいは傷ついた雌牛の咆え声に似ていたからだった。

やがて、ドイツ軍の報告の中に、ワルシャワ蜂起鎮圧作戦はスターリングラード戦以来の激戦であるという記述が現れ始める。しかし、スターリングラードとワルシャワの間には基本的な違いがあった。スターリングラード戦は職業軍人によって構成される正規軍と正規軍の間で戦われた戦闘であり、両軍はそれぞれに空軍と重火器を動員して戦った。一方、ワルシャワ蜂起は正規軍を相手にして意気だけは盛んな非正規兵が立ち上がった戦いだった。

ロンドンの亡命政府は本国から蜂起のニュースが届くのを一週間以上も待ちわびていた。蜂起が起こることは分かっていたが、その時期は不明だった。しかし、八月二日に一日遅れでブル＝コモロフスキ将軍から正規の暗号メッセージが到着すると、亡命政府は直ちに行動に移った。最優先すべき事

囲み◆9

虐殺

ナチスが修道院を襲撃する

八月二日の夜明けだった。イエズス会修道院では神父たちが礼拝堂にこもってミサを続けていた……爆発で壁が震えた。漆喰と塵芥が雨のように降り注いだ。聖歌「神の子羊」を歌う段になっても、激しい銃声が響き続けた。しかし、ヘンルィク・ヴィルチンスキ神父は外の騒ぎにはお構いなく、静かにミサを締めくくった。

十時ごろ、修道院の正面扉を激しくノックする音がして、武装親衛隊の一団が押し入って来た。

「ここから銃を撃った者がいるが、撃ったのは誰だ？」

門衛の修道士が両手を振って否定した。

「忌々しいポーランド人どもめ！　悪党はどこにいるんだ？」

親衛隊は修道院内を捜索した。

「問題ないようだ」と彼らは修道院長に言った。「だが、お前は一緒に来い」

時計が十一時を打った。再び軍靴の音がして、親衛隊が戻って来た。サヴィツキ神父が質問した。「院長はどこです？」

「今度はお前が階下へ来い」

親衛隊はそう言って、コシボヴィチ神父を階下へ連行しようとした。

「いったい何がどうなっているのですか？」神父は完璧なドイツ語で質問した。

「この建物から射撃した者がいる」

「あり得ません。ここには武器はありません！」

「だが、誰かがここから撃ったのだ！」親衛隊員の一人が叫んだ。

「私たちはずっと礼拝堂にいたのです。命を賭けてもいいが、誰も撃っていない。礼拝堂には窓がないのだ」

「全員ボイラー室に入れ！」別の親衛隊員が金切り声で怒鳴った。

ボイラー室の出入口には短機関銃を構え、腰のベルトに手榴弾を吊った親衛隊員が立っていた。その隊員が一番近くにいたヴィルチンスキ神父を突然指さして廊下へ出るように命令した。次は椅子に座っていたルビンスキ神父に廊下に出るように合図した。ルビンスキ神父は老齢で立ち上がるのが困難だった。「リューマチを患っているんだ」と神父はドイツ語で言った。親衛隊員は頷いた。ルビンスキ神父が廊下に出ると、親衛隊員は時刻を尋ねた。神父は腕時計を外して泥棒に与え、廊下を進んで行った。別の親衛隊員がドアを指し示して入るように命じた。神父と修道僧が次々にその小さな部屋の中に消えて行った。

ヴィャツェク神父が言った。「これが私たちの最期かもしれない……まもなく主イエスの前に立つことになるだろう。その時に備えよう……懺悔をする者がいれば私が聞こう」。マダリンスキ神父が使徒の祈りの祈禱書から死者のための一節を読み上げた。ドアが開いて親衛隊の士官が現れた。全員が注目した。士官は隊員たちに命令した。「やれ！」親衛隊員たちは手榴弾のピンを抜いて集まった神父たちの中に投げ込んだ。物凄い爆発が続き、漆喰と木材とガラスが飛び交い、恐ろしい悲鳴が響いた。ドアに立ちはだかった親衛隊員たちは悲鳴に答えるかのように逃げ惑う人々の中に銃弾を打ち込んだ。あたりはしだいに静かになった。

キシェル神父は顔を床につけて横たわり、死体の重みから身を振りほどこうとしていた。サヴィツキ神父もまだ生きていた。隣ではヴィルチンスキ神父が呻いていた。ヴルブレフスキ神父は瀕死だった。ルビンスキ神父はあたかも死者への祈りを主導するかのように片手を上げた。呻き声を聞きつけて親衛隊が戻って来た。そしてまだ動いている者に銃弾を打ち込んだ。

その時、ドイツ人の少年が駆け込んできた。いつも親衛隊についてまわっている少年だった。少年の甲高い声が響いた。

「気をつけて！　こいつはまだ生きている！　これも、これも。こいつはまだ息をしている！」

親衛隊員たちはもう一度一斉射撃をやり直した。少年は笑い声を上げ、拍手をした。

「私は息を止めていた」とロシャク神父は回想している。「私は眼を閉じていたので、連中の顔は見えなかったが、撃たれることを覚悟して、死体のように頭を垂れていた」。サヴィツキ神父は親衛隊員の息が顔にかかるのを感じた。「心臓が早鐘のように打っていたので、死んだ振りをするのは難しかった」

親衛隊員たちの足音がしだいに遠のいていった。息のある神父たちが死体の山の中から這い出そうとしていた。「神父、お願いだから私の顔を踏むのをやめてください」と言ったのはキシェル神父だった。彼も生きていたのだ！　キシェル神父は顔から出血していた。

そのキシェル神父の目に二人の女性の姿が見えた。二人は懐中電灯で足元を照らしながら廊下を進んできた。「その懐中電灯を貸してください」

女性の一人が黙って懐中電灯を渡した。

「あなた方は誰ですか？」

「看護婦です。ロト教授〈エドヴァルト・ロト中佐〉の地下診療所から来ました」

「ここから出ても大丈夫だろうか？」

「大丈夫です。近くに案内の少年兵がいます。ドイツ軍はいません。負傷者は私たちが手当てします」★1

スタニスワフ・ポドレフスキ

項は二つあった。ひとつは西欧諸国から全面的な支持を取りつけること、もうひとつは今にも始まろうとしているミコワイチク首相とスターリンのモスクワ会談からできる限り有利な結論を引き出すことだった。［403ページの囲み「ゲンシュフカ強制収容所」］

八月二日の十五時三十分、亡命政府は首相抜きで閣議を開き、発表すべき声明文を了承した。また、ユゼフ・レティンゲル（サラマンダー）とともにポーランドからロンドンに到着したばかりのポーランド社会党の指導者トマシュ・アルチシェフスキから報告を聞いた。さらに、最高司令官〔ソスンコフスキ〕がイタリアから遅れて届いた電報の中で蜂起に反対している件についても話し合った。閣議は最高司令官の蜂起批判には根拠がないと判断し、七月二十五日の閣議決定に反すると宣言した。(13)

八月三日、ワルシャワ蜂起のニュースを知って英国の世論は沸き立った。その朝の『タイムズ』の記事は典型的である。

> ロンドンのポーランド亡命政府は昨日の午後次のような声明を発表した。「ポーランド国内のポーランド政府代表部と地下抵抗軍の総司令部からの連絡によれば、八月一日一七〇〇時、ポーランド地下抵抗軍の部隊は首都ワルシャワをドイツ軍の手から奪回するために公然たる戦いを開始した(14)」

蜂起に関する情報を西側同盟国に提供する主要なルートは亡命政府だった。ワルシャワのブル＝コモロフスキ将軍は毎日無線で亡命政府に状況を報告していた。しかし、メッセージを暗号化して送信し、受信して暗号を解読し、内容を検討し、宛て先に届けるまでにはかなりの時間が必要だった。たとえば、亡命政府のラチキェヴィチ大統領からチャーチル首相宛てに公式の通報が届いたのは事態発生の丸二日後だった。

ロンドン、一九四四年八月三日

首相閣下

ワルシャワでは過去二日間戦闘が行なわれております。ワルシャワを救うためには、今夜にでも大量の物資を空輸し、指定の場所に投下することが不可欠です……閣下が八月三日または四日の夜にこの作戦を優先実行する決定を下さなければ、容易ならぬ事態となり……そうなれば、ポーランド国民は危機的な瞬間に同盟国たる英国の支援が得られなかったことを忘れないでしょう。閣下の友情と……ともに戦う者の連帯への深い理解に訴えます。

敬具(15)

最高司令官〔ソスンコフスキ〕がイタリアに出かけていて不在だったことも事態を難しくした要素のひとつだった。ソスンコフスキの側近たちは彼に代わって必要な折衝を行なうために懸命に動いていた。参謀総長〔スタニスワフ・コパンスキ将軍〕と国防相〔マリアン・クキェル将軍〕も英国軍からの支援を引き出そうとして必死だった。情報部第VI局の責任者〔マリアン・ウトニク〕は地中海沿岸に駐留するポーランド空軍飛行中隊と常時連絡を取り、出

囲み◆10

ゲンシュフカ強制収容所

ラドスワフ軍団ゾシカ大隊突撃部隊の指揮官が旧ゲットー内の絶滅収容所を解放する

蜂起した時点では、ゲンシュフカ強制収容所についてほとんど何の知識もなかった。知っていたのは、ドイツ軍の絶滅収容所から囚人たちを救出しなければならないということだけだった。ゲンシュフカ収容所は二ヵ所の建物からなり、そのうちオコポヴァ通りに面した施設は蜂起の初日に我々が占領した。ドイツ軍はもうひとつの建物に退却した。その施設は防備が非常に堅固だった。高い煉瓦塀に囲まれているだけでなく、その塀の上の十ヵ所以上に見張塔が設置され、重機関銃が装備されていた。見張塔の「コウノトリ」（ドイツ軍の監視兵を我々はそう呼んでいた）は周囲のすべての動きを監視していた。

ゲンシュフカ強制収容所への最終攻撃は八月五日の午後二時に始まった。アレク〔エヴゲニウシュ・ケヘル〕少尉の小隊がオコポヴァ通りに進出して見張塔に攻撃を仕掛けてドイツ軍の注意を引きつけている間に、逆方向からフェレク〔コンラト・オコルスキ〕少尉の小隊がドイツ軍に気づかれずに接近した。私の戦車が発した二発の砲撃が最初の見張塔を破壊した。二発目の砲撃が突撃の合図だった。私が指揮する戦車はオコポヴァ通りからゲンシャ通りに曲がってゆっくりと前進した。急角度で左に曲がったところが収容所の正門だった。正門の前には巨大なバリケードが築かれていた……

近づいてみると、そのバリケードは、コンクリートのブロックと鉄道線路その他の金属性物体で組まれており、少なくとも建物の二階まで達する高さがあった。突破するのは相当に危険だった。しかし、幸運にも、我々が「ルィク〔唸り声〕」と呼んでいた操縦手の腕前は見事だった。彼はアクセルを床までいっぱいに踏み込んだ。エンジンが唸りをあげて回転数を上げ、戦車は少しずつバリケードの山を登り始め、頂上に到達すると、突然傾きを変え、前のめりに沈み込んだ。車体に損傷はなかったが、乗員は姿勢を保つことができず、全員が転倒した……ドイツ軍は一斉に手榴弾を投げつけてきた。一瞬、戦車が地面から浮き上がるような衝撃があったが、破壊は免れた。素早く右に曲がると、二番目のバリケードがあった。打ち合わせどおりに砲弾を二発発射した。角の見張塔が倒れて、襲撃の道筋がついた。歩兵が銃をかざしてなだれ込み、砲撃に合わせて次々に見張塔を襲った……

戦車はすべての見張塔を射程に入れた。動くものはすべて砲撃した……ある時、国内軍の若い兵士が自転車に乗り、全速力で収容所の中庭を突っ切るのが見えた。撃たれるに違いないと思ったが、彼は反対側まで行き着き、振り向きざまに見張塔のひとつにステンガンを撃ち込んだ。ドイツ軍兵士は逃げるか、降伏するか、それとも戦死するしかなかった。

我々国内軍の兵士はドイツ軍から奪った制服を着て、ドイツ軍のヘルメットを被っていた。その格好で、しかも、ドイツ語で囚人たちに呼びかけたのだ。収容所には様々な国籍の囚人が収容されていたが、彼らはついに最期の時が来たと思ったに違いない。私たちが来たのが殺すためではなく、解放のためであることを知った時の彼らの感激は想像を絶していた。その時、私は作戦前にラドスワフ中佐〔ヤン・マズルキエヴィチ〕から与えられた助言を思い出した。「収容所の施設を奪取した後も安心するな。潜んでいるドイツ軍が逃げる前に囚人を殺害する可能性がある」。私は戦車のハッチを開けて顔を出し、怒鳴った。「諸君、頼むから姿勢を低くして物陰に隠れてくれ！」だが、誰一人耳を貸さなかった……

強制収容所の占領が完了した。国内軍の看護婦たちがやって来た。私の戦車は換気装置の具合が悪く、乗員は全員が窒息寸前だった。我々は空気を吸うために戦車から這い出し、周囲を一回り歩いた。途中、収容所の中庭で驚くべき光景を目にした。一〇〇人以上の囚人たちが軍隊式に長い二列横隊を作って整列していたのだ。私が近づくと、号令がかかった。「気をつけ！　かしら左！」そして、中の一人が進み出ると、私に敬礼して言った。「ヘンルィク・レデルマン軍曹であります。ユダヤ人大隊は出撃態勢を完了しました」。私は驚いて口もきけなかった。ここに並んでいる人々は、ナチスの残忍な虐待に挫けなかったばかりか、強制収容所の過酷な条件の中で自分たちを組織し、反撃の機会に備えていたのだ。

ラドスワフ中佐がこれらのユダヤ人兵士の国内軍への参加を許可したので、一部はパラソル大隊に、また、一部は「フィラ（ルドヴィク・ミハルスキ）大隊」に編入された。彼らの多くが戦死した。蜂起軍の死傷者の数は実に膨大だった。しかし、国内軍に参加したユダヤ人兵士は、比類なく勇敢で、独創的で、誠実な人々という評判を残した。彼らの氏名または暗号名はワルシャワ軍人墓地のゾシカ大隊記念碑に刻まれている。★1

ヴァツワフ・ミツタ（ヴァツェク大尉）

動が可能かどうかを確認しようとしていた。

彼らにとって、同盟国たる英国側の反応は憂慮すべきものだった。英国側には危機感も当事者意識もないかのように感じられた。たとえば、チャーチルの首席補佐官ヘイスティングズ・イズメイ将軍は支援要請を受けてから五日後にようやく回答を寄せたが、その内容は、ポーランド国内への英国空軍爆撃機の出撃が可能なのはソ連軍の進撃と連動した場合に限られるという的外れなものだった。戦闘機の出撃についても、非現実的として退けられた。国内軍兵士の交戦権の問題も依然として「検討中」だった。八月二日、第Ⅵ局はワルシャワのブル＝コモロフスキ総司令官に無線で情報を送った。

「英国はモスクワ会談の結果に応じて必要なあらゆる支援を提供するだろう」。さらに、長らく懸案だった英国軍事使節団によるポーランド国内視察についても、ソ連の承認を待つ段階に入ったという情報がつけ加えられた(16)。

つまり、外交交渉が緊急の重要性を帯びる事態となった。英国外務省は英国の外交筋が最大限の協調を確保する目的でモスクワ会談に介入する意向であることをポーランドの駐英大使〔ラチンスキ〕に対してすでに一週間前に通告していた。駐英大使は英国が行う介入の内容とその成果を知らせるように英国外務省に要請した。

駐米大使〔ヤン・チハノフスキ〕もワシントンの国務省と接触していた。まず、八月六日日曜日の午前十一時三十分にエドワード・ステティニアス国務次官と会見し、好意的な反応を得た後、さらに国防省を訪ねてジョゼフ・T・マクナニー将軍と会見した。ステティニアス国務次官はモスクワのハリマン駐ソ大使に対してミコワイチク首相とスターリンとの会談を支援するよう指示し、「一時間以内に車輪を回す」ことを約束した。マクナニー将軍も事態の緊急性とソ連の協力の重要性を理解した。駐米大使はアイゼンハワー連合軍最高司令官の介入を要請した(17)。

時間が過ぎて行った。ブル＝コモロフスキ将軍は依然として必死で支援を要請しつつ、蜂起が「数日間」は持ちこたえられそうだという予測を伝えてきた。まだチャンスは残されていた。しかし、ソ連軍は「死んだように沈黙しており」、さらに悪いことにはワルシャワ近郊ではソ連軍による国内軍兵士の逮捕が続いていた。憂慮すべき事態だった。八月四日、ブル＝コモロフスキはBBC放送の誤りを指摘してきた。BBCはソ連軍が蜂起に全面的に協力していると報じていたのだ。ロンドンの亡命政府首脳にとっては、ワルシャワから直接に入ってくる情報と西側のジャーナリズムが報道する御都合主義的な物語の食い違いは目にするのも苦々しい事態だった。英国の新聞各紙はほぼ例外なしに楽観的な見通しを述べていた。八月一日の『ニューズ・クロニクル』は、ワルシャワは「もう一歩で完全に解放されるだろう」と報道した。八月四日には、『デイリー・メール』が「市街戦」に言及し、『デイリー・エクスプレス』は、ポーランド地下抵抗軍の兵士が「ソ連軍と肩を並べて」戦っていると報道した。(18)

ポーランドの蜂起がロンドンとワシントンにとって寝耳に水の出来事だったというようなことはあり得ない。英米両国の政府はすでにかなり以前から蜂起の計画があることを知っていた。ただ、正確な時期を把握していなかったというに過ぎない。しかし、西側連合諸国はノルマンディー上陸作戦で手一杯であり、東部戦線の出来事はソ連に任せるという姿勢だった。ただし、密接な同盟国であるポーランドからの支援要請を無視するわけにも行かなかった。その一方で、ソ連の機嫌を損じないことが最も重要だった。そこで、西側は両面作戦を採用した。一方では、蜂起に対する緊急支援を何とかして実現し、その一方でポーランドとソ連のモスクワ会談が友好的な雰囲気で行なわれるように取り計らうという作戦だった。

チャーチルは八月二日の夕方、蜂起のニュースがまだ一般に広く知られる前に、英国議会下院で慎重な演説を行なった。彼は「ソ連軍はワルシャワの城門に迫っている」と述べた上で、ポーランドの勇気を称え、その一方で、「友好的な隣国を必要としているソ連」への理解を示し、さらに、「ポーランド国内の様々な勢力の統合」を訴えた。

ソ連軍はソ連に友好的な隣国ポーランドに対して自由と主権と独立を保証するであろう。ソ連がこうむった被害を考えれば、もっともな話である……連合諸国はポーランド国内で西側諸国に協力しつつ活動する勢力とソ連に協力しつつ活動する勢力が統合または融合することを歓迎する……彼らの団結を促進しよう。ポーランドの首都ワルシャワが勇敢なソ連軍によって解放されるに際して、ポーランド国内の各種勢力が統合を宣言するか、あるいは少なくとも統合の基礎にこぎつければ、それに越したことはない[19]……

下院はチャーチルの演説を了承した。表面上は道理にかなった演説だった。しかし、現実には、チャーチルは根本的な疑問に答えていなかった。「友好的な隣国」とは正確には何を意味しているのか？　そもそも、チャーチルが言う「友好的な隣国」とは誰が定義した言葉なのか？　ポーランド人がその演説を聞けば、ポーランドもまた「友好的な隣国」を必要としていることにチャーチルはなぜ言及しなかったのかと不審に思っただろう。人口比から言えばソ連よりも甚大な損害をこうむったポーランドこそが、同盟国として良き隣国を必要としているとポーランドは主張したかも知れない。

［410ページの囲み「教授」］

ちなみに、政府内にはチャーチルがポーランドに肩入れし過ぎることに苛立ちを感ずる勢力もあった。たとえば、アレクサンダー・カドガン卿〔外務次官〕は八月二日の閣議に参加しようとしてダウニング街一〇番地の首相官邸で待機していたが、チャーチルは彼の話を聞かずに下院に出かけてしまった。カドガンはその日の日記に書き記している。「自分のなすべき仕事が何かをわきまえない首相を戴くのは恐るべき事態だ。チャーチルは口先だけだ[20]」

しかし、チャーチルの動きは精力的だった。政府内に足を引っ張る勢力があることを承知の上で、チャーチルはワルシャワ空輸作戦の準備に直ちに入ることを英国空軍に命じた。同じ頃、アウシュヴィッツに通じる鉄道線路を破壊するための空爆を要請する声も上がっていた。ワルシャワ空輸と同様に困難な作戦だった。英米政府の中にはアウシュヴィッツ関連の空爆に対しても抵抗する動きがあった。作戦に遅延が生ずることは避けられなかった。しかし、空輸作戦はチャーチルの肝煎りで始まることになる。

八月四日、チャーチル首相はスターリン宛てに電報を打った。

我々は、ポーランド地下抵抗軍の緊急の要請に応じ、天候を見はからって、約六〇トンの物資と弾薬を空輸し、ワルシャワの南西部地区に投下する計画である。ワルシャワではドイツ軍に対するポーランド人の反乱が起こり、激しい戦闘が行なわれているという情報がある。ポーランド人はすぐ近くに迫っているソ連軍にも支援を要請している模様である。ポーランド人はドイツ軍師団一個半を相手に戦っている。この動きはソ連軍の作戦にも役立つ可能性がある。(21)

翌日、スターリンからの返電があった。激励するような内容ではなかったが、あからさまな敵意も感じさせなかった。

ポーランド筋から貴殿にもたらされる情報は過度に誇張されており、信頼に値しない……国内軍なる勢力は軍隊を自称しているが、その実態は小規模な武装集団に過ぎない。彼らには火砲も、航空機も、戦車もない。この小集団がワルシャワを奪還するという説は信じ難い。(22)

西側諸国の見方では、スターリンがチャーチルの申し入れをにべもなく拒絶しなかったことが重要だった。モスクワ会談への期待が高まっていた。ただし、その結果がどうなるかは誰にも分からなか

囲み◆11

教授

国防軍に召集されたドイツの法学教授がナチスの戦争行為の実態に接する

私の所属部隊がワルシャワに派遣されることに決まった時、すぐにこれは何かあると思った。何が起こったのか正確には知らなかったが、推量することはできた。親衛隊の残忍なやり方は十分以上に分かっていた。朝の五時から真夜中まで親衛隊の残虐行為につき合わされるのは我慢ならなかった。

一九四四年八月五日または六日の早朝だったと思う。一九三九年に有名となったクトノとウォヴィチの町を経由してワルシャワ西駅に到着した。空には黒い煙が立ちこめ、砲撃音が聞こえた。駅には乗客の姿はほとんどなく、ポーランド人の鉄道員がドイツ兵の監視下で働いていた。到着したものの、私たちの扱いをどうするかを知る者は誰もいなかった。私たちが合流する予定の六〇八連隊のシュミット大佐は姿を見せなかった。その後、ソハチェフ＝ヴウォヒ行きの列車で郊外の駅へ運ばれた。市の中心部から遠く離れたこのあたりでは、普通の日常生活が続いている様子だった。ただし、大量のドイツ兵が集結していた。アゼルバイジャン人の警察部隊が何台ものトラックで移動していた……

ヴウォヒに近い場所で大きな農家を接収して砲兵部隊の拠点とし、小さな家を何軒か選んで司令部とした。少佐と私の寝場所にはドイツ系の女性が住んでいた住宅を選んだ。いよいよトラックに乗って呪われた首都に乗り込んだ。道路の各所で警察部隊が検問していた。ウッチ通りの共同墓地の中に入ると、真ん中に正教の教会が建っていた。しっかりした造りの近代的な教会で、内装も綺麗だった。教会の外には略奪されたスーツケースや衣服やベッドなどが散乱していた。だが、人間の姿はなかった。教会の裏手の地下納骨所を覗くと、そこに人々が倒れていた。男、女、子供、老人など、明らかに罪のない避難民と思われる人々が狩り集められ、ひとり残らず射殺されていた。死体には蝿が群がり、周囲は血の海だった。手押し車の上にも死体が積み重なっていた……蜂起開始から三日間ないし五日間は、ヒトラー直々の命令で、年齢性別にかかわらずすべてのポーランド人を射殺したのだ。今はその方針は変更されたが、変更の理由は人道主義ではない。男は今も射殺されている。捕虜を木の柵に沿って一列に並ばせ、柵の手摺を引き剝がすように命令し、それから全員を射殺し、死体にガソリンをかけて火をつける。火がよくまわるように手摺と一緒に燃やすのだ。初めて目にする光景だった。

　市の中心部に向かったが、銃撃戦が激しさを増したためにわずか数メートルしか前に進めない……その時、打ちひしがれた人々の長い列とすれ違った。衝撃的な光景だった。女性、子供、老人の列だった。疲れ果てた表情には希望の陰もなく、顔は煤で汚れ、眼は煙と涙で腫れ上がっていた。絶望と疑念を絵に描いたような姿だった。マシンガンを構えた監視兵が列の横を歩いていた。強烈な印象だったのは、ロシアと違って、それが貧窮に喘ぐ人々でも浮浪者風の人々でもないという事実だった。彼らは私たちと同じ階層の市民だった。女性たちは毛皮のコートを身にまとい、子供たちもこざっぱりしていた。ほんの二日前まで普通の暮らしをしていた人々だった。

　アゼルバイジャン大隊とカミンスキの悪名高い強盗旅団〔RONA旅団〕が肩を並べて戦闘に参加していた。カミンスキ旅団は乱暴者の集団で、非戦闘員に対して悪逆の限りをつくしていた。ヴウォヒ地区の閑静な住宅街で、一軒の家から走り出た女性が私たちに救いを求めて来た。その後から二人の悪党が下着姿で拳銃を振りかざしながら追いかけて来た。私と数人の兵士が二人を取り押さえ、まず親衛隊の士官のところに連行した。この補助部隊の連中がポーランド人の目の前でやっている乱行は恥ずべきことだと私が言うと、親衛隊士官は、我々が救わなければアジア人からどんな仕打ちを受けるかをポーランド人に思い知らせるためのいい機会だと答えた。次に、カミンスキ「大佐」のところへ連行した。「大佐」は連中の顔を平手で殴り、それからどこかへ連れ去った。カミンスキ「大佐」は実に風変わりな非アジア人だった。

ヒトラーはワルシャワを地上から抹消する命令を下した。動くものはすべて排除の対象だった。私たちは袋に入る限りの大量の卵と砂糖を手に入れた。ヴァイス少佐は無人の空き家から新品のタイプライターを持ち出して私たちの事務所に運び込んだ。ヨハン中尉は最新のテレフンケン社製六球大型ラジオを「調達」し、さらに印鑑つきの金の指輪を指にはめていた。盗んだものに違いなかった。そのヨハン中尉と部下のミューレ特務曹長は何人かのポーランド人売春婦と酒を飲んで一夜を明かした……ヒトラーはワルシャワで戦うすべての部隊に対して略奪行為を許可したが、それが士気の低下を招いている。[★1]

ハンス・ティーメ

った。

西側の指導者たちがポーランド問題でスターリンに「妥協」する姿勢だったことは、ここで繰り返し指摘しておかねばならない。チャーチル首相も、スターリンへの「妥協」が絶対に必要であると信じていた。さらに言えば、西側諸国はその「妥協」が一方的な譲歩になってもやむを得ないと考えていた。スターリンの要求を拒むことは不可能であり、大規模な譲歩が不可避であるという空気だった。ソ連はすでに強大な発言権を得ていた。ポーランド亡命政府にとって、戦前の国境線を維持することは絶望的であり、遅かれ早かれ、共産主義勢力を政権内に迎えなければならないという事態が予測された。しかし、理性的な手続きを踏めば、スターリンも理性的に反応するだろうとの想定もあった。結局のところ、西側の政治的取引とはそのような前提に基づいていたのである。

蜂起のニュースを知ってワシントンでは米国政府だけでなくポーランド軍事使節団までが不意を突かれていた。ヨーロッパとの時差の関係で、米国では八月二日の朝刊が蜂起の勃発を報じた。ポーランド軍事使節団の代表者〔ミトキェヴィチ〕によれば、誰もが「雷に撃たれてように驚愕し、当惑し、失望していた」。使節団の一人は「これは愚行中の愚行だ」と叫んだ。タタル将軍が六月に使節団に明かした情報から判断すれば、ワルシャワが蜂起の戦場になる事態は誰にとっても予想外だった。ミトキェヴィチによれば、「米軍参謀本部も連合軍統合参謀本部も、我々と同じように驚いていた[23]」。

ワルシャワ蜂起に対するソ連の反応は慎重の一語に尽きた。それにはいくつかの理由が考えられる。まず、現在では広く知られていることだが、当時ソ連軍はヴィスワ川東岸でドイツ軍の強力な反撃に遭遇していた。ソ連軍最高司令部は戦線が安定する時期を予測することができず、ロコソフスキーの第一ベラルーシ方面軍が八月の第一週にヴィスワ川を強行渡河できる見通しは立っていなかった。政治面で言えば、問題の鍵となるはずのポーランド首相とスターリンとの会談がまだ始まっていなかった。ミコワイチク首相が用意している提案の内容も、また、首相がチャーチルとルーズヴェルトからどの程度確実な支持を得ているかも不明だった。そして、何よりも、モスクワは現地からの正確な情報を得ていなかった。スターリンはワルシャワ蜂起の首謀者が誰なのか、ワルシャワ蜂起がソ連の息のかかったポーランド人指導者にどのような影響を与えるのか、蜂起がいつまで持ちこたえるのか、などの情報を必要としていた。ロコソフスキー軍が介入の方法を決定する以前に蜂起が失敗し、叛徒たちが降伏してしまえば、すべての問題は解決する。そこで、八月二日、スターリンはロコソフスキーの第一ベラルーシ方面軍に進撃停止を命令した。この命令は後に秘密扱いとなる。スターリンはしばらく様子を見ることに決めたのである。八月二日、三日、四日の三日間、ブル＝コモロフスキ将軍が繰り返しロンドンに報告しているように、ソ連軍には何の動きも見られなかった。［415ページの囲み「下水道Ⅰ」］

英国軍もソ連軍も情報将校をワルシャワに派遣していなかった。しかし、後に判明することだが、英国空軍の軍曹でドイツ軍の捕虜となっていたジョン・ウォードが捕虜収容所を脱走して国内軍に参加していた。同じように、ドイツ軍に捕らえられていたソ連軍のコンスタンチン・カルーギン大尉も脱走してワルシャワに逃げ込み、国内軍の保護を受けていた。彼はソ連軍と連絡を取ろうとして必死に努力していた。ロコソフスキー軍はほんの数マイル先まで来ていたが、皮肉なことに、カルーギンには、ロンドンとモスクワを経由する無線通信以外にロコソフスキー軍に連絡する方法がなかった。八月五日、カルーギンがスターリン宛てに書いた手紙が暗号無線でバーンズ・ロッジに送信された。

現在、英雄的なポーランド国民はヒトラーの強盗部隊に対して蜂起しています。その先頭に立って戦っているワルシャワ守備隊の司令官「モンテル」と直接に接触した結果、今後数時間以内に支援物資の投下が必要であるとの結論に達しました。ロコソフスキー元帥と連絡できるように取り計らっていただきたい。

黒軍団所属、ワルシャワ66804、コンスタンチン・カルーギン大尉(24)

ソ連軍最高司令部の慎重な態度とは対照的に、共産党のプロパガンダは熱狂的な反応を示していた。八月三日、ポーランド向けのモスクワ放送は次のように発表した。「赤軍はワルシャワに迫りつつある。ポーランド軍部隊はすでにワルシャワの近郊に展開している」(25)。ポーランドの共産党系放送

囲み◆12

下水道Ⅰ

工兵隊の「クナ〔貂〕中尉」が下水道による連絡網を組織する

下水道を利用する作戦が八月六日に始まった。ゲンシュフカ強制収容所から解放されたユダヤ人の中に、ゲットー蜂起に参加した経験からワルシャワの下水道網をよく知る人物がいた。彼の情報は最初の本格的な助言となった。八月六日、二人の伝令兵がモコトゥフ地区から下水道を経由して市の中央地区(シルドミェシチェ)に到達した。十五日までには、市の中央地区から旧市街地区まで、下水道を経由して電話線を敷設することができた……

ワルシャワの下水道網は三本の幹線排水路から成り立っている。A排水路はトヴァロヴァ通りからオコポヴァ通りまで、B排水路はマルシャウコフスカ通りに沿って、C排水路はノヴィ・シフィャト通りとクラコフスキェ・プシェドミャシチェ通りの下を走っている。そして、三本の排水路がグダンスク駅付近で合流し、北へ向かってジョリボシュ地区に流れる。幹線排水路には多数の支線が流れ込むが、これとは別に雨水を集めてヴィスワ川に排水する水路があった。

八月の末に対戦車砲の弾薬を補給する命令を受けて旧市街地区からジョリボシュ地区まで行った時、私は下水道内での戦闘を初めて経験した。運命の悪戯からか、その後はしばしば下水道を使っての連絡業務に就くことになる。ジョリボシュで、私はワルシャワ市衛生局の職員を探し出した。彼らは狭い排水溝を四つん這いになって通り抜ける方法を教えてくれた。木の棒を排水溝の側面にあてがって身体を支えるやり方も教わった。下水道を使ってジョリボシュ地区からオホタ地区まで行くには五キロないし

六キロの距離を進む必要があった。[★1]

ヤン・ロスマン

「エラ」の指揮する小隊が中央地区からモコトゥフまでの下水道ルートをたどる

硫化水素の刺激臭、そしてヘドロと腐った植物の饐えた臭いが混ざりあって鼻腔を襲う。ランタンの黄色い小さな光が行く手を照らし、苔に覆われた楕円形のアーチ天井が浮かび上がる。照明に照らされた汚泥が金属のように黒光りする。下水道の天井までの高さは一メートル五〇センチほどしかない。膝を縮め、身を屈めなければ前に進めない……滑りやすい壁に手をついてバランスを取る。

ナロズドロジュ広場の直下と思われる地点まで来た。ここから左の水路を行けばイェロゾリムスキェ通り、右へ曲がれば親衛隊の施設が集中するアレヤ・シュハ通りの下に出る……下水道の幅はますます狭くなる……

ザクザク！　バシ！　頭上から鉄の軋む音と石の砕ける音が聞こえる。戦車が通る音だ……だが、もう通り過ぎた！……「プワフスカ通りの下は試してみるまでもないだろう」と一人が言う……その地区はまだ敵の占領下にあるからだ……

泥に足を取られて、思うように進めない。蒸し暑い上に、コツがつかめず、無駄に体力を消耗したせいで疲労困憊する……今度は這って進まなければならない。恐怖心のせいで唸り声が出る……これで夕立でも降れば、水嵩が増えて、出口に行き着く前に溺れ死ぬことになる……息を止めて、両肘と両膝で滑るように這う。

貯水槽に出る。水の底に座りこんで背中を伸ばし、少し休憩する。しかし、頭上のマンホールは閉まっている……ここはどのあたりだろう？　次の貯水槽まで行っても同じことだった。下水道はどこまでも続いている。体力が限界に近づく。地表に出ることもできず、かといって引き返すこともできない！　どこをどう進んだのかも分からなかった。涼しい空気がかすかに流れてくるのを感じて我に返った。空に浮かぶ半月のような淡い光が頭上に見えた。私たちは鉄の梯子に殺到し、上へ上へとよじ登った。私は慎重に地表に顔を出した……明かりも人影も見えなかった。

「止まれ！　手を上げろ！」

私の緊張が解けた。国内軍だった！

「中央地区から来た」と私は叫んだ。「モンテル司令官の使いよ」★2

エルジビェタ・オストロフスカ

後に文芸批評家となる十八歳の「グラビェ〔手熊〕」が下水道で迷う

私は重傷を負い、高熱を発した状態で下水道に逃げ込んだ……小隊が全滅した後のことだった……そして、人生の最も恐るべき一日を下水道で過ごすことになった……ドイツ軍はすべてのマンホールにカーバイド・ガスを投げ込み、手榴弾を手にして待ち構えていた……下水道に逃げ込んだ者は肉体的にというよりもむしろ心理的に持ちこたえられなかった。一歩踏み出すたびに死体を踏みつける状態だった……

毒ガスを吸って何度か幻覚に襲われたが、そのうち驚くべきことが起こった。私は無事だったほうの腕一本をたよりに梯子を登ってマンホールに到達したが、その途端に二人の親衛隊員に襟首をつかまれて引きずり出された。その場で射殺されても当然の場面だった。私はほとんど意識を失いかけていた。

どうなってもかまわなかった。しかし、親衛隊員たちは私が負傷しているのに気づくと、私のつぶれた腕を添え木から外してフラスコの水で洗い、救護所に連れて行った。例外的な出来事だった。[★3]

ヤン・ユゼフ・リプスキ

はさらに具体的だった。

ワルシャワで人民軍が武装蜂起した。街頭にはドイツ人の血が流れている……ドイツ軍守備隊は前後から脅かされている。現在、人民軍はアニンでドイツ軍と戦っている。

ビェラヌィ地区とヴィスワ川右岸地区でも、大規模な戦闘が始まっている。ポーランド人部隊が赤軍のためにワルシャワ攻撃の道を開きつつある。クラコフスキェ・プシェドミェシチェでも激しい戦闘が行なわれている。首都の市民は人民軍を支援している。

ポーランド国内軍の兵士たちは人民軍の作戦に加わっている。(26)

この放送の内容の大部分は過剰に熱心な活動家が創作したフィクションだった。彼らはスターリンが態度を変えたことをまだ知らなかった。ソ連の新聞はこれよりもさらに乱暴な創作を行なっていた。赤軍の機関誌『赤い星』はモスクワ放送からの引用記事を掲載したが、その見出しは「黒百人組の頭目ソスンコフスキの妄動」だった（黒百人組は帝政ロシア時代の有名な抑圧機関）。(27)

スターリンは戦略上の重大な選択に直面していた。ソ連の領土であると自分が主張するすべての土地を赤軍が占領し終わった今、そのまま西進してベルリンを攻略すべきか、それとも南下してバルカン半島に進出すべきかの決断を迫られていたのである。第三帝国の首都について言えば、ドイツ国防軍が防衛態勢を立て直さないうちに、そして、西側連合軍が到達する前にソ連軍がベルリンに入城する見込みは十分にあった。一方、南進すれば三つか四つの国を続けざまに席巻して西側諸国の手出しを封じ、ヨーロッパの半分以上をソ連の支配下に組み込むことが可能だった。もし、状況が許せば、この両方の作戦を同時に進めるだけの兵力を動員することも不可能ではなかった。しかし、この八月の第一週、モスクワはワルシャワ付近のドイツ軍の防衛態勢についても、ロコソフスキー軍が置かれている状況の実態についても、正確な情報を入手することができなかった。いったん停止して、すべての問題点が明らかになるのを待つのは賢明な戦術だった。

モスクワは自国の公安機関からの情報に期待していた。たとえば、八月三日、ベリヤはリトアニアで最近実施した「いわゆるポーランド国内軍部隊」の武装解除作戦についてスターリンに報告している。(28) ベリヤが特に強調しているのは、「ポーランド民族主義勢力は反ソ的活動を組織しており」、逮捕した国内軍兵士のうちソ連軍に協力する姿勢を示す者はほとんどいないという事実だった。この作戦では、七九二四人の国内軍兵士が逮捕されたが、ベルリンク軍への参加に同意した兵士は四四〇人に過ぎず、士官は誰一人としてソ連軍への協力に合意しなかった。ソ連軍最高司令部がワルシャワ蜂起への介入をためらった理由も分かる気がする。ワルシャワで活動する国内軍の規模はリトアニアにおけるよりもはるかに大きいと推測されたからだ。

ベリヤの報告からも明らかなように、ソ連の政策は非情で、非人間的で、冷静に計算されていた。ただし、ここに来てもうひとつの要素が加わった。ソ連の計算に混乱が生じていたのである。ソ連軍は、ポーランドに進出したことによって、彼らが厳重に維持してきたイデオロギー世界の枠からはみ出すことになった。ソ連式の分析が現実に合致しないことが明らかになり始めていた。ソ連軍の一時停止は意図的な政治方針というだけではなく、方向を見失った混乱の結果でもあった。

ミコワイチク首相は七月三十日にモスクワに到着した。彼はスターリンとの会談が早々に実現するものと期待していた。ミコワイチクは、中庸を重んじ、決断力に富む人物だったが、今回、ソ連とソ連の庇護下にあるポーランド人共産主義者たちを相手に取引をすることに自分の政治生命を賭けていた。亡命政府の他の政治家とは違って、彼は筋金入りの反共主義者だった。戦前のサナツィア体制とも関わりがなかった。農民党の党首として中道民主主義を貫いてきたミコワイチクは、戦後に自由選挙による議会が成立すれば最大多数の票を集める自信があった。頭が禿げ上がり、ばら色の頬をした、感情を表に出さないミコワイチクは、いかにも農民の指導者にふさわしく、頑固なことで有名だった。彼は西側連合諸国の指導者たちがモスクワ会談での取引の成立を待ち望んでいることについても何の幻想も抱いていなかった。

しかし、ミコワイチクのモスクワ訪問について何らかの評価を下すためには、彼が事前に何を知っていたのか、ロンドンを発ってモスクワに着くまでの間に何を知ったか、そして何を知り得なかったかを考慮に入れる必要がある。たとえば、彼はスターリンが一九三九〜四一年の「平和境界線」の復活を画策して何ヵ月も前から圧力をかけていること、事実上の政府としてルブリン委員会（PKWN）が設立されたこと、「三巨頭」がすでにテヘラン会談でポーランド問題を検討したことを知っていた。しかし、スターリンが国境問題についてどこまで譲歩する準備があるのか、モスクワが本気でPKWNをポーランドの将来の政府と見なしているのかどうか、テヘラン会談で何らかの具体的な合意が成立したのかどうかは知らなかった。ワルシャワ蜂起が起ころうとしていること、国内軍がポーランドの地下抵抗運動の中で唯一の本格的な戦力であること、ワルシャワを解放してソ連軍のワルシャワ入城を歓迎することが国内軍の目標であることは、ロンドンを発つ前に分かっていた。しかし、蜂起についてのその後の経過は知らなかった。地下運動の中での共産党系組織の動きも、ロコソフスキーの意図も分からなかった。政府指導者たちの多くと同じように、ミコワイチクはソ連と個人的に関わったことがなく、ソ連の手法を直接に経験したこともなかった。しかし、スターリンとスターリンの国家については、当時の西側指導者の誰よりも多くの事実を聞き知っていた。彼が何よりもよく知っていたのは、自分の内閣の雰囲気だった。閣僚たちの多くはミコワイチクほど楽観的ではなかった。

スターリンがミコワイチクをどう思っていたかについての記録は残っていない。しかし、推察することは難しくない。多分、スターリンはミコワイチクが「農民政治家」であることを知っていただろう。スターリンにとって、農民政治家とは「クラーク」に他ならなかった。つまり、農村ブルジョアジーの一員として、撲滅の対象とすべき存在だった。現に、ソ連では過去十年間に、スターリンの命令によって一〇〇〇万人ないし二〇〇〇万人の「クラーク」が非業の死を遂げていた。スターリンは、また、ポーランド政府がロンドンに亡命していることも知っていた。スターリンにとって、それはポーランド亡命政府が最終的には英国の支配下にあることを意味していた。だとすれば、ミコワイチク首相の提案は何であれチャーチルの意図に基づいているが、チャーチル自身の発言ほどの重みは持たないはずだ。スターリンの性格からすれば、ここで挑発的な態度に出て問題点を暴き出すのは当然の戦術だった。

したがって、ミコワイチク首相の一行はモスクワ訪問の最初から困難に遭遇することになった。

ミコワイチク一行はモスクワに到着した瞬間からあからさまに冷遇された。空港には誰一人として重要人物が出迎えに出なかった。新聞にはポーランド代表団の訪問の件は一切報道されなかった。その一方で、『プラウダ』には、ルブリン委員会代表団とソ連政府関係者との公式会談に関する長文の記事が掲載された。ミコワイチク首相はモスクワに到着するとすぐに最新情報を得る目的で英国大使クラーク＝カーを訪ねたが、大して役に立たなかった。英国大使は、情報を提供する代わりに、いくつかの重要な助言を行なった。すなわち、ポーランドがスターリンに対する立場を強化するためには、亡命政府の中から「反動的」または「反ソ的」分子を排除すること、カーゾン線を交渉の基礎として認めること、カティンの森の虐殺事件についてのソ連側の説明を受け入れること、そして、ルブリン委員会との「実務的協力関係」に合意することだった。それはスターリンの要求をすべて受諾せよという助言に他ならなかった。(29)

七月三十一日、ミコワイチクはようやくモロトフと会見することができた。モロトフは空とぼけて「首相のモスクワ訪問の目的は何ですか?」と尋ねた上で、スターリンは多忙を極めているので、たまたまモスクワに来ているルブリン委員会の代表団と会ってはどうかと助言した。ミコワイチクは拒絶した。

ミコワイチク首相がワルシャワ蜂起のニュースをラジオで聞いたのは、モスクワに到着してから三日目の夜だった。スターリンとの会談はまだ実現していなかった。蜂起開始によって、スターリンの善意への期待はさらに高まった。蜂起が困難な段階に入る前にスターリンとの交渉にこぎつける必要があった。

八月三日、スターリンはようやく訪問団との会見に応じた。ミコワイチク首相は国境問題を含めて会談の議題を提案した。スターリンの方は、二つのポーランド政府の相反する要求に接して困惑しているという態度を示し、二つのポーランド政府がその違いを解消するまではソ連政府として交渉に応じることはできないと述べた。国境問題については、ミコワイチク首相と英国外務省が協議して作成した提案に耳を貸そうとしなかったが、ポーランド側が平和境界線を国境として受け入れるなら、その代償としてオーデル・ナイセ川までの西部地域を与えるとほのめかした。ワルシャワ蜂起については、スターリンは初めのうちは同情的な態度だったが、しだいに辛らつになった。

ミコワイチク　スターリン元帥、ひとつお願いがあります。ワルシャワで戦っている我が国の部隊を支援する命令を出していただきたい。

スターリン　命令することにしよう……

ミコワイチク　できれば私がワルシャワに入れるように便宜をはかっていただきたい。

スターリン　だが、ワルシャワにはドイツ軍がいるだろう。

ミコワイチク　ワルシャワは明日にでも解放されます。

スターリン　そうなればいいのだが……あなたの部隊がどうやってドイツ軍を追い出せるのか理解できない。結局のところ、あなたの部隊はドイツ軍と戦うのではなく、森の中に潜んでいるだけではないのか？

ミコワイチク　そういう部隊にはソ連から武器を供給していただけないだろうか？

スターリン　私は我が軍の前線の外側での作戦は許可しない。ルブリン委員会と話し合ってみてはどうか[30]。

二人の会談は蜂起軍に対するソ連の実質的な支援について何の結論を出さないままに終わった。しかし、ミコワイチク首相はいつものように楽観的だった。彼は英国大使館で行なった報告の中でスターリンがワルシャワ蜂起への支援を約束したと述べている。

困難な状況に直面して、ミコワイチク首相はルブリン委員会の代表者との会談に渋々合意した。ルブリン委員会の代表者はボレスワフ・ビェルトとヴァンダ・ヴァシレフスカである。会談は二度にわたって行なわれた。八月六日、ルブリン委員会側はワルシャワでは何らの戦闘も発生していないと真面目な顔で宣言した。彼ら自身が先に出した声明と矛盾する主張だった。ヴァンダ・ヴァシレフスカは二日前までワルシャワにいた人物の証言を引き合いに出して、市内では何の騒ぎも起こっていないと言ってのけた。八月七日、ポーランド人民軍の司令官から、ソ連との事前協議なしに蜂起を開始した国内軍を非難する声明が出された。少なくとも、蜂起の現実を否定しない動きだった。すると、ビェルトはミコワイチク首相に辞任を要求した。ミコワイチクが辞任すればルブリン委員会が公式のポーランド政府となり、ビェルトが大統領に就任するという筋書きだった。ミコワイチクが一市民としてポーランドに帰国してもよいとほのめかすと、ビェルトは、そんなことをすれば逮捕されるだろうと素っ気なく言い放った。共産主義者の猫が孤立無援の哀れな鼠を弄ぶという図だった。英米両国の外交筋からは何の支援もないまま、ミコワイチクの訪ソは終わろうとしていた。首相は荷物をまとめ始めた。何の成果も得られなかった。

ただひとつの成果といえば、スターリンから支援に関する曖昧な約束を引き出したことだった。これは重要な成果であり、その具体的内容が明らかになるまでは、モスクワを発つわけにはいかなかった。ミコワイチクは二度目の会談を要請した。

事態は舞台裏で動きつつあった。八月五日、英国軍事使節団のターナー大佐の書簡がソ連軍参謀本部に届けられた。書簡はワルシャワに武器弾薬を空輸する英国の「決定」を伝え、それについての情報提供を要請する内容だった。ターナー大佐はロンドンからの、つまりミコワイチク首相からの要請をソ連側に伝達したのである。翌日、その書簡はソ連邦国防委員会委員長の許に届けられた。ただし、英国とソ連のこのやり取りには奇妙な点が二つある。ひとつは、ソ連側の記録によれば、英ソの双方が「ワルシャワ市内の非合法なポーランド軍を支援する件」という表現を使っていることであり、もうひとつはソ連邦国防委員会委員長とは誰あろうスターリンその人だったという点である。[31]すべての道がスターリンに戻って行った。［426ページの囲み「バリケード」］

蜂起開始直後の数日間、蜂起軍は手ひどい目にあったが、その経験を通じて効果的な攻撃と防御の方法を学びつつあった。ドイツ軍の拠点に対する鬱憤晴らしのような正面攻撃は破局的な結果を招く場合が多かった。たとえば、八月一日午後五時きっかりに、イェレィン〔鹿〕大隊の九八人がバガテラ通りの角のアパートから出撃して、近くのアレヤ・シュハに集中する親衛隊とゲシュタポのビルに突撃した。ビルの前には大規模な掩蔽壕が築かれていた。戦前の騎兵部隊の兵士と入隊したばかりの新兵で構成された突入部隊の武器は拳銃だった。生き残ったのは指揮官と六人の兵士だけだった。彼らは退却したが、その途中で、付近で家宅捜索を行なっていたドイツ軍のパトロール部隊を待ち伏せして、数人のドイツ兵を射殺した。ドイツ側は夜になって報復に出た。付近一帯の住民を全員殺害したのである。蜂起軍が失った人命はドイツ軍の損失の二〇倍だった。

慎重な戦術が効果をあげた例もあった。たとえば、八月一日、ケディフ（撹乱工作部隊）の地下活動で鍛えられていたパラソル大隊の精鋭五中隊は、ユダヤ人墓地、ルーテル派墓地、カルヴィン派墓地が境を接する地区の西側に集結していた。大隊司令部と監視所は近くの老人ホームに置かれた。八

バリケード

バリケード作りに参加した女性詩人が自分の非力を詫びる

聞いておくれ、娘よ。
私はヒロインなんかじゃなかった。
飛び交う銃弾の下、みんなでバリケードを作った。
そこで見た本物のヒーローのことを
お前に話しておかねばならない。

居酒屋の亭主も、宝石屋の妾も、理髪師も……
みんな臆病者だった。
給仕女が地面に倒れた。
舗道から敷石を投げ上げていた時だ。
みんな臆病者で、みんな震えていた。
支配人も、露天商も、年金生活者も……
誰に強制されたわけでもない。
みんなでバリケードを作った。
飛び交う銃弾の下で。

美術館に火が移って、燃え上がった。
藁のように綺麗に燃えた。
何世代にもわたって愛されてきた
かけがえのない美術館が
人間の身体のように燃えた。

みんなは私が撃たれたと思った。
角を曲がるときに銃撃されたと。
みんなが私のために泣いた。

夜になって倉庫に忍び込んだ人々がいた。
棚から肉を取ろうとした。
ドイツ軍は夜でも撃ってきた。
肉の棚を目がけて撃ってきたのだ。

息子は母親を忘れ去った。
母親は地下室で瀕死だった。
石炭の袋の上に寝て、
水を求め、

息子の名を呼んだ。
だが、誰も来なかった。
息子は自動小銃を磨き、
銃弾を数え、
次の戦闘に備えていた。

一緒に行きましょう、将軍。
一緒に行って、
機関銃と大砲を分捕りましょう。
こっちは素手で十分です。

その子は生後二ヵ月だった。
医者が言うには、
ミルクをやらないと死んでしまう……
ミルクが来た。スプーン三杯のミルクだった。
子供は生き延びた。
一時間だけだったが。

私は一枚の毛布に死体と一緒にくるまって寝た。
私は死体に詫びた。

自分が生きていることを詫びた。

その若者は悪がきで、
身長二メートル、
ポヴィシュレ〔川岸地区〕生まれの陽気な労働者だった。
ジェルナ通りの激戦に参加し、
電話局で負傷した。
裂けた足に包帯を巻いてやると、
苦痛で顔を歪めたが、すぐに笑って言った。
「この戦争が終わったら、
ダンスに行こうよ、お嬢さん。
俺がおごるからさ」
私は彼を待った。
三〇年間待った。

そして、物凄い音が鳴り響いた。
飛行機の轟音、絶望的な銃声、
雲をつんざく叫び声。
しかし、今は地上も空も
物音ひとつない静けさだ[★1]。

月二日の朝、ドイツ軍のパンツァー戦車部隊が縦列でやって来たが、パラソル大隊はこれを阻止できなかった。戦車部隊はパラソル大隊の守備地域を通過してゾシカ大隊の拠点に向かった。その日の午後、西部郊外からドイツ軍が大規模な攻撃を仕掛けてきた。パラソル大隊はヘルマン・ゲーリング機甲師団のティーガー戦車部隊の攻撃に直面した。ドイツ機甲師団は、支援部隊として第二歩兵連隊の一部と砲兵連隊を引き連れていた。ティーガー戦車は共産党系の人民軍が守るバリケードを粉砕して進撃してきたが、付近の国内軍が後続の歩兵部隊を襲撃したので、ドイツ軍の攻撃はパラソル大隊の防衛線まで二〇〇メートルのところで停止した。翌日、墓地一帯の国内軍はドイツ軍装甲列車からの激しい砲撃にさらされた。さらに、夕方にはドイツ空軍ハインケル111S爆撃機による空爆があり、パラソル大隊司令部は直撃弾を受けた。パラソル大隊が経験した最初の重大な損傷だった。司令部は数街区先に移動した。蜂起四日目、パラソル大隊は装甲車三台と大量の銃弾薬を鹵獲し、数人のドイツ兵を捕虜にした。さらに、英国空軍リベレーター機による最初の空中投下があり、対戦車ロケット砲（PIAT）一門と機関銃二挺がパラソル大隊に分配され、部隊は喜びに沸いた。その夜は戦死者を埋葬し、バリケードを再建して防御を強化した。四日間絶え間なく続いた激戦だったが、パラソル大隊の死傷率は八パーセントにとどまった。この調子で行けば、しばらくの間は持ちこたえられそうだった。[32]

ある時、パラソル大隊は聖スタニスワフ・コストカ病院の近くに拠点を築こうとしたが、病院の中から白衣の医者が出てきて、ドイツ軍の報復が心配されるので別の場所に移るように要請した。部隊は要請に従った。翌日、ドイツ軍はその医師を含むすべての職員と患者を虐殺した。

八月五日と六日はワルシャワ市の歴史の中で最悪の二日間となった。ドイツ軍補強部隊の本隊が到着し、ラインファルト親衛隊集団指導者〔中将〕がヴォラ地区への大規模攻撃を開始した。ヴォラ地区の蜂起軍は中央地区方向への退却を余儀なくされた。墓地一帯では白兵戦が続いていたが、蜂起軍の主要部隊に対しては、ゲットー跡の廃墟を抜けて後退せよという命令が出された。親衛隊は弾薬が尽きるまで住民の虐殺を続けた。「全員を始末するには弾薬が足りない」とラインファルトは不満の唸り声をあげた。[33] 犠牲になったのは非戦闘員の市民だった。親衛隊は、八月五日の一日だけで、推定三五〇〇〇人の老若男女市民を冷酷に射殺した。

蜂起開始から一週間を経た段階で、蜂起軍とドイツ軍は、双方ともに満足な結果を達成していなかった。蜂起軍は市の全域を制圧できなかった。ドイツ軍は蜂起を粉砕できなかった。国内軍による初期の襲撃も、それに応えるドイツ軍の反撃も、中途半端に終わっていた。戦闘員の戦死者をはるかに上回る数の非戦闘員の市民が殺害された。親衛隊が無差別に市民を殺害する戦術にこだわったために、ドイツ軍の軍事作戦は大幅に阻害された。しかし、双方とも相手を屈服させることができなかった。したがって、休戦を提案する意志は双方ともになかった。

膠着状態

ワルシャワ市内の戦闘は容赦なく続き、ますます激しさを増しつつあった。ソ連軍はワルシャワのはるか南方に築いた橋頭堡を依然として確保していたが、戦線全体から見れば、ドイツ軍の激しい反撃に押されて、特に戦線の中央部分で大きく後退せざるを得なかった。したがって、ヴィスワ川沿いに戦線を構築するというソ連軍の当初の目標は達成されていなかった。ドイツ国防軍はワルシャワ郊外でのソ連軍の挟撃作戦を押さえ込んだが、その一方で、親衛隊はワルシャワ蜂起の鎮圧に手を焼いていた。

ソ連軍は兵力と武器の両面でドイツ軍を圧倒していた。したがって、戦線中央部での退却は戦術的な後退に過ぎないとも考えられた。しかし、ロコソフスキー将軍は戦略計画の策定に手間取り、八月八日になってようやく当面の作戦計画を完成させた。ジューコフ将軍の承認を得てスターリンの大本営（スターフカ）に提出されたこの計画によれば、ワルシャワの東側に出現したドイツ軍の突出部を八月の第三週までに排除し、その後、八月二十五日を期して大規模なヴィスワ川渡河作戦を決行して、ワルシャワを解放する。ワルシャワ解放を足がかりとして西へ一挙に四五〇キロ進撃し、オーデル川に到達することになっていた(34)。

ドイツ側の戦略はソ連軍の進出を断固阻止することにあった。その際、ワルシャワ蜂起とソ連軍の前線での作戦が連動しないように、蜂起勢力とソ連軍を切り離しておくことが最優先された。そこで、ワルシャワ市をすっぽり取り囲む警戒線を構築し、そこにハンガリー軍の予備部隊二個師団を投入して警戒を強化した。また、市を東西に貫く補給ルートを確保し、ヴィスワ川にかかる橋とプラガ地区の防備を強化した。プラガ地区の蜂起軍はすでに壊滅していた。その上で、市南方のソ連軍橋頭堡を鉄の輪で何重にも包囲する戦略だった。フォン・デム・バッハ将軍は鎮圧部隊を休む間もなく動かし、蜂起軍の拠点に猛烈な砲撃を加え、弱い部分を襲撃して削り取るという攻撃を繰り返していた。その活動は特に西部の郊外で活発だった。しかし、蜂起軍の最も小さな拠点である旧市街地区（スタレ・ミャスト）への集中攻撃の命令がラインファルト親衛隊集団指導者〔中将〕に下ったのは、ようやく八月十九日になってからだった。八月の第三週が終ろうとしていた。ドイツ第九軍の戦闘日誌には、レジスタンスの戦いぶりは「猛烈であり、狂信的であり、極度に意志堅固であり」、したがって、早急に鎮圧できる見込みは薄いという記述が繰り返し現れる。

国内軍の戦略は一言で言えば積極的防衛だった。重火器を持たず、緒戦の急襲作戦ですでに兵力を消耗していた蜂起軍は、局地的で限定的な反撃を試みつつも、戦術的後退を余儀なくされていた。しかし、その一方で、蜂起軍は、連日の戦闘状況から、ドイツ軍側にも決定的な攻撃能力がないことを見抜いていた。連合軍による空中投下はいらだたしいほど稀だったが、今後は回数が増すだろうという希望は残っていた。ソ連軍の出方が不透明なことは不安だったが、圧倒的に優勢なロコソフスキー軍がヴィスワ川の対岸に今にも到着するという期待だけは高まっていた。

蜂起軍は、降伏した場合にドイツ軍に処刑される死者の数の方が戦闘を継続した場合の戦死者数を上回るだろうと推定していた。そこで、戦闘は継続された。〔434ページの囲み「パンツァー戦車」〕

蜂起開始当初の激しい戦闘が一段落した段階で、蜂起側は市の北部地区、中心部、南部地区のそれぞれに支配地域を確保していた。加えて、ドイツ軍の包囲線の外側に位置する二ヵ所の深い森を全面的に支配していた。ひとつは北のカンピノスの森、もうひとつは南のカバティの森である。昼の間は、これら五ヵ所の支配地域の間を徒歩で行き来することはほぼ不可能だった。ただし、夜になれば何とか移動することができた。さらに、もし悪臭を厭わなければ、地下の下水道と灌漑システムを

囲み◆14

パンツァー戦車

国内軍一八〇六師団第一騎兵狙撃連隊の四人の兵士が不可能事を達成する

ドイツ軍パンツァー戦車の装甲板は非常に厚く、後に実際に経験して知ったことだが、米軍のシャーマン戦車または英軍のクロムウェル戦車の七五ミリ砲をもってしても貫通できない。まして、我々国内軍が使用する小口径の対戦車砲でパンツァー戦車を砲撃しても、砲弾は壁に当たる豆のようにはじき返されてしまう。我々が二両目のパンツァー戦車を分捕ることができたのは、まったくの偶然だった。我々は「モツ」〔パワー〕という暗号名の指揮官を含めた四人の分隊だった。「モツ」の豪胆さは前代未聞で、彼については多くの逸話が語り継がれている。

パンツァー戦車がバリケードを突破して進んできた時、「モツ」は通路から走り出て戦車の上に飛び乗り、操縦手の前の小窓を目がけて大型の火炎瓶を投げつけた。戦車の装甲は火炎瓶の火力程度ではびくともしないが、顔のすぐ前で爆発が起こったために、操縦手は眼が見えなくなり、戦車が制御できなくなった。おそらく右の操縦桿を引いたのだろう。戦車は突然右に方向転換して、道路からはずれ、一・五メートルほど低くなっている溝状の庭に突っ込んだ。操縦手は慌てて後退しようとしたが、戦車はますます深く泥の中にはまり込んでいった。我々も一瞬呆然としたが、気を取り直してマレクと私の二人が怒鳴った。二人ともドイツ語が得意だった。「アレ、アウスシュタイゲン!」つまり、「全員、脱出せよ!」と言ったのだ。果たせるかな、しばらくすると、戦車の上部ハッチが開き、ドイツ兵たちが這い出してきた。「両手を挙げろ!」そう叫びながら我々は戦車に飛び乗ってドイツ兵を武装解除した。戦車は損傷していたので、もう一両の戦車を持ってきて牽引する必要があった。

その時、背広の上にオーバーを着て帽子をかぶった民間人風の人物(多分、ラドスワフ中佐その人だった)がどこからともなく現れて、中佐の身分を明かして自己紹介し、すべての戦利品を引き渡すように求めた。言い争いになり、すんでのところ撃ち合いになりかけた。だが、戦前のポーランド軍将校だった「モツ」が最終的に中佐に譲歩し、我々は鹵獲した武器を引き渡した。残ったのは、私が手放そうとしなかった新品のカービン銃一挺とその弾薬、それに対戦車用地雷一箱だけだった。「モツ」が投げ込んだ火炎瓶が効果を発揮したことは間違いない。これが戦車を分捕ったいきさつだ。★1

アンジェイ・ノヴァコフスキ

連絡経路として使うこともできた。市の中央部を東西に貫く大通りはドイツ軍の機甲部隊によって制圧されていた。ただし、その支配は夜明けから日没までの時間帯に限られていた。ドイツ軍はこの必要不可欠な補給路を確保するために二週間以上の時間を費やしたが、制圧後も夜間の通行を強行できる状態ではなかった。一方、蜂起軍も、西側の郊外から市の中心部に迫るドイツ軍の攻撃にさらされて、八月十二日までに墓地一帯とゲットー跡地の陣地の大半を失った。しかし、蜂起軍の退却は整然と行なわれた。八月十五日の段階で、旧市街地区(スタレ・ミャスト)と川岸地区(ポヴィシュレ)は依然として蜂起軍の支配下にあった。また、北部の郊外では、蜂起軍は第一週に放棄した地区を再び奪回し、八月末までほとんど問題なしに支配を維持した。

八月十五日、ブル＝コモロフスキ総司令官はワルシャワ周辺に展開するすべての国内軍部隊に対して首都救援に駆けつける命令を発した。これに応じてカンピノスの森から出撃した部隊はドイツ軍の包囲線を突破して市内に突入しようとしたが、撃退されてしまった。グダンスク駅のドイツ軍拠点に対しても激しい突撃攻撃が行なわれた。市を東西に貫く幹線鉄道を切断して、中心部と北部の国内軍の連絡を回復することが狙いだったが、この攻撃も成功しなかった。この間、敵味方の占領地域面積が大きく拡大または縮小することはなかったが、双方とも激しく消耗した。ただし、南部郊外では国内軍が依然として優位を保っていた。モコトゥフ地区を支配下におき、カバティの森との間の連絡経路を維持し、さらに、プラガ地区の対岸にあたるヴィスワ川沿岸地区のかなりの面積を占領し、これによって、南部地域に限れば国内軍の拠点面積は最大規模に達していた。川岸地区の制圧は、東から近づきつつあるソ連軍に渡河作戦の上陸地点を提供するという意味で特に重要だった。

ラインファルト指揮下の親衛隊が旧市街地区の蜂起軍に対して実施した鎮圧作戦は、歩兵による波状攻撃よりも、むしろ大規模な空爆作戦だった。蜂起軍の占領地域はしだいに狭まり、ついに長さ一二〇〇メートル、幅六〇〇メートル程度の長方形の街区に押し込まれてしまう。瓦礫の中での生活はどんなものであれ非常に危険だった。そこで、八月の第四週に入ると、ブル＝コモロフスキ将軍は下水道を通じての退却を余儀なくされる。

一方、親衛隊の側にも蜂起を完全に叩き潰すだけの力がなかった。第九軍の苛立ちは増すばかりだった。八月二十九日、フォン・デム・バッハは第九軍首脳部に対して、現在の方法では蜂起鎮圧は困難であると訴え、現状の「頭陀袋のような雑多な混成部隊」ではなく、十分に訓練を積み、実戦経験で鍛えられた歩兵師団の増派を要請した。第九軍の八月三十日付の戦闘日誌はソ連軍と蜂起軍の両方を同時に相手にして戦うことの難しさを指摘している。ちょうどその頃、ソ連軍がワルシャワの東方二〇キロ地点にある町ラジミンを奪取した。そのため、ドイツ軍はラジミン方面に増強部隊を派遣しなければならなくなった。旧市街地区に立て籠る蜂起軍への最終的攻撃には、破壊工作部隊の参加が欠かせなかったが、破壊工作部隊はヴィスワ川の橋の防衛にも必要だった。結局、破壊工作部隊は夜の間にヴィスワ川方面に移動した(35)。

ワルシャワ蜂起に対するドイツ軍の対応のあり方は、八月の一カ月間に各地でドイツ軍が敗退したこととも関係していた。ローマは連合軍の手に落ち、フランスに上陸した米軍はパリに迫っていた。ソ連軍は、ワルシャワを目前にしていったん停止したが、東プロイセンとバルカン半島では攻勢を強めていた。ワルシャワ蜂起はドイツ軍にとって不安材料であり、屈辱的な出来事でさえあったが、ベルリンにしてみれば、最大の緊急課題ではなかった。それどころか、ヴィスワ川付近での戦線膠着はドイツ国防軍にとってむしろ好都合だった。

ドイツ軍は機甲師団四個をヴィスワ川東岸に投入して反撃に出た。これが予想外の戦果を収めた。反撃作戦は八月二日に開始された。当時、その作戦は、ソ連軍のバグラチオン作戦によってこうむった傷口とドイツ中央軍集団の壊滅的敗北とを取り繕うための土壇場のあがきと思われたが、結果としてソ連軍を押し返すことに成功した。ロコソフスキー軍は文字どおりワルシャワを目視するところまで迫っていたが、ドイツ軍のこの反撃を受けて、ブク川との中間地点まで後退した。あらゆる戦線で総退却を繰り返していたドイツ国防軍にとって、これは例外的に輝かしい戦果だった。

ソ連軍は当然ながらワルシャワ蜂起との連携作戦を追及しているというのが当時のドイツ軍関係者の一致した見方だった。第九軍戦闘日誌の八月八日の項には、「急襲攻撃でワルシャワを奪取しようとしたロシアの試みが我が防衛作戦によって敗退した」ことへの満足感が記されている。「敵にして見れば、蜂起の時期が早すぎたのであろう」。グデーリアンは後に回想している。「ソ連軍が前進を停止した理由は、ワルシャワ蜂起を見捨てようとする意志がロシア側にあったからというよりも、ドイツ軍の防衛努力が効を奏したからに他ならない(36)」

　ドイツ側から見れば、当時の最も緊急な脅威は北部戦線の動きだった。ソ連軍のうち東からはロコソフスキーの第一ベラルーシ方面軍がヴィスワ川を目指して進撃中だったが、北部では第二バルト方面軍と第三ベラルーシ方面軍がバルト諸国に侵入しつつあった。北部戦線でソ連軍が目指していた最重要到達目標は二ヵ所、ひとつはリガ湾、もうひとつはバルト海に面したリトアニアのメーメル（クライペダ）だった。メーメル作戦は八月中に大きく進展したものの、結局、十月になるまで達成されなかった。しかし、それでもドイツ軍にとっては非常に重大な脅威だった。クールラント地方に駐留するドイツ軍集団が全面的に孤立する恐れがあったからである。また、この作戦が成功すれば、ソ連軍は第三帝国の本土である東プロイセンに直接侵入する経路を初めて確保することになる。この戦局に関連して二つの事態が発生した。ひとつは八月二十五日にフィンランド政府が〔ソ連に対して〕講和の申し入れを決定したこと、もうひとつは東プロイセンの住民の間にパニックの種がまかれたことである。しかし、ソ連軍の当面の攻撃目標がバルカン半島諸国であることが分かって、東プロイセンには安堵の空気が流れた。

　ドイツ側のプロパガンダは当然ながら事態の推移をドイツの利益に結びつけようとしていた。NSDAP（国家社会主義ドイツ労働者党〔ナチス〕）の主要機関紙『フェルキッシェ・ベオバハター〔民族の見張り〕』は八月十九日付の紙面にワルシャワ蜂起に関する大型記事を掲載した。「ワルシャワをめぐる悪魔のゲーム」と題するその記事の結論は「ロンドンとモスクワが蜂起を扇動し、ポーランド人を窮地に追いやっている」というものだった。ワルシャワ蜂起はチャーチルとスターリンの陰謀であるという前提で書かれた記事だった(37)。

ワルシャワ蜂起鎮圧のために動員されたドイツ軍兵士の戦死者は八月二十一日の段階で九〇〇〇人を超え、加えてそれを上回る数の負傷者と行方不明者が出ていた。考え直すべき時が来ていた。ドイツ軍の鎮圧作戦は頓挫したと言うべき状態だった。ドイツ軍は蜂起軍が支配する地区を奪い返すことができず、逆に重大な代償を支払わされていた。［440ページの囲み「夜間作戦」］

ワルシャワ蜂起について論ずる場合、普通は、侵略者たる「ドイツ人」と被侵略者たる「ポーランド人」との抜き難い対立という図式を描くのが普通である。もし、第三勢力が何らかの役割を果たしたことを消極的ながらも認めるとすれば、それは「ロシア人」だったということになる。しかし、この定説については検証が必要である。

「ドイツ人」について言えば、圧倒的多数ではないにせよ、ドイツ軍のかなりの部分はドイツ人ではなく、いわゆる「対独協力者」の部隊から成り立っていた。一九四四年頃になると、ドイツ国防軍も、親衛隊も、あらゆる人種（ただし、ポーランド人とユダヤ人だけは除外された）の加入を容認するようになっていた。ワルシャワに駐留するドイツ軍のうち、最大の非ドイツ人部隊はブリャンスク州で結成されたロシア人のＲＯＮＡ旅団だった。また、アゼルバイジャン人の第一一一連隊と東方ムスリム連隊も重要な外国人部隊だった。コサック部隊は二つあり、両方とも一九一七年のロシア革命に抵抗して亡命軍となった第一五コサック騎兵軍団の流れを汲んでいた。コサック部隊は主としてバルカン半島で活動していたので、その中には少数ながらブルガリア人、セルビア人その他の正教徒の外国人兵士も含まれていた（これらの部隊は戦後オーストリアで英国軍の捕虜となり、最終的にはソ連に引き渡された）。ワルシャワに派遣されていた第二ハンガリー軍団には戦闘意欲に欠けるところがあった。それどころか、中には蜂起軍への合流を本気で考えるハンガリー兵士さえいた。彼らは

夜間作戦

国内軍情報宣伝局のメンバーが重要作戦に同行する

八月三十日水曜日にモンテル大佐に呼ばれて出頭すると、旧市街地区の部隊がその日の夜に退却して来ることを告げられた。そのため、中央地区（シルドミェシチェ）のすべての精鋭部隊を集めて、ドイツ軍に占領されているサスキ公園からジェラズナ・ブラマ広場までの回廊を攻撃することになった。二正面からドイツ軍を急襲してその動きを封じ、旧市街地区からの退却を援護するという作戦だった。「報道記者として一緒に来て欲しい」とモンテル大佐は言った。「目撃したことを英語とポーランド語で放送してもらいたいのだ」。大佐は上機嫌で、作戦の成功を確信している様子だった。

夜の十時頃に出発した……しかし、目標地点に近づけば近づくほど、方角を見失いがちになった。私はワルシャワで育ったので、街の隅々まで知り尽くしているつもりだったが、石の廃墟の森を抜け、瓦礫の中の踏み跡をたどり、煉瓦の山を乗り越えるたびに方向感覚が怪しくなった。ジェラズナ・ブラマ広場の近くまでたどり着き、焼け落ちた壁に囲まれた中庭でいったん休止した。兵士たちは壁沿いに座って作戦開始の命令を待っていた。モンテルの許には数分おきに前線の指揮官たちから報告が入った……

真夜中を過ぎた頃、モンテルが緑色の信号弾の発射を命令した。旧市街地区の部隊に作戦開始を知らせる合図だった。我々は長い間空を見上げて回答の信号弾を待ったが、ついに回答はなかった。私はモンテルに敵の兵力規模を質問した。「三大隊と言うところだ。戦車の数は多分七両か八両だろう」。モンテルは作戦を説明した。サスキ公園には陽動作戦として囮の戦車が配置してある。その間に、この部隊の兵士たちがジェラズナ・ブラマ広場とミロフスキ市場に面した住宅ビルの壁に穴を開けてエレクトラルナ通り方面に奇襲攻撃をかけ、退却して来る部隊とそこで合流する。相手をドイツ軍と区別するために合言葉を使う取り決めだった。合言葉は「ソスナ」〔松ノ木〕である。この作戦で最も危険なのはミロフスキ市場に突入する瞬間だろう。

　午前一時頃、サスキ公園の方角から射撃音が聞こえた。自動拳銃の発射音と手榴弾の爆発音だった。夜空にオレンジ色の信号弾が上がった。ドイツ軍が援軍を呼ぶ合図だ。フウォドナ通りの方角から轟音を立ててドイツ軍戦車が近づいてきた。

　この間、私はずっとモンテルのすぐ横にいて、入ってくる報告と出される命令を聞いていた。三〇分ほど経つと、モンテルは落ち着かない様子になった。何らかの理由で、主要部隊の攻撃が遅れているのだ。彼は自分の目で状況を確かめるために前線に向かった。私も彼と一緒に焼け落ちた階段をよじ登り、壁から壁へと飛び移った……ついに、クロフマルナ通りを挟んでミロフスキ市場の向かい側にある破壊された家並みに到着した。モンテル大佐の目の前に人影が浮かび上がった。若い指揮官のヤヌシュ・ザポルスキ中尉だった。

「大佐、破壊工作部隊の女性隊員たちが壁に穴を開けるための爆破作業をしているところです。しかし、穴から出ても、中庭にとどまっても、我々はドイツ軍の榴弾砲の射程内に入っています」

　黙って聞いていたモンテルが声を張り上げて言った。

「命令を実行したまえ。すぐに攻撃するんだ。向こう側の同志たちを孤立無援のまま放っておくわけにはいかない」

「了解しました。大佐！」と中尉は厳しい顔で答えた。

私は再びモンテルの後について階段室の残骸をよじ登り、焼け焦げた窓に出た。窓から覗くと左下にミロフスキ市場が見えた。私たちのいる三階から見下ろすと地階の中庭の井戸の周囲に若者たちが集まり始めていた。破壊工作部隊から派遣された少女たちの集団が確認できた。その時、突然、迫撃砲の砲弾が着弾した。もう一発、さらにもう一発。引火して火炎瓶が爆発した。驚愕と苦痛の叫び声が聞こえた。大半は少女たちの声だった。燃え上がる炎に照らされて、人々が傷つき、焼け死んでいく地獄のような情景が浮かび上がった……

私はモンテルとともにその地域の全域を見て回った……朝になって、一行は出発地点に戻った。モンテルの許に続々と報告が入ってきた。その夜、約一〇〇人の若者が命を失った。[★1]

ヤン・ノヴァク〈ズジスワフ・イェジョランスキ〉

ブダペストのハンガリー政府からこう言われていた。「ポーランド人に同調してはならない……だが、ポーランド人を敵にまわして戦ってはならない[38]」

　ドイツ軍内の外国人部隊については、重大な誤解があった。ワルシャワの対独協力軍の中に「ウラーソフ軍」と武装親衛隊第一四ガリツィア師団のウクライナ兵が含まれていたという説である。この説は両方とも事実に反している。ワルシャワには「ウラーソフ軍」は存在しなかった。そもそも、「ウラーソフ軍」が正式に編成されるのは一九四四年から四五年にかけての冬のことである。この誤解の原因は、蜂起終結後に解体されたRONA旅団の一部がウラーソフ軍に編入され、終戦まで「ウラーソフ軍」として戦ったという事実にあると思われる。戦後の共産主義社会では、「ウラーソフ軍」という言葉はドイツ軍に協力して戦ったすべてのロシア人に対する蔑称となる。したがって、正確に言えば、一九四五年に成立する「ウラーソフ軍」の中に、前年のワルシャワ蜂起に際してドイツ軍側で戦ったカミンスキのRONA旅団の一部が含まれていたというのが事実である。

ウクライナ兵についての説も誤解である。武装親衛隊ガリツィア師団がワルシャワに入ったことはない。したがって、ワルシャワでの残虐行為についてガリツィア師団のウクライナ兵を非難するのは公平ではない。ただし、ワルシャワのドイツ軍の中にウクライナ人兵士がいなかったわけではない。RONA旅団にはロシア人の他に相当数のウクライナ人が含まれていた。また、ドイツ軍の各種警察部隊もウクライナ人を採用していた。警察部隊の中にはウクライナ人だけの部隊もあり、また、他の民族との混成部隊もあった。たとえば、親衛隊大隊指導者シュピルカー少佐が率いるナチスの銃殺部隊は、隊員の大半がウクライナ人だったと言われている。また、蜂起の終盤には、〔ウクライナ人で構成される〕「ヴォルイニ〔ヴォウィニア（ヴォルヒニア）〕自衛軍」も短期間ながら登場した。しかし、事実としては、ドイツ軍警察に属するウクライナ兵部隊の一部が蜂起終結後に武装親衛隊ガリツィア師団に編入されたのである。つまり、ワルシャワ蜂起を弾圧したウクライナ兵がその後に武装親衛隊ガリツィア師団に合流したのである。

「ポーランド人」について論ずる時には、ユダヤ人が蜂起中に果たした役割をどう見るかが問題になる。ただし、蜂起軍に参加したユダヤ人戦闘員の立場から見れば、それは問題とするにも値しない問題だった。彼らユダヤ人は自分たちを誰にも劣らず愛国的なポーランド市民と見なしていたからである。彼らは、戦後のシオニズム運動家のように「ポーランド人」と「ユダヤ人」をまったく異なる人種または民族と見なして両者の摩擦を針小棒大に扱おうとする傾向とは無縁だった。彼らを特に怒らせたのは、国内軍がユダヤ人を排除したという虚偽の非難と、国内軍は「反ユダヤ組織」だったというでたらめな主張だった。実際には、様々な宗教的、政治的信条を持つユダヤ人が国内軍や人民軍に参加して目覚しい活躍をした。特に、人民軍は人手が不足していたので、ユダヤ人の独立部隊を組織することも厭わなかった。ユダヤ人部隊は主としてゲットー蜂起を生き延びた人々で編成されていた。蜂起軍には、また、外国出身のユダヤ人も参加していた。特にハンガリーのユダヤ人が多かったが、彼らはドイツ軍の強制収容所からポーランド人の手で解放され、進んで蜂起に加わった人々だった。

ただし、まったく問題がなかったわけではない。戦後何年も経て、一部のユダヤ人歴史家から、国内軍（AK）と国民武装勢力（NSZ）が蜂起期間中にユダヤ人を殺害したという非難が提起されたことがある。その後、この非難は部分的に撤回され、AKまたはNSZに所属していたと思われる特定の個人への非難に修正された。詳細な検証の結果、件数はわずかながら、ユダヤ人を犠牲者とする強姦事件と殺人事件が発生したこと、この問題をめぐって多大の誤解が生じていたことが判明した。この種の「蜂起の暗黒のページ」が人種偏見に由来するのかどうかを見極めるのは難しい問題である。一〇〇万人に近い人口が飢餓に瀕していた都市で当然発生したであろう無数の犯罪と本質的に区別すべきものかどうかの判断も同じように困難である。しかし、国内軍の保安機関がその種の犯罪を看過しなかったことは間違いない。検証の結果明らかになったのは、第一に、一九四四年のワルシャワには依然としてかなりの数のユダヤ人が生存していたこと、第二に、ユダヤ人の多くが蜂起軍に参加して目覚しい働きをしたという事実だった。たとえば、トレブリンカ絶滅収容所の蜂起で生き残ったサムエル・ヴィレンバーグは、その後ワルシャワ蜂起に参加し、国内軍のルチャイ大隊と社会党系のポーランド人民軍（PAL）の両方に所属して戦った[39]。

戦前の大都市はどこでもそうだったが、ワルシャワにも多数の外国人が居住していた。その結果、ポーランド人以外にも、たとえば、トルコ人、セルビア人、グルジア人、スロヴェニア人、ロシア人、英国人、アイルランド人など、多数の外国人が国内軍に参加することになった。ドイツ人の国内軍兵士さえ存在した。ある大隊にはスロヴァキア人だけで編成された小隊があった。彼らは母国のファシスト体制から逃れて来た人々だった[40]。

「ロシア人」について言えば、ソ連軍は多種多様な民族の兵士によって構成されていた。したがって、ソ連軍の兵士を区別なしに「ロシア人」と呼ぶ根強い慣習はきわめて不正確と言わざるを得ない。そもそも、ソ連邦の人口に占めるロシア人の割合は半分をやや上回る程度に過ぎず、残りは公式に少数民族として認められた七〇以上の民族で構成されていた。ヴィスワ川を目指すロコソフスキー軍にも、ほぼすべての少数民族が含まれていた。［446ページの囲み「マジャール人」］

ワルシャワの一般市民がこぞって熱狂的に蜂起を支持したというのは、後に創られた伝説に過ぎない。正確に言えば、ワルシャワ市民の大多数は蜂起軍に共感していたが、蜂起とは無関係の立場を維持し、ひたすら自分が生き残ることを考える人々もかなりの割合を占めていた。また、いつものことだが、蜂起に対して公然と反対する個人やグループが存在したことも確かである。ポーランドの反乱の伝統の裏側には、必ずと言っていいほどそれを批判する動きがあり、反対派には、敗北に終わった大義とロマンチックな破局の記録を揶揄する傾向があった。結果として、ワルシャワ市民の雰囲気は時期と場面に応じて大きく浮き沈みすることになる。しかし、蜂起に反対だったからといって、積極的にドイツ軍に協力するグループが存在しなかったことは間違いない。

冷静に考えれば、ワルシャワ市民と蜂起を切り離し、市民が蜂起に同調しないようにすることこそがドイツ軍の利益だったはずである。ところが、蜂起が始まるとすぐに、ドイツ軍は数万人の一般市民を虐殺してしまった。これが正反対の効果を生んだ。さらに、自宅から追われた大量の市民が蜂起

囲み◆16

マジャール人

ドイツ軍とその同盟軍とが理想的な関係でないことは明らかだった

ハンガリー軍の歩兵部隊が隊列を組んで行進して来たが、クラシンスキ広場の中央付近まで来たところで、市民に取り囲まれて前に進めなくなった。人々は兵士たちを取り囲んで四方八方から様々な言語で質問を浴びせかけた。最初のうち、兵士たちは眠そうな目つきで微笑むだけだったが、やがて、はっきりと市民に共感を示し始めた。ポーランド人とハンガリー人の間の伝統的な親密さが敵味方の壁を崩し、ヒトラーの敵とヒトラーの味方が交流し始めた。

「ポーランド万歳！」とハンガリー軍の兵士の一人が叫んだ。その兵士はスロヴァキア人で、正確なポーランド語を話した。「みなさん、健康に気をつけて長生きしなさい。ヒトラーはもう長くは続かない……」

東部戦線の最近の情勢は詳細に知れ渡っていた。赤軍はワルシャワまで五〇キロに迫っていた。ドイツ軍は粉砕されつつあった。ドイツ人は、守備隊も、行政官も、民間人も、西へ向かって退却を急いでいた。

その時、ドウゥガ通りの方からドイツ軍憲兵隊のパトロール部隊が近づいて来た。ハンガリー軍の兵士を取り囲んで話していた人々の背中にライフル銃の金属の台尻が容赦なく打ち下ろされた。残虐なドイツ軍への恐怖心は占領の全期間を通じて身に染みていたが、最近は市民たちも大胆になっていた……ワルシャワ市民の見るところ、ドイツ軍は征服者としての権威を失いつつあった。

怒り狂ったドイツ憲兵の一人が例のスロヴァキア人兵士に飛びかかって制服の胸元を摑んだ。ハンガリー軍の兵士たちとドイツ軍の憲兵隊が対峙して、互いの出方を伺った。しかし、睨み合いが暴力的対決に進む前に、ミョドヴァ通りの方角から美しい灰褐色の馬に跨ったハンガリー軍の将校が現れて速足で走りより、一言も言葉を発せずに例のドイツ人憲兵目がけて鞭を振り下ろした。憲兵の両手に血の筋が走った。ハンガリー軍は即座に行進を再開し、ドイツ軍憲兵隊は舗道上に後退した。★1

タデウシュ・サルネツキ

ドイツ軍第九軍の戦闘日誌から

ハンガリー軍部隊を移動させ、親衛隊機甲師団の北翼部に配置した。しかし、ハンガリー軍の指揮官である将軍が第九軍に率直に報告したところによれば、彼の部隊はポーランド人叛徒のワルシャワ潜入を防止するために役立っていない。ポーランド人とハンガリー人の間には数世紀にわたる友好関係の歴史があり、今も親密な関係が続いている。将軍の部隊には軍規に反して地元のポーランド人と親しく交わる傾向があり、上官の命令にいつまで従うか疑わしい。ハンガリー軍の武装は最小限であり、戦闘能力はゼロに近い。したがって、第九軍司令部はハンガリー軍第一二予備師団を保安任務には就かせないことに決定した。★2

軍の陣地またはドイツ軍が用意した避難所に逃げ込んだが、これが市民の間の蜂起支持派を増やし、反対派を減らす結果となった。ドイツ軍は避難民を人間的に扱うと宣伝したが、国内軍はドイツ軍のこの約束を物笑いにしていた。ドイツ軍が市内からの即時退去を呼びかけた時も、市民はドイツ軍の宣伝よりも国内軍のプロパガンダを信用し、大半が、食料の備蓄が続く限り市内にとどまろうとしていた。

八月二十四日、蜂起を直接目撃していた数少ない英国人の一人ジョン・ウォードがロンドン宛ての無線通信で事態を説明した。

> 現在、ワルシャワでは英国民には理解できないような戦闘が展開されている。国内軍だけでなく、一般市民も戦っている……これは全面戦争である。市内のすべての街路が戦場となっており……敵は迫撃砲、大砲、航空機を動員して大量殺戮を行なっている。物的な被害も甚大である。正常な生活は……完全に停止している。(41)

外部の人々に説明するのが難しい事態は他にもあった。たとえば、蜂起軍が支配するすべての地区に自治的な行政組織が存在していた。地区には区長がおり、街区ごとに自衛委員会があり、住宅ビルにはそれぞれの住宅責任者がいた。これらの仕組みは自発的に組織されたもので、蜂起が始まる前から「地下国家」の秘密組織の一部として機能していた。公共食堂の経営、バリケードの構築、瓦礫の片づけ、死者の埋葬、病人の看護、消防消火などの事業がこれらの組織によって運営されていた。地区組織は、また、国内軍および政府代表部と密接に協力して、郵便と新聞の配達を担当し、警察、裁判、捜査の機能を持つ治安警察（ＰＫＢ）を動かしていた。(42) 加えて、各地区の主要な政治団体にはそれぞれ独自の民兵組織があった。

地下国家では、正規の裁判と陪審員による評決を含む司法制度が厳密に維持されていた。スパイ、殺人犯、国家反逆者、略奪犯、密告者などの処刑は国内軍の公安部隊が担当した。ただし、私的制裁がなかったわけではない。「民族ドイツ人」（つまりドイツ系ポーランド人）やドイツ軍を相手にする売春婦は絶えず身の危険にさらされていた。ドイツ軍当局はドイツ市民を標的とする殺人事件や強盗事件について繰り返し警告を発している。(43)

一般市民の士気は、政治情勢や食料事情など、様々な要素に影響されて、いくつかの局面で浮き沈みした。蜂起開始直後には市民の雰囲気は高揚したが、八月末までにしだいに低下し、九月初旬の危機を切り抜けた後は再び高揚した。軍事部門と同じように、一般市民の士気も、西側諸国からの支援とソ連軍の介入をめぐる希望と不安によって大きく左右された。(44)

しかし、ワルシャワ市民のかなりの部分が市内にとどまって蜂起軍と運命をともにする道を選んだことは紛れもない事実である。蜂起軍が戦闘を継続できたのは市民の惜しみない支えがあったからに他ならない。もし、一般市民の多くがドイツ軍の布告を受け入れておとなしく退去していれば、蜂起はあっという間に瓦解したであろう。ある研究者は蜂起したワルシャワの特徴を「両極端の人々が存在する都市」だったと結論している。

超人的な自己犠牲と無私の献身が見られた一方で、個人の利得に走る利己主義者がいた。多くの人々が持てる物すべてを与えたが、中には買いだめをして私腹を肥やす連中もいた。前例を見ないような社会的連帯が実現したが、それを汚すような陰謀と裏切りもあった。蜂起軍を完璧な英雄として称える人々もいたが、自分の家族や子供たちに苦痛と死をもたらす扇動者として非難

する人々もいた。(45)

一九四四年八月のノルマンディー上陸作戦でファレーズ・ギャップの戦い〔トータライズ作戦、ファレーズ・ポケットの戦闘とも言われる〕を指揮した英国陸軍のモントゴメリー将軍は、後に著した回顧録の中で当時の状況を説明しているが、その説明は典型的な自己弁護に終始している。回顧録を読めば、ファレーズ・ギャップは完璧な作戦計画と名人業の作戦指揮の成果だったかのような印象を受ける。だが、実際に作戦に参加した兵士の感想はその正反対だった。むしろ、クラウゼヴィッツのいわゆる「戦場の霧」〔作戦および戦闘には不確定要素が不可避であるという理論〕の典型的な例と言うべき作戦だった。連合軍の部隊は味方の砲兵隊からの砲撃で苦しんだ。フランスの村の名前を間違えて道に迷う部隊が続出した。北からファレーズ・ギャップに迫るモントゴメリー軍と南から攻撃するオマル・ブラッドリー将軍の米軍との間には何らの調整も連携もなかった。まもなく陸軍元帥に昇進するモントゴメリーの傲慢な態度にうんざりしていたブラッドリーはこう言った。「モントゴメリーの方から懇願して来るのなら、助けてやってもよい」。英軍と米軍は一九四四年八月十八日から二十日にかけてようやく合流し、決定的な攻撃を加えてドイツ第七軍の命運を制し、ノルマンディー上陸作戦を勝利で終わらせることができたが、両軍が合流できたのは、作戦が効を奏した結果というよりも、むしろ偶然の幸運だった。〔451ページの囲み「感想」〕

一九四四年八月のファレーズ・ギャップの戦闘では、スタニスワフ・マチェク少将の率いる第一ポーランド機甲師団が、作戦の成否を左右する重要な役割を果たした。第一ポーランド機甲師団はモントゴメリー軍の側面を固めるカナダ第二軍団の指揮下にあって、その先陣部隊として戦った。ポーランド機甲師団はファレーズから南に進出し、アルジェンタンから北上して来る米軍と連携して、戦

囲み◆17

感想

ワルシャワに派遣された元教師のドイツ軍士官が絶望的な感想を日記に記す

一九四二年一月十八日

国家社会主義者による革命はあらゆる意味でいい加減である。歴史を振り返れば、フランス革命も恐るべき残虐行為と驚くべき野蛮の歴史だった。ボリシェヴィキ革命も途方もない残虐行為を繰り返した……ジャコバン党もボリシェヴィキ党も当時の支配階級を殺戮し、王室のメンバーを処刑した。彼らはキリスト教と絶縁し、キリスト教社会に戦いを挑み、地表からキリスト教を一掃しようとした……

国家社会主義者のやり方は違っているが、基本的には彼らもまた独善的な思想を追求している。自分たちと異なる考え方の人間を否定し、絶滅しようとしている。時にはドイツ人でさえ処刑の対象となっている……人々は強制収容所に収容されている……だが、そのような事実は国民の耳には入らない。

国家社会主義者たちは、一方で金融界や産業界の支配階級と手を結び……その一方で社会主義を唱導している。彼らは個人の自由と宗教の自由を擁護すると宣言しているが、実際にはキリスト教会を破壊し、キリスト教に対する弾圧を密かに進めている。総統は有能な人間には自由に才能を伸ばす権利があるという原則を口にするが、実際にはナチス党員以外の人間には何の機会も与えられない……

では、ナチス党員の実態を見てみよう……彼らの生活は国家社会主義の原則からかけ離れている……誰が敵と対峙しているのか？　ナチスではなく、国民である。現在、身体障害者に対しても兵役が課されているが、一方で健康な若者たちが戦線から遠く離れた党の事務所や警察部隊で働いている。いったい、なぜ、彼らは兵役を免除されているのか？
彼らはポーランド人やユダヤ人の財産を取り上げて自分のものにしている。ポーランド人やユダヤ人は食料もなく、凍えている。国家社会主義者はすべてを取り上げて、何の痛痒も感じていない……
新聞やラジオはすべてが順調に運んでいると宣伝している。戦争はすでに勝利しており、和平は確実であり、ドイツの将来は希望に満ちている。しかし、この宣伝を信じることはできない。少なくとも、不正が長持ちすることはあり得ない……

一九四三年十二月五日
今年は後退に次ぐ後退を繰り返す一年だった……戦争に勝てると思っている人間はドイツ国内にはもう誰もいない。では、出口はどこにあるのか？　国内で革命が起こる可能性はない。命を賭けてゲシュタポに対抗する勇気は誰にもないからだ……軍のクーデターも期待できない。軍隊は甘んじて死に追いやられようとしている。軍の内部に大衆的な反対運動を誘発するような動きがあっても、すぐに弾圧されてしまう。つまり、我々は悲劇的結末まで突き進むしかない。全ドイツ国民が我々のすべての犯罪行為、すべての不正と不幸の責任を負うことになるのだ……

一九四四年八月十一日
総統はワルシャワをきれいさっぱり破壊しつくすように命令したらしい。命令はすでに実行され始めている。蜂起側の手に落ちた街路はドイツ軍によって焼き払われている。住民は市からの退去を迫られ、数千人の群をつくって西へ向かっている。総統が命令を発したというニュースが正しければ、すでに我々はワルシャワを失ったことになる。戦争にも負けることになるだろう。我々が五年間保持し、整備拡大し、戦果として世界に誇ってきた都市を放棄するのだ。この町を我々は非道なやり方で支配してきた。まるで主人が奴隷を扱うように振舞い、決して撤退することはないと宣言して来た。しかし、今やすべてが失われることを認めざるを得ない。我々は自分のした仕事を破壊しているのだ……我々の東方政策は破綻した。ワルシャワの壊滅は東方政策破綻の最後の記念碑となるだろう。★1

ヴィルム・ホーゼンフェルト大尉＊

＊ ヴィルム・ホーゼンフェルトは「戦場のピアニスト」ヴワディスワフ・シュピルマンの命を救ったドイツ軍将校。

略的に重要な尾根筋を確保し、それによって、ドイツ第七軍の退却路を断ったのである。この尾根筋は「瓶の首を塞ぐコルク栓」と言われていた。マチェク将軍の戦車兵たちは最悪の激戦地に投入されたことになる。袋小路に追い詰められたドイツ第七軍は、脱出口を求めて死に物狂いで反撃してきた。尾根筋の反対側からは、友軍を救出しようとするドイツ軍が、これまた死に物狂いで迫ってきた。しかし、ポーランド機甲師団は持ちこたえた。そして、モントゴメリーは彼の戦歴上の最大の功績として、ファレーズ・ギャップの勝利を吹聴することになる。事実、この作戦の勝利によってモントゴメリー将軍は元帥に昇進するのである。この戦闘で第一ポーランド機甲師団は兵士の二〇パーセントを失った。

ワルシャワの国内軍指導部は、ロンドン経由の無線通信を通じて、ノルマンディーで戦うポーランド軍の動向を逐一承知していた。国内軍指導部の反応は素朴だった。在外ポーランド軍がフランス戦線で連合軍のために生命を投げ打って戦っている以上、連合軍の方も東部戦線で同一の敵ドイツ軍と戦うポーランド国内軍を当然ながら支援するであろうと単純に期待していたのである。

ロンドンでは、ワルシャワ情勢に関して信頼できる情報が不足していた。ポーランド亡命政府にとって唯一の情報源は国内軍総司令官ブル＝コモロフスキ将軍からの連絡だった。将軍からは連日報告が寄せられていた。しかし、ロンドンでは、その報告には誇張があると思われていた。西側からの援助を引き出すための誇張であるという批判もあった。一方、ドイツの公式放送は何の役にも立たなかった。「ドイツ情報局」のニュースは八月十五日になるまで蜂起について一切言及せず、十五日以降も、蜂起はすでに鎮圧されたとしか報じなかった。ソ連の報道も大同小異だった。ソ連の報道は蜂起について長い間沈黙し、蜂起の事実を認めた後も、その報道は政治的な非難に終始し、果たしてソ連軍が蜂起軍の救援に駆けつけるかどうかという肝心な点には決して触れなかった。英国の報道は大筋のところモスクワ放送に依拠していた。

ポーランド亡命政府と在英ポーランド軍の幹部たちは、彼らの見方では「消極的」と思われる英国から何とか支援を取りつけようとして奔走していた。イタリアから戻ったソスンコフスキ最高司令官は、八月八日、ブル＝コモロフスキに対して、チャーチルが英国空軍による空輸支援の再開に合意したと連絡している。ただし、ソスンコフスキは支援に対する「強い抵抗感」が英国側にあるという感触を得ていた。彼が英国軍のイズメイ将軍、アランブルック元帥、ウィルソン空軍少将、アーチボルド・シンクレア航空相などと会談した席での話である。連合軍の支援は不十分であり、ポーランド側が一方的に犠牲を強いられているという内容のブル＝コモロフスキの電報をソスンコフスキが読み上げると、英国側からは「大英帝国への侮辱であるという激しい抗議の声」が上がった。[46] イーデン外相がその場を取り繕ったが、支援に関する具体的な約束は行なわれなかった。

最高司令官ソスンコフスキの立場は大幅に弱まっていた。ロンドンに戻ってみると、蜂起についての彼の事前の警告は同僚たちによって無視され、却下されていたことが分かった。イタリアから送った電報も改竄されていた。当然ながら、ソスンコフスキはラチキェヴィチ大統領に対して激しく抗議した。[47] それは、ごく身近な側近さえ驚くほどの激しい抗議だった。今や、国民評議会は分裂し、実りのない議論を重ねて時間を費やすばかりで、簡単な議決も成立しない状態だった。[48] [456ページの囲み「商売上手」]

モスクワ会談を終ってロンドンに戻ったミコワイチク首相もこの混乱に巻き込まれた。ミコワイチクはスターリンから支援の約束を引き出したと思って帰還したが、モスクワ会談の全容を閣議で報告した瞬間から、困難な立場に追い込まれた。迫り来る悲劇がもたらす政治的な影響が見え始めていた。亡命政府の内部で、また、亡命政府、国民評議会、ワルシャワの地下指導部の三者の間で、激しい駆引きが始まった。ともかくは、スターリンの要求に対して何らかの回答を出さねばならなかった。西側同盟国の支援を確保した上で、ポーランドとソ連との最終的な和解案を打ち出す必要があった。戦前のポーランド共和国を批判する動きにも応える必要があった。戦後体制には共産主義者の参加を認めることが求められていた。領土問題では、ソ連への大幅な譲歩が不可避かもしれなかった。議論は白熱した。当時の経過を見ていた人々の間には、ミコワイチク首相に求められていたのは誠実な譲歩というよりも、見え透いた芝居だったと感じる人々もあった。

同じ頃、在英ポーランド人社会はポーランドに友好的なすべての筋、友好的になる可能性のあるすべての筋に対して熱心に働きかけていた。ポーランドの社会主義者の代表団はクレメント・アトリー

囲み◆18

商売上手

優れた商才の持ち主がユダヤ人の恋人を連れて蜂起下のワルシャワを脱出する

私はワルシャワでサラと彼女の母親ヘレナ・ローゼンに合流した。危険は承知の上だった。二人のためにアーリア人の身分証明書が必要だった。地下国家の関係者にコネがあったので、本物の出生証明書を手に入れることができた。まだ死亡届が出ていない死亡者の出生証明書である。母親のヘレナはいかにもユダヤ人らしい容貌の女性だったが、ゾフィア・オルシェフスカになり、ユダヤ人離れした容貌のサラはクルィスティナ・パデレフスカになった。「ゾフィア」は私の「叔母」、「クルィスティナ」は私の「妻」ということにした。偽造の結婚証明書も手に入れた。クルィスティナとゾフィアの母子が泊まっていた下宿の女主人は、ドイツ人がユダヤ人を「トコジラミを潰すように」殺しているという話を意地悪そうな口調で口にした。意図的な警告だったのかもしれない。真意は分からない……

八月になると、外務省ビルの地下室にドイツ軍が仮設病院を開設するという話があり、手伝いが必要だという連絡があった。私とクルィスティナと他に何人かの女性が動員された。仮設病院で働き始めて数日後に、親衛隊の隊員がやって来た。彼のことは忘れられない。長身で斜視だった。籠一杯に上等なクリスタル食器を入れて持っていた。明らかに盗んできた品物だった。ドイツ人は手当たり次第に家に押し入って略奪していた。彼は私を見て言った。「おい、お前、ポーランドの豚野郎、なぜ俺の顔をじろじろ見るんだ？」私はドイツ語で答えた。「失礼。だが、私はポーランド人ではない」。「それは悪かった。ここで何をしているのかね？」私は自分の商売の話をし、蜂起のせいでワルシャワから出られなくなっていると言った。すると、親衛隊員は言った。「それなら、ドイツ向けの荷物を運ぶトラックが毎朝四時に出発して、ヤブウォンナまでを往復している。明日、君と細君を送ってやってもよい」。脱出するチャンスだった。

翌朝四時にトラックが現れた。連中は酔っぱらっていた。「さあ、乗れよ！」と彼らは叫んで、私に酒瓶を押しつけた。私も一口飲まねばならなかった。彼らは警告した。「トラックが角を曲がる時はできるだけ姿勢を低くして伏せろ。さもないと撃たれるぞ」。パルチザンの狙撃手は一定の高さを狙って撃ってくるので、姿勢を低くすれば撃たれることはないと彼らは説明した。

トラックはワルシャワから二五キロほど離れたビェラヌィという村でいったん停車して、私たちを降ろした。村人たちは恐れ戦いていた。彼らはワルシャワで何が始まったのかを知りたがった。村では、全員が教会に集まり、地下室にベッドを並べて一緒に夜を過ごしていた。翌日、私たちは先へ進むことに決めた。

森を抜けると大きな屋敷があった。屋敷の人々も私たちの話を聞きたがった。どうやってワルシャワを脱出して来たのか？　私たちを裏切り者として疑う人もいた。ワルシャワにとどまって戦わなかったからではなく、私が蜂起に反対する意見を言ったからだ。蜂起は愚行であり、自殺行為だと私は言ってやった。蜂起しても勝ち目はない。ドイツ軍の始末はソ連軍に任せるべきだ。

その屋敷に二週間ほど滞在した。ある日の昼間、誰かに呼ばれた。「ダムスキさん！　ドイツ人がこっちへ来る！　連中に対応してください」。やって来たのはドイツ軍の軍医たちだった。病院を開設する場所を探しに来たのだ。彼らは全員がバイエルン州の出身で、スターリングラードから退却した連隊に属していた。ヒトラーは敗走した師団に対して一切の昇進を認めなかった。軍医たちは私に「ポーランド人匪賊」の話をした。私は彼らにそれは無法者ではなく国内軍の兵士たちだと言ってやった……

ドイツ人たちが去った後で、屋敷の人々がドイツ人との対応を私に任せた理由が分かった。屋敷は付近の森に潜むパルチザンのための秘密の病院だったのだ。私が玄関でドイツ人と話している間に、パルチザンの負傷兵を裏口から逃がしていたのだ。

数日後、ドイツ人軍医の一人が戻って来て、農産物の集配基地を作るので通訳が必要だと言った。そこで、クルィスティナと私はオジャルフという小さな町に移り、そこで農産物の卸売業を始めた。事業は大当りした。ピーク時には従業員を一一九人雇い、四〇〇〇トンの野菜を販売した。トラックも何台かドイツ軍から手に入れた……毎月貨車一二両ないし一五両分の野菜をハンブルク、ブリュッセルなどあらゆる場所に出荷した。素晴らしい大成功だった。★1

ジョン・ダムスキ

〔労働党党首〕に会いに行った。ポーランドのユダヤ人たちは英国のユダヤ人社会に働きかけた。ポーランドの労働組合関係者は英国労働組合会議（TUC）に訴えた。英国側でも、外交界の大物ヴァンシッタートや戦時経済相セルボーン卿などが英国議会でポーランド支援を提唱する演説を行い、外務省に書簡を送った。しかし、効果は薄かった。当然ながら、ポーランド側の不満は募る一方だった。

言論界の反応も鈍かった。蜂起についての本格的な論説が現れたのは、やっと八月十日から十一日になってからだった。『スコッツマン』〔スコットランドの代表的な高級日刊紙〕は「ワルシャワをめぐって三度目の戦闘が勃発した。戦闘は連合軍を抜きにして戦われている」と報じた。「このワルシャワの戦闘に対しては、当然期待される連合軍からの物的支援が与えられていない。情況は絶望的な様相を呈しているが、まだ手遅れではない。ワルシャワ市民が『ポーランドの友人たちはどこにいるのか？』といぶかるのも当然である」。左派系の週刊誌『ニュー・ステーツマン』は「ロマンチックな伝統に忠実なポーランド人はロシア人が来る前に首都を解放したいと考えているのだろう」という意見だった。

八月十一日、ヴァチカンの教皇庁機関紙『オッセルヴァトーレ・ロマーノ』が蜂起に対するソ連の態度を批判し、ソ連は政治的なゲームを弄んでいるという大胆な記事を掲載した。すると、論争は新たな局面に入った。『ニューズ・クロニクル』紙はこれに素早く反応して、ヴァチカンの見解は連合国陣営に分裂を持ち込もうとする露骨な企みであると非難した。その他の英国のジャーナリズムは当面沈黙を守った。

各種の情報源を分析した上で、英国のジャーナリズムの反応の鈍さを批判した最初の本格的な論評を発表したのは、八月二十二日付の『マンチェスター・ガーディアン』だった。「ワルシャワ蜂起、責任の問題」という見出しで外交問題担当記者が書いた論評は、連合国がワルシャワ蜂起の勃発を予測していなかったという見方を一笑に付している。

最近盛んに行なわれている議論がある。ワルシャワに十分な支援を供給する態勢を組織し得ないのは、蜂起が突如として自然発生的に勃発したからであり、少なくとも、ソ連との戦略的調整を抜きにして勃発したからであるという議論である。これは驚くべき議論だ。なぜなら、ワルシャワ蜂起が始まるはるか以前から、あるいは、蜂起が勃発してからもしばらくの間、ソ連はワルシャワ市民に武装抵抗を求めるアピールを組織的に繰り返していたからだ。このソ連のアピールに連合軍が気づかなかったというようなことは考えられない。

これに続いて、『マンチェスター・ガーディアン』はモスクワの共産党系ポーランド語放送局「コシチュシコ放送」が六月二日から七月三十日までの間に行なった放送の内容を延々と引用している。たとえば、六月十五日の放送では、ポーランド人民の間に総司令官ブル＝コモロフスキ将軍の方針への「不満」が高まっていることが報道されている。ブル＝コモロフスキの方針は蜂起を目指す人民の意志に反しているという「不満」である。「国内軍の内部で武装抵抗への意志が高まっている。人々は今こそ立ち上がるべき時だと考えている」。それより二週間も前、つまり、蜂起が始まる二ヵ月も前に、モスクワ放送は明らかに蜂起への呼びかけを行なっている。

武装抵抗は数万人の人命を救う行動であり、同時に、ドイツ軍に多大な損傷を与える戦術である。大衆的な武装抵抗運動は可能であり、蜂起にともなって人命の損失があったとしても、それは敵の残虐な恐怖支配に消極的に従う場合の被害よりも少ない。現在、ポーランド人の直接行動を無謀と言える者は誰もいない(49)。

ワルシャワ蜂起は頑強に持ちこたえていたが、それは英米両国政府にとって厄介な事態だった。蜂起軍が早々に敗北していれば、英米政府はその勇気を惜しみなく賞賛して事を終わらせることができた。面倒の種を抱えることもなかったであろう。しかし、蜂起軍はどういうわけか戦闘態勢を維持していた。そのために、連合国の指導者たちができれば無視したいと思っていたような問題が浮かび上がってきた。敏感な人々は居心地の悪い思いで身もだえしていた。

チャーチルについて言えば、彼は蜂起軍を可能な限り支援することが望ましいと本気で信じていたと見て間違いない。英国空軍、SOE、陸軍省などの幹部もチャーチルと同じ意見だった。しかし、スターリン、ルーズヴェルト、米国政府幹部、そして英国外務省の意見は違っていた。意見の食い違いが欲求不満の度を深めていた。

在モスクワ英国軍事使節団はソ連軍側の担当者に対して毎日のようにワルシャワへの支援を要請していた。英国空軍がイタリアの基地からワルシャワへの支援物資空輸を行なうという情報をソ連側に提供しつつ、ロコソフスキー軍の方が「はるかに支援しやすい位置」にいることを指摘した。八月九日には、使節団のブリンクマン大佐がカルーギン大尉からの支援要請について言及し、ワルシャワ市内の支援物資投下地点と砲撃目標に関するポーランド国内軍総司令官からの詳細な指示を伝達した。翌八月十日、クラーク＝カー英国大使はモロトフ外相に対してスターリンがミコワイチク首相に与えた約束を想起するよう要望し、英国大使館参事官のP・M・クロッヴァイト（クロスウェイト）はトルスカフ村の位置を示す精密な地図をソ連側に提供した。ソ連軍が連絡将校を派遣することになれば、ポーランド現地の受入れ委員会がトルスカフ村に出向いて待機するはずだった。

これらの記録を検証すると、多数の驚くべき事実が明らかになる。ひとつには、文書の中で使用されている地名から判断すれば、英国軍事使節団は明らかにドイツ製の地図を用いていた。また、英国とソ連との間で文書の翻訳が重ねられる間にその意味が大幅に歪められていった過程も明らかになる。たとえば、英国の公式文書が「ポーランド国内軍」としていた呼称はロシア語に翻訳される過程で「ポーランド内部軍」になり、その文書がスターリンの手許に届く時には「ポーランド非合法軍」に変わっていた(50)。

チャーチルはイタリアの基地から発進してワルシャワへの空輸を実施する作戦の再開を英国空軍に命令した後で、八月十二日、スターリンに対してワルシャワへの支援を重ねて要請した。「ポーランドへの支援に関連して、ソ連の最大限の努力を期待するものである」(51)。その一方で、チャーチルはイーデンに向かって疑念を打ち明けている。「ポーランドの地下抵抗勢力が蜂起した瞬間にソ連軍がワルシャワ攻撃を中止し、後退したのは実に奇妙な行動と言わねばならない。今でも、ソ連がその気になれば、ポーランド人が英雄的な戦いに勝利するために必要なすべての機関銃と弾薬を供給することは、わずか一〇〇マイル程度の空輸で可能なはずだ」。チャーチルは胡散臭さを嗅ぎ取っていた。チャーチルは、また、米軍参謀総長が連合国軍総司令官アイゼンハワー将軍に送った「煮え切らない電報」にも失望していた。さらに、ワルシャワ上空を通過した米軍機が、米空軍がすでに作戦活動に利用しているソ連領内の基地に着陸する計画の実現性についても、危うさを感じていた。[463ページの囲み「蛮行」]

ポーランド亡命政府と英国政府との間に、様々なレベルで摩擦が生じ始めていた。亡命政府関係者は英国側に懸命な働きかけを行なったが、英国側の反応は緊迫感に欠けるばかりか、英国政府の各機関がそれぞれに異なる方針を掲げ、異なる対応をするので、ポーランド側の苛立ちは募るばかりだった。たとえば、SOEは七月二十九日の段階で蜂起を「最優先事項」として検討することをタタル将軍に約束したが、実はすでにそれよりも前に外務省が別の方針を決定していた。イーデン外相が消極的な内容の報告書を書いたのは七月二十八日、その報告書が首相に届けられたのはSOEのガビンズ将軍がタタル将軍に積極的な回答を与えたのと同じ二十九日だった。英国政府内部の混乱は簡単には解決しなかったが、しだいに外務省の消極姿勢が優勢を占めることになる。SOEが当初の積極姿勢を捨てて外務省の方針になびき始めるに及んで、ポーランド側の苦い思いはますます深まった。SOEのガビンズ将軍はフランス戦線関連の仕事でノルマンディーに出張し、数週間ロンドンを留守にしてしまう。その間、ガビンズ将軍の代理を務めたのはパーキンズ中佐だった。かつては親ポーランド

囲み◆19

蛮行

負傷した蜂起軍看護婦が最後の瞬間に虐殺を免れる

キリンスキ広場にドイツ軍の戦車部隊が近づいてきた。十三、四歳の少年兵たちが火炎瓶を投げて応戦し、ほとんど百発百中で戦車に命中させていた。十八日には、ドイツ軍が爆薬を詰めた戦車を意図的に広場に放置した。少年兵たちは何も知らずに近づいて攻撃した。爆発が起きて、少年兵をはじめとして多数の死者が出た……

ドイツ軍が残虐な行為を繰り返すたびに彼らへの憎しみが高まっている。ドイツ軍はポーランド人を狩り集めて戦車の前を歩かせている。蜂起軍が撃てないようにするためだ。何ともひどい光景だ。同胞を撃つことはできない。ドイツ軍の戦車は人質を轢き殺して進んでくる。ドイツ人はみずから損傷をこうむりつつも、罪のない市民を殺すのをやめようとしない。レシュノ通りではドイツ軍の戦車と乗組員だけでなく、人質も全滅した。ドイツ軍は戦車の前に数十人の人質を並べて轢き殺すというやり方を繰り返している。

ある晩の八時頃、私たちは中庭の入口に座っていた。そこは安全な集合場所で、私たちはかなりの人数で夜の見張りについていた。突然、飛行機の爆音が聞こえた。「空飛ぶ棺桶」と呼ばれる英国空軍のウェリントン爆撃機に違いなかった。爆撃機はキリンスキ広場の上空を旋回した。空輸してきた武器の投下地点を示す信号を待っていたのだ。ドイツ軍が一斉射撃で応戦すると、数千の煙の筋が夜空に立ち昇り、まるで花火の爆発のような物凄い情景が浮かび上がった。ドイツ軍は狂ったように射撃していた。

サーチライトが爆撃機を追った……ついに翼が煙突に接触し、飛行機は旧市街のあたりに墜落した。最悪の気分だった。二人の搭乗員は英国空軍のカナダ兵だったという。彼らは私たちを助けるためにはるばると遠い距離を飛んでワルシャワに到達したが、帰還することできなかったのだ。

ドイツ兵とウクライナ兵の集団が私たちの病院を襲撃した。「ろくでなしのポーランド人匪賊め」と罵りながら、床に寝ていた負傷者たちを蹴ったり、殴ったりした。そして、さらに大声で叫びながら、倒れている怪我人の頭を軍靴で踏み潰した。血と脳漿があたりに飛び散った……その時、将校に率いられた別のドイツ軍小隊がやって来た。「ここで何をしているのだ？」と指揮官が詰問し、殺害犯たちを追い払い、死体の片付けを命じた。そして、生き残った患者たちに、立ち上がって中庭に集合するように静かな口調で命令した。中庭に出た者全員がそこで銃殺されたことは間違いない。

一時間ほどして、ドイツ兵とウクライナ兵の集団がまたやって来て金切り声を上げて騒ぎ始めたが、今度は何もせずに立ち去った。一人だけ残っていた年輩のドイツ兵が興奮した様子でそわそわと歩き回っていた。私はドイツ語で質問した。

「これから何が起こるのか教えてくれませんか？　私たちは重傷なんです」

「あなたはドイツ人ですか、それとも民族ドイツ人？」

「ポーランド人です」

「どうしてそんなにドイツ語が上手なんですか？」

「ウィーンにいた頃に勉強しました」

「ウィーンですか？　私もウィーンの出身です。ウィーンのどの地区ですか？」

「14区のヒュッテルドルフです」

ドイツ兵は突然取り乱し、まるで狂ったように叫び始めた。

「お嬢さん、お願いだ。すぐにここから出るんだ。急いで！」
ヤネクが私を支えて起こしてくれた。私はヤネクの首にすがって立ち上がった。ヤネクとドイツ兵に両脇を支えられて、戸口まで行き、階段の手すりにつかまってようやく表に出た。外には大勢のドイツ兵がいて、病院の中に藁を運び込んでいた。ドイツ兵の一人が藁の上にガソリンを撒いた……爆発音がして、恐ろしい叫び声が上がった。私たちの背後は火の海だった。ドイツ軍は病院に放火し、逃げ惑う病人を射殺した。あの年輩のドイツ兵との会話がなければ、私も運命をともにするところだった。★1

カミラ・メルヴァルトヴァ

派だったパーキンズは、今では奇妙なことにポーランドへの共感を失っていた。パーキンズ中佐は八月十六日にタタル将軍その他の在英ポーランド軍幹部との会合に出席して長広舌を振るい、ポーランド側の不満表明に反駁して、すべての責任は英国ではなくポーランド側にあると主張した。

私は個人的意見として彼らに伝えた。ワルシャワですでに始まっている危うい作戦に関連して彼らが英国に支援を要求するのは犯罪的な間違いである……私は率直に言った。彼らの義務は、ブル＝コモロフスキ将軍に現実的で正確な情報を提供し、将軍の判断をこれ以上誤らせないことである。私自身は、彼らがブル＝コモロフスキに多くを約束していることを知っている。その約束が果たされないことが分かると、彼らは自分たちを正当化するために英国に責任を押しつけようとしている……この会談の結果、在英ポーランド軍の幹部たちは状況の困難さを悟り、不可能な要求を繰り返すことの不毛さを認識したに違いない(52)。

蜂起初期のこの段階ですでに「犯罪的」という言葉が使われていることは奇妙な印象を与える。おそらく、パーキンズは外務省に接触してその影響を受け、その外務省はモスクワの影響を受けていたと思われる。いずれにせよ、これらの文書を分析した英国のある歴史家はパーキンズの発言を「きわめて傲慢で、同情心に欠けていた」と批判している(53)。

その頃、米国では、ルーズヴェルト大統領の側近たちが事実確認に追われていた。彼らは米軍参謀本部、国務省、ハリマン駐ソ大使などに繰り返し情報を照会していたが、情報は互いに矛盾していた。たとえば、スターリンにはポーランドの蜂起を支援する意図があるという情報が大統領の許におそらくオスカル・ランゲから〔オスカル・ランゲはポーランドの経済学者、外交官。後に亡命政府からルブリン委員会に乗り換え、戦後ポーランドの駐米大使〕届いていたが、八月四日付のハリマン大使の電報はその情報に疑問を投げかける内容だった。その後も疑問を裏づけるような電報が続いたが、八月十日、ハリマン大使は大統領宛にスターリンがミコワイチク首相に空輪による支援物資投下を約束したと報告している。翌日、ハリマン大使はモロトフ外相と長時間の会話を交わした。モロトフは蜂起がソ連の了解なしに勃発したことを嘆きつつも、物資の空輪とソ連軍の攻勢に期待を持たせる態度を示した。ただし、カルーギン大尉の件は未確認であると言明した。一方、米国の軍事情報部の情報は役に立たなかった。八月十二日、軍事情報部は大統領に対して、「ポーランドの地下抵抗運動は緩慢な崩壊過程をたどりつつある」と報告している。国務省の立場はやや異なっていた。ステッティニアス国務長官は「ナチスとの全面的戦闘に突入したポーランド地下抵抗勢力をできる限り支援することは、それが軍事的に見て可能ならば、我々の道義的義務であると思われる」と勧告した(54)。ところが、統合参謀本部は、米国による支援は「ほとんど非現実的である」という姿勢だった。[55]しかし、各種情報の矛盾にもかかわらず、ルーズヴェルト大統領はスターリンに対してソ連上空を飛行してワルシャワに支援物資を供給する計画への協力を要請している。

八月十八日、チャーチルが嗅ぎ取っていた胡散臭さが具体的な人物像となって姿を現した。ソ連の外務次官ヴィシンスキーである。ヴィシンスキーは在モスクワ米国大使ハリマンに対して、「誤解の余地を残さないために」、あらかじめ用意した文書を読み上げた。

ソ連邦政府は英国または米国が武器を空輸してワルシャワ地区に投下することには、もちろん反対しない。それは英国または米国の問題だからである。しかし、英国または米国の航空機がワルシャワ地区に武器を投下した後にソ連邦の領土に着陸することは断固として拒否する。なぜなら、ソ連連邦府は、ワルシャワの冒険主義的試みに、直接的であれ、間接的であれ、加担することを望まないからである。[56]

次の二週間、チャーチルはスターリンの妨害にどう対抗するか、そして、ルーズヴェルトの協力をどう取りつけるかという問題に忙殺された。チャーチルによれば、これは「きわめて深刻で、広い範囲に影響の及ぶ重大問題」だった（後年の歴史家の中にはこれを冷戦の起源とする見方もある）。第一ラウンドでは、チャーチルはルーズヴェルト大統領と共同戦線を組んでスターリンを動かそうとした。「ワルシャワの反ナチス勢力を事実上見捨てることになれば、世界の世論はどう動くだろうか？」とチャーチルは八月二十日の書簡に書いている。「我々三人はできるだけ多数の愛国者を救うために最善の努力を払うべきだ[57]」。しかし、スターリンが「ワルシャワの犯罪者集団」を露骨に非難して問題が第二ラウンドに入ると、ルーズヴェルトの協力を取りつけることも困難になる。チャーチルはモスクワ放送がワルシャワ市民に蜂起を呼びかけた事実をスターリンに想起させようとする。調査団を派遣して実情を把握するという計画さえ提案した。しかし、ルーズヴェルトは「今のところ、打つ手はない……」と回答する。八月二十六日の書簡では、ルーズヴェルトの態度はさらに素っ気ない。「スターリンに対するあなたのメッセージに私が加わることは、戦争全体の長期的な見通しにとって有利に働くとは考えられない」(58)。ルーズヴェルトはワルシャワ問題への興味を失ったように見えた。

［469ページの囲み「電話局ビル（PAST）」］

チャーチルの許には、ポーランド亡命政府の関係者からワルシャワ蜂起の現状に関する情報が定期的に寄せられていた。チャーチルは「ドイツ軍の蛮行と恐怖支配の実態を世界に知らせるべきだ」と考えていた。しかし、英国のジャーナリズムは相変わらず報道に消極的だった。そこで、チャーチルは情報相に書簡を送った。

新聞を見る限り、ワルシャワの死闘に関する報道は事実上押さえられているようだが、何らかの規制措置が取られているのだろうか？　ソ連政府を非難することはわが国の本意ではないが、ありのままを報道し、事実をして語らしめるべきではないだろうか？　ソ連軍の奇妙にも非協力的な動きについて言及する必要はないが(59)、その結果としてワルシャワで起こっている事態を報道しない理由が何かあるのだろうか？

この書簡はチャーチルの『第二次大戦回顧録』に含まれているが、それに対する情報相の回答書簡は含まれていない。したがって、ここで引用しておく価値はあるだろう。

囲み◆20

電話局ビル(PAST)

蜂起軍が電話局ビルを占領した際に発見されたドイツ軍兵士の日記

ドイツ軍兵士クルト・ヘラーの日記は全ドイツ軍兵士の気持ちを代弁している。そこには、長い戦争で疲れ果てたすべてのドイツ軍兵士の思いが表現されている。兵士たちはドイツへの帰還を望んでいた。ドイツには彼らの家があり、妻がおり、父がおり、母がおり、子供たちがいる。日記帳の内容の一部は次のとおり。

八月一日　昼過ぎにワルシャワの街頭で戦闘が始まる。我々は孤立して包囲されている。

八月三日　ウルリヒ戦死。親衛隊中隊指導者〔中尉〕をはじめ多数が戦死。

八月四日　包囲網が狭まる。外部からの支援はない。今日か明日に援軍が来ればいいのだが。食料が底をつき、水も足りない。

八月五日　ルドルフ戦死。他にも多くの戦友が戦死した。体力が限界に達する。ルテヴィッツが倒れた。ホルヴェクが重傷を負う。

八月六日　朝方、夢を見た……砂糖入りコーヒーの夢。いたるところに死臭。生き残りたい。三人の戦友が拳銃で自殺した。

八月七日　昼頃、ドイツの砲兵隊から砲撃を受けるが、損傷はない。出撃を試みるが成功しない。この出撃で一人が戦死、重傷者四人。うち一人が死亡した。これまでの戦死者一四人を八時に中庭に埋葬する。死体の悪臭がひどく、息もできない。

八月八日　二〇〇メートル先に友軍の部隊がいるが、叛徒の抵抗は激しい。

八月九日　いよいよ食料がなくなりそうだ。

八月十一日　公安部隊が来て残りの食料を没収する。煙草も奪われた。戦える状況ではない。

八月十二日　空腹がこたえる。一日にスープ一杯と煙草六本だけ。公安部隊がすべてを没収したからだ。ママレードの小瓶も残さなかった。この悲惨と苦痛はいつ終わるのか？

八月十三日　ドイツ軍の戦車が来てポーランド側の拠点を砲撃する。我々のいるビルにも砲弾が当たるが、損傷はない。戦車から食料が補給される。五日ぶりだ。体調が悪い。胃の痛みがひどく、長い間立っていられない。いつになったら解放されるのか？

八月十四日、十五日、十六日　飢餓状態。夜になると恐怖心が強まる。一番星を見て、シュテティン（シチェチン）の家と妻と息子のことを考える。懐かしさが抑えられない。

八月十七日　ポーランド人は銃撃と火炎瓶で襲撃して来る。戦友がまた何人か神経をやられて自殺した。道路に放置されている死体の悪臭がひどい。

八月十八日　外部世界から完全に切り離されて孤立している。

八月十九日　脱出は不可能だ。周囲はすべてポーランド人だ。我々の中で最初に中庭の墓穴に入るのは誰だろうか？

ドイツ兵の日記は[★1]八月十九日で終わっている。翌日、電話局ビルは蜂起軍によって占領され、クルト・ヘラーは捕虜となった。

エヴゲニウシュ・メレフ

ワルシャワに関する英国の報道機関の報道については何の規制も存在しない。しかし、英国の報道機関にはワルシャワで実際に何が起こっているかを知る手段がないことをご理解いただきたい。さらに言えば、新聞の読者は東部戦線からの吉報を待ち望んではいるが、ワルシャワの事件については特に強い関心を抱いているわけではない。ポーランド政府にはワルシャワの死闘について報道する優れた書き手が揃っているようだが、これまでのところ、彼らの報道の仕方は、その信頼性を掘り崩す傾向にある。フリート街〔英国新聞界〕は、情報省を無能な馬鹿者扱いしている。もし英国政府がジョン・ウォード軍曹の報告の公表を希望するなら、新聞各紙を説得して掲載させることはもちろん可能である。しかし、それが世論にどのような影響を与えるかは分からない。英国の世論はポーランド人を風変わりで手に負えない国民と見る傾向がある。さらに言えば、新聞界に数多く存在するアンクル・ジョー〔当時西側社会で使われていたスターリンの愛称〕の支持者の反発を招いて、逆にポーランドへの反感を強める可能性もある。

ポーランド首相は英国の報道機関がワルシャワからのポーランド政府の公式報告を無視していること、また、イーデン外相がポーランド側の報告に不信感を持っていることを問題視している。外務省新聞局がポーランド政府の公式報告を新聞各紙に流すことを控えている理由は、報告の内容に疑問があるからというよりも、すでに難しくなっているポーランド・ソ連関係の一層の悪化を憂慮するからに他ならない。[60]

語るに落ちるとはこのことであろう。英国政府は独立した自前の情報網を持たなかったばかりでなく、利用可能な権威ある情報源を利用しようともしなかったのである。

事態はチャーチルが想像する以上に深刻だった。事態の困難さは、ワルシャワと同様の蜂起によってパリが解放された週に入ってさらに明確になる。

ポーランド国内軍がワルシャワで始めたことをフランスのレジスタンス運動がパリで見事にやってのけたというニュースが伝わったのは八月の最後の週だった。フランスの地下抵抗運動は米軍の到着を待つことなく、八月十九日、パリに残っていたドイツ軍守備隊を襲撃し、数日にわたる混乱の中で激しい市街戦を戦った。接近中の連合国軍との時間調整などは問題にならなかった。ドイツ軍が退却を開始してからも事情は変わらなかった。事前に作戦を突き合せることもなかった。まず、八月十八日にゼネストが始まり、フランス警察部隊が支配者たるドイツ軍に反旗を翻した。怒りに任せて銃撃戦が始まり、市民が参戦した。急遽バリケードが築かれ、市街戦が拡大した。孤立したドイツ軍の拠点が襲撃された。後に判明したことだが、ドイツ軍のパリ市防衛司令官ディートリッヒ・フォン・コルティッツ将軍は、パリを完全に破壊せよというヒトラーの命令に従わなかった。パリ解放を実現した決定的な契機は、事態に素早く対応した米軍司令部がルクレール将軍の第二フランス機甲師団を急遽パリに向かわせたことにあった。ただし、ルクレール将軍が独断でフランス軍部隊をヴェルサイユまで前進させた時には、米軍第五軍団の司令官は激怒したと言われている。戦車三両、機甲兵員輸送車（ＡＰＣ）一両、破壊工作部隊一個中隊で構成されたルクレール軍の先遣部隊がパリ市庁舎に到達したのは、八月二十四日二十一時二十二分だった。先遣部隊の指揮官はフランス植民地軍第九チャド歩兵連隊のレイモン・ドロンヌ大尉だったが、この第九チャド歩兵連隊はその隊員の大多数がスペイン人兵だったので、「ラ・ヌエヴェ」〔第九〕とスペイン語で呼ばれていた。市庁舎で先遣部隊を迎えたのはレジスタンス全国委員会のジョルジュ・ビドー委員長だった。ビドーは眼に涙を浮かべて歓迎の挨拶をした。ドイツ軍司令部は八月二十六日十四時三十分にオペラ座広場で降伏した。パリ解放の最大の特徴は、それが事態に即応して非計画的に進められたことだったが、その他にも、二つの重要な特徴があった。ひとつはフランスのレジスタンス運動が、非常に複雑な政治的混成組織だったにもかかわらず、最後まで参加者間の統一を維持したことであり、もうひとつは連合軍の確固たる支援を得たことだった。

フランス・レジスタンス運動の性格の複雑さは、パリの主要な秘密軍事組織である「フランス国内軍（ＦＦＩ）」の司令官がフランス共産党のアンリ・ロル＝タンギ大佐だったという事実からも窺がわれる。最大の抵抗組織「自由フランス運動」の首班であるシャルル・ドゴール将軍は、八月二十七日、まだ銃弾の飛び交うシャンゼリゼー大通りを行進して伝説的な帰還を果たすが、この段階では、まだ象徴的な権威でしかなかった。一方、ルクレール将軍とその部隊は米軍の直接の指揮下にあった。ビドー委員長がドゴール将軍に共和国復活を宣言するよう求めると、ドゴールはそれを拒否して答えた。「いや、フランス共和国は一瞬たりとも消滅したことはない[61]」

ノルマンディーに上陸した連合軍は激しい反攻作戦を戦っていたので、パリが蜂起しても支援に駆けつけずに蜂起軍を孤立させる可能性は十分にあった。しかし、蜂起の初日から連合軍に対して蜂起軍との接触を求める要請が行なわれた。ＢＢＣ放送は、「ワルシャワの悲劇を繰り返さないために」、連合軍がパリ蜂起を支援するよう呼びかけていた[62]。連合軍は要請に即応した。八月二十九日、連合軍最高司令官ドワイト・アイゼンハワー将軍は副司令官のアーサー・テッダー英国空軍少将をともなってパリを訪れ、凱旋門に敬意を表し、ドゴール将軍の権威を祝福した。

パリ解放にともなって発生した犠牲は少なくなかった。フランス国内軍（ＦＦＩ）の死傷者数は二五〇〇人、ルクレール将軍の第二機甲師団は四〇〇人を失った。パリ市民の死者は五八二人、加えて二〇〇〇人以上が負傷した。ドイツ軍の戦死者は三二〇〇人、さらに、一万二八〇〇人が捕虜となった。

ワルシャワの国内軍はフランスの同志の成功に挨拶を送った。『戦況速報』はパリの解放を「きわめて高度の意義を持つ出来事」として報じた。

　パリ解放はヨーロッパ大陸におけるドイツの軍事支配の終焉を象徴する事件である。これによって、フランスは列強の地位を回復するであろう……一九四〇年の敗北と降伏の不名誉が雪がれたと言うことができる……自分たち自身の闘争の渦中にあって、我々はパリ解放のニュースを心から喜んでいる[63]……

当然ながら、パリ解放とワルシャワ蜂起との類似性が肯定的に意識されていた。『戦況速報』は、さらに、次のように指摘している。「フランスの地下抵抗勢力は首都が外国軍によって解放される時を待つようなことをしなかった。パリ市民は自らの責任で戦闘を開始し、三日間で勝利を勝ち取った[64]」。

蜂起軍の放送局「ブウィスカヴィツァ〔稲妻〕」はパリ市民への祝福の挨拶をフランス語で放送した。

　フランスの戦友たちよ！

　諸君は、自由の首都であり、ヨーロッパ文明の心臓であるパリをついにその足枷から解放した

……我々ポーランド国内軍の兵士も過去三週間ワルシャワで戦っている。諸君に衷心から祝福の挨拶を送る……(65)

内情を知る人々にとってこの放送が特に印象深かった理由は、原稿を読んだのが、まさかの人物だったからである。彼はベルギー人のダイヤモンド密輸業者で、たまたまワルシャワ滞在中に蜂起に巻き込まれ、身動きできなくなっていたところを、フランス語放送に本場の味わいを添えるために避難先の地下室から呼び出されたのである。密輸業者は本物の俳優にも劣らぬ情熱的な演技で要求に応えた。

ワルシャワ空輸作戦は第二次世界大戦の語られざる偉大な伝説である。作戦に参加したのは表向きはソ連、米国、英国の三ヵ国だったが、実際に貢献したのは英国とその協力者だけだった。ソ連の飛行機は七月下旬にはワルシャワ上空を飛ぶことがあったが、蜂起が始まるとピタッと姿を見せなくなり、その後の六週間はほとんど飛ばなかった。米軍機は八月中に英国の基地から飛来するはずだったが、九月中旬まで出動することができず、ワルシャワ上空に達したのは一度だけだった。その結果、苛酷な空輸作戦の大部分を担ったのはイタリアの基地から発進する英国空軍の飛行中隊だった。この空輸作戦はワルシャワから遠くないバルト海沿岸地方に対する英国空軍爆撃機による定期的な空爆作戦に合わせて実施された。たとえば、八月下旬には二〇〇機に近いランカスター重爆撃機が英国を飛び立ってケーニヒスベルク〔現カリーニングラード〕を二晩連続で爆撃した。爆撃機編隊の損傷率はわずかに七・五パーセントだった。［476ページの囲み「飛行士」］

イタリアのプーリア州ブリンディジにある英国空軍基地からワルシャワまでの距離は一三一一キロ

飛行士

フォッジャ〔イタリア東部プーリア州の町〕近郊の空軍基地を拠点として作戦活動をしていた英国空軍第二〇五飛行群に属する英国空軍および南アフリカ空軍の飛行中隊に対して、急遽、バルカン空軍〔バルカン地域の反独闘争支援のために結成された連合軍の混成空軍〕との共同作戦命令が下る★1

八月十三日の昼前、第二〇五飛行群に属する飛行中隊の一部に出撃命令が出た。出撃時刻はその日の晩、目的地は知らされなかった。各機二三〇〇ガロンの燃料を積み込むようにとの指示が出た。出撃前の最終打ち合わせのためにブリンディジの飛行基地に集合し、そこでさらに燃料の追加補給があるという話だった。オーストリア北部一帯を目標とする通常の出撃ならば、必要な燃料は一八〇〇ガロン程度だった。

ブリンディジに集合した時点で目的地が明らかになった。ブリーフィング・ルームに入ると、床から天井までの壁一面に修正多円錐図法の地図が貼ってあった。ブリンディジは地図の一番下に位置しており、そこから赤い直線が一番上のワルシャワまで延びていた。この距離を夜間飛行することが分かると、飛行士たちの間に緊張が走った。

作戦を説明したのはポーランド軍のイェジ・ズブルィツキ中尉だった。中尉の説明は説得力に富み、誠実で正確、漏れがなく、ブリーフィングとして完璧だった。ワルシャワで戦っているポーランド国内軍の政治的、軍事的、戦術的な状況、ワルシャワのドイツ軍の動き、ヴィスワ川を挟んでワルシャワの対岸プラガ地区に指呼の間まで迫っている赤軍の状況、東部戦線の全体的な西進状況など、出動する乗組員が知っておくべきことがすべて説明された。

確実に物資を届けるためには、低空飛行で投下することが最も重要だった。投下時の高度は五〇〇フィート以下、速度は時速一五〇マイル以下と指示された。ワルシャワの地図と写真が配布された。投下目標地点は市内南部のモコトゥフ地区、中心部の旧市街地区、北部のツィタデラ（大要塞）地区の三ヵ所だった。我々第一七八飛行中隊の出撃時刻は一九四五時、目標に到達する予定時刻は〇一三〇時だった。夜が明けないうちに帰投することが肝要だった。アルバニアからバルト海に至る広範なドイツ軍占領地の上空を白昼に飛べば、無事に帰投できる見込みはほとんどなかったからである。

英国空軍の搭乗員がワルシャワ蜂起支援の空輸作戦に参加する場合には、「戦闘員証明書（ブラッド・チット）」が発給された。証明書は絹布製で、表には英国国旗ユニオン・ジャックの図柄と並んで「この人物は英国空軍の士官である。この人物を無事に帰還させてくれれば、謝礼を支払う」という文句が印刷され、裏側にはロシア語で同じ文句が印刷されていた。ワルシャワ支援作戦に参加して無事に帰還できなくなった場合には、それがソ連軍の支配地域に不時着した時であっても、また、ドイツ軍の捕虜となった時であっても、階級と認識番号と氏名以外を口にしてはならないと言われていた。だとすれば、「戦闘員証明書」は少しも気休めにならないばかりか、逆に不安の種でもあった。軍の上層部はソ連を相手に延々と困難な交渉を重ね、英国空軍機がソ連軍占領地の上空を飛行する許可をようやく得たところだった。それも、特定目的の飛行に限って許可されたのである。

ワルシャワは炎上していた。ただし、英国空軍とポーランド空軍の爆撃機の搭乗員が見慣れていた焼夷弾による火災とは違い、地上戦によって大都会が破壊されつつあることを示す火災だった。暗闇の中を低空飛行で近づくと、ワルシャワは逆さまに伏せた金魚鉢で覆われているように見えた。金魚鉢の中で夜が赤黒く燃えていた。あちこちから火災の火の手が上がり、銃撃戦で飛び散る火花が花火のように見えた。サーチライトの円錐形の光の中で対空砲が炸裂した。金魚鉢の中の人々の目には、赤く燃える夜空を背景として低空飛行で進入して来る飛行機は黒いシルエットとして見えたことだろう。

八月十三日から十四日にかけてのその夜、我々よりもさらに低空でワルシャワ上空を旋回する飛行機があった。炎上するワルシャワの街を背景に黒いシルエットとなって飛ぶその飛行機はまるで着陸態勢を取るかのように機首を下げて突っ込み、地上のサーチライトに照らされつつ、ドイツ軍の対空砲陣地と銃撃戦をかわしていた。我々より一時間半早くブリンディジ基地を飛び立ったポーランド空軍第一五八六特別任務飛行中隊のハリファックス機に違いなかった。ハリファックス機は空輸してきた武器弾薬をすでに投下した後で、なお蜂起軍の地上戦を援護していたのだ。ワルシャワ蜂起支援作戦に参加したポーランド軍飛行士の戦意はかくの如きものだった。

我々の乗組員チームが最後にワルシャワ空輸作戦に出撃したのは一九四四年九月十日から十一日にかけての夜だったが、ワルシャワに行き着く前にソ連の対空砲に狙われ、二時間半にわたってソ連空軍の夜間戦闘機に追い回された。我々は高度一二〇〇〇フィートまで急上昇し、ルブリン付近にいるソ連軍の砲撃の射程外に逃れたが、ソ連軍の対応にうんざりした南アフリカ空軍所属の操縦士とオーストラリア空軍所属の航空士は、無事にワルシャワに物資を投下し終わった後の帰還途上でもし撃墜されるなら「友軍」であるソ連軍よりも敵のドイツ軍に撃墜される方がマシだと判断した。そこで、ワルシャワへの投下に成功すると、我々は敵の占領地の上空を飛んで直線距離で帰投することにした。ロシア語の「戦闘員証明書」の効力を試す気にはなれなかった。ソ連軍の支配地域を飛んでひどい目にあった飛行チームは少なくなかった。

今振り返っての感想だが、首脳部は「連合軍」の一員としてのソ連軍についていったいどこまで知っていたのだろう（知っていたとしたら、どうして我々に明らかにしなかったのだろう）。★2

アラン・マッキントッシュ

である。イタリアとポーランドの間を往復する飛行ルートとしては、ブリンディジを南の端とし、ワルシャワを北の端とする細長い菱形の縁を飛ぶのが普通だった。夕暮れにブリンディジ飛行場を離陸した飛行機はアドリア海を横切り、日没前の最後の夕陽を浴びつつクロアチアの海外線を越える。ドナウ川の上空に出てハンガリーに入る頃にはすっかり夜の帳が下りている。そこから北東に進路を変えてカルパチア山脈を越え、ソ連軍占領地の上空を飛んで東側からワルシャワに接近するのである。帰路はドイツとオーストリアの上空を飛ぶことが多かった。出発から帰投まで一二時間ないし一四時間飛び続けた後でオーストリア・アルプスを越え、イタリアに入る頃には朝の陽光がさんさんと降り注いでいた。

ワルシャワ支援作戦に出動する飛行機の乗組員の前には、多くの危険が待ち構えていた。まず、戦闘機による護衛がなかった。したがって、ドイツの地上管制迎撃地域でドイツ軍機に遭遇した場合は自力で戦わなければならなかった。特にドイツ空軍の夜間戦闘機訓練基地に近いクラクフ上空一帯は常に危険だった。ワルシャワに到達しても、その上空の視程はきわめて限られていた。煙が雲のように立ち込めていたからである。物資を投下するために高度四五メートルの低空を速度二〇〇キロの低速で飛ぶ飛行機は、地上の対空砲にとっては格好の獲物だった。アルプスとカルパチア山脈の上空は夏の雷で有名だった。飛行士たちはセント・エルモの火を見たことをしばしば報告している。翼の先端やプロペラのブレードから青い炎が流れる現象である。

ワルシャワ空輸作戦で最も多く使われた飛行機はコンソリデーテッド・エアクラフト社製のB24リベレーター機だった。ボーイング社製のB17「フライイング・フォートレス（空の要塞）」機よりも速度と積載量で優れ、アヴロ社製のランカスター機よりも航続距離が長かったからである。リベレーターはプラット・アンド・ホイットニー社製の双座星型エンジンを四発搭載していたが、さらに出力を増幅するために過給機を装備していた。最大積載量は五・五トン、巡航速度は時速二一〇マイル、二三〇〇ガロンの燃料を満載し、爆弾格納庫にパラシュートつきの投下コンテナ一二個を積み込むと、積載量超過状態での離陸となった。最新の操縦装置としては、双曲線航法装置（GEE）（航空機用無線三角測量システム）と無線高度計を装備していた。搭載兵器は〇・五インチ重機関銃座一〇基、乗組員は一〇人だった。

デュラント少将指揮下の在イタリア英国空軍第二〇五飛行群は、英国空軍の五つの航空団と南アフリカ空軍の二つの航空団によって構成されていた。一九四四年の夏、そのうちの英国空軍第三三四特殊作戦航空団は、ユーゴスラヴィアでの連携作戦を主要目的として新たに編成された「バルカン空軍」に編入された。この航空団には英国空軍第一四八飛行中隊と第六二四飛行中隊および独立ポーランド空軍第一五八六特殊任務飛行中隊が含まれていた。英国空軍の二中隊にはそれぞれハリファックス機一四機が配備され、ポーランド空軍の飛行中隊にはハリファックスとリベレーターを合わせて一〇機が配備されていた。南アフリカ空軍第二航空団は第二四、第三一、第三四飛行中隊によって構成され、すべてにリベレーター機が配備されていた。

ワルシャワ支援のための最初の空輸は八月四日から五日にかけての夜に実施された。出動したのは独立ポーランド空軍第一五八六特殊任務飛行中隊のリベレーター機四機だった。これに英国空軍第一四八飛行中隊のハリファックス機七機が随行した。しかし、この最初の空輸はその後の作戦に大きな不安を残した。事前の命令では、物資の投下地点はワルシャワ郊外のカンピノスの森とカバティの森だったが、ポーランド空軍の四機は命令を無視してワルシャワ市内上空の飛行を強行した。基地に帰還したポーランド軍飛行中隊のリベレーター機のうちの一機は、着陸装置が故障したために胴体着陸を強いられた。奇跡的に爆発炎上は免れたものの、海上に突っ込むまであと一〇ヤードの地点でやっと機体が止まるという状態だった。英国空軍機は七機のうち五機が帰投できなかった。投下に成功した飛行機は二機にとどまった。英国空軍の首脳部が介入し、空輸作戦は中止となった。

この時点でワルシャワ蜂起が連合国首脳の間で話題となったことは間違いない。首脳たちはナポリに集合してフランス領リヴィエラ海岸への上陸作戦を検討していた。

チャーチルは、ヴィラ・リヴァルタ・ホテルの部屋からナポリ湾とヴェスヴィオ火山の美しい風景を眺めながら、ポーランド問題について思案をめぐらしていた……その日、チャーチルはチトー元帥の到着を待ってユーゴスラヴィア情勢を話し合う予定だった。八月十二日のことである。チャーチルはソ連のワルシャワ支援が期待できないことをすでに感じ取っていた。その一方で、〔南アフリカの〕ヤン・スマッツ陸軍元帥から、ワルシャワ空輸支援には軍事的価値がないという説を聞かされて、その意見にも一理あると思っていた。イタリアで活動する米国第五軍のマーク・クラーク将軍は、ワルシャワ空輸作戦を支援するという参謀本部の説明に何の理解も示さなかった。チャーチル自身も、ワルシャワから聞こえる最近の事件が長期的に何を意味するのか確信を持つことができなかった。それでも、チャーチルはスターリンに対してワルシャワ支援を重ねて要請した……

チャーチルはジョン・スレッサー空軍中将とも問題を話し合った。英国空軍司令官スレッサーは、ソ連軍がワルシャワ支援の空輸作戦に参加することはないだろうという見通しを繰り返し強調した。ポーランド国内軍を実質的に支援するために残された唯一の道は、米国第八空軍の空輸機が英国の基地からワルシャワに飛ぶことだが、そのためには、空爆作戦に関する取り決めと同じように、ソ連領内の基地にいったん着陸して燃料の補給を受ける必要があった。だが、ポーランドが支援を要請している相手は米国ではなく、英国である。チャーチルはソ連が支援に協力しないという前提で事態を慎重に検討し、たとえ重大な犠牲を払うことになっても、空輸作戦は続けるべきであるという苦しい決断を下した。[66]

その結果、第二〇五飛行群に対してワルシャワ空輸作戦継続の命令が下る。実は、それまでにも何回か特別空輸が実行されていた。ポーランド空軍第一五八六特殊任務飛行中隊、英国空軍第一四八飛行中隊と第一七八飛行中隊、南アフリカ空軍第三一飛行中隊が独自の判断ないし現地司令官の責任で実施したのである。ブリンディジからワルシャワへの空輸は八月四日、八日、十一日～十八日、二十日～二十八日に全部で一九回行なわれた。

空輸によって国内軍に届けられた武器は相当な量にのぼった。ブル＝コモロフスキ将軍が九月初めに確認しているところによれば、それまでに国内軍が受領した武器は対戦車砲（ＰＩＡＴ）二五〇門、ステンガン一〇〇〇挺、手榴弾一万九〇〇〇発、銃弾二〇〇万発に達した。［483ページの囲み「第一五八六特殊任務飛行中隊」］

しかし、空輸作戦には、途方もなく大きな犠牲がともなっていた。スレッサー空軍中将によれば、一トンの物資を空輸するために爆撃機一機が失われるという計算だった。中でもポーランド軍第一五八六特殊任務飛行中隊が払った犠牲は特に重大だった。第一五八六中隊は、八月一日の出動後は

囲み◆22

第一五八六特殊任務飛行中隊

ブリンディジ基地のポーランド空軍第一五八六特殊任務飛行中隊に属するパイロットたちが希望の一瞬と絶望の数週間を経験する

一九四四年八月一日にワルシャワ蜂起が始まった。始まった時刻は午後四時と五時の間だった。ラジオにかじりついて耳を傾けていた我々にとって最大の関心事はこうだった。ワルシャワは戦っている。では、戦うワルシャワを助けるために我々が飛べるのはいつなのか？……ラジオのアナウンサーは冷静を保つことができず、感情にかられて声を震わせていた……私は周囲を見回した。誰もが決意に満ちた厳しい顔つきだった……別の任務で真夜中に出動する命令が出た。私の機の後部銃座を担当するスタニスワフが不満の言葉を吐き散らし、拳でテーブルを叩くと、ドアをばたんと閉めて出て行った。もちろん、我々の飛行任務などどうでもよかった。ワルシャワ以外の場所に出動しても何の意味もなかった。

空軍大尉　イェジ・グウェンボツキ

一九四四年八月二十日

気象条件に関わりなく出撃せよという命令が出ていた。そこで、最悪の気象予報にもかかわらず、我々は基地を発進した……案の定、ユーゴスラヴィア海岸を越える頃から濃霧となった。霧は地上から六〇〇〇フィートの高さまで立ち込めていた。霧というよりも、水滴か蒸気の塊と言う方が適切だった。地上基地からの管制支援はなかった。私は地図を読もうとしたが……最後は星を眺めて「位置測定」をするしかなかった。

その後もずっと同じような気象状況が続いたが、ポーランド上空に達したところで同僚のハリファックス機のうちの一機がドイツ空軍の戦闘機に撃墜されるのを目撃した。（ユーゴスラヴィアからドナウ川の上空にかけても、激しい対空砲火を浴びた）。しかし、我々は飛び続けた。ピリツァ川に到達したところで確実に位置を把握することができた。その後は遠くに見える明かりを頼りにワルシャワを目指した。

高度七〇〇フィートまで降下し、スウジェヴィェツ付近の激しい対空砲火を潜り抜けてヴィスワ川を越えた。ワルシャワ市内の至るところから火の手が上がっていた。暗く見える場所はドイツ軍の占領地区だった。すべてが煙で覆われ、その中から赤みがかったオレンジ色の炎がちらちらと燃えていた。地上の人々にとっては恐るべき地獄に違いなかった。

ドイツ軍の対空砲火は経験したことがないほど猛烈だった。我々は一〇〇フィートないし七〇フィートまで高度を下げて突入した……プラガ地区とモコトゥフ地区では、燃え上がる地上の火の手が我々の機体を照らし出した。どうすることもできなかった。ヴィスワ川に沿って飛んだが、危うくポニャトフスキ橋の橋梁に激突するところだった。パイロットが慌てて操縦桿を引き、機は辛うじて橋梁の上をかすめた。

目標の投下地点はクラシンスキ広場だった。そこで、鉄製のキェルベチ橋を越えたところで左へ急旋回し、クラシンスキ広場に接近した。広場の南側一帯は炎上中だったが、煙は風で南に流されていたので、視界は悪くなかった。我々は無事投下に成功した。

引きあげる時が来た。パイロットは教会の塔や高層ビルに目を配りつつ、さらに高度を下げた。機内に煙が入り込んで充満し、眼に沁みて鋭い痛みを誘った。火災の熱が熱く感じられた……我々は鉄道線路に沿って西のプルシクフとスキェルニェヴィツェに向かった。ドイツ軍は装甲列車から砲撃してきた。

我々も銃撃で応戦した。その後は一息ついたが、ボフニア付近で再び対空砲火に見舞われた。気味が悪くなるほどの至近弾を浴びた。丘陵地帯を見おろすと爆撃機が墜落炎上していた。（一緒に出動した五機のハリファックス機はついに帰投しなかった）。帰投して飛行日誌を書いている時、国内軍からクラシンスキ広場への投下物資を無事に受領したという無線連絡が入った。我々の空輸飛行は少なくとも無駄ではなかったのだ。

空軍大尉　ロマン・フミェル

一九四四年十月二日
ある日の午後、作戦が終わって爆撃機から降りようとするところへ整備兵がやって来てその知らせを告げた。私のすぐ後ろにはスタニスワフがいた。彼はワルシャワ生まれのワルシャワ育ちで、ワルシャワの街をどこよりも愛していた。そのニュースを耳にすると、彼はその場で足を止め、担いでいたパラシュートの袋を地面に叩きつけ、しばらく立ち尽くして、絶望したように首を左右に振った……そして、一言も発することなく立ち去ったが、後で、作戦室で地図を読んでいる私のところにやって来た。眼がくぼみ、生気がなかった。「上官殿、こんなことをしていて、いったいなんの役に立つんですか？」聞きなれない嗄れ声だった。「何の役に立つんですか？」彼はそう言って窓に顔を押しつけて外を眺めた。窓ガラスに雨粒があたり、涙のように滴り落ちていた。★1

空軍大尉　イェジ・グウェンボツキ

しばらく空輸活動を休止するはずだったが、実際には出動可能だった五機が空輸作戦を継続し、一ヵ月後には四機が乗組員もろとも失われ、生き残ったのはわずか一機に過ぎなかった。(67)

　ワルシャワ空輸については、米国空軍に対しても支援要請が行なわれた。ウクライナに基地を置く米軍の爆撃機B17「フライイング・フォートレス〔空の要塞〕」機を利用する可能性が数週間にわたって検討された。それより前、一九四四年六月には連合軍による「フランティック作戦」が始まっていた。スターリンは「ノルデン爆撃照準器」に関する極秘事項を供与されて軟化し、フランティック作戦に協力する姿勢を取った。その結果、英国またはイタリアの基地から最大二〇〇機からなる大編隊の米軍爆撃機が発進し、ウクライナのポルタヴァ空港とミルゴロド空港および近くの戦闘機基地を使ってソ連との間を往復することが可能となった。爆撃機の編隊は出撃するたびに大量の爆弾を第三帝国またはドイツ軍占領地の所定の目標に投下した。一九四四年八月の段階では、空爆の主要目標はルーマニアだったが、ドイツ国内の二ヵ所とポーランド国内の三ヵ所も攻撃目標となっていた。

　フランティック作戦については、八月八日の『タイムズ』に次のような報道記事が載っている。

> 英国の基地から発進した米国第八空軍の重爆撃機編隊は、ポーランドの街グディニアの北西数マイルに位置するラーメル〔ルミア〕のドイツ軍航空機工場を爆撃し、その後、ソ連領内の米軍基地に無事着陸した。P51マスタング戦闘機部隊が爆撃機の護衛にあたった……爆撃機も戦闘機も全機無事だった……今回の空爆は東部戦線司令部が命令した二〇回目の出動だった。(68)

　この記事の見出しは「米空軍ポーランドを空爆」だったが、同じ紙面のすぐ下には「ワルシャワ市内の激戦続く。愛国者側が地歩を拡大」という記事があった。偏見のない読者がこれら二つの記事を読み合わせれば、当然ながら次のような結論に達したであろう。すなわち、もし連合軍がグディニア付近を空爆してソ連領内の基地に着陸することができるなら、ワルシャワのドイツ軍に対する空爆も可能なはずである。

フランティック作戦の実施期間中、出撃した米軍機から「味方の高射砲」に攻撃されたという報告がしばしば寄せられた。ソ連の対空砲部隊には飛行許可のないすべての航空機に発砲する命令が出されたままになっていたと考えられる。しかし、それだけでは説明できない事態もあった。六月十五日から十六日にかけて、ソ連のヤク戦闘機編隊が米軍のF－5偵察機二機を攻撃し、一機に損傷を与え、一機を撃墜するという事件が発生している。[69]

八月の全期間を通じて、チャーチルは、そしてやや消極的だがルーズヴェルトも、ワルシャワに向かう連合軍機がソ連領内に着陸することを認めるようにスターリンを説得しようとした。しかし、スターリンの反応は常に否定的だった。ルーズヴェルトの関心は贔屓目に見ても生ぬるかったが、チャーチルは、たとえば八月十二日のスターリン宛て書簡で強い言葉を使っている。

貴下から知らせがないことを憂慮している。我々は貴下から当面の情勢分析も、助言も、指示も、まったく受け取っていない。いったいモスクワではワルシャワ支援の問題が話し合われているのだろうか？　繰り返し強調しておきたいが、蜂起軍への武器弾薬の空輸と投下、ドイツ軍陣地への空爆、そして、そのための飛行許可と着陸許可がなければ、ワルシャワ蜂起は数日で崩壊するだろう……これについて、貴下の最善の努力を期待している。[70]

これに対するモスクワの対応は冷淡だった。すでに触れたように、ヴィシンスキーはハリマン米国大使に対して英米機がソ連領内に着陸することをにべもなく拒絶していた。しかし、チャーチルは諦めなかった。八月十八日、チャーチルはイーデンに対して、ソ連上空を飛行する可能性を細部まで詰めるように指示し、ルーズヴェルトに共同行動を取るよう訴えた。それに応じてルーズヴェルトが執筆したスターリン宛ての共同書簡は意図的に穏やかな調子で書かれている。「我々は世界の世論の動向を意識している」で始まり、「最も重要なのは時間の要素である」で終わる連名のメッセージは、スターリンに明確な返答さえ要求していなかった。さらに悪いことに、ルーズヴェルトは次のようにチャーチルに持ちかけた。「現在のところ、結果を約束し得るような今後の対策は見当たらない」[71]。チャーチルは怒りを抑えられなかった。今度は彼がメッセージの文案を書いたが、それは外交的な儀礼に反しかねない調子でスターリンのかつての約束に言及していた。「信念だけを頼り『ほとんど素手で』、ドイツ軍の戦車、大砲、飛行機に立ち向かっている人々に我々は同情を禁じえない。ワルシャワ蜂起はモスクワ放送が繰り返し呼びかけてきた事態である。貴下が明確に禁止しない限り、我々は飛行機を派遣する所存である」[72]。結局、ルーズヴェルト大統領はスターリン宛てのこの共同書簡には署名しなかった。九月に入っても、フランティック作戦の一部としてワルシャワを支援する計画の可否についての結論は出なかった。

ワルシャワ市内の戦闘が事実上の膠着状態となり、西側からの本格的支援が不可能であることが分かると、モスクワの出方に注目が集まった。現在の歴史家たちの関心も当時のクレムリンの動向に集中している。ワルシャワ蜂起の成否の鍵を握っていたのがモスクワの出方だったからに他ならない。しかし、問題は単純ではない。どんな議論をするにしても、資料が不十分であり、推測と憶測に頼らざるを得ないからである。モスクワの関連公文書館の資料が研究者の個別的な調査のために開放される事態は、早くとも二十一世紀に入るまではあり得ないだろう。

一九四四年八月半ばの時点で、ワルシャワ蜂起に関するスターリンの態度を規定していた要素は次の六つだったと考えられる。すなわち、ワルシャワからの情勢報告、ポーランド首相ミコワイチクとの会談、前線でのロコソフスキー軍の動静、ルブリン委員会との関係、治安状態に関するNKVDの報告、そして、連合軍の大戦略である。このうちどれが特に決定的な要素だったのかは推測するしかない。スターリンの方針を全般的に論じる場合はいつもそうだが、スターリンの本当の動機とその正確な時間的要素は常に不透明である。蜂起についてのスターリンの基本方針は、まず静観して成り行きを見極め、次に蜂起がもたらし得る政治的傾向との一切の関係を断ち切り、最後にソ連軍の進撃を中止させるという段階を踏んでいた。しかし、どんな理由で、また正確にどの時点で、それぞれの段階が始まったのかの説明は困難である。

モスクワの視点から見れば、ワルシャワから届く情報は不可解の一語に尽きた。蜂起は外部からの本格的支援なしに持ちこたえていたが、これはソ連の初期の評価が間違いだったことを意味していた。ポーランドの共産主義者が言っていたことも誤りだった。したがって、ソ連は確信を持って決定を下すための土台を失っていた。何よりも、ポーランド国内軍の力が当初の予測をはるかに上回っていたことは、クレムリンにとっての不安材料だった。

スターリンは、モスクワ滞在を続けていたミコワイチク首相に二度目の会見の機会を与えた。八月九日の夜に実現した一時間の会見では、関係者の証言によれば、スターリンは態度を硬化させ、ビェルト一派から入手した「ワルシャワではいかなる戦闘も行なわれていない」という途方もない情報を繰り返したと言われている。(73) しかし、この会談の公式記録はそのような事実にまったく言及していない。それどころか、スターリンはいつになく友好的だった記されている。会談中の様々な発言に対して、スターリンは繰り返し「それは素晴らしい」という言葉で反応している。ワルシャワ蜂起については、提案されている支援要請は「非現実的なように思われる」と前置きした上で、前線のロコソフスキー軍が退却を余儀なくされているので、ソ連軍の能力には限界があると答えている。しかし、空輪の技術的問題には大きな関心を示している。話題がポーランドとソ連との外交関係に移ると、スターリンは俄然熱心になり、ソ連の目標は「両国間に友好関係を築くことにある」と発言した。「現在のソ連指導部と帝政ロシアの指導部との違いをすべてのポーランド人が理解するように希望する。ポーランド国民はソ連に敵対するのではなく、ソ連と手を携えて進むべきだ」。スターリンはかつてワルシャワを訪問した思い出を語り、旧市街地区の狭い路地を知っているとさえ言った。ミコワイチク首相がワルシャワでは国内軍も人民軍も団結して戦っていると述べると、スターリンはワルシャワに対して「可及的速やかに可能な支援を提供する」と繰り返し保証した。スターリンとミコワイチクはドイツの脅威と戦うという点で意見の一致を見た。スターリンはミコワイチクが「非常に反独的」であることに満足を表明した。そして、この会談の終りに、ドイツと共産主義についてのあの有名な言葉を口にした。「ドイツ人に共産主義を受け入れさせるのは、雌牛に馬の鞍をつけるようなものだ」。この会談は後に言われているほど不機嫌な対決に終始したわけではない。むしろ、表面的には友好的だった。スターリンとミコワイチクは紋切り型の慇懃な言葉を交わしつつ一時間を過ごしたのである。(74) ミコワイチクはスターリンから蜂起支援の「約束」を引き出したと解釈し、すぐにモスクワを後にした。[491ページの囲み「避難民」]

ロコソフスキー軍が前線からの退却を強いられていたことは間違いない。その後退がモスクワで誇張され、政治的に利用されたことも事実である。しかし、退却は決定的な打撃ではなかった。八月八日にロコソフスキーが策定し、ジューコフが承認を与えた西進再開の計画では、ヴィスワ川を渡って

囲み◆23

避難民

帰宅できなくなった人々が何日間か潜伏し、ついに避難を決意する

二週間閉じ込められている間に……私は戦前のポーランド社会を扱った『若い農民世代』というタイトルの本を探し出して読み耽った。私自身と私の国の過去についての悲しい認識を綴った本だった。その間も漆喰の壁を突き抜けて飛び込んでくる銃弾が反対側の壁へと突き抜けて行くので、何度も腹ばいになって床に伏せなければならなかった。

建物の地下室に古い枯れ井戸があった……大人が二人ゆっくりと立って入れるぐらいの大きさの竪穴である。だが、家の中には一一人の人間がいた。親衛隊の戦車の轟音が近所まで迫ると、その一一人全員が穴に隠れるのだ。家の女主人が金属製の蓋を井戸に被せると、私たちはすぐに息が詰まりそうになる。まったく芝居がかった話だった。裸電球の照明で見ると、人々は、地面に投げ出された金魚のように口をパクパクと開き、必死で首を伸ばしている。やがて、窒息するまで隠れていようとする人々と、蓋を開けて出て行こうとする人々の争いとなる。私は息を詰まらせながらも思わず笑い出してしまった。実際にどの程度まで危険なのかを思い知ったのは、親衛隊が市民を捕まえて、戦車の前を走らせるのを目撃した時だった。市民は両手を高く上げてドイツの戦車の前を走りながら、殺された……ドイツ軍は蜂起軍側のバリケードを攻撃する際、戦車の前に市民を走らせて人間の盾としたのだ。

やがて、隣家が次々に燃え始めた。論理的に考えれば、唯一の逃げ道は走って畑を突っ切ることだった。意見が分かれて議論になったが、私たちのグループは逃げることにした。菜園を駆け抜け、オート

麦畑の切り株の上を走り、空港近くの一軒屋の穀物倉庫に逃げ込んだ。倉庫の屋根裏から覗くと、ワルシャワの街のパノラマが見えた。白い建物の上に黒い煙が立ち込め、あちこちから炎が赤い舌のように燃え上がっていた。戦闘の音はここまで響いていた。カタカタという機関銃の発射音、ハンマーで叩くような戦車砲の鈍い音、高射砲の平板な音、爆弾の爆発音。

穀物倉庫は私のアパートからごく近い距離にあったので、眼を凝らすと、私の部屋の窓が見えた。部屋の中の机さえ見えた。私の内的な葛藤を目撃してきた机だ。砲弾が命中したらしく、家の外側が突然皺だらけになった。急激に老化していく人間のようだった。多分、その瞬間に私の持ち物はすべて崩れた床から階下へ落ちて行ったのだ。

夜になると、街の上に様々な色の光線が行き交った。空輸のために飛んでくるポーランド空軍と英国空軍の飛行機をドイツ軍の対空砲が迎撃しているのだ。私たちはその穀物倉庫に数日間潜んでいた。付近の幹線道路上では、いわゆる「ウラーソフ軍」(ソ連出身の様々な民族で構成されるドイツ軍の補助部隊)が警戒に当たっていた。彼らは暇をもてあまして自転車に乗る練習をしていた。もちろん略奪してきた自転車だが、どういうわけか、私には彼らの自転車の練習が世界で最も放埒な行為のように見えた。彼らは民間人の殺戮を天職とする連中で、上官から「ワルシャワはブルジョアの街だ」と聞かされて殺人に励んでいる。畑を抜ける時に目にした女性たちの死体も彼らの仕業だ。

私たちのグループの中にまるで第三紀時代か、少なくともヴィクトリア朝時代から出てきたような人物がいた。小太りで背が低く、黒い口髭を蓄え、黒いスーツを着て、山高帽を被っていた。その人物が人差し指を持ち上げ、鼻を蠢かしながら言った。「良くないぞ。ここは死体の臭いがする」。彼の言うとおりだった。いつまでもネズミのように穀物の袋の間に隠れているわけにはいかなかった。グループの意見が割れた。今出て行くのは危険だという一派とこれ以上長居するのは危険だという一派が現れた。

私が属する後者は穀物倉庫を出た。暑い日差しの下、畑ではバッタが鳴いていた。

人口一〇〇万人の都市を取り囲む警戒線を潜り抜けることは可能だろうか？ その答えはドイツ軍に捕まって、収容所に入れられた時にはっきりした。「収容所」とは名ばかりで、建設用地のような一画が有刺鉄線で囲われているに過ぎなかった。ところどころに門が作られ、眠そうなドイツ兵が警備していた。しかし、毎朝何人かが選ばれて近くのプルシクフ収容所に送られていた。囚人はそこで選別され、ドイツ国内の強制収容所に輸送されるという話だった。何とか逃れる必要があった。私は秘密のメモを書き、有刺鉄線の間から通りがかりの子供に託した。

人間の連帯は存在した。その晩、現れた救いの主は堂々たる尼僧の格好をしていた。彼女は厳しい口調で私が彼女の甥であることを思い出させた。彼女は威厳のある落ち着いた口調で流暢なドイツ語を話したので、ドイツ兵たちも仕方なく敬意を払った。彼女と指揮官との話し合いは一時間ほど続いた。ついに事務所から出てきた尼僧は私を急かせた。「さあ、急いで、急いで」。私たちは正門から外へ出た。私はそれまで一度も彼女に会ったことがなかったし、その後も二度と会わなかった。私は彼女の名前さえ知らなかった。[★1]

チェスワフ・ミウォシュ

ワルシャワを解放する作戦についての重大な軍事的障害は予想されていなかった。ドイツ軍からワルシャワを奪うことは、ベルリンへ向かって進む道の第一歩だった。スターリンにとって、ワルシャワ解放は最短期間で戦争に勝利するための最初のステップだった。それは東部戦線の事情を誰よりも熟

知していた二人の将軍、ロコソフスキーとジューコフからの助言だった(75)。

ルブリン委員会（PKWN）はスターリンの意向で設立された組織だった。しかし、この傀儡組織は、期待通りの機能を果たすどころか、厄介の種とさえなっていた。スターリンに対しては奴隷のように追従的だったが、ポーランドでも国外でもその存在の正統性を認められていなかった。しかも、時としてスターリンの路線から外れることさえあった。八月十三日、ルブリン委員会はその軍事司令官〔ミハウ・ロラ＝ジミェルスキ〕の名で兵士に対する命令第六号を発したが、それは紛うかたなく近い将来ワルシャワに進撃するという合図だった。

> 兵士諸君！　首都解放の瞬間が近づいている。ポーランド国民の五年間にわたる不屈の戦いを象徴する首都ワルシャワが諸君の行動を見つめている……迫害され、殺戮されている同胞の苦しみに終止符を打つために、解放の戦いに参加するという偉大な名誉が諸君を待っている……
> 　諸君が世界で最も偉大な軍隊である赤軍と協力してワルシャワを解放し、勝利をかち取ることを全世界が待ち望んでいる……ポーランド国民が自分たちの首都のために戦っていることを世界に示そうではないか。ワルシャワへ向かって前進せよ！　ポーランドのために(76)！

あらゆる兆候から見て、ルブリン委員会とその配下の将軍たちがソ連軍のロコソフスキーと協議を重ねていたことは間違いない。

モスクワがワルシャワ支援に消極的だった理由のひとつは、ルブリン委員会とその関連機関が国内軍への敵意に満ちた宣伝を絶え間なく繰り出していたという事情にもあった。モスクワに呼び出されたルブリン委員会の首脳部がそもそもワルシャワでは蜂起など存在しないという振りを決め込んでいたちょうどその頃、国内のルブリン委員会は国内軍による蜂起を非難する声明を発していた。八月八日、ポーランド労働者党（ＰＰＲ）中央執行委員会は次のような内容の布告を発している。

ワルシャワで戦う兵士と市民への革命布告第一号

いわゆる国内軍司令官のブル＝コモロフスキは、殺戮者ヒトラー一味に対して立ち上がったワルシャワ市民の蜂起を裏切っている。卑怯な裏切り者ブル＝コモロフスキは兵士と市民を誑かそうとしている。彼は降伏を目論んでいる！

したがって、本日以降、ワルシャワ蜂起の指揮権はポーランド労働者党（ＰＰＲ）中央執行委員会が掌握するものとする。人民を代表する唯一の真正で責任ある指導部として、ＰＰＲ中央執行委員会は次のように布告する。

一、いわゆる国内軍が発するいかなる命令にも従ってはならない。

二、いわゆる国内軍に所属する士官については、彼らを全員逮捕し、進駐してくる赤軍にその身柄を引き渡すものとする。抵抗する士官は射殺する。

三、蜂起軍の兵士はただちに赤白の腕章をはずし、代わって赤の腕章を巻くこと。

四、本日正午以降、赤白の腕章を巻いている者は人民軍とＰＰＲの部隊によって射殺されるであろう。

五、赤軍がワルシャワに入城した後、赤白の腕章をしている兵士がいれば、反逆者と見なされるであろう。

血にまみれたファシストの支配を打倒しよう！
スターリン元帥万歳！　社会主義と自由のポーランド万歳(77)！

この布告を起草した人物は、それが誰であれ、次の二点について確信を持っていたと思われる。すなわち、ワルシャワでは現に蜂起が進行中であること、そしてソ連軍がまもなくワルシャワに到着することである。

その頃、ロンドンでは英国外務省の職員たちが情勢分析に当たっていたが、彼らは少しも愉快な気分になれなかった。

八月十三日、ミコワイチク首相はモスクワでスターリン、モロトフ、それに「ポーランド国民委員会」（ＰＫＮ）の代表団を相手に一連の会談を行なった。会談はいずれも友好的かつ和やかな雰囲気で進められた……ＰＫＮ代表団の主席はこれまでまったく無名のポーランド人ビェルト（暗号名）である。ミコワイチク首相はビェルトをポーランド版のチトーであると説明している。首相はロンドンに帰還する方針を決めた。我々は電報を打って、首相にモスクワ滞在の延長を要請したが、首相はすでにモスクワを発ち、今日、ロンドンに到着した。

一方、地下国家を支配しているロンドンのポーランド政府はワルシャワで一斉蜂起を開始させた。ただし、この蜂起はソ連軍の動きとはまったく連動していない。我々はソ連軍が担当する戦域でポーランド政府が実施する作戦については何ら助言する責任を負わないことをポーランド政府に通告した。ソ連軍はワルシャワ郊外で停止している……ポーランド側は蜂起への支援が行なわれないことについてあらゆる関係者を非難している……いつもの事ながら、ポーランド側はソ連には陰険な動機があると指摘している。たとえば、ソ連は意図的に支援を控え、ワルシャワ攻撃を延期しているが、それはポーランド人の絶滅を期待しているからだという具合である[78]……

ソ連の陰険な動機を指摘するのは礼儀に反する行為だが、ポーランド側の動機を非難するのはまともな言動というわけだった。

同じ頃、NKVDとスメルシュの両公安機関はソ連軍の前線の後方で住民の選別作業に追われていた。NKVDのイワン・セローフ中将はすでにルブリン入りしていた。セローフがベリヤに送り、ベリヤがスターリンのために要約した膨大な報告書から判断すると、NKVDはその任務の重大さに愕然としていたに違いない。占領地のどの町でも、どの村でも、住民の圧倒的多数が国内軍の支持者だった。NKVDが尋問したすべての女性、すべての司祭、すべてのボーイスカウト隊員が断固としてロンドン亡命政府を支持していた。何千人、何万人を逮捕しても、氷山の一角に過ぎなかった。このような地域で前進を急ぐことが必ずしも安全策ではないとスターリンが判断したことは十分に考えられる。

ポーランドとは対照的に、バルカン半島地域に進出すれば豊かな見返りが得られるとスターリンは判断していた。戦後を見据えての長期的戦略から言っても、バルカン半島を占領する魅力は大きかった。ヨーロッパの「柔らかな下腹」を西側の勢力範囲として確保しようとするチャーチルの夢を挫くばかりでなく、ブダペストとウィーンを経由して第三帝国に侵攻し、最終的にベルリンを攻略する新たなルートを開くことができるからである。そこで、八月の中旬、スターリンはフョードル・トルブーヒン将軍に対して八月二十日を期してルーマニアに突入する命令を下した。これによってバルカン半島攻略が最優先の作戦となり、その他の作戦はすべて二次的な扱いとなった。ロコソフスキーとジューコフの西進計画も棚上げとなった。

歴史学者の間では、スターリンがワルシャワに死刑宣告を行なった日付は一九四四年八月十三日だったとするのが常識である。[79] これは多数の小さな変化や象徴的な出来事の意味を読み解いた上での結論である。この結論は必ずしも無効ではないが、だからと言って全面的に正確というわけでもない。特に、スターリンの決断は、言われているほど最終的なものではなかった。方針変更の可能性はまだ残されていたのである。確実に言えるのは、ワルシャワ蜂起にとって支援が最も効果的であり得る時期にスターリンが支援の可能性を否定したということである。さらに言えば、スターリンは長い沈黙の後で、最も冷酷な言い回しでワルシャワ蜂起を非難した。八月十三日、タス通信は次のような公式声明を発表した。

ロンドンのポーランド亡命政府の指令によって八月一日にワルシャワで発生し、現在まで継続している武装反乱について、最近、外国で多数の報道が行なわれている。ポーランド亡命政府は、その新聞とラジオを通じて、蜂起軍はソ連軍司令部と連絡を取っているが、ソ連軍司令部は蜂起軍への適切な支援の提供を拒否しているとの仄めかしを行なっている。

タス通信社は、これらの仄めかしがいずれも誤解の結果であるか、さもなければ、ソ連軍司令部に対する悪意ある侮辱であることをソ連邦政府に代わって声明するものである。我々が知り得た情報では、ロンドンのポーランド亡命政府がソ連軍司令部に対してワルシャワ蜂起の計画を事前に通告し、あるいは調整しようと試みた事実は存在しない。したがって、ワルシャワで発生するすべての事態について、ロンドンのポーランド亡命政府は単独で責任を負うべきである。[80]

この声明の否定的姿勢がソ連政府の公式態度となり、その後、チャーチル首相やミコワイチク首相とのやり取りにも反映されることになる。スターリンはそれまでの抑制をすべてかなぐり捨て、ワルシャワの「無謀な冒険主義」とそれを引き起こした「犯罪者集団」を公然と非難し始める。

さらに驚くべきことに、クレムリンは、最高幹部以外の職員が西側代表に向かって歯を剝き出しにすることさえ許可したのである。八月十五日から十六日にかけての夜、外務次官アンドレイ・ヴィシンスキーは英米両国の大使を前にして、二人がかつて経験したことのないような乱暴な口調でワルシャワ問題を説明した。外務次官は蜂起を見殺しにすることに残忍な喜びを感じている様子だった。ハリマン米大使は次のような報告電報を打っている。「ソ連政府がワルシャワ支援を拒否する理由は作戦上の困難さではない。蜂起が存在しないという理由でもない。ソ連政府は冷酷な政治的打算に基づいて支援を拒否しているのだ」。米国大使館の参事官だったジョージ・ケナンは当時の事情を次のように回想している。

ハリマン大使とディーン将軍がスターリンおよびモロトフと会談した運命の会合に私自身は出席しなかったが、深夜になって二人が戻ってきた時の打ちひしがれた様子は今もよく覚えている。ソ連指導部の態度の意味を私たちは疑問の余地なく理解したのである。彼らは邪悪な喜びを感じつつ、西側に向かって決闘の手袋を投げつけてきたのだ。ソ連の意図はこうだった。「ポーランドは一切合財ソ連が頂くつもりだ。共産党の権威を受け入れないポーランドの地下抵抗勢力がどうなろうとも、ソ連はまったく気にかけない。ソ連にとって、彼らはドイツ人に劣らず否定的な存在だ。ポーランド人とドイツ人が殺しあって全滅すれば、それに越したことはない。それをアメリカ人がどう思おうとも、ソ連には関係ない。アメリカ人には、今後一切ポーランド問題の解決に参加する権利はない。アメリカ人はそのことを理解していい頃だ[81]」

もちろん、この間の事情は当時のワルシャワには知らされていなかった。

事態はケナンが考えていたよりもさらに悪化していた。西側連合諸国が何も知らないうちに、ワルシャワ蜂起に対するソ連の政策は消極的な支援拒否から積極的な敵対行動へと変化していたのである。八月二十二日、NKVDはソ連軍の支配地域にいるすべての国内軍兵士を逮捕し、武装解除せよという命令を発した[82]。八月の最後の週に入ると、ロコソフスキーはドイツ軍の反撃を阻止することに成功するが、その後に彼に与えられた命令は防衛態勢の確立に加えて、第四八戦車軍を東プロイセンとの国境地域に移動させるという内容だった。これによって、以後、作戦の再変更がない限り、ロコソフスキーにとっては、たとえ希望したとしてもワルシャワを急襲することが困難になった。

緊張に満ちた当時の状況の一端は、八月二十六日にロコソフスキー将軍が西側のジャーナリスト、アレクサンダー・ワースと交わしたオフレコの会話に反映されている。

ロコソフスキー　詳しいことは言えないが、少なくともこう言うことだ。数週間の激戦を経て……ようやくプラガ地区の近郊に到着した。八月の初めだった。ところが、その時点でドイツ軍が機甲部隊を四個師団投入してきたので、我が軍は後退した。

ワース　どの付近まで退却したのか？

ロコソフスキー　正確なことは言えないが、ざっと一〇〇キロほど後退した。

ワース　現在も退却中なのか？

ロコソフスキー　いや、すでに反撃に入っている。だが、ゆっくりとだ……

ワース　この状況でワルシャワ蜂起は正しい選択だったと思うか？

ロコソフスキー　思わない。ひどい間違いだ……

ワース　モスクワ放送はずっと蜂起を呼びかけていたが？

ロコソフスキー　決まり文句を並べていただけだ。

ワース　数週間以内にプラガまで押し返す見込みはあるか？

ロコソフスキー　それについては何も言えない。ただし、プラガもワルシャワもいずれは必ず我々が奪回する。たやすい仕事ではないが……

ワース　ソ連の領土内への英米軍の飛行機の着陸を認めないのはなぜか？　英国でも、米国でも、ソ連の着陸拒否が大騒ぎを引き起こしている。

ロコソフスキー　軍事情勢は君が考えているよりも複雑だ。英米の飛行機が今このあたりをうろつくのはまずいのだ。

ワース　ワルシャワで起こっている殺戮と破壊はこのあたりのポーランド人にとってひどく気の滅入る話ではないか？

ロコソフスキー　もちろん、そのとおりだ。だが、AK指導部は恐るべき間違いを犯した。ポーランド戦域の戦争に責任を負っているのは他でもない、我々ソ連軍だ。ソ連軍は今後数ヵ月以内にポーランド全土を解放する。ブル＝コモロフスキ将軍の一派はサーカスのピエロだ。出番を間違えて舞台に飛び出し、絨毯に簀巻きにされて運び出されるピエロたちだ……ただのピエロなら、どうでもよいが、彼らの政治的な悪ふざけは数十万人の人命を危険にさらす恐れがある。恐るべき悲劇だ。しかも、連中はその責任を我々になすりつけようとしている(83)……

インタビューの終りにロコソフスキーは次のように反問した。「ワルシャワを奪取する機会があったのに我々がその機会をみすみす見逃すようなことがあり得ると君は思うかね？　我々がＡＫを恐れているというような考え方がそもそも馬鹿げた間違いなのだ」

連合軍の連帯に対するソ連の本音が如実に表現された言葉だった。外部世界には、ソ連がポーランド国内軍を恐れていると思うような者は誰一人いなかった。［503ページの囲み「ウォード軍曹」］

ワルシャワの戦いが八月中に決着に至らなかった背景には、戦闘の両当事者の目標が食い違っていたという事情がある。ドイツ軍の最優先目標はワルシャワ蜂起とソ連軍との連携を阻止することにあった。一方、国内軍の唯一の目標は救援が到着するまで可能な限り長期わたって持ちこたえることにあった。

フォン・デム・バッハ将軍が蜂起軍の孤立した拠点を集中的に攻撃するのに時間がかかったのは、市を東西に貫く幹線道路の制圧に手間取ったからである。たとえば、この幹線道路の交通を見渡す要所にあたるイェロゾリムスキェ通りの角の戦略的な建物をめぐっては、ヴィトルト・ピレツキ大尉が率いる国内軍中隊とドイツ軍との間で奪い合いが繰り返されていた。アウシュヴィッツからの脱走に成功した数少ない英雄の一人であるピレツキ大尉は、人並みはずれて勇猛な戦士だった。八月の最初の二週間、ピレツキ大尉の中隊はそのビルを奪い、奪われ、また奪い返すという戦闘をほとんど毎日のように繰り返していた。ビルから駆逐されるたびに舞い戻り、巧妙な戦術を駆使してドイツ軍を追い払うことに成功したのである。ドイツ軍司令部としては、この重要拠点を確保しない限り安心することはできなかった。ある意味では、ただひとつの中隊の努力が蜂起全体を二週間長持ちさせる効果

囲み◆24
ウォード軍曹

英国外相がワルシャワに存在する英国の唯一の情報源について首相に報告する

一九四四年八月、戦時内閣文書
この文書は首相専用に作成されたものであり、その閲覧範囲は厳密に制限されている。

極秘　W.P.（44）461
複写 No. 2　一九四四年八月二十二日

戦時内閣　ワルシャワ情勢
外相覚書
以下、戦時内閣の閣僚諸氏に回覧する文書は、（1）ポーランド政府が受信した最新のメッセージの英訳、および（2）戦時捕虜としてドイツ軍に捕まり、収容所から脱走して現在ワルシャワにいる英国空軍ウォード軍曹からの最新の六通のメッセージである。
A.E.

英国外務省、一九四四年八月二十二日

（1）ワルシャワからの電報

ワルシャワが窮地に陥り、国内軍が守勢に立たされている最大の理由は、わずかな空輸以外に効果的な支援が届かないことにある。攻勢に出るための武器と弾薬がなければ、ワルシャワ市内でドイツ軍が保持している多数の拠点を粉砕することは不可能である。ソ連軍はワルシャワの城門を目前にして前進を停止している。

この行き詰まりを打開するためには……武器と弾薬の本格的な空輸と投下が不可欠である。現状が長引けば、ワルシャワは完全に消滅するであろう……

(2)

(No. 625) 一九四四年八月十八日、ジョン・ウォード（英国空軍認識番号 No. 542939）

状況は基本的に変化していない。市の中心部では激戦が続いている。敵は空爆、七五ミリ戦車砲、迫撃砲などを使って容赦なく破壊を続けている。すでに中心部の四〇パーセントが完全に破壊され、別の二〇パーセントが甚大な損害を受けている……ドイツ軍はワルシャワを破壊し尽くす作戦を実行中である。膨大な数の民間人と国内軍兵士の人命が失われつつある。

(No. 626) 一九四四年八月十九日、ジョン・ウォード

ワルシャワの人々はドイツ軍の迫撃砲を「動く戸棚」と呼んでいる。発射する時に重い家具を引きずるような大音響を立てるからだ。その音がすると、数秒後に恐ろしい砲弾が飛んできて爆発する。ワルシャワで一番高い建物はナポレオン広場のプルデンシャル・ビルだが、このビルは迫撃砲による攻撃を三度、飛行機からの爆撃を一度受けて完全に崩壊した。ワルシャワの舗道は墓地のような有様だ……

(No. 627) 一九四四年八月十九日、旧所属部隊宛て、ジョン・ウォード
この電報に返電されたい。私はバーミンガム生まれ、母親の旧姓名はアン・エリザベス・マーギューズ、父親はジョン・ウォード、住所はバーミンガム市ウォードエンド区マディソン通り54番地。
具体的な命令を待つ。私は三年間ポーランドの地下抵抗軍で戦っている。現在は当地のポーランド軍指導部の勧告に従って、AKの軍務と戦争報道記者を兼務している。私の電報は一切の検閲を受けていない。

(No. 634) 一九四四年八月二十日、ジョン・ウォード(英国空軍認識番号No. 542939)
ワルシャワでは毎日数千人が住む家を失い、数百人が死亡している……負傷者も、男女子供を含めて数千人に達する。多くは重傷の火傷を負い、砲弾の破片や銃弾で傷ついた者も少なくない。戦闘は毎日続き、犠牲者の数は膨れ上がっている。しかし、市民は最後の一人まで戦う意志を固めている。ドイツ軍の野蛮な行為が彼らの士気を高めている。

(No. 635) 一九四四年八月二十日、ジョン・ウォード(英国空軍認識番号No. 542939)
空き地のいたるところで井戸が掘られている。水不足が深刻化している。十日以内に救援物資が届かなければ、食料も底をつくだろう。配給量はすでに最小限まで削減されている。ワルシャワの状況は絶望的だ。郊外にドイツ軍が作った収容所は女性と子供で満杯となっている。彼らは食料も与えられず、屋根のない地面で寝ており、飢餓と伝染病で次々に死んでいる。ドイツ軍は無慈悲である……女性や子供と一緒に捕らえられた男たちは射殺される。

（No. 636）一九四四年八月二十日、ジョン・ウォード（英国空軍認識番号 No. 542939）

ドイツ軍は多くの地域で守勢から攻勢に転じつつある。ノヴァコフスキ通りの高等学校校舎は昨十九日午後五時にドイツ軍の手に落ちた。この攻撃には重砲が動員され、連続砲撃が加えられた。国内軍の部隊は退却を余儀なくされたが、兵士の士気は少しも衰えていない。ドイツ軍はシコルスキ通りの南でも反撃に出たが、これはAK側が確実に押さえ込んだ。[★1]

を生んだのである。[84] ピレツキ大尉は後に別の戦闘場面でも活躍することになる。

蜂起は当初の想定期間を過ぎても持ちこたえていた。予定の二倍に達する期間を持ちこたえた時点で、ブル＝コモロフスキ将軍は予備兵力の投入を決断する。八月十五日、総司令官はワルシャワ周辺地域のすべての国内軍部隊に対して首都救援に駆けつける命令を発した。[85] しかし、それは無理難題というものだった。近郊の部隊が市内の蜂起軍に合流するためには、ドイツ軍の哨戒線またはソ連軍の哨戒線、あるいはその両方を突破しなければならなかったからである。

しかし、命令が出る以前にすでに首都を目指して進んでいた部隊もあった。たとえば、東部戦線から必死で退却してくる部隊、ルブリン県から撤退した部隊、あるいは南部の聖十字架丘陵地帯から移動しつつあった部隊などがワルシャワに向かっていた。しかし、多くの場合、途中で待ち構えている危険を突破することができなかった。ごく一部がワルシャワ郊外のカンピノスの森まで到達するのが精一杯だった。ピンスク市付近で活動していた国内軍第三〇歩兵師団も通い慣れたルートをたどってワルシャワに向かっていた。「森番」という暗号名の中佐に指揮される第三〇歩兵師団はその少し前、ソ連軍第六五軍に協力してブレスト解放戦に参加していた。その後、何の妨害も受けずにブク川を渡り、一五〇キロほど西進してヴィスワ川を望む地点まで到達したが、その地点でソ連軍に包囲され、武装解除されてしまった。

これまでほとんど指摘されたことのない事実だが、当時の混乱した状態の中で、国内軍部隊の一部は依然として「ブジャ〔嵐〕作戦」を実行しようとしていた。ワルシャワ近郊の部隊にもその傾向が見られた。一九四四年八月中旬のワルシャワ県の状況を俯瞰すれば、国内軍の主要部隊はワルシャワ市内でドイツ軍を相手に戦っていたが、市外では一部の部隊がNKVDの拘束下にあり、また別の一部はロコソフスキーのソ連軍と手を携えていくつかの小さな町を解放すべくドイツ軍と戦っているという状況だった。(86)

ワルシャワ市内では電話局ビル（PAST）をめぐる白兵戦がゆっくりと執拗に続いていた。電話局ビルはプルデンシャル・ビルに次いでワルシャワ市内で二番目に高い建物であり、戦前の標準で言えば摩天楼のひとつだった。このビルには当初から大規模なドイツ軍守備隊部隊が駐留して、ドイツ軍の重要拠点となっていた。しかし、蜂起軍はすでに八月一日から電話局を包囲していた。ドイツ軍守備隊は孤立状態となり、それでも降伏を拒否して抵抗していた。一方、攻める側の国内軍にはドイツ軍のような重火器がなかった。ビルに突入した国内軍兵士は白兵戦を繰り返して部屋をひとつずつ奪いながら上階へと攻め昇った。一進一退の包囲攻防戦が続いたが、八月二十日頃になると事態は最終局面を迎える。キリンスキ大隊の「レリヴァ」少佐の指揮で組織的な攻撃が準備された。上階で捕虜となったドイツ兵の日誌から極度の物資不足が窺われた。そこで、周辺道路の封鎖作戦に兵力を増強し、食料と弾薬の補給のために近づくドイツ軍戦車の侵入を阻止した。その上で、最終攻撃に移った。「ミネルキ」と呼ばれる有名な女性工兵部隊が地下室に爆薬を仕掛けた。火炎放射器の攻撃でビルは炎上した。「タワリング・インフェルノ」とも言うべき状態が生まれた。ドイツ兵の一部は上階の窓から飛び降り、一部は階段を駆け下って射殺された。自殺する者も少なくなかった。八月二十二日、ついに白旗が掲げられ、一一五人のドイツ兵が捕虜となった。もし、この時点で、ドイツ軍側に蜂起の壊滅は時間の問題だと高をくくる傾向があったとしたら、考え直さざるを得なくなる出来事だった。［469ページの囲み「電話局ビル（ＰＡＳＴ）」］

八月二十八日、月曜日、蜂起開始以来丸四週間が経過したが、蜂起軍の力は依然として衰えていなかった。ドイツ軍第九軍司令部の日誌の数日前からの記載によれば、蜂起軍は市の北部地区と南部地区の何ヵ所かで局地的な反撃に出ていた。キリンスキ大隊のある兵士が八月二十八日の日付に書きつけた一節は国内軍の不屈の闘志を表している。

忘れるな。自由な祖国への信頼を。
何が起ころうとも、たとえ敗北しようとも、
忘れるな。全世界が驚嘆して注目していることを。
支援の手が届かず、飢えと苦痛が始まっても、
名誉ある戦士が屈服することはない。(87)

ドイツ国防軍司令部は蜂起軍の力量を十分に認識していた。八月二十九日付のドイツ軍第九軍の日誌は、国内軍が下水道や地下通路を巧みに利用して重要拠点を確保していることを認めている。新たに精鋭の歩兵師団を増強しない限り、蜂起軍を決定的に追い詰められる見込みはなかった。「蜂起を

壊滅させることは困難な課題である。この調子で毎日が過ぎて行けば、壊滅作戦の完成はますます困難になるだろう(88)」

消耗戦

八月が終ろうとしていた。ワルシャワでは蜂起側と鎮圧側がともに苦い挫折感を味わっていた。フォン・デム・バッハの指揮下で厳しく督励されていた親衛隊鎮圧部隊は、一握りの犯罪者の反乱さえ始末できない無能力者集団として国防軍から嘲笑される不名誉を痛いほどを感じていた。一方、ブル＝コモロフスキのポーランド国内軍も不安に苛《さいな》まれていた。この一ヵ月間に支払った膨大な犠牲が結局は無駄に終るのではないかという不安だった。その不安を増幅させる事態が次々に明らかになりつつあった。ひとつは、まもなく旧市街地区（スタレ・ミャスト）を放棄せざるを得なくなるだろうという見通し、もうひとつは、結局のところ西側同盟国からの効果的な支援は届かないのではないかという不安、そして、第三は、ソ連軍が沈黙して動かない理由は軍事作戦上の問題とは別のところにあるという認識だった。

ワルシャワの旧市街地区は聖ヤン大聖堂〔洗礼者ヨハネ大聖堂〕、旧王宮、旧市街市場広場などを中心とする地区で、昔ながらの狭い路地が複雑に入り組んでいる。中世以来の胸壁に囲まれたその地区を約八〇〇〇人の国内軍兵士が守っていた。国内軍が得意とするゲリラ戦の出撃基地としては理想的な場所だったが、ドイツ軍の集中的な空爆にとっても格好の標的だった。八月の最終週に入ると、ドイツ側はギュンター・ロール少将を指揮官として旧市街地区に対する空爆を開始したが、国内軍側には空爆に対抗する満足な防御手段がなかった。国内軍兵士と民間人の双方から限度を越える数の死者が出た。兵士の数が当初の四分の一まで激減した時点でこれ以上持ちこたえることは困難になった。国内軍司令部は残った兵力を約一キロ南の中央地区（シルドミェシチェ）に退却させる決断を下した。ただし、国内軍兵士が退却すれば、残された民間人がナチスによって無慈悲に扱われることは司令部も承知の上だった。

問題はそれだけではなかった。旧市街地区はワルシャワの歴史と伝統の象徴だった。旧王宮前に立つジグムント三世王の彫像の円柱はロンドンで言えばトラファルガー広場に聳えるネルソン提督像に匹敵した。八月末、ジグムント三世の円柱は旧王宮前の瓦礫の中に依然として誇らかに立っていた。もし、この円柱が失われるようなことがあれば、蜂起軍全体の士気が落ち込むことは必至だった。

［511ページの囲み「戦闘」］

イタリアの基地から飛び立つ英国空軍機の空輸作戦は八月八日に再開された。八月十三日以降もチャーチルの命令によって延長され、あらゆる悪条件にもかかわらず継続されていた。しかし、空輸にともなう損失は、効果とは不釣合いに重大だった。空輸機の多くはワルシャワに到達する前に撃墜された。到達しても指定地点に物資を投下できない場合が少なくなかった。無事帰投できない飛行機も多かった。しかし、ステンガンや弾薬、とりわけ対戦車砲（ＰＩＡＴ）が無事に投下された場合は、そのコンテナのひとつひとつが同じ重量の金塊に匹敵する価値があった。蜂起軍にとって、武器の投下は戦力だけでなく士気を高める効果があった。ただし、増大する不安は押さえ切れなかった。武器弾薬はもとより、薬品も、食料も、急速に底をつきつつあった。一方、空輸に当たる乗組員から見れば、わずかな量の物資を輸送するためにこれほど多くの危険を冒さねばならない理由が納得できなかった。なぜなら、蜂起の現場から至近距離にいる同盟国のソ連軍が指一本も動かそうとしないからだ

戦闘

『ダス・ライヒ』〔『ダス・ライヒ（帝国）』はゲッベルスが創刊した週刊新聞〕の特派員だったドイツ人ジャーナリストが蜂起軍の抵抗を撃破しようとする国防軍の戦闘場面を目撃する

まず、火炎放射器とシュマイサー銃と重砲による攻撃で建物の鉄筋コンクリートの壁を粉砕した。次に、集中的な空爆で中庭を破壊し、無人戦車ゴリアテ、長距離砲、対戦車砲を動員して建物の上階部分を猛烈な火の海とし、その中にいた蜂起軍を駆逐した。しかし、建物が瓦礫となり、煙と埃が立ち込める状況になっても、迷路のような地下室や地下貯蔵室、地下通路などでの白兵戦が続いた。国防軍、警察軍、憲兵隊などの部隊が火炎放射器を発射しつつ侵入し、地下の迷路を制圧した後で、ようやくシュミット大佐はこの見事な廃墟を確保したことを司令部に報告することができた。★1

ポーランド社会党の地下新聞に属するポーランド人ジャーナリストが各種の武器を評価する

「咆える雌牛」と呼ばれる兵器がある。焼夷弾とロケット弾を連射する発射装置で、広い範囲に壊滅的な打撃を与える恐るべき兵器である。その悪魔のような息づかいは編集室の中にいても感じられるほど物凄い。情報省ビルの部屋のひとつにそのロケット弾が二、三発着弾した。あっという間にあらゆるものが発火して激しく火炎を上げた。たまたま室内にいた伝令兵の少女の身体に火がついて、彼女は人間たいまつとなって燃え上がった。建物の一階を拠点としていたＰＰＳ（ポーランド社会党）民兵部隊の救急隊がすぐに駆けつけて火を消したが、少女は苦悶の末、数時間後に死んだ。

「咆える雌牛」は、また、「ミュージック・ボックス」の名でも知られている。この兵器がロケット弾を発射する直前に発する信じられないほど恐ろしい音は味方の総崩れを引き起こすことがある。ノアの洪水以前の太古の時代に荒野に住んでいた怪獣が血に飢えてねぐらから姿を現し、新鮮な肉を求めて咆え始めたという印象である。血も凍るような怪獣の咆え声を聞くと、すべての動物が算を乱して逃げ出すのである。「咆える雌牛」の発射音が聞こえると、人々は動物のように先を争って逃げ惑う。発射音に続いて爆発音が聞こえると、人々はほっとする。怪獣が自分以外の犠牲者を見つけたことに心の底で安堵して、穴の中からまた姿を現すのである。

ドイツ軍の兵器は他にもある。たとえば、装甲列車に積まれた巨大な「ビッグ・ベルタ」は長さ一メートルもあるロケット弾を発射する。一発で家一軒を粉砕するだけの威力のあるこのロケット弾は、鉄筋コンクリートのビルも吹き飛ばしてしまう……交差点の一角に蜂起軍のバリケードがある。また、川沿いに立つ家々は蜂起軍の要塞となっている。その交差点に「ゴリアテ」が現れる。ドイツ軍が遠隔操作するゴリアテは地雷を搭載した無人の小型戦車で、何かに接触すれば爆発する。

しかし、ティーガー戦車も、ビッグ・ベルタも、ゴリアテも、蜂起した首都を制圧することはできない。ティーガー戦車に対しては火炎瓶や対戦車砲がある。ビッグ・ベルタのロケット砲の破壊力は猛烈だが、滅多に命中しない。「咆える雌牛」は建物を破壊するが、破壊されるのは主として高層部分であり、一階や地下室にいれば生き残ることができる。ゴリアテに対しては、拠点の前に舗石を立てて長さ数メートルの防御柵を作る。そうすれば、ゴリアテは蜂起軍のバリケードや拠点に到達する前に防御柵に衝突して爆発する。この防御柵はいみじくも「小さなダヴィデ」と呼ばれている。

ただし、空爆に対しては応戦する手段がない……ドイツ軍の爆撃機は街の区画を順次組織的に爆撃し

ている。爆撃機には反撃できない。★2

ジグムント・ザレンバ

った。さらに不快な疑惑を呼ぶ事態が発生した。ソ連軍はワルシャワ支援への協力を拒否しているばかりか、支援に向かう英国空軍の空輸機を攻撃しているという報告が次々に入ってきたのである。

　ヴィスワ川戦線のソ連軍がなぜ沈黙しているのかについては、八月の一ヵ月間、様々な説明が行なわれた。たとえば、ドイツ国防軍の機甲部隊が激しい反撃に出たために、ロコソフスキー軍が混乱して退却と再編を余儀なくされたという説があった。また、ソ連軍の予備兵力がヴィスワ川戦線からバルカン半島へ移動したという説もあった。しかし、八月の末になると、すべての説明が説得力を失う。ドイツの第九軍は九月の初めまでにヴィスワ川まで退却し、新たな防衛戦を準備し始めていた。ロコソフスキー軍が地歩を完全に回復したことは誰の目にも明らかだった。ロコソフスキー将軍がなぜ少なくとも無線連絡で蜂起軍と接触しないのか、ソ連の空軍または砲兵部隊はなぜワルシャワに介入しないのか、それを説明する軍事的な理由はもはや存在しなかった。ソ連軍が手をこまねいている理由が軍事的な障害ではなく、スターリンの政治的思惑にあることはもはや疑いなかった。

　この頃、ドイツ軍と国内軍の双方から膠着状態を打開する可能性を探る動きが始まった。ドイツ側の計算では、鎮圧が遅々として進まない状況で蜂起が今後何週間も長引くようなことがあれば、ワルシャワを前線の要塞都市とする計画に深刻な支障が生ずる恐れがあった。一方、ポーランド側にして見れば、人命の損失をはじめとして犠牲があまりにも過大であり、もしソ連軍の支援が来ないのなら、これ以上無期限に抵抗を継続することは正当化できないと思われた。双方が条件付降伏交渉について探りを入れ始めた。ドイツ側はワルシャワからの全住民の退去を交渉の条件としていた。国内軍は市民の自由通行が保証されなければ交渉に合意できなかった。九月七日、ドイツ軍のロール将軍が公式に交渉を提案し、八日にブル＝コモロフスキがそれに同意した。しかし、その間も、消耗戦は続いていた。

一九四四年九月のこの時期、ドイツ軍最高司令部は考慮すべき多数の問題をかかえており、くすぶり続けるワルシャワ鎮圧作戦だけにかかずらってはいられなかった。たしかに、ドイツ軍中央集団を潰走させ、ヴィスワ川に迫ろうとするロコソフスキー軍の存在はベルリンにとって直接の脅威だった。しかし、前線でのソ連軍のその後の動きは、ドイツ軍機甲部隊による反撃への対応程度にとどまり、奇妙なほど鈍くなっていた。モスクワはソ連軍の主力を北のバルト海沿岸地域と南のバルカン半島諸国に振り向けつつあった。同じ頃、英米軍はフランスを奪回し、ベネルクス諸国に迫っていた。連合軍のマーケット・ガーデン作戦はオランダのアルンヘム〔アルネム〕攻撃の失敗で挫折したが、ドイツに決定的な打撃を与えるための一連の攻撃が始まったことは明らかだった。したがって、九月中旬の時点で、ドイツ軍にとっての最優先課題は連合軍側の大攻勢の輪郭を見極め、弱体化しつつある兵力をいかに効果的に配置するかにあった。

ドイツ軍の作戦本部はワルシャワをめぐって発生している奇妙な状況を見逃さなかった。親衛隊がワルシャワ蜂起を粉砕できないでいること自体が不思議だったが、それ以上に、ソ連軍と蜂起軍が連携してヴィスワ川西岸地域に深刻な脅威をもたらすという事態がなぜ発生していないのか、その理由が理解できなかった。ドイツ軍側は、ロコソフスキーが意図的に進撃を中止したとは思ってもいなかった。その証拠に、ドイツ第九軍の九月二日付の日誌には、ソ連軍によるラジミン攻略はドイツ軍の哨戒線を突破して蜂起に合流し、旧市街地区の蜂起軍の壊滅を防止する動きだろうという記述がある。そこで、蜂起を鎮圧するためにも、ワルシャワ東方の防衛戦を強化することが不可欠であるという判断が下され、フォン・デム・バッハ将軍がかねて要求していた増援が実現した。ビエブラ川地域のドイツ第四軍から実戦経験の豊かな第五四二歩兵連隊がワルシャワに振り向けられた。その頃、国防軍は延び切った戦線を防衛するための兵力の確保に四苦八苦していた。親衛隊でさえ、その徴兵システムについて根本的な譲歩を余儀なくされていた。たとえば、当初は、エリート集団である親衛隊には最も純粋な「アーリア人の血」が流れる者しか入隊できなかったが、今や、アーリア人の身分証明書を持たない志願兵も受け入れていた。実際には、非アーリア人の隊員の方が数の上で優勢を占める状態だった。一九四四年九月、ハインリヒ・ヒムラーはラトビアの親衛隊を前にして演説し、その中で多民族ヨーロッパという新しいヴィジョンを示している。新ヨーロッパの使命は黒人と黄色人種の脅威を食い止めることにあるという内容だった。(89) ただし、最終的な目標がアーリア人による支配以外にあり得ないという基本原則は変わらなかった。

ナチスが「行き過ぎた犯罪行為」を理由として身内の高官を処刑することは滅多になかった。したがって、親衛隊旅団指導者（少将）ブロニスワフ・カミンスキの運命はその珍しい例外のひとつだった。カミンスキが率いるRONA旅団は、ワルシャワに駐留していた一ヵ月間、市民に対する暴虐の限りを尽くしていたが、軍事的な成果を達成することはほとんどなかった。カミンスキはフォン・デム・バッハの失敗の責任を取らされて、一命を失ったと言うこともできる。ナチスから見れば、劣等民族であるスラヴ人のカミンスキを親衛隊の幹部として処遇すべき期限はすでに過ぎていたのであろう。八月の末に処刑の決定が下され、ウッチ近郊で偽の自動車事故が演出された。事故を装っての処刑か、あるいはすでに処刑された遺体から謀殺の痕跡を隠すために仕組まれた事故のいずれかだった。カミンスキの部下数人が事故現場に呼ばれて、司令官の死に弔慰を表した。戦後になって、フォン・デム・バッハはこの事件を自分が穏健な人道主義者だった証拠であると主張した。

増援部隊を加えたドイツ軍第九軍だったが、ソ連軍の進出を食い止めることのできた期間は九月二日から二週間程度に過ぎなかった。九月十三日、ドイツ軍工兵部隊はワルシャワに残されていた四つの橋を爆破した。これはヴィスワ川東岸で戦うドイツ軍への補給路をみずから絶つことを意味していたが、同時に、ヴィスワ川東岸の国防軍拠点をすべて放棄する方針を世界に示す行動でもあった。

ドイツ側はワルシャワから民間人を退去させる計画に努力を集中した。飛行機から大量のビラが撒かれた。いわく、「あなたは生き残りたいか、それとも死にたいか？」蜂起軍の兵士以外の市民がワルシャワから退去する場合には、公正な扱いと傷病への手当が約束された。これに対して、亡命政府代表部（デレガトゥーラ）はドイツ軍の約束を信じないように市民に訴え、ナチスによる大量虐殺のニュースを流した。ブル＝コモロフスキ総司令官は迷っていた。ブル＝コモロフスキにはドイツ側の要求に従う気はなかったが、その一方で、市内に留まる民間人の苦痛を緩和する手段もなかった。民間人が退去すれば、国内軍が自由に戦うためのスペースが拡大することも確かだった。

このような状況下でも、ドイツ軍代表とポーランド赤十字との交渉は続いていた。その結果、九月八日、九日、十日の三日間連続して市民の避難が実施され、二万人から二万五〇〇〇人の民間人がワルシャワから退去した(90)。退去した市民の大多数は女性、子供、老人、そして貧窮層だった。国内軍の兵士が自分の妻子を見送りに集合場所まで付き添う場面もあった。退去する市民の中に健康な若者がいると、国内軍兵士との間で摑み合いの争いになった。ポーランド赤十字によれば、プルシクフの中継地で男性が分離され、女性と子供は「西へ向かって移送される」ということだった。［518ページの囲み「病院」」

民間人の退去が始まると、ドイツ軍のロール将軍は蜂起軍に対してさらに強硬に降伏を要求した。それに対して、ブル＝コモロフスキ将軍は、すべての国内軍兵士に交戦権を認めるかどうか、市内に残っている民間人の処遇はどうなるか、地下国家の非軍事部門の要員の処遇はどうなるかの三点についての説明を求めた。ロール将軍は、「交戦権」を認め、「報復は行なわない」ことを約束すると即答したが、ただし、降伏の期限は同日午後四時までであると通告してきた。国内軍がこの最後通牒を受け入れることは不可能だった。

九月初めのある日、親衛隊全国指導者ハインリヒ・ヒムラーがワルシャワ蜂起の問題に触れて、異例の意見表明を行なった。「ワルシャワをめぐる戦いはすでに五週間に及んでいる……」とヒムラーは不満を漏らした上で、次のように述べた。「これは我々にとって最も厳しい戦いである……蜂起軍のコモロフスキなる将軍はロシア人に裏切られた。ソ連軍は救援に駆けつけようとしていない。そこで、蜂起軍は降伏を希望するかのような態度を示している。コモロフスキは英国に扇動され、騙されたのだ」[91]

ワルシャワ蜂起の緊張と圧力は、ロンドンのポーランド亡命政府の内部に混乱と士気の低下をもたらしていた。政府のあらゆるレベルで分裂と責任のなすりあいが始まり、その事態は、英国のジャーナリズムの不正確な報道が醸し出す不信感によってさらに悪化した。何の成果もなくモスクワから帰還したミコワイチク首相は、西側同盟国の支持を得た上でソ連の協力を引き出すという方針を再度打ち出したが、それについては疑問が噴出した。しかし、他に追求すべき代替策はなかった。ワルシャワを苦境から救出する方法がないことについての苦い焦燥感が募る一方、空約束に終始する西側同盟

囲み◆26

病院

患者と医療従事者がともに勇気を発揮する

小隊長の「ルィギェル〈閂〉中尉」〈カジミエシュ・ポゴジェルスキ〉が戦死したので、私が第一一四七小隊の指揮を取ることになった。第一一四七小隊は中央地区の突撃隊として、コントルィム大尉が指揮する電話局ビル（PAST）攻撃作戦に参加した（コントルィム大尉は戦後モコトゥフ監獄内で殺害された）。

私は脚部に負傷して救護所に運ばれ、そこからさらに病院に運ばれた。病院長のコサコフスキ教授は脚の切断が必要だと断言した。骨が二本、粉々に砕けているというのが理由だった。私が切断手術を拒否すると、案の定、コサコフスキ教授は激怒した。教授は立派な人物だった。自分は病院の責任者として何をなすべきかを心得ていると言った。私は自分の足の責任者は自分だと答えた。まだ手許に拳銃があったので、麻酔薬の静脈注射を止めさせることができた。全身麻酔をされることを恐れたのだ。後ろから看護婦に上体を支えてもらって手当をされている間、私はずっとピストルを手にしたまま、連中が何をするか見張っていた。医師たちは笑い出した。いったい何という患者だ！

コサコフスキ教授との関係が順調に行かないので、私は部隊長の「ラドヴァン大佐」〈エドヴァルト・プフェイフェル〉に連絡して転院を願い出た。転院先はマリアンスカ通りの国内軍病院だった。元の国立保健局診療所である。病院の責任者はルィシャルト・ペツェル医師だったが、もとより仮設の病院で、付近の家々から急遽集めてきたベッドを使い、近隣の市民が運営を手伝っていた。

ただし、医療スタッフは非常に優秀だった。滅菌消毒の水準の高さは戦後の医療機関をはるかに凌いでいた。絶えず爆発が繰り返される戦闘状態で清潔さを維持する努力は大変なものだった。地下国家の看護学校で訓練された看護婦たちは、どんなに困難な作業をする時も笑顔を絶やさなかった。この少女たちには脱帽する他ない。しかし、最も尊敬すべきは医師たちだった。彼らは絶望的に困難な状況下で最も困難な手術をこなしていた。瞬時の決断が必要だった。頭蓋開口、眼球摘出、四肢切断などは日常茶飯事だった。にもかかわらず、死亡率は比較的低かった。私が入院している間、マリアンスカ通りの病院には五〇〇人以上の患者が運び込まれたが、死亡者はせいぜい一〇人から二〇人の間だった。

レオポルト・クマント

国内軍司令部は国際協定に従って病院の屋上に赤十字のマークを表示することに決定した。すると、ドイツ軍はそのマークを狙って攻撃してきた。急降下爆撃機シュトゥーカとロケット弾による集中爆撃が病院に対して行なわれた。病院は炎上し、上階が崩壊し始めたので、直ちに退避しなければならなくなった。

私の小隊に緊急出動命令が出た……私たちは担架を担いで飛び出し、砲弾が炸裂する現場に駆けつけた。ドイツ軍の飛行機は退避する人々を狙って機銃掃射を浴びせていた……負傷者を担架に乗せ、一斉射撃が中断する一瞬を待って安全な場所に駆け込むのだが、残念ながら多数の死傷者が出た……

ロケット弾が接近する音が聞こえても、私たちは地上に伏せることなく、地面に置いた担架の傍に跪いていた。運ばれる患者に不安を与えないためだった。担架を離れる隊員はいなかった。しかし、担架の上で二重に負傷する患者がいた……恐ろしい光景だった。焼夷弾の炎が人間に引火した場合は特にひどかった。

当時一緒に活動した人々の中で最もよく覚えているのは、モコトゥフ地区で医療活動の責任者をしていたエドヴァルト・ロト教授である。彼はポーランド軍の中佐として一九二〇年の戦争を経験した人物だった。類い稀な英雄的勇気の持ち主で、自制心と活動力に満ち、威厳を備えていた……彼の命令には誰もが無条件で従った。しかし、残念ながら病院から避難してまもなく死亡した。

私は多くの人々を救出した。やり甲斐のある仕事だった。蜂起中の経験に比べれば、その後に起こった出来事はすべて些末に見えるほどである。★1

ヤン・ユゼフ・リプスキ

国と冷酷に支援を拒否するソ連に対する怨嗟の念が深まっていた。

ソスンコフスキ最高司令官もこの緊張の矢面に立たされていた。赤軍を撃破した一九二〇年の戦争でピウスツキ元帥の右腕として活躍したソスンコフスキは、ソ連にとって最も憎むべき標的だった。ソスンコフスキ自身は当初から蜂起に反対する立場だったが、その主張は政府内の多数派によって七月の段階で却下されていた。しかし、最高司令官の職にあるがために、今やソスンコフスキが蜂起の責任を問われ、自分が以前から反対してきた事態について、ソ連とソ連の同調者の両方からの非難にさらされていた。また、八月初旬にロンドンを離れてイタリアに赴き、その間に部下たちが時期尚早の蜂起計画を進めることを容認したとして、最高司令官としての職務怠慢も問われていた。ソスンコフスキの辞任を求める圧力があらゆる方面から強まっていた。

一方、ミコワイチク首相は忍耐強くソ連と協調する計画を策定し、自分の内閣とワルシャワの地下国家指導者たちに（無線通信で）売り込んでいた。その内容は八月三十日になってついに明らかになった。
一、戦後のポーランド政府には、農民党、社会党、国民党、キリスト教民主党の民主主義派四大政党に加えて、共産党（ＰＰＲ）の代表者も同数参加させる。
二、ソ連との外交関係を再開する。
三、交戦状態が終結した段階で、すべての外国軍隊はポーランドから撤退するものとする。
四、普通選挙権と秘密投票の原則に基づく選挙を速やかに実施して制憲会議を選出し、新憲法を制定する。
五、社会改革、経済改革、そして特に農業改革を実施する。
六、ポーランドとソ連の間に主権尊重と内政不干渉の原則に基づく同盟関係を締結する。
七、領土問題については、多大の犠牲を払ったポーランドの領土が戦後に縮小することはあり得ない。東部に位置するポーランドの文化と経済の主要中心地はポーランド国境の内部にとどまるものとする。領土の最終的決定は……民主主義的原則に基づいて憲法制定会議において行なうものとする。(92)

領土問題についての最後の項目は、「カーゾン線」への言及こそないものの、実質的にソ連への譲歩を意味していた。英国のイーデン外相はこの提案に満足の意を表明したと言われている。ただし、イーデンは「スターリンは恐らく時間稼ぎをするだろう」とも発言している。

ミコワイチク首相は自分の提案が蜂起軍の指導者たちに受け入れられるのは難しいと感じていた。案の定、ブル＝コモロフスキ将軍は感想を聞かれて率直に見解を述べている。

この計画は全面降伏に等しい。ここに描かれている政治方針はすべてソ連の善意を前提としているが、実際には、ソ連からも、同盟諸国からも、何ら事前の保証は与えられていない……この決定的な瞬間に……私が指揮する国内軍の名において次のように述べることは私の義務であろう……この五年間、ポーランドはドイツを相手に戦い、連合軍の中で最大の損失をこうむってきたが、それはソ連に屈服するためではなかった……

ドイツとの戦いを通じて明らかなように……我々は生命よりも自由を選ぶ国民である。我々の独立を破壊しようとする勢力に対しては、必要ならば、その国民性を再び発揮する覚悟である(93)……

翌日の九月一日はドイツ軍の侵略開始からちょうど五年目の開戦記念日だった。この日、最高司令官ソスンコフスキはいつもの用心深さをかなぐり捨てて本心を語った。国内軍に宛てた最高司令官通達第一九号には、連合諸国の独りよがりな忘恩をあからさまに告発する言葉が含まれていた。

英国政府の保証に勇気づけられて、ポーランドが強大なドイツを相手に立ち上がり、孤独な戦いを始めた日から五年の年月が過ぎた。また、この一ヵ月間は、ワルシャワの国内軍兵士と市民が再び孤独な流血の戦いに立ち上がり、またもや見捨てられた状態になっている。このような悲劇が繰り返されるのはなぜなのか、それはポーランド国民には理解できない謎である……戦術上の得失に関する議論はよく耳にするところである。しかし、我々は忘れることができない。バトル・オブ・ブリテン〔一九四〇年七月から十月まで英国上空の制空権をめぐって戦われた英国空軍とドイツ空軍との戦い。英国側が勝利して、ドイツの英国本土侵略計画は挫折した〕に参加したポーランド軍パイロットの戦死者数は四〇パーセントを上回った。だが、ワルシャワ空輸作戦に出動した飛行機と乗員の損傷率は一五パーセントに過ぎない……もしワルシャワの住民が瓦礫となった家屋の下で全滅するようなことがあれば、そして、その原因が［英国の］計算された不作為と無関心にあるとすれば、それは前代未聞の恐るべき罪業として世界の良心に重くのしかかるであろう。(94)

『タイムズ』を例外として、ロンドンの新聞各紙はソスンコフスキの声明を全文掲載せず、彼が言及した統計上の数字を報道することもなかった。しかし、世論は英国の誠意が公然と攻撃されたことへの憤激で沸騰した。その日以来、ソスンコフスキ最高司令官が辞任に追い込まれるのは時間の問題だった。

たまたま同じ一九四四年九月一日に、ワルシャワ蜂起に関してそれまで英国内で書かれた最も辛辣で、おそらく最も洞察力に富んだ記事が発表された。筆者はエリック・ブレア、つまりジョージ・オーウェルである。当時、オーウェルは『動物農場』を執筆中だった。全体主義体制批判をテーマとするこの寓話風のフィクションによって、オーウェルはまもなく世界中にその名を知られることになる。オーウェルは、また、独立左翼系の週刊誌『トリビューン』の文学担当編集者を務めており、毎週同誌に「気の向くままに」と題するコラムを書いていた。前週号の『トリビューン』には、オックスフォード大学の若手歴史学者ジェフリー・バラクロウの長文の寄稿が掲載された。東欧地域に特別の関心を抱いていたバラクロウは、英国外務省の嘱託職員でもあった。オーウェルはバラクロウに反論し、それを通じて「英国知識階級」に対する全面的な批判を展開しようと決心した。(95)

バラクロウの論旨は基本的に次の四点にあった。すなわち、ワルシャワ蜂起は「自然発生的」なものではない。蜂起開始の命令は事前の協議なしに発せられた。ポーランドの抵抗運動はギリシャの場合と同様に四分五裂状態にある。そして、自称ポーランド政府が蜂起を急がせた理由はソ連軍が到着する前にワルシャワを掌握するためだった、という四点である。オーウェルはこの種の議論を英国のジャーナリズムが全体として抱えている「卑劣で、臆病で、屈従的な」姿勢として批判し、その立場を突き崩そうとした。彼はまずバラクロウの偏見に満ちた言い回しを批判し、論拠の欠如を指摘し、知識人の不誠実さを慨嘆した。「一度魂を売り渡した者は、何度でも売り渡すことになる」。「英国とソ連の真の友好関係は、率直に物を言わない限り達成できない」。情熱に溢れ、説得力に富む論説だった。

オーウェルの最も厳しい指摘は、スターリン崇拝者たちの動機の曖昧さに向けられていた。彼らはあたかも「オウムの軍団のように」スターリンのスローガンを繰り返し、「腕力の強さだけを理由に」スターリンを擁護しているとオーウェルは批判した。

> 彼らの姿勢は……「ソ連の政策は正しいか、それとも誤っているか?」と問うのではなく、「これはソ連の政策だ。どうすればこの政策を正しい政策に見せられるか?」と考える姿勢である……東欧地域ではソ連は圧倒的に強いが、英国は弱い。だから、ソ連には反対できない。しかし、防ぐことのできない悪に対しては抗議することもできないという原則は、社会主義とは無縁である[96]。

真の社会主義者が似非社会主義の本質を抉り出しつつあった。その過程でオーウェルはワルシャワ蜂起に関する当時の論調の多くが絶望的なほど公正を欠くことを明らかにした。(下巻付録26参照)

しかし、これに対して英国のジャーナリズムはほとんど反省の色を見せず、大きな関心も示さなかった。その中でオーウェルの立場をある程度まで支持したのは、同じ頃にワルシャワ蜂起に対するソ連の政策を問題視していた『ニューズ・クロニクル』紙のヴァーノン・バートレットだった。九月十一日のバートレットの記事は世間に波紋をもたらした。彼はヴァチカンの報道を一ヵ月遅れで引用し、英国空軍機がソ連領内に離着陸することをモスクワが拒否した事実を暴露した。左翼系の『デイリー・ヘラルド』紙さえ渋々ながら事実を認めた。「残念ながら、着陸拒否は事実である……」。『スコッツマン』をはじめとして、多くのジャーナリズムが情報の開示を要求した。『エコノミスト』や『スペクテーター』のように、パリ蜂起とワルシャワ蜂起を対比して論ずる論調も少なくなかった。しかし、例によって、ソ連に追従する同調者たちの大合唱が批判を圧倒した。『ニュー・ステーツマン』によれば、ワルシャワ蜂起の指導者たちは「素人マキャヴェリスト」に過ぎなかった。『タイムズ』は、「ソ連がソ連との友好関係に反対する連中に武器の供給をためらう理由は理解できる」と論じた。「ソ連との友好関係」なる概念がどこから発したのかを問題にする姿勢はなかった。事実は、故障した英国空軍機さえソ連領内への着陸を許されなかったのである。［526ページの囲み「父」］

混乱した雰囲気の中で、英国の世論がかつて抱いていたポーランド亡命政府への信頼が揺らぎ始めた。亡命政府の内部では、ミコワイチク首相とソスンコフスキ最高司令官の対立が深まった。二人は米国空軍による空輸計画についても、ロコソフスキーのソ連軍との接触についても、互いに矛盾する情報をブル＝コモロフスキ将軍に送っている。たとえば、ミコワイチク首相は九月十三日のブル＝コモロフスキ宛の電報で、ブル＝コモロフスキとソスンコフスキの間のやり取りをタタル将軍から知らされていることに言及している。一方、ソスンコフスキ最高司令官はミコワイチク首相から辞任を迫られていることをブル＝コモロフスキに知らせている。「私の辞任はまさにソ連の思う壺である」

囲み◆27

父

ゲットーから脱出して蜂起軍に加わった青年が父親を見舞う

地区の戦闘がいったん収まった時期を見計らって休暇を申請し、入院しているはずの父を探しに出かけた。私は負傷した腕を首から吊り、もう片方の脇の下にパンの塊（豪勢な贅沢！）を抱えて、障害物競走のような道中に繰り出した。道路は立ち入り禁止区域になっていた。人が通れるのは、壁をくり抜いて地下室と地下室をつないだ地下通路だけだった。地下室のほとんどは天井が低く、内部には驚くほど多数の人間がひしめいていた。地上で戦闘が続いている間、人々は地下室で暮らしていたのだ。病人や負傷者は床に寝かされて治療を待っていた。蠟燭や石油ランプの光が揺れ、ゴミの悪臭が漂う不気味な世界を幽霊のようなシルエットがあてもなしにさまよっていた。それは、まだ歩ける怪我人や新しい拠点に移動する部隊の兵士たちだった。膨大な数の人々がもう何週間も地下で暮らし、食べ、眠っていた。

身を屈めてようやく通れる地下通路を進むうちに、街区の終りまで来る。すると、そのたびに地上に出て道路を渡らねばならなくなる。道路に出るとドイツ軍の戦車から丸見えになる。そこで身体を半分に折って必死で走る。低くて頼りないバリケードの陰に隠れて全速力で道路を渡る。というわけで、普段ならゆっくり歩いても三〇分で行ける距離を数時間かけて命がけで進んだ。

一番危険だったのはワルシャワの大通りのひとつ、マルシャウコフスカ通りの横断だった。マルシャウコフスカ通りの道幅は約三〇メートル、道路上には二本のバリケードが築かれていたが、ドイツ軍の集中的な砲撃を繰り返し受けて破損していた。バリケードは舗石、瓦礫、市電の車両、家具、その他ありとあらゆる物で作られていたが、絶え間ない砲撃には耐え切れなかった。私は地下通路から地上に出て、深く意気を吸い込み、ジャックナイフのように身体を折りたたんで、全速力で疾走した。その数分後に、病院の受付に到達した。私は息せき切って、ヤン・マリノフスキに会いたいと言った。ヤン・マリノフスキは父が名乗っていた偽名である。受付の女は気の遠くなるほど時間をかけて名簿を調べた。私は我慢できなくなった。ついに、該当する名前が見つかった。

だが、それは私の父なのか？　それとも、別のヤン・マリノフスキなのか？　病室への広い階段を昇りながら、私は自分の期待を抑えようとした。もし父だとしても、傷の深さはどのくらいなのか？　病室に入ると、びっしりと並んだベッドの間を縫って看護婦が案内してくれた。私は安堵のため息をついた。それは確かに父だった。父は蒼ざめて、痩せこけていた。頭は包帯で半分隠れていた。父は私を見て不意打ちを食った様子だった……唇が震えていた……私は父にキスした。

「どうやってここに入院したの？」と私は聞いた。

「家に爆弾が命中して、気を失ったらしい。気がついたらこのベッドに寝かされていたのさ。他の人々がどうなったのかは分からない」。父はこれが夢なのか現実なのか、自信がない様子だった。

「母さんがどうなったか知っているかい？」それが父の一番知りたいことだった。

「いや、分からない」。父を安心させる情報はなかった。母とヘラが暮らしていたナルトヴィチ広場付近は、蜂起が始まる前から終るまでずっとドイツ軍の支配下にあり、父も私も二人の消息を知ることができなかった……

「傷は痛む？」と私は尋ねた。

「まもなく包帯が取れるそうだ」

私はなかば芝居がかった身振りでパンの塊を父に差し出した。父の目が輝いた。「ここへ来てからパンの顔を拝んだことがない。いつも腹がすいていた。ありがとうよ」。その時、父は私のヘルメットとベルトに吊ったルガー拳銃に気づいたようだった。

「ここまで来るのは命がけだったんじゃないか？」

「心配ない。どこにいても運命は避けられないさ」

立ち去るのは辛かった。半分包帯に隠れた父の顔に不安の色が浮かび、涙が見えた。それが最後の別れだった[★1]……

イェジ・ランド

英国と米国の指導者がワルシャワ蜂起に「ほとほと手を焼いていた」という言い方には多少の誇張があるかも知れない。ロンドンとワシントンにとって、最大の関心事は他にあった。米国には対日戦争の問題があり、英国にとってはバルカン半島へのソ連軍の急進撃が脅威となっていた。八月三十日、ソ連軍はブカレストに入城し、さらにルーマニアとブルガリアを目指して急進していた。たしかに、英米両国は東欧情勢を過小評価していた可能性がある。そもそも両国には独自の情報網が欠如していた。ワルシャワ救援のためにあらゆる手が打たれているとソ連の外交筋が言えば、英米両国にはその事実を確認する手段がなかった。確かめる相手はポーランド以外になかったが、言うまでもなく、英米両国はポーランドが自国の問題について公平冷静だとは見ていなかった。

一九四四年九月十一日から十六日まで、カナダのケベックで連合諸国の軍事戦略を検討する第二回ケベック会談が開催された。「オクタゴン」の暗号名で呼ばれたこの会談にはルーズヴェルトとチャーチルが出席し、太平洋戦争の問題が初めて主要議題として取り上げられた。連合国首脳に提示された情勢報告によれば、対独戦争は早ければ同年十二月に集結するが、対日戦争の終結までにはまだ一年半ないし二年を要するだろうという見通しだった。したがって、関心は太平洋戦争の進展の遅さとソ連の対日、対中政策に集中した。いずれにせよ、対独戦争の最終決着は間近いと考えられた。そして、ドイツ占領計画についても、太平洋戦争の最終局面についても、ソ連の協力を取りつけることが何よりも重要だった。

ワルシャワ蜂起の問題は、現地の情勢が危機的状況に入っていたにもかかわらず、ほとんど話題に上らなかった。ポーランドに対するソ連の敵意は西側連合国の首脳陣を失望させていたが、考慮すべき問題は他にも数多くあった。テヘラン会談以来、ルーズヴェルト大統領は米ソ合同参謀本部の設立をスターリンに再三要請していたが、実質的な進展はなかった。西側連合軍とソ連軍との連絡は相互の軍事使節団を経由するという厄介なルート以外に存在しない状態だった。米国のハリマン駐ソ大使はソ連の非協力的姿勢に痺れを切らして、武器援助以外の対ソ援助の中止を勧告したほどだった[97]。

当時、英米両国はドイツの戦後処理に関して、その経済力を弱体化させるという計画に大きな関心を示していた。特にルーズヴェルト大統領はこれについて容赦ない姿勢だった。ルーズヴェルトとチャーチルはケベック会談で「モーゲンソー計画」を了承した。米財務長官ヘンリー・モーゲンソーが提案した「ドイツを農業国に変える」という計画である。この計画には、ルール地方の工業の解体とシレジア（シロンスク）地方のポーランドへの割譲が含まれていた。西側連合国としては、ワルシャワを救うことはできないが、ドイツの領土の一部を切り取ってポーランドに与えることで埋め合わせをする方針だった。

ケベック会談にポーランドとソ連の代表者が出席しなかったことは重大だった。ポーランドは招待されていなかった。スターリンは招かれていたが、多忙を理由に出席しなかった。その結果、ケベック会談では、ポーランド・ソ連関係という緊急の問題は議論されなかった。ミコワイチク首相の提案も議題に上らなかった。またもや機会が失われたのである。

一九四四年の秋、近づきつつある大統領選挙は米国のポーランド政策にも重大な影響を与え始めていた。大統領は数百万人のポーランド系アメリカ人の感情を傷つけないように気を配っていた。中西部の数州で民主党が勝利するためには、ポーランド系市民の票が重要な鍵を握っていた。しかし、舞台裏では、側近の顧問たちが大統領に対してワルシャワ蜂起への支援に深入りしないように助言していた。九月の初め、米国の駐英大使ジョン・ギルバート・ウィナントは英国のカトリック教会幹部と接触し、その後、ルーズヴェルト大統領に対してシカゴ大司教との会談を進言した。ポーランド系アメリカ人社会と米国のカトリック教徒全般の不安を宥めるのが目的だった。これに対して大統領顧問ハリー・ホプキンスは不快感を示した。「正直に言えば、世界の政治を牛耳ろうとする教会勢力の姿勢には我慢がならない。それはほとんど不正な秘密工作と言っても過言ではないようなやり方だ」。そして、ホプキンスはほとんど不作為と言っても過言ではないような政策を進言し続けた。「ワルシャワの問題は、東部戦線のドイツ軍に対するソ連の確実な勝利によって解決されるだろう」[98]

しかし、リーヒ提督の場合はさらにひどかった。大統領の私的な首席補佐官でもあったウィリアム・リーヒ統合参謀本部議長は驚くべき誤りを含んだ情報を大統領に吹き込み、大統領はその誤った情報をほとんど言葉どおりにチャーチル首相に伝えることになる。九月五日のことである。リーヒは「ワルシャワで戦うポーランドの愛国者の救援に関するチャーチル首相の書簡への回答」として次のような文案を用意した。

チャーチル首相からの書簡779、780、781に対する大統領の回答

わが国の軍事情報部の情報によれば、ワルシャワで戦っていたポーランド人勢力はすでに市外への退去を済ませており、ワルシャワは完全にドイツ軍の支配下にある。したがって、ワルシャワのポーランド人勢力を救援するという問題はすでに時間切れであり、ドイツ軍によって解決されてしまった。今となっては、ワルシャワのポーランド人勢力を支援するためにできることは残されていない。

ワルシャワの英雄的な戦士たちに十分な支援を提供できないことについて、私は長い間深く心を痛めてきた。今後は、ポーランドがナチスに対する戦争の勝利者の一員になれるように米英両国が協力して支援することを希望する。

国務省の承認ずみ。　　リーヒ(99)

チャーチルは当然ながら愕然とした。美辞麗句にもかかわらず、ルーズヴェルト大統領は事実上ワルシャワから手を引いたのである。いったいリーヒはこの誤った情報をどこから入手したのであろうか？　可能性としては、二日前に発生したワルシャワ旧市街地区の陥落を米国の軍事情報部が耳に挟んでいたことが考えられる。米国の情報部には、旧市街地区とワルシャワ市全域とを区別するだけの理解も欠けていたのである。一方、このエピソードは、ワルシャワ蜂起についての情報をモスクワ経由で得ていた西側の人間がしばしば出会った馬鹿げた反応をまざまざと思い起こさせる。「蜂起だって！　いったいどこで蜂起が起こっているのですか？」

しかし、フランティック作戦を利用してワルシャワへの空輸を実現しようと努力してきた米国政府関係者の中には、その努力を諦めない人々もいた。特に熱心だったのは駐英大使ウィナントだった。彼はチャーチルが諦めていないことを知っていた。九月十一日、ついにスターリンが態度を和らげたという知らせが入る。米国務長官コーデル・ハルはモスクワの駐ソ大使ハリマンに対して、米国が英ソ両国と協力してワルシャワへの支援物資空輸に参加することは政治的にプラスであると訓令した。「政治的な観点からすれば、米国がためらうことなく空輸作戦に参加することが最重要である……万一、支援物資の到着が間に合わなかった場合に、米国が非難される可能性を回避しなければならないからだ」[100]［533ページの囲み「子供時代の思い出」］

蜂起軍がワルシャワの旧市街地区から撤退したのは一九四四年九月二日だったが、その同日、英国第八軍の一部としてイタリア戦線で戦っていたポーランド第二軍に対して、いったん前線から離れ、アンコーナ〔アドリア海に面するマルケ州の州都〕まで後退して休息するようにとの命令が下った。過去三ヵ月間、アドリア海沿岸地域で息継ぐ暇もなく戦ってきたポーランド軍にとって、それは英気を回復し、物を考えるいい機会だったとアンデルス将軍は回想している。

アンデルス将軍は、モンテ・カッシーノ攻略戦の英雄として、連合軍の間で高く評価されていた。将軍はルーズヴェルト大統領、英国王ジョージ六世、ローマ教皇から勲章を授けられるなど、数々の栄誉に輝いていた。なかでも、彼が特に喜びとしていたのは、イタリア国内に駐留する連合軍のほぼすべての司令官が居並ぶローマのヴェネツィア広場で米国の勲功章を受けたことだった。そこは五年前にベニート・ムッソリーニが「ポーランドは消滅した」と宣言したまさにその場所だったからである。彼の勲功を称える米国大統領の言葉は次のように締めくくられていた。「アンデルス将軍の傑出

囲み◆28

子供時代の思い出

五歳の時に母親と二人取り残された少年の記憶の断片

私の例が戦時下の子供の典型的な体験かどうかは分からないが、喉が渇いた時に与えられたのは、水溜りから汲んできた雨水を蠟燭の火で沸かしたお湯だった（蠟燭の火から連想されるようなロマンチックな生活ではなかった）。私たちはイェロゾリムスキェ通りのアパートの三階に住んでいた。窓から中庭が見渡せる部屋だった。一九三九年の戦争で隣のビルが焼け落ちたので、中庭の一角を遮るものがなくなり、空が開けて見えた。

しばらくすると、アパートの住民全員が狩り集められて地下室に押し込められた（私たちの住む地域は戦争が始まって以来ずっと、蜂起中もドイツ軍の支配下にあった）。建物の一部は接収されて「ツェントラル」という名のホテルに変わったが、蜂起が始まると、客は無人となった。建物には個人のオーナーは存在せず、住民が平等の権利を持っていた。しかし、すべてはそこに住むことになった一人のドイツ人が決定した。なぜ、彼が一人だけだったのかは分からない。そのドイツ人は時々中庭の桶の水を使って身体を洗った。私たちは地下室の窓からそれを覗いていた……

そのドイツ人は……寂しげな容貌の青年で、育ちが良さそうだった。彼は自分の世界の崩壊が近いことを意識していたのだろう。何となく私の母に気があるようだった。母は心中の怒りを抑えて、彼をからかっていた。ついに、ドイツ人は母に階上の電話を使うことを許すところまでいった。母が階上に行くようになると、映画にでもなりそうな出来事が起こった。

ある日、母はドイツ人に罠を仕掛けた。フランスの有名な宝石商のマークのついた宝石箱に大きなダイヤ入りの指輪を入れて放置したのだ。ダイヤはいわゆる「チェコ・ガラス」の模造品だったが、箱はパリ製の本物だった。

三階に住んでいた頃には、鳩を捕まえた。窓の下枠にパン屑を撒き、窓の留め金から紐を張っておく。鳩が紐に触れると窓が閉まる仕掛けだった。閉じ込められた鳩は部屋中を飛び回った。それからどうなったのか覚えていないが、しばらくすると、食事に「チキン・スープ」が出た……それがチキンでないことは分かっていた。

ある夜、ドイツ軍のサーチライトが連合軍の飛行機を照らし出し、高射砲が激しい音を立てて炸裂した。母はパイロットのために祈るようにと言った。私たちは中庭に出て顔を空に向けて大声で祈った。

民間人の強制退去が始まった。母と私は延々と続く行列の中に追い込まれ、徒歩で行進させられた。しかし、ノヴォグルデク通りまで行ったところで、母は私を連れて行列から脱出した。病院にさしかかった時、一瞬のためらいもなく道路横のフェンスを飛び越えたのだ。他にも二人の市民が一緒だった。しかし、それは失敗だった。病院は残忍なウクライナ兵の管理下にあった。ウクライナ兵はすでに祖国を失っていた。ドイツ軍とともに市民の処刑を行なっていたウクライナ兵は極度に残忍になっていた。彼らは女性の身体から胃袋を引き出していた。母は私に見ることを禁止した。産科病棟では、酒に酔ったウクライナ兵たちが帝王切開と称して銃剣で妊婦の腹を切り裂いていた。

私は食中毒にかかった。母は蠟燭の火で大麦を煮てくれた。母は化粧を工夫して結核患者を装っていた。ウクライナ兵は結核を恐れて近づかなかった。母はさらに工夫をこらして、恐怖に喘ぐような顔つきを作り、また、殴られたような痣を眼の周りに書いたりした……

私たちは二度にわたって壁の前に立たされ、銃殺されそうになった。しかし、二度とも直前に執行が中止された。壁の前に立った時、私はそれが最期の瞬間であることが理解できなかったが、握っていた母親の手のひんやりした湿っぽい感触は今も覚えている。

その後、母は人間の盾として使われた。蜂起軍の狙撃兵からドイツ兵を守るための人質である。連れ去られる前に、母は二度と戻れない場合に備えて、消えない鉛筆で私の腕に名前を書きつけた。そして、決して洗い落としてはいけないと言った。夏の真最中だったが、母は着られるだけの衣服を着て出かけた。その重さは四〇キロに近かったと思う。

私たちは鉄道の駅に向かって追い立てられていた……途中で死体に躓いて倒れた。倒れたのは別の死体の上だった。母はそれが私の生涯のトラウマになると思ったと言う……他にも鮮明な記憶が二つある。ひとつは炎上する家のバルコニーで吠えていた犬だ。犬には炎が見えなかったはずだ。やがて、火はバルコニーに達し、犬は焼け死んだ。もうひとつは鉄道駅に近いところで、私たちの行進に馬が駆け込んできたことだ。ドイツ軍が醸造工場の厩舎に焼夷弾を落としたので、興奮した馬が駆け回っていたのだ。ずっと後にサルヴァドール・ダリが描いた燃えるキリンの絵を見た時、私は子供時代のことをありありと思い出した。[★1]

クシシュトフ・ザヌッシ

した指導力と優れた戦術能力は、イタリア戦線での勝利を連合軍にもたらす原動力となった。フランクリン・D・ルーズヴェルト[101]」

それより前、アンデルス将軍はジョージ六世に謁見した。場所はペルージャだった。国王は保安上の理由から「コリングウッド将軍」に扮していた。

国王はペルージャでパレードと分列行進を観閲した後、ハロルド・アレクサンダー将軍の野営司令部を訪問した。夜にはオリヴァー・リーズ将軍の第八軍司令本部で晩餐会が催された。食事中の演奏はポーランド第二軍の軍楽隊が担当した。国王はある歌が特に気に入った様子だった。「……もし、生まれ変わっても、またルヴフに生まれたい……」。合唱が始まり、国王もメロディーをハミングした。後に、歌の楽譜と歌詞（ポーランド語を英語風に書き直して読めるようにしたもの）が晩餐会の記念として国王に献上された[102]。

国王がルヴフ市の地図上の位置を知っていたかどうかは不明である。しかし、その晩餐会の翌日にソ連がルヴフを併合しようとしていたことは多分知らなかっただろう。ルヴフはソ連のものとなり、モンテ・カッシーノ攻略の主力として戦ったポーランド第二軍第五師団の兵士たちは帰るべき故郷を失うことになった。

ワルシャワ蜂起の計画について、アンデルス将軍は基本的に反対の立場だった。その点では最高司令官ソスンコフスキと同じ意見だった。将軍は単に現実主義者として蜂起計画に疑問を抱いていただけではなかった。NKVDの囚人だった経験から、ロシア人をまったく信用していなかったのである。西側諸国の援護を受けて、ソ連から合理的な妥協を引き出そうとするミコワイチク首相の政策には実現の可能性が低いと考えていた。彼は国内軍の実力についても、軍人として冷静に判断しており、ソスンコフスキと同様に、国内軍の弱点を認識していた。アンデルス将軍はその回顧録の中で最高司令官ソスンコフスキがイタリアからロンドンに送った電報を引用している。「国内軍がポーランド国内で公然化し、赤軍に協力するという実験は失敗に終るだろう(103)」

九月二日、イタリア戦線ではドイツ軍の「ゴシック線」を撃破する戦闘が終結した。ポーランド第二軍団はリミニ県カットリカの奪取に成功して、この作戦に大きく貢献した。アペニン山脈の峻厳な山稜を越え、峡谷の深い森を抜ける粘り強い前進の末の勝利だったが、この作戦でポーランド軍は二一五〇人の兵士を失った。作戦終結の直前、アンデルス将軍はチャーチル首相の訪問を受け、二人は会談した。

チャーチル首相　将軍、前回はカイロで会って話をしたが、覚えておられるかな？
［前回の一九四二年八月二十二日の会談で、二人はソ連国内でポーランド人が置かれている状況について話し合った。］
アンデルス将軍　もちろん、覚えています。
チャーチル首相　あの時あなたが言ったことは正しかった(104)。

次にチャーチル首相は質問した。「現在の戦況を目にして、あなたの部下の兵士たちの士気はどうですか？」アンデルス将軍は、部隊の士気はきわめて高いと答えた。兵士たちはドイツを壊滅させることが第一義的な課題であり、義務であることを完全に理解している。しかし、同時に、彼らはポーランドの将来の運命とワルシャワで起こっていることにも多大の関心を抱いている。

チャーチル首相は事態を完全に理解していると言った。彼はルーズヴェルト大統領とともにワルシャワの戦士への支援をスターリンに要請したが、スターリンは最初の要請には回答せず、二度目の要請には否定的な反応だったとも言った。「我々にはワルシャワで行動を起こす用意がなかった。今後は空輸による支援に向けて最善の努力を払うつもりだ」

チャーチル首相は、また、次のように説明した。現在、ワルシャワまでわずか三〇キロに迫っているソ連軍がワルシャワを支援しようとすれば、それは造作もないことだが、英国空軍がイタリアの基地からワルシャワを支援するには一二五五キロを飛ばねばならない。

次に、チャーチル首相は彼が冬に行なった演説がポーランドを満足させなかったと思われる件に言及した。

将軍　首相、私たちはあの演説には今も納得していません。

首相　ポーランドと同盟条約を締結した時、英国はポーランドの国境を保証したわけではない。しかし、英国はポーランドが外国からいかなる干渉も受けない自由独立の主権国家として存続することを保証する義務を負っている。将軍、約束するが、英国は方針を変更したわけではない。ポーランドはヨーロッパの大国として存続するだろう。信用して欲しい。我々は約束を遵守する。ただし、頑なな態度で東部国境線の維持に固執することには無理がある。ポーランドは東部の「プリペト沼沢地」よりもはるかに優れた領土を西部で得ることになるだろう。

将軍　歴史を見れば、わが国は戦争のたびに国境線の変更を経験してきた。しかし、ボリシェヴィキが好き勝手にポーランドの領土を奪うことは、たとえ戦争中であっても、決して許すわけにはいかない。

首相　その問題は和平会議の場で、話し合いによって解決することになるだろう。（ここで首相は手を差し伸べて将軍の肩に触れながら）和平会議にはあなたも出席することになるだろう。信じて欲しい。英国がこの戦争に踏み切ったのは、ポーランドの独立を擁護するためだ。英国がポーランドを見捨てることは決してない。

将軍　ポーランド軍の兵士たちは一瞬たりとも英国への信頼を失ったことはない。彼らはドイツを壊滅させることが最大の任務であると認識しており、そのためには、あらゆる努力を惜しまない……しかし、自由で強大なポーランドを希望するというスターリンの言説は虚偽であり、欺瞞であると我々は確信している……ポーランドに侵入したソ連軍は、一九三九年に侵略した時と同様に我々の妻子を逮捕し、ロシア国内に強制移送している。ソ連軍は我々の国内軍兵士を武装解除し、士官を銃殺し、地下国家の公務員を投獄し、一九三九年以来ドイツ軍と戦い続けているポーランド人を殺戮している。私の兵士の中には、妻子をワルシャワに残してきた者も多い。彼らは妻子がボリシェヴィキの支配下で苦しむよりも、いっそワルシャワで死んでくれた方がいいと思っている。奴隷として生きるよりも戦って死ぬ方がいいと誰もが思っている。

首相　（深く感動して）英国を信じて欲しい。英国は決してポーランドを見捨てない。ドイツとソ連がポーランドの最も優れた人々、特に知識人層を殺害していることは知っている。深く同情する……

将軍　ソ連は過去二〇年間戦争の準備をしてきた。この戦争が終れば、すぐにまた次の戦争の準備に入るだろう。六〇〇万の陸軍と七万機の飛行機を臨戦態勢のまま維持することは他の国には出来ないことだ。

首相　我が国がソ連と同盟条約を結んですでに二〇年になる。（しばらく間をおいてから）いつまでも現状が続くわけではない。ソ連の国内事情にも変化がある。戦争が終れば、現在のソ連の支配者たちの間にも変化が起こるだろう。あなたの危惧は杞憂に過ぎない。英米両国を信じていただきたい。両国は決してポーランドを見捨てない。両国の潜在能力が無限であることを理解して欲しい……我々がヨーロッパ大陸反攻作戦に投入している戦力は能力の五分の二に過ぎないが、ソ連よりもはるかに大きな戦果を上げている。（ここで話題を変えて）最高司令官ソスンコフスキは相変わらず頑固一徹のようだ。ミコワイチク首相は優れた人物だと思うが、どうだろう？

将軍 実は、私はミコワイチク首相をよく知らない。ミコワイチク首相がスターリンと話をするのは構わないが、反逆者と話し合う権利はない。つまり、モスクワにいる「ポーランド愛国者同盟」（ZPP）の連中のことだ。

首相 （会談の様子が撮影されていることに気づいて）スターリンがこの場面の写真を目にすれば、激怒するだろう。だが、写真は公表して構わない。スターリンには、怒りたければ、怒らせておけばいい。だが、写真ができたら私にも送って欲しい。スターリンはあなたのことを悪人だと言っている。

アンデルス将軍はZPPの話題に戻って、「スターリンはソ連が併合しようとするすべての国に送り込むべき傀儡政府をあらかじめ用意している」と指摘した。そして、冗談半分につけ加えた。「チャーチル首相、多分スターリンはあなたに取って代わる人物も用意しているはずだ」

首相 （笑いながら）ドイツも同じ事を考えていた。だが、連中には無理だった……（ここで、チャーチルは念を押した)。私の友人のルーズヴェルトは大統領に再選されるだろう。ルーズヴェルトと私がポーランドを見捨てることは決してない。私たちを信用して欲しい。

将軍　私たちは軍人だ。軍人には政治と真実を区別する能力がある。

首相　(微笑みながら)そうとも。あなたは政治家でもあるようだ。

将軍　ソ連の監獄を経験した人間は、誰でも政治家にならざるを得ない。[105]

アンデルス将軍は、チャーチルとのこの会話をやや皮肉を込めて回想している。「私はチャーチルが困難な事情を抱えていることを十分に理解していた。しかし、ポーランドの兵士たちは、ワルシャワでも、ノルマンディーでも、イタリアでも戦っていた。ポーランドの海軍も空軍も、それぞれに役割を果たしていた。ポーランドの兵士たちはいったい何のために血を流したのか?[106]」[542ページの囲み「祈り」]

チャーチル首相とアンデルス将軍の会談では、ワルシャワ蜂起が果たして正しい選択だったかどうかという問題は掘り下げられなかった。しかし、同じ時期にアンデルスが書いた私信は、将軍が蜂起に対する最も強硬な批判勢力の一人だったことを示している。

私はワルシャワ蜂起勃発の知らせを聞いて激しい衝撃を受けた。それは現状で考えられる最大の不幸だからである。少しも成功の見込みがないばかりか、まだドイツの支配下にあるポーランド国民のすべてを新しい圧倒的な抑圧勢力の前にさらけ出すやり方と言わねばならない……少しでも正直な人間、少しでも目の見える人間なら、いささかも幻想を抱いてはならない。過去に起こったことは、必ず繰り返されるのだ。ソ連は我らが愛してやまない英雄的ワルシャワへの支援

囲み◆29

祈り

祈りの力を信じる若いカトリック信者のグループ

イェロゾリムスキェ通りを渡ったところで、女友達の三人組に出会った。マルィシャ・オコンスカとその同級生のリルカ・ヴァントフスカ、ヤネチカ・ミハルスカだ。蜂起に向けて準備が行なわれていた頃、この三人組は「神のための行動」というプログラムに参加し、ヴォラ地区の女子修道院に「祈りの拠点」を組織した。ヴォラ地区が陥落した時には、悪名高い「カミンスキ旅団」の残虐行為を奇跡的に免れ、何度も危ない目に会いながら、中央地区に脱出して来た。そこで私と出会ったのである。

中央地区に来てからは、モニュシコ通りの教会が彼女らの「祈りの拠点」になった。ワルシャワ市民全体に祈りを広めるのが彼女らの目標だった。「もし、死ぬことが運命なら、神の恩寵に浴しつつ、清らかな心で死を迎えたい」。「黒い聖母」の祝祭日にあたる八月二十六日が特別の祈りの日として設定された。若者たちは爆弾や銃弾を物ともせずに街頭を駆け回ってポスターを貼り、協力者を求め、司祭たちに行動を促した。恐怖にかられて隠れ家に潜んでいる神の僕たちを見つけ出し、信者の義務を果たすように説得したりもした……

「黒い聖母」の祝祭日はワルシャワ蜂起の最中に全市民が祈りを捧げる日になった。国内軍司令部も祈りの行動を支持した。この日、数千人の市民がミサに出かけて、聖餐を受けた。ほとんどすべての教会が瓦礫と化していたので、ミサは中庭や地下室や前線で行なわれた。イエス・キリストは聖餐を受ける人々とともにあった……私自身も自分の部隊の隠れ家に司祭を招くことが出来た。祈りによって魂を清められた私たちは静かに待った。未来は不確定だったが……

私は蜂起中に恐怖を感じなかったかという質問を何度も受けた。身の回りでところ構わず爆弾が炸裂し、銃弾が耳元をかすめた時には、もちろん恐ろしかった。私は頭を抱えて壁の陰に隠れるか、シェルターに逃げ込んだ。しかし、同時に、神の恩寵によって生き残るだろうと確信していた。

ある日、私はマルィシャたちの「祈りの拠点」であるモニュシコ通りの教会に行ってみた。ところが、話し始めたとたんに、マルィシャは私に別れを告げた。近くに爆弾の落ちる音がしたので、彼女はシェルターに急ぎたかったのだ。私は驚いて、神の加護を信じないのかと聞いた。彼女は答えた。「もちろん、私は怖いのよ。でも、すべての人と同じ経験をし、同じように感じることは嬉しいことだわ」

マルィシャはシェルターに去り、私は教会に残って、跪いて祈った。頭上に飛行機の爆音がして、私は恐怖で震えた。それまでに感じたことのないような恐怖だった……その時、私は理解した。平静な心でいられるとしたら、それは私に度胸があるからではなく、神の慈悲のおかげなのだ。神が一時でも慈悲を引き上げてしまえば、私は腰抜けになってしまうのだ。蜂起は単に戦闘と破壊の話だけではなく、「魂の歴史」の話でもあった。[★1]

アンジェイ・ヤニツキ

を拒否するだけではない。我が国民の血が最後の一滴まで流れ去るのを最大の喜びをもって眺めようとしているのだ。

私はポーランド第二軍の仲間たちとまったく同意見だ。つまり、ドイツが崩壊しようとしている現在、しかも、ボリシェヴィキがやって来て、一九三九年と同じように、ポーランド国民の最善の部分を殺害しようとしているこの時期に蜂起することは無意味であるだけでなく、犯罪的でさえある……

もちろん、我が国内軍と首都の市民の英雄的行動には、言葉に表せないほど驚嘆し、誇りを感じている。我々の心は一瞬たりとも彼らから離れることがない……今すぐに助けに行けないもどかしさで胸が抉られるようだ……ワルシャワの戦いに比べれば、我々がモンテ・カッシーノ以来ずっと戦ってきたすべての戦闘も取るに足らない些事に過ぎない。(107)

しかし、アンデルス将軍が当時その意見を公表することはなかった。皮肉なのは、アンデルス将軍とソスンコフスキ最高司令官の二人が蜂起を計画し推進した「反ソ分子」の頭目と見なされていたことである。

一九四四年九月に入ると、ソ連がワルシャワを支援しないでいるための言い訳の種が尽き始める。ロコソフスキー軍はゆっくりではあるが着実にワルシャワの東部郊外に近づきつつあった。ソ連のウクライナ方面軍がバルカン半島に攻め込んだために、ドイツ軍はその方面に予備兵力を投入せざるを得なくなり、ワルシャワ地区の防衛強化に手が回らなくなった。制空権は各地でソ連空軍の手に移り、地上戦でもソ連の砲兵部隊の優勢が明らかになった。ソ連の外交担当者に対して、外国の記者から要請と質問と当てこすりが殺到した。さすがのスターリンも、もっともらしい言い逃れが出来なくなっていた。

同じ頃、モスクワはスロヴァキアで発生した思いがけない事態への対応を迫られていた。スロヴァキアは過去五年間ナチス・ドイツの衛星国だったが、八月の末にスロヴァキア軍の一部が反乱を起こした。ドイツ軍の圧制を嫌ったスロヴァキア軍が決起し、前進中のソ連軍に支援を求めたのである。スロヴァキア軍の決起はワルシャワ蜂起と同様に時期尚早だった。軍に呼応して、民間のパルチザンも蜂起したが、これを危険信号と見なしたドイツ側は増強部隊を送り込み、反乱軍側は劣勢に追い込まれた。当時、ソ連の第四ウクライナ方面軍はワルシャワ南方四八〇キロの位置にあり、そこからスロヴァキアに至る道はカルパチア山脈の峻厳な峰々で遮られていた。峠道はドイツ軍が厳重に封鎖していた。しかし、モスクワはどんな犠牲を払ってもスロヴァキアを解放する決定を下した。九月から十月初めにかけて、ソ連軍は激戦を重ねつつスロヴァキアに突入する。ソ連軍が有名なドゥクラ峠の攻防戦で失った兵士の数は、ワルシャワ戦線での死亡者数の四倍に達したと言われている。スロヴァキアへの支援はソ連の利益に合致していたのである。

　九月の初め、ポーランドの共産党系勢力の姿勢に一定の変化が見え始めた。蜂起の指導者たちを「反逆者」とか「犯罪者」と決めつける言い方は以前のままだったが、九月一日以降、第一ポーランド軍〔ベルリンク軍〕がワルシャワ救援に向かうことを示唆するかのような宣伝が、数回にわたって流された。同じ趣旨の命令一三号がポーランド解放委員会（ＰＫＷＮ）軍事司令官の名前で発表され、ルブリン放送によって繰り返し放送された。ＰＫＷＮ議長は演説の効果を高めるために、ワルシャワでは「二〇万人の同胞」が殺害されたと発言した。その数字はほぼ正確だった。〔546ページの囲み「ドイツ軍中尉の手紙」〕

　現実主義者の目から見れば、宣伝放送よりも当時ルブリン委員会が採用した具体的な政策の方が重要だった。たとえば、委員会は八月三十一日付で「ファシスト＝ヒトラー一派の犯罪者とポーランド国内の反逆者の処罰に関する指令」を採択している。[108] この苛烈な指令が公表されたのはその数週間後だったが、施行は採択の当日だった。該当する犯罪者を裁くために特別法廷が設置され、犯罪者だ

囲み◆30
ドイツ軍中尉の手紙
東部戦線とノルマンディー戦線の両方を経験した十九歳のドイツ軍中尉が故郷に送った手紙

一九四四年九月七日、両親宛て

……片方の眼が包帯で塞がれてしまいました。頭の左側に砲弾の破片が当たって負傷したのですが、軽症です。体調は正常に戻りつつあります。以前の傷は治癒しました……

奇妙な事故が繰り返されています。皆は悪い兆候だと言っています。味方の砲撃で仲間の兵士が死亡し(最初は六人、二回目は二人)、数人が負傷しました。敵は我々に発砲し、私の車両から三メートルのところで一〇〇〇キロの爆薬を爆発させました。私が間違いを犯したわけではないが、そんなことには関係なく、不運を招いた者は睨まれるのです。被害者がまるで犯罪者のように扱われます。ひどい話ですが、皆の顔にそう書いてあります。爆発の後は眼が見えなくなり、数時間倒れたままでした。周囲では怪我人が呻き声を上げていました。今は安全で平静です。不運と責任が人間を鍛えてくれます……

一九四四年九月十六日、両親宛て

……二度目の負傷の後、最前線から離れました。私の後任には、やる気満々の同僚士官が選ばれました。交代には満足しています。もうたくさんだという気分です。自己満足かもしれませんが……現在は基地の司令官として中隊の日常業務を担当しています。仕事の半分は士官用住居のために家具を調達することです。私の上司は室内装飾の専門家だったので、家具にうるさい注文を出します。しかし、やり繰りはむしろ楽しい仕事です。私自身も四度引っ越しました。半ば廃墟になった家々から、彫像、ソファー、敷物など、残された最上品を集めてきます。放っておけば燃えてしまうか、粉砕されてしまう品物です。台所用品を掻き分け、瓦礫や陶器のかけらや泥の中から探し出します。想像を絶するような恐るべき荒廃です。ヨーロッパ文明の遺産を掘り出しているかのようです。貴重な物は盗まれた方がいいのです!……

私は発電所の近くに住んでいますが、近所には優雅な家具を備えた美しい作りのアパートが多数あります。ハンガリーでも経験したことですが、美的趣味に関しては、スラヴ系の小国の方が進んでいるようです。これらのスラヴ系諸国が今後繁栄する兆候かしれません。ドイツ人はかないません。埃だらけのフランスも同様です。ただし、ロシアは問題外です。ロシアはいつまで持ちこたえるでしょうか?

……

一九四四年九月二十八、二十九日、婚約者宛て

……戦争がこの調子で続くことには絶対に賛成できない。途方もない「驚異的な武器」が使われるという見通しなど、もってのほかだ。ワルシャワにいると、ドイツ国内にいるよりも戦争の実態がよく分かる。男の死体を見るのには慣れている。日常生活の一部と言ってもよい。だが、女性の死体は正視できない。本来なら愛の命を宿して育むべき女性が死体となっている。子供の死体もある。話す言葉にかかわりなく、子供は皆純粋であり、どんなにひどい時代でも愛すべき存在のはずだ……こんなことを書いてはならないと君が言うのは分かっている。

父への長い手紙でも書いたが、僕の部隊では、ある少女が話題になっている。僕自身は彼女を見ていないが、噂を聞くだけで情景が眼に浮かんでくる。最も美しい情景と言ってもいい(「美しい情景」とい

う言葉が曖昧なら、「最も深い経験」と言うべきか）。銀行の建物をめぐる戦闘の最中だった。その建物を奪うために、爆撃機、対空砲、迫撃砲、ガス爆弾などが使われた。機関銃部隊が地下室に迫ると、隠れていた市民の大半が投降した。彼らは煤で汚れた顔をして、恐怖に震えながら外へ出てきた。まだ砲弾が飛び交う中を、すすり泣きしながら這い出す者もいた。しかし、その少女は真っ直ぐに背筋を伸ばし、冷静で、威厳ある表情を崩さず、この蛮行が信じられないと言うように頭をかすかに振っていた……炎上する瓦礫の狂乱の中で、彼女は怪我ひとつ負わず、誇りを失わずに立っていた……★1

ペーター・シュテルテン

けでなく、支援した者、幇助した者も同じ罪に問われるという内容だった。刑罰は死刑、禁固、重労働、財産没収、市民権剝奪などの範囲に及んだが、最大の問題点は「反逆者」の定義がないことだった。そのため、ルブリン委員会に反対する政敵はすべて反逆者と見なされる可能性があった。ルブリン委員会以外の機関が疑問を差し挟むことは認められなかった。九月四日、委員会はその機関紙上に「我々は警告する」という表題の記事を発表した。「我々は警告する。ポーランド陣営（すなわち、ルブリン委員会）に敵対する者はすべてナチス陣営のメンバーと見なされる。第三の立場はあり得ない」。言い換えれば、すでに非合法組織の烙印を押されていた国内軍のすべての兵士は、現にナチスと戦っている人々を含めて、ナチスの支持者と見なされることになったのである。「応用弁証法」の見事な論理的結論だった。（下巻付録24参照）

しかし、ルブリン委員会の内部に一定の異論があったことは明らかである。モスクワのメディアがワルシャワ支援の無意味さを盛んに主張していた頃、ルブリンの新聞は「ワルシャワは解放されるだろう」との見通しを明らかにし、「その能力を有するすべての人々」にワルシャワ救援への参加を呼びかけた。同じルブリンの新聞はブル＝コモロフスキ批判を展開する記事を掲載し、その中で八月一日に蜂起が発生したことを結果的に認めた。同じ頃、ルブリン委員会は、ワルシャワではいかなる出来事も起こっていないという振りをしていた。しかし、ルブリン派の人民軍（ＡＬ）の司令官には、ヴィスワ川東岸のワルシャワ郊外地区へパトロール部隊を派遣する命令が出されていた。「まだ救えるものがあれば救うため」の措置だった。これらの動きの背景には、ブル＝コモロフスキ将軍が実際に降伏を準備しているという情報をルブリン委員会が察知していたという事情があったとも考えられる。

蜂起に対するルブリン委員会の姿勢に一定の変化が生じたように見えたことは、国内軍の間に波紋を呼んだ。九月七日、国内軍士官の一部グループがブル＝コモロフスキ将軍に対してルブリン委員会の軍事指導者たちと接触することを正式に要請した。九月九日には、モンテル自身が、ドイツ軍に降伏するよりもむしろルブリン派と合流する方が望ましいという意見を表明した。しかし、ブル＝コモロフスキはいずれの意見をも受け入れ不能として完全に退けた。

降伏交渉は具体化していなかった。ブル＝コモロフスキの許にはソ連軍がヴィスワ川東岸の郊外地区にじわじわと近づいているという不安な情報が入っていた。彼は部下に与えるべき必要な指示を用意した。ソ連軍に対しては用心深く対処すること。ベルリンク軍の指揮官たちにも同様に用心すること。ただし、ベルリンク軍の一般兵士は同胞として温かく迎えること。ルブリン委員会に対しては一切の妥協を行なわない。降伏交渉は九月十一日以降中断された。

九月十二日、前線からの情報によれば、ソ連軍はドイツ軍の防衛線を突破し、ワルシャワの衛星都市レンベルトゥフを奪取した。翌日の夜、市内で戦う共産党系の人民軍に所属する二名の女性伝令兵がヴィスワ川を泳ぎ渡り、ロコソフスキー将軍に直接会って支援を求めた。ルブリンの新聞はこの事実を繰り返し報道し、「支援は与えられるであろう」と約束した。久しぶりにソ連の飛行機がワルシャワ上空に姿を見せた。同じ日、ソ連の第一四三歩兵師団がヴィスワ川東岸に到達した。ソ連軍の兵士と蜂起軍の兵士がヴィスワ川を挟んで初めて互いの姿を目視した。

「モンスからの退却」〔モンスはベルギー南西部エノー州の州都〕や「ダンケルクの奇跡」を誇りとする英国人ならば、国内軍が実行した旧市街地区からの脱出作戦や川岸地区（ポヴィシュレ）からの退却作戦の重要な意義を理解することは難しくないだろう。これらは迫り来る全滅の事態を防ぎ、何とかして生き延びようとする作戦だった。

旧市街地区からの撤退計画が決定されたのは、八月二十五日から二十六日にかけての夜だった。その直前の七日間、爆撃機による連続空爆と大々的な戦車攻撃が旧市街地区に集中し、この地区の国内軍兵士の数は八〇〇〇人から一五〇〇人に減少した。撤退作戦の第一段階として、国内軍司令部と政府機関が脱出することになった。それまで利用したことのない下水道を抜けての脱出だった。下水道の入口はドイツ軍陣地のわずか二〇〇メートル手前にあり、そこからドイツ軍の支配地域の真下を通って南下することになる。第二段階では国内軍の本隊が脱出するが、それをカバーするために、ドイツ軍を牽制する陽動作戦として猛烈な局地的反撃を行なうことになった。最後の第三段階では、後衛を務めるパラソル大隊が脱出するはずだった。この三段階の作戦が八月三十一日から九月二日にかけて連続的に敢行された。

国内軍司令部と地下政府の退避は深刻な被害を出さずに成功した。人々はドイツ軍に気づかれることなく、ドウゥガ通りの角のマンホールに一人ずつ入って行った。下水道に入ると、「下水道ガイドの専門家」という意味で「カナラルキ」と呼ばれる少女たちが案内役を務めた。身体を屈め、あるいは、胸まで迫る汚水を掻き分けて進む二時間の行程だった。その間、前を行く人を掴んで離さないこと、たとえ誰かが溺れても、ひたすら進み続けることが肝心だった。中央地区に到着した時には、まるで勝利を祝うような歓迎を受けた。

ブル＝コモロフスキ将軍は旧市街地区を去るにあたって、見る影もなく破壊された街並みを最後にもう一度振り返った。「この廃墟の下に六〇〇年の歴史が眠っている」(109)。そう言って、彼は後衛部隊の指揮官ヴァフノフスキ大佐〔カロル・ジェムスキ〕の方に向き直った。

ヴァフノフスキはいつもどおりの冷静さで、与えられた任務は完全に理解していると言った。早口だが、歯切れよく、囁くような口調だった。旧市街地区を最後まで守るべく戦い、それによって救援の到着まで他の地区が持ちこたえられるようにすることが彼の任務だった。私は、ヴァフノフスキが最後まで義務を果たすことを知っていた。午前一時にヴァフノフスキは私たちをマンホールまで案内した(110)。

次の日の夜、約三〇〇〇人の人民軍（AL）兵士が予告なしに旧市街地区を脱出し、市の北部に向かった。人民軍の司令部はドイツ軍の直撃弾を受けて、幹部全員が死亡するという事態になっていた。彼らの脱出はその後長く批判の対象となった。

陽動作戦としての反撃は五日間続き、十分にその目的を達した。フォン・デム・バッハは第九軍に対して増援部隊の派遣を再度要請した。瓦礫となった国営造幣工場をめぐって、スターリングラード攻防戦を思わせるような激しい白兵戦が展開され、一進一退が繰り返された。その間に数千人の男女が下水道をたどって脱出した。国内軍は主要病院の医療スタッフと患者を全員脱出させることにも成功した。その病院は屋根に赤十字のマークを出したとたんに急降下爆撃機の攻撃を受けていた。［553ページの囲み「カティンの寡婦」］

　後衛部隊の脱出も、予想されたほどの戦死者を出さずに成功した。あるグループは、全員が頭から足の先まで親衛隊の制服で身を固め、ドイツ軍の夜間パトロールを装って、堂々とサスキ公園を通り抜けて脱出した。「オーロックス〔欧州野牛〕大佐」〔ステファン・トムクフ〕が指揮する最後の後衛部隊がドイツ軍の機関銃掃射に見送られてマンホールに駆け込んだのは九月二日の午前八時だった。部隊は中央地区で無事に地上に現れ、記念写真に収まった。

　しかし、旧市街地地区に取り残された三万五〇〇〇人の市民と七〇〇〇人の負傷者には最悪の悲劇が待っていた。親衛隊はただちにビルケナウ収容所と同じやり方で捕虜を分類した。労働能力なしと見なされた老人や怪我人は即座に銃殺された。健康な捕虜は整列させられて、強制収容所へ送られた。行き先は主としてマウトハウゼンとザクセンハウゼンだった。サスキ公園では、ドイツ軍の戦車が無名戦士の墓に乗り上げ、粉々に粉砕した。旧王宮前広場では、ジグムント三世王の円柱が一発の野蛮な砲弾によって倒され、その場に放置された。

　旧市街地区が陥落すると、ドイツ軍はすぐに川岸地区への攻撃を強化した。目的は蜂起軍とソ連軍との合流を防ぐことにあった。ソ連軍の到着が間近に迫っていることは、ドイツ軍も十分に承知していた。川岸地区では家を一棟ずつ奪い合う市街戦が二週間にわたって容赦なく続き、戦線は北から南に進んで、国内軍は南の端の狭い一角に追い込まれた。民間人はすでに中央地区に脱出していた。中央地区は避難して来た人々で溢れかえっていた。「オーロックス大佐」が指揮する部隊もその混雑の中にいた。

囲み◆31

カティンの寡婦

ヴォウィニア（ヴォルヒニア）出身で、一九三九年に父親がソ連国内で行方不明になった家族が安全を求めてワルシャワに転居する

一九四四年三月、一家はヴォウィニアのフビェルシュフに住んでいたが、ポーランド人に対するウクライナ人の残虐行為を目にして、母は家族全員でワルシャワの叔父の家に引っ越す決心をした。眼鏡商だった叔父のスタニスワフ・ルツキはノヴィ・シフャト通りに店を開いていた。一家は蜂起が起こるまでそこで暮らした。

八月の爆撃で通りの向かいにあった七階建てのビルが崩壊し、私たちは地下室に閉じ込められた。隣の建物の地下室との間の壁に穴を開けて脱出した。

ドイツ軍が旧市街地区を占領すると、私たち一家は蜂起軍を支援した民間人として狩り集められた。一九四四年九月六日のことだった。狩り集められたグループはフォクサル通りの小さな公園に押し込まれ、フェンスの前に並ばされて、銃殺されることになった……しかし、最後の瞬間に伝令がやって来て、命令の変更を告げた。私たちは現在軍事博物館になっている建物を目指して歩かされた。途中の舗道には酔っぱらった親衛隊員がたむろし、足を突き出して笑い、卑猥な言葉を吐き散らしていた……低空飛行で蜂起軍の拠点を爆撃する飛行機が見えた。

数時間後、また行進が始まった。コシチュシコ河岸通りとベドナルスカ通りにさしかかると、宝石店の略奪が始まっていた。私たちの眼の前で数人のユダヤ人が射殺された。それはクラクフ郊外通り近くの瓦礫の中で逮捕されたユダヤ人の蜂起兵たちだった。エレクトラ通り、フウォドナ通り、ヴォラ通りを経て、ヴォラ地区の大きな教会まで歩かされ、そこで最初の分類が行なわれ、女と老人のグループと男と十四歳以上の子供のグループが分離された。私たち兄弟は母と離されずにすんだ。祖母とマルィシャ叔母さんも一緒だった。母の妹の夫チェスワフ・ルティンスキは私たちのグループに紛れ込んで一命を取り留めた。それから、私たちはワルシャワ西駅まで歩かされた。炎上する建物からの熱を避けるために道路の真ん中を歩くのだが、道路のアスファルトも熱で熱くなっていた……途中で気絶して倒れる人も少なくなかった。西駅からは、のろのろ走る市電で収容所まで運ばれた。プルシクフの鉄道車両修理基地が収容所になっていた。

七番と表示された鉄道車庫で汚物にまみれ、飢えに苦しみながら三日間を過ごした後で、希望者は汽車に乗っていいと通告された。私たちは思い切って乗ることにした。行き先がアウシュヴィッツか、あるいはドイツ国内の強制労働収容所になるかも知れないことは十分承知の上だった。しかし、二四時間の旅が終ってオポチノの町に到着すると、乗客はそこで解放された。オポチノの市民は私たちをワルシャワの英雄として温かく迎え、パンと果物を出してくれた。激しい飢えの後で口にしたパンと果物の味は強烈だった。私たち一家はオポチノの街からヴォラ・オポチンスカ村に移った。田舎のほうが生き残りやすいと思ったからだ。村ではジャガイモを掘る仕事に雇われて、住まいと食事を確保した。私たち兄弟は身体が弱っていたので赤痢にかかった。祖母が看病してくれたが、その祖母も赤痢にかかった……

一九四四年十月六日についにクラクフにたどり着いた。町に入ったのは夜間外出禁止時刻の直前だったので、私たちは「ドイツ人専用」と表示された市電に飛び乗った。外出禁止時間にポーランド人が街中を歩き回ることは許されないからだ。スモレンスク通りにさしかかったところで、ドイツ軍パトロール部隊の検問があった。隊長のオーストリア人は書類をチェックして、私たちがワルシャワから来たことを知ると、まるで英雄を見るような目つきになった。彼はみずから私たちを目的地まで案内してくれた。数日後、母は祖母と叔母を迎えにオポチノに引き返した。祖母は一九四四年十一月十日にクラクフに到着したが、悲しいことに、赤痢が重症化してすぐに亡くなった。

母は父の帰還を何年も待ち続けた。戦争中も戦後も父を探してあらゆる手を尽くしたが、何の手がかりも得られなかった。しかし、母は父が必ず帰ってくると信じて、希望を失わずに生きた。しかし、彼女が夫の運命を知ることはついになかった。母はスタロビェルスク収容所に捕らわれていたポーランド軍士官たちがカティンで殺害され、埋葬されたことを最後まで知らずに、一九七八年八月七日に亡くなった。★1

ロマン・スリミル

ドイツ軍はヴィスワ川の断崖の上に重砲を並べて川岸地区への砲撃を強化した。しかし、蜂起側の防衛軍を完全に駆逐することはできなかった。蜂起軍兵士の耳には、ドイツ軍の砲撃に交じって対岸のプラガ地区から響く砲撃音も聞こえ始めた。ついに対岸にソ連軍の制服を着た兵士の姿を見る時が来た。九月十四日の夜、国内軍の三人の兵士が夜陰に乗じてヴィスワ川を泳ぎ渡った。彼らがそこで出会ったのは、ソ連軍の制服を着たポーランド人兵士だった。

九月初旬には、まだ降伏交渉が続いていた。ドイツ側は二週間にわたって蜂起軍に激しく降伏を迫った。外部から救援が来る見込みはなかった。負傷者や民間人の苦しみは筆舌に尽くし難かった。西側同盟軍の空輸作戦も滞りがちだった。弾薬は底をついていた。ソ連は国内軍に対する敵対的プロパガンダを容赦なく展開していた。長い間期待されていたロコソフスキー軍の攻撃は今にも始まりそうに見えて、いつになっても実現しなかった。

九月の半ばまでに、国内軍側の交渉担当者はほぼ希望どおりの条件をドイツ側から引き出していた。すなわち、ドイツ側は国内軍兵士の交戦権を認め、報復しないことを約束した。交渉担当者はロール将軍の最後通牒を無視して、さらに保証と説明を求めようとした。交渉はついに調印にこぎつけようとしていた。その時、ソ連軍が姿を見せ、その背後にベルリンク軍の姿も見えた。抵抗の精神が再び燃え上がり、降伏交渉は崩壊した。

（下巻につづく）

訳者略歴
一九四〇年生
東京外国語大学ロシア語科卒
ロシア政治史専攻
主要訳書
ヤン・T・グロス『アウシュヴィッツ後の反ユダヤ主義 ポーランドにおける虐殺事件を糾明する』
サイモン・S・モンテフィオーリ『スターリン 赤い皇帝と廷臣たち 上下』
オーランドー・ファイジズ『囁きと密告 スターリン時代の家族の歴史 上下』(以上、白水社)

ワルシャワ蜂起1944 上 英雄の戦い

二〇一二年一〇月一〇日 印刷
二〇一二年一一月一〇日 発行

著者 ノーマン・デイヴィス
訳者 © 染《そめ》谷《や》 徹《とおる》
装幀者 日下充典
発行者 及川直志
印刷所 株式会社 理想社
発行所 株式会社 白水社

東京都千代田区神田小川町三の二四
電話 営業部〇三(三二九一)七八一一
編集部〇三(三二九一)七八二一
振替 〇〇一九〇-五-三三二二八
郵便番号 一〇一-〇〇五二
http://www.hakusuisha.co.jp
乱丁・落丁本は、送料小社負担にてお取り替えいたします。

松岳社 株式会社 青木製本所

ISBN978-4-560-08246-1

Printed in Japan

■サイモン・セバーグ・モンテフィオーリ　染谷　徹訳
スターリン　赤い皇帝と廷臣たち（上・下）

「人間スターリン」を最新史料から描いた画期的な伝記。独裁の確立から最期まで、親族、女性、同志、敵の群像を通して、その実像に迫る労作。亀山郁夫氏推薦！　英国文学賞受賞作品。

■サイモン・セバーグ・モンテフィオーリ　松本幸重訳
スターリン　青春と革命の時代

命知らずの革命家、大胆不敵な犯罪者、神学校の悪童詩人、派手な女性関係……誕生から十月革命まで、「若きスターリン」の実像に迫る画期的な伝記。亀山郁夫氏推薦！　コスタ伝記賞受賞作品。

■キャサリン・メリデール　松島芳彦訳
イワンの戦争
——赤軍兵士の記録1939-45

ナチ・ドイツに勝利したソ連兵士の「神話」の裏に隠された実態とは？　手紙や日記、二百人の元兵士への取材によって、「戦争の真実」を暴いた画期的な労作。アントニー・ビーヴァー推薦！

■アン・アプルボーム　川上　洸訳
グラーグ　ソ連集中収容所の歴史

『収容所群島』以来の衝撃！　グラーグの始まりから終焉までの全歴史を、公開された秘密文書を駆使して明快に叙述。まさに「二十世紀史」の見直しを迫る、ピュリツァー賞受賞の大作。

■オーランドー・ファイジズ　染谷　徹訳
囁《ささや》きと密告（上・下）
——スターリン時代の家族の歴史

スターリンのテロルを生き延びた、数百家族の手紙、日記、文書、写真とインタビューにより、封印された「肉声」が甦る。胸を打つ「オーラル・ヒストリー」の決定版。沼野恭子氏推薦！

■ヤン・T・グロス　染谷　徹訳
アウシュヴィッツ後の反ユダヤ主義
——ポーランドにおける虐殺事件を糾明する

戦後ポーランドのキェルツェで起きた、最悪の「ポグロム」（ユダヤ人迫害）の真相とは？　最新研究と戦慄すべき筆致により、「反ユダヤ主義」の核心に迫る、震撼の書。森達也氏推薦！